Михаэль Лайтман

Богоизбранность

том I

серия
КАББАЛА. ТАЙНОЕ УЧЕНИЕ

Работы Михаэля Лайтмана, автора более 30 книг серии «КАББАЛА. ТАЙНОЕ УЧЕНИЕ», переведены на 19 языков мира (www.kab1.com). М.Лайтман является крупнейшим практикующим каббалистом нашего времени.

Учение Михаэля Лайтмана основано на исследованиях самых выдающихся каббалистов за всю историю человечества и на собственном опыте Пути. Оно приобрело огромную международную популярность, и по всему миру работают более 150 отделений школы М.Лайтмана.

Настоящая книга объясняет существование общего закона управления природой, задача которого привести человечество к совершенному состоянию. Исследованием этого закона управления занимается Наука Каббала. Основы Науки Каббала заложил житель Междуречья (Месопотамии) Авраам около 4000 лет назад. Он основал первую каббалистическую школу. Его последователи умножились и стали называть себя «Народ Израиля».

Как утверждает Каббала, общая управляющая сила природы, приводя человечество к большим страданиям, вынуждает человека искать причину страданий и приводит его к необходимости изучить закон управления и выполнять его.

Вот тогда человечеству потребуется Наука Каббала. И миссия народа Израиля реализуется в передаче знаний о высшем управлении миром всему человечеству. Этим человечество достигнет совершенного состояния, предсказанного еще древними пророками.

ISBN 978-1-77228-171-2
Laitman Kabbalah
Publishers 2023

ОГЛАВЛЕНИЕ

К читателю 5

Вступление

Предисловие 9
Зов Избавителя 11
Призыв 14
Миссия народа Израиля 16
Отрывки из книги «Зоар» 19
Каббалисты о Каббале 21
«Предисловие к ТЭ"С», п.155 28

Статьи в СМИ

Богоизбранность 31
Набросок картины мира 35
Кто и почему боится Каббалы? 37
Круговорот душ и развитие поколений 42
Каббала – наука или религия? 49
Повзрослевшее человечество 60
Части души: Израиль и народы мира 65
Угроза уничтожения 70
Мы можем спасти Израиль 84
За Родину... 100
Беседы на актуальные темы 104
Что выбрали евреи? 117
Как евреи управляют миром 124
Свобода воли 139
Выйдем ли мы из Египта? 154
Беседа для американского радио 168
Песах – каббалистическая версия 179
Поиски смыслов 186
Любовь и голод миром правят 190
Из рубрики «Письма в редакцию» 202
Цель сотворения Адама 218
«Левая рука Его подо мной, а правая обнимает меня» 222

О чем повествует «Берешит» 229
Вечная война. На небе и на земле 240

Беседы

Страдания изгнания 259
Обрести душу свою 264
О воспитании 273
Управление судьбой 284
Кто повинен в наших страданиях и почему нас ненавидят 310
Сила притяжения Творца 319
Мысль – это уже начало твоего пути 325
Различие между путем Торы и путем страданий 333
Состояние, называемое «Храм» 344
Этапы восхождения 348
Предпочтение внутреннего внешнему 356
Что является прогрессом 363
О чем молиться? 367
Почему мы нуждаемся в науке Каббала 374
Свобода выбора в ускорении раскрытия «решимот» 382
О воспитании подрастающего поколения 387
История Каббалы 396
Каббала – наука, необходимая тебе именно сейчас 415
«И возопили сыны Израиля к Творцу» 418

В конце дней

Заметки о кругооборотах душ 424
Ад – Чистилище – Рай 441
О последних днях и Машиахе 481
«Зоар» о явлении Машиаха 494
Выборочная хронология всемирной истории 518
Книга «Законы царей» 524
Возвращение из изгнания 528
Порядок исправления в учении рав Хай Гаона 549
Голос горлицы 554

К ЧИТАТЕЛЮ

Как повествует Тора, Творец избрал Авраама из всех живущих на Земле для назначения ему особой миссии. Уже изначально сказано Аврааму, что его потомки пройдут большие периоды испытаний, рабства в Египте, изгнания, развития, пока не станут пригодными в конце своего исторического пути реализовать свою миссию.

В чем состоит эта миссия видно из отличия Авраама от остальных его соплеменников – в том, что Аврааму открылся Творец. Именно по этому критерию Авраам и его потомки стали отдельным народом, выделились из населяющих Двуречье древних персов.

Потомки Авраама после выхода из Египта заложили основы иудаизма, внешних обычаев, которые придавали внешнюю форму и рамки народу, выделяли, обособляли его и таким образом хранили к историческому моменту выполнения им своей миссии.

В течение веков внешняя форма выполнения обрядов оставалась прежней, что и сохраняло рамки и форму народа. Духовные предводители народа также заботились о неизменности внешней формы, потому что именно это создавало стены, внутри которых находились занимающиеся внутренним исправлением и выполнением духовных законов.

В то же время внутри народа продолжали существовать и ученики Авраама, открывающие Творца, не теряющие связь с ним со времен Авраама. Они называют себя каббалистами, потому что «получают» раскрытие Творца уже в этом мире.

Еще с древности указано в каббалистических книгах на то, что наступит такой период в развитии человечества, что множество людей ощутят в себе желание раскрыть Творца в своем сердце. Все историческое развитие человечества являет собой не более чем развитие в человеке именно этого желания. Пока оно не сформировалось, человеку кажется, что он стремится за какими-то благами в этом мире. Но как только желание к раскрытию Творца пробуждается, все остальные желания отступают и человек оказывается перед единственным вопросом: «В чем смысл моей жизни?»

Ответом на него может быть только ощущение Творца. И поэтому только Каббала – наука о раскрытии Творца творениям в этом мире – оказывается единственно нужной человеку. А учитель-каббалист оказывается единственно необходимым человечеству. И в такое время происходит реализация богоизбранности еврейского народа, донесшего в себе методику раскрытия Творца, чтобы передать ее всем нуждающимся, вследствие чего наш мир духовно поднимается до уровня Высшего мира и все творения становятся наполненными вечным, бесконечным, совершенным высшим светом.

Мы счастливы, что живем в поколении, когда сбываются пророчества каббалистов, когда мы можем участвовать в исполнении миссии богоизбранности! Я призываю всех моих читателей к участию в раскрытии Творца всему человечеству. Нет высшего предназначения для человека, чем наполнить этот мир Творцом!

Удачи и благословлений всем нам в этом великом действии!

Рав Михаэль Лайтман

Вступление

ПРЕДИСЛОВИЕ

Явно вызывающее название книги, конечно, может задеть вас. Но нового в этом, право же, ничего нет! Весь мир признает, прямо или косвенно, особенность, обособленность или же богоизбранность народа Израиля.

Но в чем именно эта избранность? Кто избрал народ Израиля? Если народ выбран Творцом, то в чем виноват народ? Почему Творец избрал именно этот народ, это племя? В чем его особенность, т.е. по какому признаку был сделан выбор?

Если этот особый признак, по которому Творец выбрал именно этот народ, Он сам сотворил заранее, при сотворении всего мира, – а ведь никто кроме Творца не творит, – то этому народу уже изначально была предназначена избранность? Избранность – это особое природное свойство, или возникшее вследствие избрания Творцом?

Если мы особенные, то почему нас не любят абсолютно все народы? За особенность или за избранность? Ведь нас выбрал Творец? Виноваты ли мы в том, что Он нас выбрал? Или избранность никак не связана с ненавистью?

Ревнуют ли народы нас к нашей избранности? Хотят ли быть вместо нас? Если Б-г выбрал нас, то как Он терпит такое отношение к избранному Им народу?

В чем вознаграждение или, может быть, компенсация Творца за преследования и уничтожение избранного им народа, именно за его особенность? В этом или, может быть, в будущем мире она?

Почему ненависть к народу Израиля не уменьшается с просвещением, развитием, экономическим процветанием народов мира, а даже возрастает, появляется у все новых народов, которые веками не знали вообще о нашем существовании, с которыми у нас не было никакого контакта?

Почему не только народы, среди которых жили в течение веков евреи, но и те, которые никогда даже не соседствовали с ними, ненавидят или быстро проникаются этим чувством к евреям?

Можно было бы объяснить ненависть за счет несовместимости религиозных доктрин, но ведь мы видим, как мусульмане, буддисты и прочие представители других религий одинаково нетерпимы к самому народу и с почтением относятся к Торе.

Все наше существование требует от нас раз и навсегда разобраться в этих вопросах и, если возможно, решить их...

ЗОВ ИЗБАВИТЕЛЯ
Рабби Йегуда Ашлаг

Знай эту тайну, что не будут избавлены сыны Израиля из своего изгнания до тех пор, пока не раскроется скрытая в книге «Зоар» мудрость в той великой мере, как сказано в книге «Зоар»: «Силой этой книги выйдут сыны Исраэля из изгнания». Потому что и во времена Луза была надежда на избавление, когда создавался «Зоар», и во время Бар Кохбы, о котором рабби Акива, учитель Рашб"и, сказал: «Путь Кохбы от Яакова».

И после разрушения города Бейтар была большая надежда на избавление. И потому позволил себе Рашб"и открыть тайную мудрость в книгах «Зоар» и «Тикунэй Зоар». Но сделал это с большой предосторожностью: он никому не позволил записывать свои речи, кроме рабби Аба, наделенного даром раскрывать тайное, что только мудрецы (т.е. обладающие намерением «ради Творца») понимали его, а мудрецы народов мира (т.е. еще не достигшие экрана, выхода в высший мир) не понимали им написанное.

А вся причина скрытия книги «Зоар» была из страха, чтобы не узнали неисправленные, как работать на Творца. И потому тотчас, как увидели каббалисты, что еще не пришло время избавления Израиля, скрыли книгу «Зоар» и «Тикунэй Зоар». И произошло это в более поздние времена, чем написание книги «Зоар», потому мы находим в книге «Зоар» высказывания мудрецов более позднего периода, чем время Рашб"и.

Но превратностями судьбы оказалась книга «Зоар» в руках вдовы рабби Моше де Лиона, унаследовавшей рукопись от своего мужа, по всей видимости, не объяснившего ей о запрещении раскрывать, и по случаю отдала книгу на продажу, что с тех пор и до сего дня явилось причиной многочисленных страданий в народе Израиля.

Но нет худа без добра, и поэтому власть эта, которой народы достигли кражей тайн Торы, дала также толчок стремительному духовному развитию, настолько, что наше поколение стоит буквально на пороге избавления (от вселенского эгоизма, а потому от всех страданий), если только будем знать, как распространить скрытую в книге «Зоар» мудрость в народе, ведь этим откроется воочию каждому отличие земного и высшего, и весь народ Израиля, все отвергнувшие Тору, вернутся к Творцу и к Его работе.

В этом распространении книги «Зоар» скрыто еще дополнительное исправление прегрешения, предваряющего избавление, в результате чего все народы мира возблагодарят Тору Израиля, как сказано: «И наполнится земля знанием», – по примеру Египетского освобождения, когда обвинение было предваряющим освобождение для того, чтобы также Фараон признал истинного Творца и Заповеди Его и разрешил народу покинуть Египет. И поэтому сказано пророком, что каждый из народов мира ухватится за каждого из народа Израиля, т.е. за обладающего связью с Творцом, дабы привел тот его в землю святую (к постижению Творца).

Распространение мудрости в народных массах называется «Шофар», подобно шофару – бараньему рогу, призыв которого разносится на большие расстояния. Так распространится отзвук мудрости во всем мире настолько, что даже народы услышат и признают, что есть мудрость высшей силы внутри Израиля.

Это действие предназначено выполнить пророку Элияу, потому что открытие тайн Торы называется «Явлением Элияу», как сказали мудрецы: «Будет ждать мир, пока не явится Элияу и не разрешит все проблемы мира». И поэтому сказали, что за три дня до прихода Машиаха пройдет Элияу по возвышенностям и вострубит в большой рог.

Это символическое изречение означает раскрытие тайной мудрости в массах, которое является обязательным условием, предваряющим «полное избавление».

И свидетельство этому – наши каббалистические книги, в которых первостепенной важности знания раскрыты всем воочию, что является верным свидетельством того, что мы находимся уже на пороге избавления и уже слышен «Звук Большого Рога».

Но слышится он еще, как тихий шорох; как всякое великое вынужденно начинается с малого, так звучит рог, и звук его постепенно возрастает...

И мне позволено Творцом раскрыть это, и только потому, что наше поколение достойно избавления, т.к. оно – «последнее поколение» – поколение, стоящее на пороге полного избавления и поэтому достойное услышать «Трубление Рога Избавителя», смысл которого в раскрытии всем высших тайн мироздания.

ПРИЗЫВ

В связи с началом в сентябре 2000 года массовых террористических актов арабских фундаменталистов во всем мире, а особенно в Израиле.

Услышь нас!

Мы, группа каббалистов, от имени всех каббалистов всех поколений, снимаем тайну с Каббалы, раскрывая самую мощную силу в мире – силу, правящую всем мирозданием, нашей планетой и народами, их судьбами, для единственного наследника этой силы – народа Израиля.

С этой минуты на тебя, сына народа Израиля, возложена ответственность за свою судьбу. Теперь ты из простого человека: рабочего, бизнесмена, учителя, студента – превратился в хозяина своего будущего, когда одной только силы твоей мысли будет достаточно, чтобы привести в действие земные и неземные силы Мира.

В этот самый ответственный момент, когда страна Израиль и ее народ находятся на грани физического уничтожения, когда существует опасность повторения Катастрофы, когда весь мир отвернется от нас, молчаливо соглашаясь с кровавой расправой арабов над нами, когда не с кем будет вести пустые переговоры о мнимом мире, нам не поможет ничто, кроме сверхъестественной силы, которая должна быть во владении и на вооружении всего народа.

Наука Каббала две тысячи лет скрыта от народа из-за страха перед неправильным использованием сил, которые получает изучающий Каббалу. Эти силы мощнее любой атомной бомбы, любой другой земной силы! Каббалисты всегда в тяжелые минуты истории пытались дать вам возможность использовать эту силу, но ваши сердца оставались черствыми, уши глухими, глаза слепыми.

Сегодня ты находишься на краю своей гибели, гибели своей семьи, своего народа. Не дай повториться прошлым ошибкам, возьми то, что спасет тебя. Ведь именно для этой цели, для победы над врагом и обретения свободы дана тебе Каббала. Зачем тебе бегать к гадалкам, знахарям, обвешивать себя различными талисманами, когда ты – ты сам можешь вершить свою судьбу!

Это твоя единственная возможность остановить войну, начала которой ты еще не видишь. Ты не сможешь спастись бегством – тебе некуда бежать, ты не сможешь спрятаться среди другого народа – тебя везде ненавидят. Твой выбор – твоя Судьба.

МИССИЯ НАРОДА ИЗРАИЛЯ
Группа каббалистов «Бней Барух»

Погромы, кровавые расправы, изгнания и избиения стали постоянным уделом еврейского народа. Обвинение во всех проблемах и, как следствие этого, ненависть к народу Израиля – это итог многотысячелетнего нашего существования.

Любая попытка слиться с другим народом, принять на себя его законы жизни жестоко пресекалась рекой крови и вспышкой антисемитизма. Неужели в этом проявляется избранность нашего народа?

Почему столь малочисленный народ – гениальные умы, ученые, лучшие экономисты и финансисты и, в конце концов, источник всех религий – вместо признания и благодарности получает в ответ ненависть всех народов, не имея возможности успокоения и нормального существования?

Неужели мы не достаточно настрадались, чтобы задаться этими простыми вопросами? И вообще, есть ли на них ответ? И не это ли нам уже несколько тысяч лет пытаются объяснить каббалисты – люди, постигшие основы мироздания, люди, имеющие личную связь с Высшей Силой, источником Жизни, позволяя каждому, независимо от возраста и способностей, соприкоснуться с Вечностью и Истиной, найти смысл существования, подтверждая имя, которым мы себя называем, – Человек.

Каббалисты объясняют, что существуют законы, правящие всем Мирозданием: закон притяжения, невесомости и другие известные нам, а также многие не открытые нами законы. Эти законы невозможно изменить, но зная их, приняв как истину, можно подстроиться под них.

Все развитие человечества, его технологический и экономический прогресс – это следствие открытия этих законов и принятия их за основу повседневной жизни человека. Незнание этих и еще не открытых законов приводит нас к катастрофам и несчастьям, делая нас слепыми и беспомощными в различных ситуациях, проходящих над нами в течение жизни, лишая нас права быть хозяевами своей судьбы.

Так же как и мы состоим из двух частей – нашего материального тела и его духовного наполнителя, так и Законы делятся на земные – для руководства и контроля над материальным телом, и духовные – для руководства и контроля над духовной частью человека.

Незнание любого из этих законов приводит человека в дисбаланс с окружающим миром, проявляющийся в ощущении различных несчастий и страданий от этого мира.

С помощью этих законов Высшая Сила, которая имеет чувственную основу, а вследствие этого – Разум, желает привести человека, свое Творение, к наилучшему состоянию. А это возможно только в том случае, если человек, а именно, его духовный наполнитель, приобретет свойство Высшей Силы. Эта цель – привести человека к подобию Высшей Силе – неизменна, и следствием этого явилось создание нашего Мира.

Существует народ, который первым должен пройти этот путь, – это народ Израиля, евреи. За ним все остальные народы должны устремиться к той же цели. Как и куда идти, что надо делать – объясняется в Каббале. Если народ Израиля не выполняет своей задачи – приобрести свойство Высшей Силы, чтобы достичь наилучшего состояния, то она, Высшая Сила, корректирует действия человека, заставляя его через страдания вернуться к своей задаче.

В подсознании всех людей мира есть понимание, что их благополучие зависит от того, насколько евреи справляются со своей обязанностью. И если евреи этого не делают, у других народов непроизвольно возникает ненависть к евреям.

Поэтому нам не помогут никакие мирные переговоры, различного рода сделки или наши попытки стать, как другие народы, а только знание и изучение Духовных законов, простое чтение каббалистических книг, имеющих особую силу.

Ведь для того чтобы переместиться из одного состояния в другое, человек должен ощутить неудобство в нынешнем состоянии и выгоду от будущего состояния. Ощутить неудобство –

это значит испытать определенную меру страдания, именно так мы сейчас и движемся вперед. При этом совершенно не зная, что нас ждет в будущем.

Но изучая Духовные законы и видя более совершенное состояние, которое нам желает дать Высшая Сила, мы сами будем стремиться к нему. В таком случае нет никакой необходимости подталкивать нас сзади болевыми методами. Мы сами становимся строителями своего будущего, будущего всего мира, будущего, не омраченного невзгодами.

ОТРЫВКИ ИЗ КНИГИ «ЗОАР»
Недельная глава «Лех Леха»

183. Когда Исраэль *(человек, стремящийся к Творцу, называемый «Исраэль», от слов Исра, яшар – прямо, и Эль – Творец)* находится (своими свойствами, желаниями) в святой земле *(святая земля – Эрэц Кдуша – от слов эрэц, рацон – желание; кадош, мукдаш – особый, т.е. относящийся только к Творцу; когда человек желает только связи с Творцом, это означает, что он находится своими чувствами в Эрэц Исраэль)*, то все исправлено и находится на своем месте.

То есть свыше нисходит ничем не ограниченный свет изобилия и заполняет каждое желание каждой души каждого творения, т.е. все творение находится в состоянии совершенства и покоя, потому что весь Исраэль поднимает свои желания к Творцу, к работе ради Творца, а Творец в ответ наполняет все их желания. Потому что Земля Израиля может быть исправлена и может плодоносить только тогда, когда находится на ней Исраэль и никакой другой народ.

Поэтому все остальные народы в таком случае отдаляются от Эрэц Исраэль, отдаляются от желания и возможности властвовать над ней. Потому что не в состоянии питаться от ее плодов, т.е. от света изобилия, который нисходит свыше вследствие работы ради Творца. Хотя свет этот нисходит также и на народы мира, но в основном он нисходит на народ Израиля, и поэтому в Эрэц Исраэль властвовал народ Израиля.

184. А если и властвовала в Земле Израиля какая-то иная сила, сила народов мира, то властвовала частично, получала малую толику от нисходящего духовного изобилия и в меру получаемого света властвовала. Поэтому не была власть народов мира в Земле Израиля сильной. Но затем, когда согрешил народ Израиля и осквернил Эрэц *(желание)* Исраэль *(к Творцу)*, вытолкнул этим присутствие Творца *(Шхина)*, то как следствие этого явились иные народы, потому что уходом света – присутствия Творца из Эрэц Исраэль *(желаний к Творцу)* дана им возможность властвовать.

185. В Эрэц Исраэль (*в желании к Творцу*) может властвовать только Сам Творец. Но когда грешит народ Израиля и воскуряет благовония иным богам, т.е. возносит иные желания выше желания к Творцу, не верит в единственность Творца, считает, что есть иные силы (в том числе и он сам), которые управляют миром, то удаляется ощущение Творца (*Шхина*), и вместо нее входят во власть иные силы, и они получают силы и власть от Шхины, от Творца.

КАББАЛИСТЫ О КАББАЛЕ
Каббала как средство спасения человечества

Как во всем мироздании, так и в Торе есть внутренняя часть и внешняя. Занимающиеся внутренней частью Торы, ее тайнами, вызывают этим возвышение внутренней части мира, Исраэля, над внешней частью мира – народами мира.

(Й. Ашлаг, «Предисловие к Эц Хаим», п.5)

Необходимо ли изучать Каббалу? Есть сомнения? А если мы постараемся ответить на один известный всем вопрос: каков смысл жизни, смысл этих лет, так дорого стоящих нам, смысл многочисленных страданий и боли? Во всех поколениях лучшие умы человечества пытались ответить на эти вопросы. Но вопрос по-прежнему без ответа! Он кричит изнутри нас во всей своей горечи и остроте. А иногда застает нас врасплох, колет и унижает, прежде чем мы успеваем снова забыться и продолжить жизнь, не задаваясь им, как всегда. Только увидев высший мир, человек поймет, для чего он живет и почему страдает!

(Й. Ашлаг, «Предисловие к ТЭ"С», п.2)

До тех пор, пока ортодоксальный иудаизм настойчиво отвергает изучение Каббалы, а держится только за Вавилонский Талмуд и защищает свое традиционное воспитание (мусар), не раскрывается истинный смысл жизни, она не способствует достижению цели во всех поколениях, и особенно в нашем.

(А. Кук, «Игрот», стр. 232)

Когда занимаются изучением книги «Зоар», возбуждаются силы праведников, обновляют высший свет, и он светит, как во время написания книги «Зоар».

(Ор якар, 1;5)

Изучение книги «Зоар» исправляет тело и душу и в состоянии быстро приблизить освобождение, особенно в эти дни.

(Матэ Эфраим)

Только изучением Каббалы выйдем из изгнания. Занимающийся ею освобождает себя этим от всех наказаний.

(Сефер аБрит)

Во время изучения Каббалы, когда изучающий произносит имена светов и сосудов, сразу же высший свет начинает светить ему. И хотя он светит ему издали, снаружи, не наполняя душу, потому что она еще не исправилась для получения этого света внутрь, но это свечение постепенно, по мере изучения Каббалы, создает в человеке желание к духовному, высшему и влечет к совершенству и раскрытию высшего мира.

(Й. Ашлаг, «Предисловие к ТЭ"С», п.155)

Если удостоится народ Исраэля, будет изучать книгу «Зоар» и ею выйдет из изгнания.

(Ор цадиким вэ дэрэх сэуда)

Сами слова при чтении Каббалы исправляют человека, подобно больному, принимающему лекарство, который излечивается, хотя и не владеет наукой врачевания.

(Рамаз)

Изучение книги «Зоар», даже без понимания ее, очищает душу.

(Сидур р. Яаков Капиль. Раздел «Намерения изучения Каббалы»)

Мнение каббалистов таково: даже тот, кто ничего не понимает при чтении книги «Зоар», исправляет свою душу.

(Осафот Миара"ца)

Каждая буква книги «Зоар» и книг Ари несет большие исправления душе во всех ее кругооборотах.

(Ноцар Хэсэд)

Перед приходом Машиаха возрастут в мире всевозможные лжеучения и пороки. Уберечься от них возможно ежедневным изучением книги «Зоар». И несмотря на то, что не понимает в ней человек ничего, но этого уже достаточно для очищения сердца.

(Ор яшарим)

Абсолютная обязанность возложена на каждого из народа Исраэля во что бы то ни стало заниматься Каббалой, без чего человек не достигнет цели своего творения. Поэтому мы постоянно вращаемся в кругооборотах жизни и смерти, поколения уходят и приходят, но наше поколение обязано постичь цель.

(Й. Ашлаг, «Предисловие к книге «При хахам»)

Кто постигает истинную картину, видит истинное скрытое управление и его внешнее проявление, т.е. управление неистинное — откуда оно происходит и как связано с истинным управлением.

(Рамхаль, «Адир ба маром»)

В духовном массы обязаны идти за Поводырем, т.е. за самым развитым. Развитых в обществе немного, и успех масс находится только в руках духовно развитых. Поэтому обязаны массы устремляться за духовными предводителями и оберегать их пуще глаза, чтобы не исчезли из мира, потому что самые нужные, необходимые, истинные мысли находятся только у слабых и малочисленных. Вся природа мудрости — являться в мир в малых количествах. Поэтому обязаны массы беречь, учиться, слушаться духовно единственных, ведь слабость властвующих масс в их неспособности выяснять главное.

(«При хахам», статья «Херут»)

Известно из первоисточников, что изучение Каббалы обязательно для каждого из народа Исраэля. Даже самый большой мудрец, если не изучал Каббалу, обязан снова вернуться в этот мир, чтобы изучать Каббалу.

(«Предисловие к книге «При хахам»)

Мы обязаны открывать центры изучения Каббалы и распространять ее во всей массе народа, чего не было в прошлом вследствие страха приема недостойных учеников.

(Й. Ашлаг, «Предисловие к книге «Эц хаим»)

Вследствие отказа от изучения духовного человек теряет свой мир, и это отказ от прихода Машиаха.

(рав А.Кук, «Орот», 126)

Вступление

Все великие каббалисты кричат в один голос о том, что не занимаясь Каббалой, мы этим разрушаем мир.

(рав А. Кук, «Игрот», 2; 231)

Приближается время освобождения мира, зависящее только от высшего света, от раскрытия тайн Торы ясным языком, таким, чтобы проявилась ясно вся скрытая мудрость.

(рав А. Кук, «Игрот», 1; 92)

Именно это поколение, столь пустое и отвергающее все, оно и достойно больше других высшего света.

(рав А. Кук, «Игрот», 2; 34)

Когда в изгнании убавится знание у народа Исраэля, забудется духовное и упадут в материальное – это произойдет вследствие исчезновения из них тайного учения. Знающих тайны Торы останется один на всех, остальные же будут нападать на него и молиться, чтобы исчез он и его мудрость.

(Рамак)

Изучение книги «Зоар» в наше время настоятельно необходимо для нашей защиты от зла, потому что раскрытие мудрости именно в столь плохом поколении необходимо, чтобы был у нас щит удержаться за Высшую силу. Прежние поколения были ближе к Творцу, но в нашем, далеком от Творца поколении, только Каббала может защитить нас.

(рав Яков Цемах)

Душа знающего Каббалу соединяется с Творцом, он ощущает и этот, и тот миры, ощущает будущий мир. Когда знание Каббалы распространится на земле, явится Машиах.

(Шл"а)

Запрет на изучение Каббалы был только до 5250 года, а с 5250 года и далее запрет снят, и есть указание изучать книгу «Зоар». А с 5300 года Каббалой обязаны заниматься все, и мы не имеем права откладывать это, поскольку вследствие этого явится Машиах.

(Ор ахама)

Вследствие изучения тайной Торы придет Машиах в наши дни.

(Кхилот Яаков)

Освобождение – только от изучения Каббалы.

(Гаон ми Вильно, «Эвэн шлема»)

Если бы начинали изучать книгу «Зоар» с девятилетними, приблизили бы освобождение.

(Кхилот Яаков)

Только Каббалой освободится Исраэль, потому что только это знание Творца, переданное мудрецам Исраэля с древних дней, только с его помощью раскроется Творец.

(Бааль Шем Тов, «Сефер Эмунот»)

Посылает нам Творец тайное знание, чего не посылал ни в одном прошлом поколении (кроме поколения рабби Акивы и рабби Шимона), без которого человек, как животное – подобен ослу, жующему сено.

(Сур ми ра)

Если бы духовные предводители нашего поколения указали своим ученикам изучать Каббалу, не стремились бы те к иным премудростям. Но что поделаешь, если предводители поколения закрыли двери перед мудростью Творца, утверждая, что только достигшие святого духа могут заниматься Каббалой, а потому все поколение в потемках. Говорит Творец: «Будет свет», – но нет света!

(Мааян ганим)

Вследствие умножения в этом поколении насилия разрешено свыше раскрывать свет мудрости Каббалы, светом Творца сливаться душой с Ним, потому что раскрылась эта мудрость в нашем поколении только для нашего исправления.

(Эйхаль абраха)

Силой книги «Зоар» придет избавление.

(Кисэ Элияу)

В будущем выйдут сыны Исраэля из изгнания силой книги «Зоар».

(«Зоар», Насо, п.90)

А когда начнем заниматься высшей мудростью, освободится Исраэль.

(Хаим Виталь)

Вступление

Освобождение будет только вследствие изучения Каббалы

(Гаон ми Вильно, «Эвэн шлема»)

Ранее было достаточно изучать открытую часть Торы, но теперь, перед приходом Машиаха, необходимо изучать ее тайную часть.

(рав Буним ми Пшисха)

Только вследствие распространения Каббалы в массах удостоимся мы освобождения – как каждый, так и все человечество. Только постижением Каббалы мы достигнем цели, ради которой созданы. Поэтому необходимо самое широкое распространение Каббалы в массах. Распространение Каббалы и приход Машиаха зависят одно от другого. А потому мы обязаны открывать центры, выпускать книги, дабы ускорить распространение Каббалы среди самых широких масс.

(Й. Ашлаг, «Предисловие к книге «Эц хаим»)

В настоящее время настоятельно необходимо овладевать Каббалой. Книга «Зоар» обязана проложить путь к воротам освобождения.

(рав А. Кук, «Орот»)

Творец заповедал нам познать Его управление, поэтому мы желаем изучить, что же дает нам это управление. Изучается это в Каббале, объясняющей свойства Творца. Поэтому мы, несомненно, обязаны изучать Каббалу.

(Рамхаль, «Маамар викуах»)

Горе им, способствующим тому, что дух Машиаха исчезает из нашего мира, они делают Тору сухой, без мысли и высшего знания, потому что только выполняют заповеди и не желают заниматься Каббалой. Своими действиями они способствуют бедности, убийствам, насилию, униженности и грабежам в мире.

(Й. Ашлаг, «Предисловие к книге «Зоар», п.70)

Есть много неучей, которые отказываются от изучения Каббалы, а если бы послушались меня, зло и несчастья не посещали бы наш мир, потому что человек из Исраэля зависим только от Каббалы.

(Ноцар Хэсэд)

Лекарство от всех бед, оставляя которое, вызываем свое же падение, – это занятие внутренней частью Торы.

(рав А. Кук)

Есть тьма, застилающая глаза человечеству, опускающая его в занятия природой, отчего они уже не ощущают Творца как высшего управляющего всем, а считают все зависящим от природы, удачи и случая. Также и наука помогает им в этом. И потому люди совершенно не ощущают внутреннее управление мирозданием. И этим опустились до наинизшего уровня настолько, что забылась Каббала и не понимают истинного управления, а идут за природой, и глаза их не видят Высшего управления.

(Рамхаль, «Адир ба маром»)

«ПРЕДИСЛОВИЕ К ТЭ"С», П.155
Рабби Йегуда Ашлаг

Зачем же каббалисты обязывают каждого человека, независимо от возраста, пола и пр., изучать Каббалу? Потому что есть в изучении Каббалы великая сила, о которой желательно знать всем: изучающий Каббалу, даже если не понимает, что изучает, только одним своим желанием понять возбуждает на себя воздействие высшего света.

Это явление обусловлено тем, что душа человека до ее нисхождения в наш мир была наполнена высшим светом. Когда же душа низошла в наш мир и поместилась в тело, свет, наполнявший ее ранее, остался в высшем мире. Вот он и светит свыше душе, желая в нее вернуться. Но светит только в мере занятия человека Каббалой, потому что Каббала – это единственное средство вновь наполнить душу светом, потому что Каббала – это и есть методика наполнения души светом.

Человек обязан в каком-либо из кругооборотов достичь наполнения своей души. Стремление души наполниться бывшим в ней светом ощущается человеком как различного рода страдания. Чем больше проходит времени, а человек не наполняет душу светом, тем более усугубляются его страдания. В конце концов страдания вызовут осознание их причины – необходимости вновь наполнить душу светом. И приведут человека к необходимости овладеть методикой наполнения светом – Каббалой, которая потому так и называется – от слова «лекабель» – получать.

Статьи в СМИ

БОГОИЗБРАННОСТЬ
Конспект радиобеседы на радиостанции «РЭКА»

Осенние праздники представляют в своих символах весь путь нашего мира, от его зарождения и до конца.

Начало всего – начало творения. Этому соответствует так и называемый «Первый день недели» – «Йом Ришон». В последующих действиях, т.е. в последующие дни, создается неживая, растительная, животная природа. Шестым действием, т.е. в шестой день, был создан человек.

Каббала изучает не происходящее в нашем мире, а происходящее в высшем мире, откуда затем нисходят силы в наш мир, порождают и вызывают все события в нем. Изучая Каббалу, человек начинает видеть высший мир.

В видении высшего мира человек явно познает Творца и то, каким образом Творец создал духовный мир. Это действие называется в Каббале «Первый день творения» – «Йом Ришон». В своих последующих действиях, т.е. в так называемые последующие дни, Творец создал природу высшего мира, его управляющие силы. Последним, шестым действием Творца, шестым днем творения было сотворение Адама.

Поскольку Адам был последним действием Творца, он и является целью всего творения. Все ранее сотворенное создавалось для него. Что же должно произойти с Адамом по замыслу Творца? Адам должен достичь подобия Творцу, стать во всем равным Ему, вместо Творца управлять всем творением, своей судьбой.

Причем человек сам должен достичь этого наивысшего, совершенного состояния. Достичь самому означает, что человек вначале должен оказаться в самом худшем состоянии, противоположном Творцу, а затем сам, своими силами, подняться из него.

Методика изучения высшего мира и управления им называется «Каббала». С помощью Каббалы человек видит наш мир и высший мир, взаимодействие между ними. Из высшего мира нисходит к нам информация и перед нашими глазами реализуется в материю. А наша реакция на нисходящее свыше в виде информации поднимается в высший мир и там определяет, в каком виде, хорошем или плохом, снизойдет и материализуется перед нами наше будущее, наше завтра.

Творец создал нас в этом мире, чтобы мы с помощью Каббалы освоили высший мир и сами стали управлять своей судьбой. Знание Каббалы должен принести миру народ Израиля. Если он не несет миру знание о духовном мире, о высших силах, он этим препятствует всему миру стать лучше, счастливее.

Это подсознательно ощущают другие народы, и это проявляется в их ненависти к Израилю. Но это и против цели и воли Творца, а потому мы ощущаем на себе давление с обеих сторон: ни Творец и ни один народ в мире не являются нашим другом и защитником. И в этом виноваты мы сами.

Спасением от всех проблем может быть только одно – выполнять свою миссию в этом мире. Мы действительно богоизбранный народ. Но наше избрание в том, чтобы создать связь между народами и Творцом. Пока мы этого не сделаем, обе стороны – народы и Творец – будут нас к этому толкать. Вплоть до ужасных катастроф.

Мы вновь находимся в сложных и опасных обстоятельствах. Именно это сегодня и интересует всех, поэтому я скажу об этом пару слов.

Вы слышали, что в эти дни, в просвещенном XXI веке, во всем мире поджигают синагоги. Это народы мира подсознательно требуют от нас научиться самим и научить их управлять творением. И легче не будет, а будет только хуже, потому что не управляемая нами природа обретает все более ужасные формы.

Я неоднократно слышал от многих неевреев: «Почему вы не строите Третий Храм? Почему вы не занимаетесь выполнением своей миссии в мире? Овладевайте управлением мира и научите этому весь мир! Ведь этого Творец требует от вас!»

Я хочу процитировать письмо из Италии, адресованное президенту Израиля.

**Институт культуры Итальянской исламской общины
Рим, ул. Муция Сцеволы, 81
Президенту государства Израиль Моше Кацаву**

Поздравление

Дорогой президент Кацав!

Итальянская ассоциация мусульман поздравляет Вас с избранием на пост президента государства Израиль. Как истинные друзья еврейского народа и государства мы уверены, что Израиль под Вашим просвещенным руководством будет достаточно силен, чтобы отражать нападки врагов и мнимых союзников. Еврейский народ должен раз и навсегда признать свое богоданное право на Землю Израиля и не поддаваться на уловки тех, кто говорит, будто капитуляция перед Абдулом Райфом аль-Кудби аль-Хусейни (Ясером Арафатом) и его бандой, состоящей из преступников и убийц, приведет к миру.

Соседи израильтян – арабы-мусульмане – не признают права еврейского народа на возвращение в Землю Израиля, которая, согласно нашему Корану, принадлежит евреям, покуда сам еврейский народ не укрепит свою веру в Б-га Авраама, Ицхака и Яакова и не станет соблюдать Заповеди Его в своей Обетованной земле.

Вера в Б-га и соблюдение заповедей были залогом многовекового выживания евреев. Они же станут залогом Вашей триумфальной победы над всеми врагами.

Когда народ Израиля вернется к вере и соблюдению заповедей Торы, все его враги рассыплются в прах. Мы, мусульмане, друзья еврейского народа и государства Израиль, с нетерпением ожидаем этого великого дня.

**С наилучшими пожеланиями,
Шалом/Салам из Рима,**
шейх, профессор Абдул Хади Палацци,
генеральный секретарь Итальянской ассоциации мусульман,
директор Института культуры итальянской исламской общины, мусульманский сопредседатель «Исламско-Израильского товарищества».

Все-таки время работает на нас, мы вечны, и близится наше внутреннее и внешнее освобождение, как сказано в «Предисловии к книге «Зоар», пп. 65-80.

Но есть более высокая и вечная цель: ведь как не может человек жить в нашем мире, не имея определенного количества знаний о нем, о его природе, так и душа человека, после того как отрывается от тела, не в состоянии нормально существовать в высшем мире, если не познает его строение и функционирование. Поэтому знание Каббалы не только обеспечивает нас комфортным существованием в этом мире, но и наполняет уверенностью в будущем.

НАБРОСОК КАРТИНЫ МИРА

Все мироздание, все существующее, состоит из миров; и общая картина этих миров – сверху вниз – выглядит следующим образом:
- мир Бесконечности
- мир Адам Кадмон
- мир Ацилут
- мир Брия
- мир Ецира
- мир Асия
- наш мир

Душа человека изначально находится в мире Бесконечности. Тело человека рождается в нашем мире. Душа человека нисходит из своего корня, из мира Бесконечности, через пять миров (Адам Кадмон, Ацилут, Брия, Ецира, Асия) в наш мир и входит в тело.

Находясь в мире Бесконечности, душа наполнена светом. Постепенно нисходя вниз, душа опустошается от света. Окончательно она теряет весь свет при входе в наш мир. Полностью опустошенной душе в нашем мире светит свыше из мира Асия свет. Этот свет неощущаем нами явно. И поскольку он светит душе только издали, а не наполняет ее, то душа ощущает отсутствие этого света в себе как страдание.

Этот свет, как некая сила, тянет душу подняться выше нашего мира, а затем и вернуться к своему корню в мире Бесконечности, чтобы вновь целиком наполниться светом. Отсутствие света является причиной всех страданий, как личных, так и глобальных.

Если душа не прилагает усилий вернуться к тому состоянию наполненности светом, в котором она была в мире Бесконечности, отсутствие света вызывает в ней страдания. Так продолжается до тех пор, пока душа не осознает, что причина ее страданий в отсутствии света, в том, что она должна вернуться в корень. Свет, светящий душе свыше, из мира Асия, тянет ее к себе.

Человек должен стремиться к тому, чтобы скорость его возвращения к корню была большей, чем эта высшая вынуждающая сила света. Если человек будет стремиться вернуться к своему корню, он ни в чем не будет ощущать страданий: ни болезней, ни страхов, ни неприятностей, ни войн и т.п.

Каббала объясняет, как вернуться к корню. Возвращение означает раскрытие человеку всего мироздания, познание, управление будущим, ощущение покоя, вечности, совершенства. Человек получает все это, и потому методика, позволяющая ему получить все самое важное, самое лучшее, так и называется – Каббала, от слова «получать». Получать, и все!

Причем, поскольку человек возвращается в исходное состояние сам и из самого низкого мира, он начинает ощущать исходное состояние намного более совершенным и пользуется им сам, заслуженно. Достичь своего корня каждый человек обязан, находясь в этом мире, будучи в своем теле. До тех пор пока человек не достигнет своего корня, он будет вынужден нисходить в этот наихудший из миров вновь и вновь. Только единственная методика – Каббала – позволяет достичь корня души в мире Бесконечности, т.е. достичь цели творения.

Душа постепенно возвращается из нашего мира в мир Бесконечности по 125 ступеням: 5 миров по 5 частей (парцуфим) в каждом, по 5 сфирот в каждом парцуфе. Вся эта система и путь возвращения души – предмет изучения Каббалы.

В исходном состоянии, в нашем мире, мы совершенно не ощущаем высший мир. «Возвращение души» – означает постепенное ощущение кроме нашего мира еще и высшего – вплоть до самой наивысшей ступени, когда душа ощущает свой корень, из которого родилась. Это состояние – самое комфортное для души, и каждая душа обязана его достичь. Все дело в выборе в пути: по своей воле, т.е. быстро и легко, как каббалисты или как обычные люди – поневоле и через страдания.

КТО И ПОЧЕМУ БОИТСЯ КАББАЛЫ?

В редакции газет, на сайт каббалистического центра Бней-Барух регулярно приходят письма так называемых «противников Каббалы». Я взял это словосочетание в кавычки – потому что большинство из них либо вообще смутно представляет себе, что это за наука, либо их агрессивность вызвана страхом не перед Каббалой, а перед все большим распространением этого тайного (в прошлом) учения среди масс. В этом случае они кричат об опасности, о традиционных запретах на изучение Каббалы, которые были установлены самими каббалистами и ими же давно сняты. Мне многократно задавали вопросы относительно происхождения такого рода страхов и агрессивного отношения к Каббале и к нашему центру в частности.

Я постараюсь разъяснить этот феномен, не вдаваясь ни в коем случае в полемику с его носителями, поскольку она совершенно бессмысленна.

Бааль Сулам в своей статье «Время действовать» писал, что в наше время любой человек, никогда не изучавший Каббалу, а лишь немного поинтересовавшись ею или почитав пару статей, полагает, что может составить четкое мнение о данном предмете.

Несколько газетных статей действительно могут дать некоторое представление о том, чем занимается эта наука, но делать на их основании какие-то глубокомысленные выводы или критические замечания – это, по меньшей мере, спекуляции, и очень похоже на то, как Владимир Ильич писал свои критические статьи на книги, не читая их и пользуясь мимолетными отрывочными сведениями – исключительно с целью опорочить неугодных ему авторов. Именно так нередко и выглядят претензии авторов статей, кричащих об опасности распространения Каббалы. Усмотреть в этой науке опасность можно только очень предвзятым взглядом. Ведь она выше нашего мира, она говорит о высшем мире, о том, что находится над нами, в то время как религия и наука занимаются тем, что указывают человеку, как он должен вести себя в этом мире, не открывая ему высший мир, не давая ему знания о нем и возможности войти в него.

Все религии, максимум, могут пообещать: ты работай в этом мире, а после того, как уйдешь из него, ты получишь такое-то вознаграждение, а заодно и в этом мире получишь хорошую жизнь. Они говорят, что за хорошие поступки (что значит «хорошие», каждая религия трактует по-своему) ты получишь вознаграждение в будущем мире или в обоих мирах сразу.

Каббала не обещает, что человек должен получать какое-то вознаграждение в этом или будущем мире. Награда человека в том, что у него открываются глаза, он начинает видеть, каким образом действительно надо себя вести, каким образом надо общаться с окружающим миром и с тем миром, который ему открывается, и как входить в связь с Творцом.

Поэтому ни к религии, ни к обычным наукам, которые исследуют только наш мир и поведение человека в нашем мире (этим, в принципе, занимаются религии и психология), Каббала не имеет отношения. А именно этими параметрами и оперируют, как правило, противники Каббалы, касаясь тех сфер, которые вообще не являются полем ее деятельности.

Не зря Каббала называется тайной наукой. Она тайная для тех, в ком еще не созрела душа – тот зародыш будущего духовного сосуда (кли), в котором человек ощущает весь высший мир. Если этот зародыш, заставляющий стремиться к высшему миру, если этот так называемый «духовный ген» еще не созрел, то человек – неважно религиозный или светский, образованный или нет – совершенно не восприимчив к основным понятиям, которыми оперирует Каббала.

Они ему просто непонятны, он берется рассматривать их в плоскости человеческой психологии и простейших категорий нашего мира. Те элементы каббалистической науки, которые я стараюсь донести в газетных статьях, ему еще не доступны. И не надо было бы таким людям касаться этой сферы.

Я пишу для широких масс, для многих тысяч людей, но для того, чтобы те из них, кто уже созрел для изучения Каббалы, кто почувствовал необходимость в постижении высшего мира, получил бы нужную информацию и возможность реализовать свое стремление.

Таких людей в нашем поколении очень много, а в следующем будет еще больше, поэтому я обязан дать им эту информацию. Тот, кому пришло время, воспользуется ею, как это делают многие читатели газет, в которых печатаются мои статьи, слушатели моих лекций, посетители нашего сайта в Интернете, задавая множество серьезных и трудных вопросов. Для остальных – это материал для общего развития, для будущего развития их души. Он может вызывать любопытство (или не вызывать его), но никак не враждебность.

Те, кто сегодня глух и слеп к этому знанию, должны пройти еще определенный путь развития, их душа должна пройти, может быть, еще один кругооборот, а может, несколько. Каббала не обращается к ним, как она не обращалась ко всему человечеству на протяжении тысяч лет, пока души созревали и человечество проходило этапы своего развития от желаний материальных, животных к желаниям богатства, власти, славы, знаний.

Когда душа созревает, проходя все эти этапы, в ней появляется желание – над всеми желаниями, которое может быть удовлетворено только высшим знанием, источник которого находится в Творце, в Высшем Свете.

Я знаю, что из многих десятков тысяч читающих мои статьи в газете, две-три тысячи откликаются внутренне, своими ощущениями, в них начинает говорить внутренняя сила, толкающая вверх, тот самый «духовный ген», который зовет человека постичь корень своей души, ее Источник.

Если в человеке этот корень души еще не «пророс», и он не пытается еще искать связь с источником своей души, то есть с Творцом, тогда он может воприниматать статьи по Каббале только глазами нашего мира. В его распоряжении – лишь пять органов чувств и тот умственный, интеллектуальный аппарат, который он развил с помощью этих органов чувств.

И тогда естественно, что информацию, которая обращена к зародышу его души, к его духовному органу чувств, он просто не воспринимает. Ему еще просто нечем ее воспринимать. И будь он профессором, Эйнштейном, все равно, он никоим образом не поймет, о чем там говорится. Он все переводит в плоскость своего понимания мира, исходя из своего уровня развития.

И поэтому его нельзя винить в том, что он не понимает. Его можно винить лишь в том, что он не осознал, что пока эта информация – не для него, и не следует пугать людей тем, что тебе сегодня еще не доступно. Смешно напоминать в XXI-м веке, что отнюдь не все, что в данный момент еще не понято, не изучено и не доступно, несет в себе опасность.

Человек, просто умудренный опытом, даже если он еще не ощущает стремления к высшему миру, не станет всех стричь под одну гребенку и требовать от всех одних и тех же стремлений и единого образа мыслей.

Каббала существует тысячи лет, она возникла раньше всех наук и останется после всех наук. В ней предсказано все развитие человечества, и в действительности оно таким образом и шло, в ней сказано и о том, как в дальнейшем будет развиваться человечество.

Мы видим, что постепенно реализуется все написанное каббалистами. То, что раскрытие, возрождение Каббалы не нравится духовно не созревшим людям (среди них есть как верующие, так и неверующие), это как раз говорит о том, что мы находимся на последнем этапе развития человечества, накануне его проникновения в духовные миры.

Не нравится, потому что в них еще недоразвит сосуд души, не развито стремление к высшему знанию, которое должно появиться вслед за развитием всех предыдущих стремлений человека, проходящих четыре этапа – неживой, растительный, животный, «говорящий» – и далее к Творцу.

Мы видим, особенно в наше время, как идут поиски человечества, как они углубляются. Вспомните историю искусства, как оно переходило от чисто материального, точного, грубого изображения человека и окружающего его мира, его «мяса», так сказать, (греческая скульптура, фламандская живопись), к импрессионизму, ко все более тонкому проникновению во внутренний мир человека и природы.

Искусство уже пыталось выразить чувства, отобразить не внешность, а эмоциональный мир человека. Человечество ищет постоянно, мы видим, как его стремление понять себя постепенно переходит от изучения и изображения материи к проникновению в более глубокие сферы.

Сегодняшние войны, сегодняшние проблемы, сегодняшние поиски – они более внутренние, и нельзя по канонам и определениям десятилетней и, тем более, столетней давности оценивать сегодняшнего человека и сегодняшний этап развития всего человечества.

Человечество, приближаясь к тому, чтобы начать управлять природой, всем мирозданием (сроки подходят), входит в противоречие с общими законами мироздания, потому что не знает их. С помощью Каббалы оно в любом случае должно будет изучить эти законы. Их постижение – а это автоматически означает освоение высших миров и Творца – возложено, в первую очередь, на евреев. Активность нашего народа объясняется свойствами души, подготовленной для высшей духовной миссии, а не для более комфортного устройства в этом мире.

Мы обязаны первыми изучить их и передать это знание всему человечеству. Именно в этом и состоит смысл богоизбранности нашего народа, и именно поэтому я получаю такое количество писем и вопросов по Каббале, именно поэтому чуть ли не в каждом городе в Израиле открываются все новые группы начинающих изучать Каббалу, именно поэтому мы выпускаем новые книги.

А опасность – она лишь в том, что мы недостаточно еще успеваем делать для того, чтобы высшее знание, которое постепенно должно освоить все человечество, стало уже сегодня доступно всем, кто для него созрел. И еще опасность состоит в том – и об этом писал Бааль Сулам, – что те, кто еще не созрел, пытаются мешать этой работе.

КРУГООБОРОТ ДУШ И РАЗВИТИЕ ПОКОЛЕНИЙ
Газета «Время»

Для чего я живу

Испокон веков человек искал ответы на главные вопросы бытия: кто я, в чем цель моего существования, для чего существует мир, продолжаем ли мы существовать после смерти и пр.

Ответы на эти вопросы каждый человек по-своему пытается находить в доступных ему источниках информации. И в соответствии с найденным и с тем, насколько это найденное удовлетворяет его, каждый человек вырабатывает свое мировоззрение.

Вопрос о цели, смысле жизни добавляет к повседневным человеческим испытаниям и страданиям дополнительное, глобальное – а для чего я страдаю вообще? Он не дает нам ощутить удовлетворение, даже когда какие-то из наших повседневных желаний временно исполняются.

Человек, достигший желанной цели, довольно быстро начинает чувствовать снова отсутствие удовлетворения. Оглядываясь назад, он видит, как много времени провел в мучительных усилиях по достижению желаемого, но почти не наслаждался достигнутым.

Поскольку ответов на поставленные вопросы нет, поиски продолжаются в самых разных направлениях, в том числе в восточных учениях и различных религиозных системах. Медитации, физические и интеллектуальные упражнения позволяют чувствовать себя комфортнее, но это всего лишь попытка забыться, ведь желания остались неудовлетворенными, смысл жизни не найден. Все эти методы успокаивают не за счет достижения ответа о цели жизни и смысле страданий, а за счет снижения запросов.

Однако вскоре человек обнаруживает, что от истины отмахнуться невозможно. Человечество постоянно ищет логическое обоснование своего существования, человек изучает законы природы уже много тысячелетий.

Современные ученые обнаруживают, что чем больше они продвигаются в своих научных исследованиях, тем картина мира становится все более туманной и запутанной. Современные научные книги становятся похожими на мистические, на научную фантастику, но не дают ответ на вопросы о смысле жизни.

Каббала как наука предлагает свой способ исследования мира. Он заключается в развитии у человека способности ощутить скрытую от нас часть мироздания. Слово «Каббала» (на иврите «получение») выражает стремление человека получить высшее знание, ощутить истинную картину мира.

Каббалисты рассказывают нам о технике, основанной на их личном опыте. Они излагают в книгах и преподают методику исследования мироздания, получения ответа на вопрос о смысле жизни.

Взгляд на эволюцию с точки зрения Каббалы

Каббалисты, постигшие абсолютное знание, утверждают, что нет в мироздании ничего, кроме желания получить наслаждение, желания насладиться. Оно называется «творением». Создано оно Творцом, светом Творца, и ощущается творением как благо. И наоборот, отсутствие или недостаток света-Творца в творении ощущается как страдание в самых разных вариантах: боль, болезнь, голод, смерть.

Таким образом, мы состоим только из положительных или отрицательных ощущений. Наш мозг создан и призван только помогать нам удовлетворять наши желания, осознавать и различать все наши положительные или отрицательные ощущения, выяснять их происхождение и возможность достижения комфорта.

Вся жизнедеятельность неживой природы сводится к поддержанию своей структуры. У растительной природы она сводится к росту, у животной – тоже к росту, но уже и к семье, продолжению рода, к передвижению, а у человека, в дополнение ко всему предыдущему, появляется стремление к богатству, власти, знаниям. Но в основе всего лежит желание получить наслаждение, а мозг – вспомогательный аппарат, и его развитие полностью зависит от величины желания. Поэтому чем больше человек желает, чем больше он страдает, испытывая недостаток, дискомфорт в разных сферах жизни, пытаясь его преодолеть, тем он вынужден больше развиваться, уметь, изобретать.

Если желание искусственно уменьшается, человек испытывает меньший дискомфорт, меньшие страдания от невозможности его удовлетворить, наполнить. Если желание искусственно увеличивать, то соответственно человек испытывает больше страданий. Все религии и верования, все методики «парения», погружения, медитации, йоги и пр. сводятся к тому, чтобы ограничивать, убивать желание, плоть. Этим они притягивают человека, они для этого и созданы. Человек уменьшает свои желания – человеку лучше, он меньше страдает.

Но человечество не стоит на месте. С каждым поколением в этот мир нисходят души прошлого поколения, но уже с большим желанием к наслаждению, свету, Творцу. В остальной природе этого не заложено. Развитие человечества идет именно в сторону увеличения желания, эгоизма – в этом заключается наша эволюция. Она проявляется и на всех остальных уровнях природы, потому что зависит и определяется уровнем «человек»; поэтому есть изменения, эволюция, и в неживой, и в растительной, и в животной природе.

Но только в человеке из поколения в поколение желания растут, потому что он, по изначальному замыслу природы-Творца, должен достичь желания насладиться самим Творцом, всем светом, его создавшим! Поэтому все методики и религии отомрут, и это мы уже явно наблюдаем – ведь они не смогут удовлетворить и обслужить человеческие потребности, желания, не смогут помочь методом их умерщвления достичь покоя, умиротворения.

Поэтому только древняя наука Каббала, построенная не на уменьшении желания, ограничении, отстранении от общества, особом режиме или монашестве, оказывается единственным методом достижения покоя, умиротворения, счастья, даже в нашем, чисто житейском понимании. Ведь страдания заполнят жизнь человека полностью и заставят искать спасения. Поэтому сказано, что в последних поколениях именно Каббала станет единственной наукой – ведь что надо человеку, что гонит его развивать науки, искусства и все-все остальное, как не потребность наполнить себя, свое желание насладиться.

Мы можем наблюдать, как даже семья разрушается, вследствие роста эгоизма, увеличения желания получить. Человек в результате развития своего желания получить наслаждение поднимается уже в нашем поколении чуть выше животного — и мгновенно меняются рамки его общения, связей с другими. Происходит это потому, что, как сказано в книге «Зоар», начиная с этого поколения, начинается освоение духовного мира массами. Поэтому ни в чем уже человек не сможет вернуться к «старому доброму времени» — если он желает этого, то только исправлением дополнительного желания. А это возможно только методикой Каббалы. А уменьшить, умертвить желания не удастся, потому что высший закон развития не позволит человеку убивать себя, а заставит страдать, но искать наполнения — наполнения Светом.

Процесс эволюции природы нашего мира мы можем изучить по книгам, написанным учеными-физиками, ботаниками, зоологами и др. Но как же происходит процесс эволюции наших душ — вот что нам необходимо изучить и понять.

Кругооборот душ

Души нисходят в материальные тела согласно установленному порядку. Они периодически возвращаются в этот мир, всякий раз одеваясь в новые тела. Это воспринимается нами как развитие поколений. По своей физической оболочке каждое поколение напоминает предыдущее, тела меняются очень мало, но души каждого последующего поколения нисходят с дополнительным опытом предыдущего существования в этом мире. Они обладают запасом новых сил, накопленным во время их пребывания «наверху».

Поэтому у каждого поколения есть свой набор желаний и свои жизненные цели, характерные именно для него. Каждое поколение в наш мир нисходят души с новыми потенциальными желаниями. И эти-то желания в нисходящих душах и диктуют, как будут развиваться науки, культура, искусство, отношения и пр. в данном поколении.

Все задается свыше, еще до того, как души низошли в этот мир и сформировали основную массу поколения. Видя свойства нисходящих душ, можно предсказать все события в этом поколении до мельчайших деталей. Потому что духовная информация, заложенная в душах, включает в себя совершенно все!

Даже если данное поколение не приходит к желанию познать истинную реальность, Творца, – оно все же совершает определенную работу, испытывая страдания, через которые проходит.

Таким образом, оно накапливает свое отношение к эгоизму, вследствие которого эти страдания и ощущает. Правда, пока это еще неосознанные страдания. И их причина, таящаяся в нашей эгоистической природе, еще не осознана.

В результате накопление этих страданий из поколения в поколение приведет к осознанию того, что свыше нисходит только абсолютное добро. Ощущаемое в эгоистических желаниях, это абсолютное добро представляется нам абсолютным злом! Развитие поколений приведет к познанию истинной реальности.

В каждую историческую эпоху в наш мир спускаются души другого типа, поэтому они испытывают необходимость в различном руководстве. В руководстве, которое подходило бы к типу душ, в настоящий момент находящихся в этом мире.

Поэтому в каждом поколении есть люди, ведущие нас по пути духовного продвижения. Они пишут книги и формируют группы учеников, для того чтобы сообщить нам методику постижения истинной действительности, наиболее подходящую для данного поколения.

В «Предисловии к книге «Зоар» Бааль Сулам говорит о том, что в течение шести тысяч лет души нисходят в этот мир. С каждым поколением они все хуже, все «грубее».

Души каждого следующего поколения нуждаются в особом исправлении. В начале, в течение первых двух тысяч лет, на Землю нисходили настолько чистые души, что для выполнения возложенной на них задачи не нуждались даже в Торе. Для их развития было достаточно находиться на Земле без специальных средств постижения духовности.

Это был период накопления опыта и страданий в этом мире. Факта существования в этом мире было достаточно для продвижения к исправлению. Накопленные страдания подталкивали души к тому, чтобы выйти из этого мучительного состояния. Желание выйти из состояния страдания – это и есть движущая сила развития человечества.

В последующие две тысячи лет душам для их развития было достаточно открытой Торы и соблюдения заповедей.

Они воспринимали заповеди как действия, связанные с этим миром. Простого исполнения было достаточно для очищения и продвижения к конечному исправлению.

Но этими действиями еще не завершается исполнение возложенной на них задачи. Количество душ ограничено: условно их 600000. Все те же души каждый раз нисходят на Землю для дальнейшего продвижения к своему исправлению.

Когда мы называем их тонкими или грубыми, мы имеем в виду, сколько им еще осталось до конечного исправления. Душа, нуждающаяся в большем исправлении, считается более грубой.

Второй период нисхождения душ продолжался до XVI века и закончился с появлением Ари, который писал, что, начиная с его времени, занятие Каббалой является не только желательным, но и обязательным для всех: женщин и мужчин, детей и взрослых, и других народов.

Это объясняется тем, что души в своем развитии достигли такого этапа, когда каждая нисходящая на Землю душа, пользуясь особой методикой, разработанной Ари, способна дойти до постижения всего объема мироздания, постижения Источника света и до своего окончательного исправления. Таким образом, каждая душа может достичь того, что ей, в сущности, предназначено, для чего она и нисходит в этот мир.

И только этим обусловлена необходимость всеобщего раскрытия истинной реальности, которое дает Каббала. Это раскрытие произойдет тогда, когда все человечество откроет для себя закономерности строения мира, и тогда же наступит конец всяческим страданиям и боли.

Когда мы узнаем, как влияет на нас действительность и как мы реагируем на нее, мы перестанем портить то, что нельзя портить, не будем упускать возможность сделать то, что стоит сделать, и все наши действия будут осознанными и правильными – соответствующими закону мироздания. Тогда между нами и раскрывшимся нам настоящим миром наступит полная гармония.

Но пока мы лишь портим и только задним числом видим, что напортили. При этом у нас нет никакой возможности избежать этого. Человечество все глубже заходит в тупик, входит во все большие неприятности и проблемы.

Страдания усиливаются с тем, чтобы, в конце концов, человечество осознало необходимость духовного восхождения. Мы должны понять, что у нас нет другого выхода, кроме как познать духовный мир, частью которого мы являемся.

Осознание этого коренным образом изменит наше положение, приведет нас к новому состоянию. Мы начнем действовать осознанно, представляя себе конечную цель, действовать как человечество, а не как разрозненные индивидуумы.

КАББАЛА – НАУКА ИЛИ РЕЛИГИЯ?
«Время»

— *Многие считают Каббалу религией или частью религиозной традиции и автоматически переносят на нее свое отрицательное отношение к навязываемым им религией непонятным ритуалам и ограничениям. В чем же сходство и в чем отличие Каббалы от религии.*

Рав М.Лайтман: Любая религия зиждется на том, что когда-то был пророк, человек, получивший связь с Творцом, и он распространил знания о своей связи среди людей. Так утверждает каждая религия. Все исходит из высшего откровения, из раскрытия Творца пророку, основателю той или иной религии.

Каббала же – это методика постижения Творца, которой может воспользоваться любой человек, чтобы самому, без посредников, достичь связи с Творцом. Люди, которые этого достигли, изложили свой путь в виде методики, следуя которой любой из населяющих Землю может стать пророком, «говорящим» с Творцом, контактирующим с Ним.

Естественно, что такому человеку религии ничего не говорят, а его связь с Творцом зиждется на личном откровении, а не на догмах и наслоившихся веками традициях. Каббала называется наукой, «Хохмат аКаббала», потому что исследует пути раскрытия Творца творениям и обучает всех этому пути.

И все-таки, по каким признакам Каббалу можно считать наукой? Каббала не занимается исследованием нашего мира, но все науки нашего мира исходят из нее. Т.е. если вы знаете Каббалу, то видите, как высшие, духовные силы нисходят до нашего мира и в нашем мире распадаются на свои различные проявления, называемые нами физические, химические, биологические, мыслительные, нравственные процессы и явления. Поскольку мы не в состоянии изучать все явления вместе, то изучая каждое, мы создаем отдельные науки. Таким образом, разделение на науки – чисто условное. А на самом деле все взаимосвязано, объект-то исследования общий. Только мы его расчленяем, чтобы легче было исследовать.

Каббала связывает воедино все проявления материи и духа в материи. То есть для Каббалы музыка, астрономия, биология и медицина представляются как бы различным внешним выражением одного и того же внутреннего закона природы. Ведь ощущающий высший мир каббалист обнаруживает, что существует только один общий закон, который и изучает Каббала, а он, этот закон, по-разному выражается в нашем мире в механике, в биологии, в музыке и пр.

В Каббале присутствуют все атрибуты любой науки: в ней есть исследования, записи результатов опыта, повторяемость, проверка фактов и их накопление. Это наука об общем мироздании, в котором мы существуем, наука об одном общем законе всей природы. Мы же на уровне нашего мира воспринимаем из общего Закона всего мироздания только определенную небольшую часть, называемую «наш мир», «этот мир».

– *Но какие-то законы, постулаты в Каббале существуют?*

Единственный существующий во всем мироздании закон – это закон максимального наслаждения творения Творцом. Из него исходят все остальные законы – его частные проявления. А все происходящее – выполнение этого закона. Все в мироздании в каждый момент времени складывается так, чтобы заставить человека прийти к состоянию максимального наслаждения, насыщения светом Творца.

Действие Творца подобно действию закона притяжения: в центре мироздания находится Творец. Удалив души от Себя на расстояние пяти миров: Адам Кадмон, Ацилут, Брия, Ецира, Асия до самой удаленной от Него точки, называемой «наш мир», – Он затем притягивает нас к Себе.

Притяжения эти вынужденные, ощущаемые нами как различного вида страдания, испытания. Они призваны подтолкнуть нас к изменению нашей природы с эгоистической на альтруистическую. Ведь Творец полностью альтруистичен. Удаление или сближение с Ним означает в духовном пространстве изменение свойств: подобие Ему, Его альтруистическому свойству притягивает к Творцу, а увеличение эгоизма приводит к удалению от Творца.

Если мы прикладываем усилия, чтобы сближаться с Творцом сами, не ожидая воздействия на нас притягивающей вынуждающей силы, то мы не испытываем страдания, а эта притягивающая к Творцу сила, наоборот, ощущается нами доброй. Если же мы упираемся и не желаем менять свои свойства на свойства Творца, то в такой же мере ощущаем страдания (неприятности, болезни, проблемы).

Наука Каббала позволяет во всех обстоятельствах реализовать себя так, чтобы самому осознанно идти к сближению с Творцом, обгоняя воздействие жесткой вынуждающей силы. Изучая Каббалу, методику сближения с Творцом, человек обретает силы и знания для того, чтобы самостоятельно и, значит, легко и приятно проделать весь путь сближения с Всевышним. Этим он избавляет себя и весь мир от несчастий, болезней, войн. Ведь все отрицательное в нашем мире – следствие вынуждающей исправляющей силы.

Читая эту статью, вы уже включаетесь в управление мирами. Потому что думая, споря, соглашаясь или отрицая прочитанное, вы возбуждаете в себе точку связи с Творцом и тем самым добавляете свет исправления в наш мир, смягчая Высшее управление, склоняя его от жесткости к милосердию. Поэтому Каббала – это самая практическая наука, объясняющая всем нам, «как хорошо жить».

– *Почему ортодоксальная традиция не советует заниматься Каббалой?*

Причина этого – в противоположности природы Каббалы и религии: религия исходит из желания обустроиться в этом и будущем мире, а Каббала обучает освоению иной природы – отдаче ради Творца.

Если мы откроем «Талмуд Десяти Сфирот» – фундаментальный труд по Каббале, написанный высочайшим каббалистом прошлого века рабби Йегудой Ашлагом (Бааль Сулам), с первой же страницы предисловия к этой книге автор поясняет, что Каббалой может заниматься каждый, но необходима она лишь тому, в ком «горит» наболевший вопрос: «Каков смысл моей жизни?»

Хотя Каббала – это грандиозная наука, начинается она с самого общечеловеческого, всем известного вопроса, и кому этот вопрос не дает покоя, тот, изучая Каббалу, сможет ответить себе на него. И только с помощью Каббалы! Иной методики нет! А кто не задается вопросом «В чем смысл моей жизни?», тому Каббала ничего не даст!

Религия же успокаивает человека, дает ему определенный психологический комфорт, уверенность в милосердном управлении и доброй цели Творца. Вследствие этого человек уже не нуждается в Каббале, исчезает вопрос о смысле жизни.

В течение тысяч лет именно религия хранила наш народ. Народ выполнял определенные групповые действия и этим сохранялся. Но с другой стороны, это законсервированное общество, которое не может развиваться. Поэтому те, кто развивается духовно, идут к Каббале, а те, кто еще не созрел для этого, находятся в рамках выполнения традиционных заповедей.

И это поощрительно. Каббалисты сами определили такой путь всего народа. 2000 лет назад мудрецы Кнессет аГдола и Санедрина, большие каббалисты, запрограммировали на тысячи лет вперед путь всего народа на время нашего изгнания.

С окончанием изгнания, с получением Земли Израиля, с нашим возвращением сюда после Катастрофы, начался последний период: возвращение в Землю Израиля, возвращение «географическое» и одновременно с этим, соответственно духовному корню и его ветви в нашем мире – возвращение в духовную Землю Израиля.

Поэтому запреты на изучение Каббалы, которые вводили сами же каббалисты, в наше время полностью сняты. Те, кто в Каббале ничего не понимает, продолжают пользоваться старым подходом, совершенно не представляя, что творится в мире.

В наше время происходят кардинальные изменения. Можно сказать, что если до последнего времени управление миром велось по определенному плану свыше, то начиная с нашего времени, само Высшее управление включает наше сознательное участие в нем.

Т.е. если ранее отношение к нам было как к объектам, автоматически включенным в процесс развития, то сейчас мы сами обязаны активно принять участие в завершении этого процесса. Если мы не желаем духовного возвышения, то вынуждающая сила заставит нас. Спокойного места на Земле не останется, человек нигде не будет себя комфортно чувствовать, а евреи – в первую очередь, потому что закон, вынуждающий двигаться к центру творения, в первую очередь, действует на нас.

Мы в первую очередь обязаны войти в управление, и после нас – остальные народы. Все остальные это чувствуют, и через них Творец вынуждает нас. Вместе со страданиями человек начинает понимать их причину. Это уже хорошо, т.к. он уже знает, как поступать, а плохо – это когда бьют, а я не понимаю почему.

– *Разве не нужно человеку до изучения Каббалы предварительно изучить Тору с комментариями?*

Для того чтобы начать заниматься Каббалой, не надо знать предварительно ничего, потому что Каббала – это учение о связи с Творцом. Как выходит плод из матери – голенький, мокренький, так и человек, если он хочет заниматься Каббалой... Если человек ощущает в себе желание изучать высшее, для чего ему надо изучать что-то о нашем мире? Ведь он желает знать, как существовать не в этом, а в высшем мире!

Каббалисты утверждают, что люди, препятствующие изучению и распространению Каббалы, являются источником всех страданий человечества. Чтобы начать интересоваться Каббалой, не надо никаких условий, нужно просто открыть книги...

– *Где в Каббале находится Б-г? Какова Его роль?*

Мироздание состоит их двух составляющих: Творца и творения, или так называемой души. Цель существования души – в приведении ее к полному слиянию с Творцом. Как это делается, изучает и объясняет Каббала. Каббала как наука исследует душу, желание насладиться Творцом. Каждое свойство души Каббала обозначает особым термином. Каббала оперирует техническими понятиями, изучая общий закон мироздания. Поэтому в Каббале не употребляется слово Б-г. Имеется в виду высшая сила, высший свет, Творец. Каждая высшая ступень относительно низшей ступени называется Творец, потому что она ее сотворяет, управляет ею и развивает.

Достаточно открыть книгу по Каббале и увидеть, какое отношение есть между каббалистом и Творцом – ясное, осознанное, четкое, не надуманное, не туманное. Ведь каббалисты ощущают Творца, участвуют в Его действиях. Они-то и находятся с Б-гом, они – партнеры Творца.

– *Существует ли аналог Каббалы в других религиях?*

Аналога Каббалы в других религиях нет, потому что Каббала – это не религия, а наука и не имеет отношения ни к каким религиям, верованиям, экстрасенсорным методикам, даже к еврейской религии. Любой верующий еврей на вопрос: «Знает ли он Каббалу?» – ответит: «Не знаю и не считаю нужным». И он прав, потому что Каббала абсолютно не нужна человеку для отправления религиозных обрядов. Кроме того, Каббала вызывает у человека развитие эгоизма, увеличивает тягу к знанию, построена на самопознании, на постижении высшего, а религия построена на самоограничении, удовлетворении малым.

– *Как Каббала относится к еврейским традициям, к иудаизму?*

Человек должен знать, как себя прокормить, одеть и обуть, родить и воспитать потомство. Иудаизм добавляет комплекс религиозных законов поведения человека в нашем мире. Т.е. человеку указывается, что он еще должен делать, помимо отправления естественных животно-человеческих потребностей. Это еще 613 законов! Почему человек должен их выполнять? Эти законы абсолютно иррациональны. В нашем мире нет никакого оправдания и объяснения запрету есть свинину или пользоваться транспортом в субботу.

Каббала не имеет отношения к выполнению этих законов в нашем мире. Она вообще не имеет отношения к нашему земному образу жизни. Каббала обучает нас тому, что находится вне этого мира, как связаться с Высшим управлением и свыше влиять на наш мир.

Но когда вы входите в ощущение высшего мира, начинаете его исследовать, вы обнаруживаете, что это он, высший мир, состоит из 613 духовных законов. Находящийся в высшем мире каббалист соблюдает эти 613 законов, иначе он не может существовать в высшем мире и сразу же теряет его ощущение.

В нашем мире аналога этим 613 духовным законам нет. Потому они и кажутся нам такими странными. Но выполняя их, хотя мы и не влияем этим на высший мир, потому что на высший мир можно влиять только намерением отдачи, но даже механическое выполнение законов охраняет человека и готовит к выполнению 613 законов – заповедей в их духовном, каббалистическом виде.

С 1995 года (как и предсказано великими каббалистами прошлого) постепенно во многих начинает появляться стремление к познанию высшего мира. И человек переходит к изучению Каббалы. Как до появления этого желания – точки в сердце он был противником Каббалы, так немедленно становиться ее сторонником. Я вижу этому наглядные примеры среди сотен ортодоксально верующих.

Те, кто выполняет законы только в нашем мире и не ощущает еще точку в сердце, считают, что достаточно механического выполнения законов. Желающие же выполнять эти духовные законы по-настоящему, в высшем мире, ощущают, что без этого их жизнь, жизнь простого верующего, не наполнит их существование.

А запрет на изучение Каббалы также ввели две тысячи лет назад каббалисты. Потому что знали, что до нашего времени ее нельзя будет изучать. Это они еще сотни лет назад с точностью до года указали, когда появится в массах стремление к постижению высшего мира, независимо от меры религиозности.

– *Но зачем нам выполнять заповеди в этом мире физически, если они ничего не меняют и ни о чем не говорят?*

Если вы их выполняете в материи, выполняете неосознанно, вы ставите себя в определенное соответствие с высшими 613 законами и поэтому получаете свыше определенное свечение. Этот духовный свет не развивает душу, но хранит человека.

Религиозное воспитание прекрасно для не готовых еще духовно продвигаться, потому что создает уравновешенную массу, защищая от пагубных влияний и мод, разврата, наркотиков, поклонения идолам и пр. Но вместе с тем, человеку навязывают мнение, что выполняя только механические заповеди, он становится самым совершенным. Этим его ограничивают, не дают ему возможности развиваться.

Здесь и находится источник напряжения и неприятия каббалистов верующей средой – потому что религиозное воспитание противоположно каббалистическому. Но и религиозное массовое воспитание создали каббалисты, только создали это для масс на время изгнания, до 1995 года, до нисхождения в наш мир душ, готовых к исправлению.

А простой народ, не стремящийся к духовному развитию, всегда должен быть воспитан в духе, что все, что он делает, – хорошо, что он – совершенен, что он – лучше всех. Ведь это убеждение дает ему возможность держаться за традицию, существовать во всех жизненных исторических перипетиях.

Я ни в коем случае не отрицаю выполнение заповедей в нашем мире. Я и мои ученики живем в Бней-Браке, мы выполняем все предписанные еврею заповеди. Каббала утверждает, что этого недостаточно, что Цель творения в выходе в высший мир. Выполнение ритуалов в нашем мире не исправляет человека! Выполнение заповедей духовным телом означает исправление желаний. Что при этом происходит с нашим земным телом, значения не имеет. Вся истинная духовная работа человека производится в его сердце, в желании.

– *Есть ли в изучении Каббалы какие-либо ритуалы?*

Никаких ритуалов, внешних действий Каббала в себе не содержит! Любое изображение сфер, миров, гематрий – не более чем прикладной материал. Каббала – это индивидуальное ощущение Творца каждым человеком лично.

Поэтому, если вам желают продать камеи, мезузы, амулеты – это помогает продавцу. Это может помочь и вам, но чисто психологически, если вы верите в силу амулета. Не более. Никакой мистики в Каббале нет, как и в любой науке. А Каббала – это наука. Это естествознание всего мироздании, а не только нашего мира, как другие науки.

– *Должны ли каббалисты работать, служить в армии?*

Каббала обязывает человека активно жить в этом мире: работать, создавать семью, рожать, воевать, учить и учиться – и в каждом своем действии осуществлять цель творения – связь с Творцом. Творец создал наш мир во всех его деталях именно таким, чтобы мы, используя его целиком, как он есть, достигли полного подобия Ему.

Поэтому Каббала отрицает посты (кроме 3-4 обязательных), уединения (особенно, как в других религиях, монастыри), самобичевания (самоограничения во всем, обеты безбрачия в том числе), запугивания наказанием в этом и в том мирах и пр. Мой рав и я (по его примеру) не принимаем в ученики тех, кто вместо работы учится за плату. Каббала считает такую практику вредной. Это наследие изгнания, когда народу не давали развивать ремесло, и богатые евреи содержали бедных, обязывая их учить Тору.

Рав Й.Ашлаг (Бааль Сулам) посылал своих детей после окончания ешивы работать. На протяжении многих лет мой рав работал опалубщиком и бетонщиком, рабочим на прокладке дорог и пр. Цель творения в том, чтобы все человечество стало подобным Творцу. Ясно, что при этом внешне не изменится ничего в этом мире, все будут работать и физически, и духовно. Что же касается обязанности воевать, то это обязанность человека перед страной, родиной, семьей.

— *Говорят, что и ортодоксы проявляют интерес и даже приходят к Вам заниматься?*

Бааль Сулам предсказывал, что с 1995 года начнется проявление интереса к Каббале в религиозных массах, и именно от них, кругами, начнет расходиться Каббала на нерелигиозную часть народа и далее, на все народы. Как и у неверующих, интерес к Каббале в ортодоксальной части населения проявляется только у единиц, десятков, не более, потому что прорезается «точка в сердце» на фоне общего разочарования нравственным уровнем религиозного общества, его меркантильности, утраты духовных целей, приоритетов.

Мы это наблюдаем при распродаже наших книг на «Неделях книги»: подавляющее большинство наших покупателей — религиозные люди, которые в разговорах проявляют поразительную осведомленность в наших материалах в Интернете, одобряют, ценят и поддерживают нас. В последнее время множество из них слушают наши «живые» уроки через Интернет, затем звонят мне с вопросами в течение дня. Среди них большие религиозные авторитеты. Время наше особенное, и мы еще будем свидетелями поразительных изменений в мире...

— *Вы неоднократно писали, что человек может обрести шестой орган чувств, который позволит ему ощущать духовный мир. Психиатры считают это проявлением болезни и называют это галлюцинациями. Что Вы можете пояснить по этому поводу?*

Все впечатления от пяти органов чувств входят в мозг, обрабатываются в нем по заложенной в нас программе, а получаемый в результате вывод – это то, что ощущает человек. Мозг также выдает сигналы на основе записей прошлого, воспоминаний. Если мозг начинает выдавать якобы мнимые ощущения, галлюцинации ощущений – осознает человек это или не осознает – это уже нарушение работы системы, болезнь.

В Каббале вы ощущаете окружающее и одновременно наблюдаете его со стороны, потому что ощущаете как себя, так и Источник своих ощущений – Творца. Это постижение индивидуальное, и никто не может вам подтвердить его истинность. Но Каббала – это самая практическая наука, в которой все постигается опытным путем. Именно непосредственная связь с Творцом выявляет истинное мироздание и то, какую малую его часть мы воспринимаем.

Как же можно отличить ощущение каббалиста от ощущений экстрасенсов и представителей различных методик и верований? Кто постигает – тот видит, и иного ответа нет! Тайное становится явным только для постигающего. Как заблуждающийся может понять, что он заблуждается? Только в общении с настоящим каббалистом он постепенно осознает, что его ощущения лишены знания, основы, контроля, методики – всего того, что называется НАУКА Каббала.

Именно возможность реально исследовать весь окружающий мир по научной методике, сравнивать получаемые результаты с результатами исследований других каббалистов, для которых тайное также стало явным, повторяемость, контроль, проведение опытов – все это и есть отличие Каббалы как от психических нарушений, так и от заблуждений экстрасенсов.

В заключении я хочу сказать, что в позапрошлом веке люди надеялись на искусство – «красота спасет мир»! В прошлом, XX-м веке, верили в силу, мощь и разум науки. Теперь настает время, когда человечество обнаружит, что жизнь управляется свыше, и чтобы управлять ею, нам необходимо достичь ее корня в высшем мире.

В нас проявится насущная необходимость постичь высший корень жизни. Сама наша жизнь вынудит нас искать спасения и возможности повлиять на происходящее во всем мире. Человечество обнаружит, что невозможно существовать без вмешательства в Высшее управление. Таким образом, общий закон мироздания заставит нас расти, потому что человек – существо ленивое, эгоистическое, его никак по-другому не заставишь.

Каббала, если человек начинает ее изучать, дает возможность предотвратить путь страданий, опередить удары судьбы. Изучение Каббалы вселяет в человека силы и знания правильного поведения в мире. Таким образом, человек предотвращает неудачи, рок, несчастья. К такому состоянию каббалисты желают привести наш народ, а затем и весь мир.

ПОВЗРОСЛЕВШЕЕ ЧЕЛОВЕЧЕСТВО
Журнал «МИГ»

События на Ближнем Востоке, по-прежнему, мешают спокойно спать людям в самых отдаленных уголках планеты. Всем миром обсуждаются еврейские дела, израильские проблемы. Как они оцениваются и решаются с точки зрения древнего еврейского учения – Каббалы? Об этом мы беседуем с современным каббалистом равом Михаэлем Лайтманом.

– Рав Лайтман, Ваши прогнозы, периодически появлявшиеся на страницах русскоязычной прессы, всегда были довольно пессимистичными и мало чем отличались от прогнозов журналистов и аналитиков, принадлежащих к национально-патриотическому лагерю. Сегодня и Ваши, и их прогнозы уже стали реальностью. Как Вы ее оцениваете и как будут развиваться события с Вашей точки зрения – точки зрения каббалиста?

Рав М.Лайтман: В развитии событий последнего периода есть неумолимая логика. Не только для каббалиста, но и для любого разумного человека нет ничего неожиданного в том, что мы сегодня наблюдаем. Но с точки зрения разумного человека все происходящее есть следствие идеологических и политических ошибок, военной и политической слабости, которую демонстрирует Израиль, а с точки зрения каббалиста корень наших проблем в остром недостатке духовной силы, в отсутствии у еврейского народа желания понять свою основную миссию, предназначенную Израилю изначально, и приступить к ее исполнению.

– Примерно то же самое говорят ваши коллеги – раввины и религиозные лидеры всех направлений. Вы тоже считаете, что до тех пор, пока все евреи не начнут соблюдать

субботу, кашрут и все основные заповеди, Израилю не видать ни Мессии, ни просто спокойной жизни?

Я считаю иначе и объясняю, почему и до каких пор Израилю не видать спокойной жизни. Поняв причину, можно хотя бы начать ее устранять. Если вы хотите говорить о сегодняшнем дне, месяце, годе, а не о прошлых столетиях и будущем совершенном состоянии человечества, то оставим пока в стороне и кашрут, и Мессию, и поговорим о том, что мы – здесь и сейчас – должны делать.

Создание еврейского государства на этой земле в середине XX века после 2000-летнего изгнания и Катастрофы – настолько знаковое событие, что осознание его, мне кажется, должно быть задачей, достойной любого мыслящего еврея. Даже людям, вполне рациональным и не склонным к «высоким материям», создание Израиля в тот момент показалось чудом. И правильно показалось.

Потом следовала еще целая череда чудес. Но на сегодняшний день мы получили свыше уже практически все авансы. Настало время нам самим немножко «посуетиться». Без обратной связи ничто не происходит, даже чудеса. Эта земля предназначена нам Творцом, но предназначение обязывает: мы не имеем права от этой земли отказываться. Мы обязаны владеть ею и защищать ее на физическом, материальном уровне, и мы обязаны изучить ее духовные характеристики, чтобы понять весь замысел Творца и смысл принадлежности этой земли Израилю.

Именно эту информацию содержит Каббала, и только начав получать ее, мы сможем успешно сражаться за эту землю. Только на ней был возможен контакт с Творцом, и только здесь он будет возможен вновь. В той же середине XX века, помимо создания еврейского государства, на этой земле произошло еще одно, не столь заметное постороннему глазу событие.

Скрытое в течение многих веков тайное еврейское учение Каббала становится открытым, и не просто открытым, но доступным массам евреев, поскольку основные книги великих каббалистов прошлого РАШБ"И и Ари – «Зоар» и «Эц аХаим» – «переведены» на современный язык великим каббалистом XX века Бааль Суламом (рабби Йегудой Ашлагом). Каббала – наука о строении высших миров, о постижении Творца и всего замысла творения, наука об управлении мирами, в том числе нашим миром, стала открыта любому, кто захочет ее изучить. Эти два события середины XX века непосредственно связаны между собой.

На наше поколение возложена миссия, от выполнения которой мы не имеем права уклониться. Нам была возвращена земля и открыта книга «Зоар», но мы пока не приняли ни того, ни другого. И все равно мы обязаны сохранить эту землю и государство евреев на ней, и мы обязаны открыть книгу «Зоар». Отказ от этих обязанностей и промедление крайне опасны. На нас посыплются страшные удары, по сравнению с которыми сегодняшний день покажется благоденствием.

Перед нами открыли книгу «Зоар» не для удовлетворения любопытства нескольких десятков ученых и заработка нескольких сотен изготовителей суррогатных брошюр и амулетов. Ее открыли для того, чтобы мы научились управлять этой землей и всеми мирами. Это непростая работа, но посильная: чтобы управлять, нужно изучить механизм управления, и нам предоставлена такая возможность, и с нас спросится, если мы еще и еще раз попытаемся уклониться от этой миссии.

Мы уже «проспали» на этой земле несколько десятков лет, а если сосчитать, сколько у нас было возможностей еще раньше, то счет получится весьма солидный. Мы уже дорого заплатили по этим счетам и продолжаем платить. На нас лежит вполне конкретная обязанность – изучить механизм управления мирозданием и передать эти знания остальному человечеству.

Об этой обязанности евреев на сознательном или подсознательном уровне знают все остальные народы. Те, кто знает, пытаются нам помогать и недоумевают, почему мы сами не спешим исполнять свою миссию. Те, кто ощущает это на подсознательном уровне, ненавидят нас, так как мы тормозим всех на пути достижения совершенного состояния мира.

– Вы хотите сказать, что Каббала объясняет корни антисемитизма?

Разумеется, объясняет, равно как и корни всех явлений, происходящих в этом мире. Не поймите только меня неправильно. Она объясняет, но из этого вовсе не следует оправдание конкретных антисемитов и преследователей евреев, которые, как полагают некоторые фаталисты, обречены, бедняжки, нас ненавидеть и уничтожать.

Весь этот механизм работает совершенно иначе, он изучен Каббалой, но я не могу в одной газетной статье его начертить и объяснить. Кому интересно, пусть откроет книги, в которых объясняется, что значит быть избранным народом и в чем состоит его функция. Чем дольше мы будем оставаться в неведении, чем дольше будем прятаться от своей миссии, тем более жесткие удары мы будем получать.

— Вы всерьез полагаете, что достаточно евреям начать изучать Каббалу, как нам не понадобится ни армия, ни границы, и гои, как сказано в пророчестве, «на плечах своих понесут нас в Иерусалим»?

Я бы очень хотел сказать именно это. Но я – реалист и посему говорю, что армия нам очень даже понадобится. Наше «отставание» от требований Времени и непонимание своей миссии столь велико, что нужна чрезвычайно сильная армия, которая поможет нам пока продержаться на этой земле.

«Нам возвращена эта земля и открыта книга «Зоар», но мы не получили землю и не раскрыли книгу», – сказал Бааль Сулам в 1928 году и сжег свои 50 подготовленных брошюр-газет, узнав о доносе, поступившем на него британским властям. Эти газеты – он успел выпустить лишь один номер, после чего британские власти наложили запрет на дальнейшее издание – содержали изложение основ Каббалы для еврейских религиозных масс. «Поколение не готово», – сказал Бааль Сулам, видевший надвигавшуюся Катастрофу и сделавший попытку ее предотвратить.

Мы не имеем права повторять ошибки современников Бааль Сулама и отказываться получить то, что нам предназначено. За отказ от дара Божьего всегда платят очень дорого – как отдельные люди, так и целые народы. Начав изучать законы мироздания, законы высших миров (а не только физические законы нашего мира), мы начнем понемногу получать поддержку из этих высших миров, которые созданы тем же управлением, что и наш мир. Изменить основополагающие законы мироздания, которые изучены и раскрыты Каббалой, невозможно. Они неотменимы так же, как физические законы нашего материального мира.

Ребенок, не знающий этих законов, все время рискует жизнью, если его не контролируют взрослые. Если же он вырос и продолжает их игнорировать, то его, как правило, запирают в сумасшедший дом, чтобы он не навредил себе.

Человечество шестого тысячелетия по общему замыслу и плану творения достаточно повзрослело, чтобы ознакомиться с этим общим замыслом, понять его логику и начать функционировать в соответствии с полученными знаниями. Оно, конечно, может превратить этот мир в гигантский сумасшедший дом (свобода выбора на таком уровне у него есть), но лечение там будет мучительным, а выздоровление долгим. Хотя все равно наступит, как я сказал, – общий замысел творения все равно будет реализован.

У нас есть пока шансы реализовать его спокойно, без «психушки». Но для того чтобы что-то реализовать, надо минимально представлять, что же это за замысел и каков оптимальный путь к его воплощению. Нас уже перестали вести за руку, как вели, пока человечество пребывало в детском возрасте.

Нам предоставлена относительная свобода действий, то есть свобода выбора пути – пути страданий или пути постижения Высшего света, который есть основа нашего существования. Методика его постижения, методика управления мирами изучена Каббалой, и мы находимся уже в том возрасте, когда в состоянии понять и освоить ее.

Прошли времена одиночек, особых душ, изучавших и хранивших это знание до момента повзросления человечества. Сегодня этот момент наступил.

ЧАСТИ ДУШИ: ИЗРАИЛЬ И НАРОДЫ МИРА

Журнал «МИГ»

Современный человек должен разбираться в процессах, которые он наблюдает в реальной жизни. Одних деклараций о сегодняшнем состоянии Израиля и даже рекомендаций по поводу того, что необходимо сделать, дабы отойти от края пропасти, на котором мы сейчас находимся, совершенно недостаточно. Человек хочет знать причины происходящего. И ему объясняют. Историки — уроками и закономерностями прошлого (мол, нынче невозможна колонизация чужих земель). Военные — стратегическими выкладками (в партизанской войне современная армия не может победить). Свои объяснения имеются у политиков, экономистов, ученых мужей...

А что говорит по этому поводу Каббала? Как известно, она исследует корни всех явлений в нашем мире, все состояния и положения, в которых оказывался еврейский народ. Поэтому ее взгляд на происходящее точен и доступен для понимания. Здесь следует только учитывать тот факт, что совпадение каббалистических и «житейских» терминов нередко создает путаницу.

В Каббале термины йехуди и гой не предполагают конкретных Йоси, Ицика, Петю или Махмуда. С точки зрения этого учения в каждой душе есть внутренняя сущность, называемая йехуди (от слова «ихуд» — связь; имеется в виду связь с Творцом), и внешняя, называемая «гой», или народы мира. Свобода нашего выбора состоит в том, чтобы предпочитать и развивать в себе эту внутреннюю сущность — йехуди и преодолевать внешнюю — гой. От нашего выбора, от соотношения этих частей еврейской души зависит напрямую сегодняшнее состояние Израиля.

Каббала объясняет, что Творец избрал евреев для того, чтобы они первыми изучили общие законы мироздания и передали это знание остальным народам мира. Чтобы выполнять эту миссию, наш народ должен пребывать на определенном духовном уровне, и этот уровень называется йехуди.

Душа человека в процессе своего развития проходит четыре уровня: неживой, растительный, животный, человек. Уровень развития еврейской души в течение столетий изгнания определяется как неживой. Тогда для наполнения души достаточно было механически следовать определенным ритуалам и сохранять определенные традиции (все это и было разработано каббалистами для «консервирования» уровня йехуди в период изгнания).

Но в определенный момент начинается переход от неживого уровня к растительному, и «пробудившаяся» душа уже не находит соответствующего наполнения: ей уже необходимо — кроме веры — понимание смысла самой жизни, смысла религиозной традиции, ее духовных корней. Не получив этого наполнения (по целому ряду причин каббалистическое образование не имело необходимого распространения в галутный период), душа обычного религиозного еврея стала искать замену. И получила. Именно в этот момент возникает такое явление, как Аскала.

Почему такое количество евреев покинуло лоно религии? Потому что процесс духовного развития сопровождался желанием получить больше (и не только знаний!), порождая больший эгоизм. Именно этот процесс и определяет переход от неживой стадии к растительной.

Бесполезно на этом этапе говорить человеку: «Ты должен!» Должен вставать и ложиться по строгому распорядку, должен учиться и не совать нос в чужие дела. Должен! Должен! Должен! Но вся штука состоит в том, что при переходе желания в новую стадию не существует «должен», а есть лишь «хочу». Если душа-желание не получает пищи для своего дальнейшего развития (до уровня йехуди), то она непременно опускается до уровня гой, и тут ее возможности практически безграничны.

Двести лет назад евреям открылась возможность получения основных знаний, содержащихся в Каббале. Тех самых знаний, что позволяют осознать цель Творения, смысл страданий, через которые прошел еврейский народ, и смысл нашей богоизбранности, вера в которую сохраняет нас на протяжении многих веков.

В соответствии с законами развития душе, совершающей переход от неживого состояния к растительному, необходима определенная инструкция. Некое знание, которое позволяет продвигаться дальше и исправлять допущенные ошибки. И такую инструкцию может дать только Каббала. Далее все просто: либо мы принимаем это знание и следуем ему, либо добровольно расстаемся с уровнем йехуди.

Дело в том, что уже на растительной стадии наблюдается разделение евреев по этим двум параметрам – гой и йехуди. В сущности, йехуди – это луч света, который стремится высветить связь еврейского народа со своими корнями. И этот луч выводит наши души на тот самый уровень, на котором они пребывали до искушения Первого Человека (Адам аРишон). Если человек утратит этот луч света и не сможет сохранить его с помощью Каббалы, то он, покинув неживой уровень, навсегда превратится в светского гражданина. Именно это явление мы наблюдали в период Аскалы, когда евреи, пренебрегая учением Каббалы, ставили непреодолимые барьеры на пути к возвышению до уровня йехуди.

Гои, живущие вокруг и внутри нас, прекрасно себя чувствуют и сегодня, стремясь полностью вытеснить наше первозданное начало – йехуди. Эта гойская экспансия привела нас к катастрофическим последствиям, которые мы наблюдаем ежедневно.

Чем же еще можно объяснить тот кошмар, в котором оказался Израиль в последние месяцы, как не утратой этого первозданного начала! Несмотря на непрекращающиеся теракты, наши лидеры едут на встречу с Арафатом, который предпочитает иметь дело именно с гоями, потерявшими связь с йехудим. Эти так называемые еврейские лидеры уже ощущают «арабов в себе» настолько мощно, что начали ненавидеть себя и любить их. Отсюда и намерение отдать палестинцам «все-все-все», включая Иерусалим.

Мне недавно рассказали о том, что американские раввины послали письмо президенту Израиля, требуя передать Храмовую гору «всему миру» – лишь бы йехудим полностью оставили ее. Гои этого не говорят, об этом кричат евреи. Почему? Потому что все активнее проявляется в них гойская сущность. И эта сущность диктует свои правила, согласно которым о гоях следует заботиться гораздо больше, чем о себе самих.

Или такой эпизод. В одной из газет промелькнуло сообщение, будто в одном из киббуцев евреи предложили добровольно передать арабам свою землю, объясняя, что «мы, евреи, умные, можем устроиться в любом месте». Мол, мы везде приспособимся, поэтому все, что у нас есть, следует отдать арабам – они такие несчастные! Знаете, почему это происходит? Потому что все народы мира изначально включены в нас, в нашу душу. И если мы не будем развивать в ней часть йехуди, Божественную искру, то нас можно будет убедить в чем угодно.

Тут, естественно, многое зависит от воспитания. Но что за воспитание получают наши дети? Несколько недель назад в журнале «МИГnews» была опубликована статья о новом учебнике истории для старших классов. Вот еще один вопиющий пример тотальной власти гоев, живущих в наших душах! Вместо того чтобы рассказать детям, как мы отвоевывали эту землю, какой тяжелой ценой она нам досталась, авторы учебника без устали повествуют о несчастных арабах. И вот уже алчные агрессоры, готовые сбросить евреев в море, превращаются в агнцев Божьих, преследуемых кровожадными сионистами. Но самое ужасное здесь то, что именно на этой лжи будут воспитываться целые поколения еврейских детей.

Почему так происходит? Потому что в каждом из нас прочно засели гой-араб и йехуди. Сознательно ослабляя первозданное начало, мы тем самым растим в себе гойское. И тот «араб», который внутри нас, и пишет такие книги, по которым вынуждены учиться дети.

Наше спасение в Каббале, писал Бааль Сулам. Начинать каббалистическое воспитание нужно с детства. Учение все поставит на свои места, объяснит причины и следствия, даст ту пищу развившейся душе, которая ей столь остро нужна. И тогда человек начнет различать в себе йехуди и гоя. И это поможет ему не только справиться с арабами, но и познать самого себя, упрочив первозданное начало и победив гойское.

Если наших детей и дальше воспитывать на основании догм левых идеологов – в ненависти к себе, в чувстве вины перед арабами, мы потеряем поколение, мы потеряем государство. Наши дети не будут знать своей истории, все еврейское будет для них чуждо, а войны за независимость и выживание они будут считать захватническими. Повзрослев, эти мальчики и девочки откроют дорогу арабам не только в Кнессет, но и в

Иерусалим и другие еврейские святыни. И на месте еврейского государства возникнет арабское, в котором смогут существовать только гои. Арабы прекрасно просчитывают такой вариант развития событий. И «духовная интифада» может оказаться куда более разрушительной по сравнению с тем, что мы наблюдаем сейчас.

Сиюминутная выгода, которую сегодня ищет Барак и его подручные на переговорах с Арафатом, ищут израильские политики в переговорах с арабами, очень скоро может обернуться катастрофой. На Ближнем Востоке все может перевернуться в течение нескольких месяцев. Новое изгнание нам не грозит, но через огромные страдания пройти придется.

Я убежден, что Всевышний убережет нас от новой катастрофы. Но даже вероятность варианта, при котором нам придется обречь себя на очередные страдания, страшна сама по себе.

УГРОЗА УНИЧТОЖЕНИЯ
Газета «Вести»

«Мы стоим на краю пропасти, и только невероятное усилие очень большого количества евреев может остановить тот кошмар, который предсказан в пророчествах великих каббалистов и который я вижу в непосредственной близости от нас», – так начал нашу беседу рав Михаэль Лайтман.

Как же вы видите нашу дальнейшую судьбу и сегодняшние мировые коллизии? Ведь главная роль в них опять предоставлена еврейскому народу, и эпицентр их находится на нашей земле. В чем причины того, что мы оказались на краю пропасти?

Рав М.Лайтман: Во-первых, еврейский народ всегда был главным действующим лицом истории человечества, а Творец (если мы продолжим театральные аналогии), не меняет актеров, взятых на главные роли. Мы же сами, как вы помните, согласились на эти главные роли и категорически отказывались за последние четыре тысячи лет сойти с исторической сцены хотя бы ненадолго. И все, что с нами происходит, есть следствие того, хорошо или плохо мы справляемся со своей ролью.

– Вы точно знаете, в чем состоит эта роль и что должны делать евреи, чтобы справиться с этой ролью и отойти от края пропасти?

Это знают и я, и каждый ученый-каббалист, изучивший основные законы мироздания. И для начала я должен объяснить природу этого знания. Чтобы вам легче было понять, что я имею в виду, я проведу аналогию с законами природы, работающими в нашем материальном мире. Моя профессия – биокибернетика – наука об управлении в живых организмах.

Мы существуем в мире, в котором все подчиняется законам природы. Чтобы существовать в нем комфортабельнее и управлять миром, человек эти законы изучает и применяет в жизни. Не зная анатомии, современный врач не может лечить больного. Шаманы же и знахари, которые были ближе к природе и которые ощущали непосредственно ее воздействие на живые организмы, не нуждались в университетском курсе анатомии и неприятной стажировке в «анатомичке».

По мере развития цивилизации человек приобретал новые знания, а какие-то терял и забывал. Нашим праотцам не надо было искать доказательств Высшего управления миром — они предоставлялись им по мере необходимости. Современные поколения утратили ощущение Высшего управления, а значит им нужно пользоваться научным подходом, чтобы убедиться в его наличии и изучить законы, по которым оно осуществляется.

Основная часть законов природы от человека скрыта. Причем неполнота знания ощущается не только в естественных науках, но и в науках, «созданных человеком», — например, в законах экономики: никто не может с абсолютной точностью сказать, что произойдет через пару месяцев на биржах мира. Если бы человек знал общие законы мироздания, он мог бы сам управлять миром и в полном смысле создавал бы свое завтра.

Наука, которая раскрывает человеку все законы мироздания, называется Каббала. Человек создан так, что не может чувствовать себя комфортно в этом мире, если не имеет возможности управлять им. По мере развития человечества его возможности постепенно увеличивались, но всегда были ограничены только и исключительно миром материальным. Сегодня этого уже недостаточно. Каббала учит человека управлять всем мирозданием, включающим и наш материальный мир. В этом ее назначение.

Люди обращаются к каббалистам за помощью, просят исправить, изменить судьбу — то есть ход их жизни. И не понимают, что им самим надлежит систематически делать подобные «чудеса». Все регулируется единым законом устройства мира, и его надо изучать. И тогда немедленно станет ясно, где мы ошибаемся и что сделать и изменить в нашем мире, чтобы избежать глобальных и личных катастроф.

— *Но Вы понимаете, как неправдоподобно это звучит для светского человека: средневековая мистика под названием «Каббала» может изменить ход событий в современном мире?!*

Мне трудновато понять этот человеческий консерватизм. Меня всегда интересовало что-то новое: чем больше я задавал вопросов, тем больше их возникало, и я категорически не мог смириться с тем, что на какие-то вопросы я вообще не смогу получить ответы в течение своей жизни. Из того, что вчера человечество открывало и использовало только законы нашего мира, вовсе не следует, что так должно быть и сегодня, и завтра.

Люди веками плавали по морям под парусами, а сегодня пересели в атомные подводные лодки, где систематически погибают. «Средневековая мистика под названием «Каббала» потому и была в течение веков скрыта от среднего человека, что в массе своей люди еще не развились до того, чтобы правильно ею пользоваться.

Сегодня у нас на дворе XXI-й век и другое, не средневековое человечество, которое совершает ошибку за ошибкой и над которым висит угроза самоуничтожения. Так не пора ли преодолеть этот консерватизм? Каббала для того и переведена со средневекового языка на современный, чтобы стать доступной всему человечеству (а не только единицам, как в прошлые века, когда они – эти единицы – разрабатывали ее для потомков) и дать ему возможность научиться управлять миром.

– *Вы сказали, что уже нет времени и что именно евреям отведена особая роль, и если они с ней не справятся, то это грозит страшными последствиями, а времени на раздумья уже не осталось. И все-таки – почему именно нам?*

Человечество разделено на две части – евреи и остальные народы. Я полагаю, что в этом нет сомнения даже у современного светского человека. И каждый еврей, разумеется, задавал себе вопрос, почему это так. Ответа он не получал, конечно, и так и продолжал жить. И это лишь один из многих вопросов, на которые человек не получает ответов, хотя задает их.

Я знаю, что люди, как правило, ленивы и нелюбопытны. Но у евреев нет права быть такими. Это грозит им смертельной опасностью, потому что на них лежит обязанность первыми изучить законы мироздания, законы управления миром и передать это знание остальному человечеству. Об этом сказано у всех пророков, которые эти законы изучили. Общий закон мироздания, толкающий все живое к равновесию и совершенству, «давит» в первую очередь на евреев, поскольку именно они находятся в самом большом противоречии с конечным состоянием мира, с его основным законом. Средства давления – «естественный» антисемитизм, «беспричинная» ненависть, подсознательное неприятие евреев и Израиля другими народами.

А сейчас у нас уже действительно не осталось времени: страна на грани уничтожения, в просвещенном XXI веке по всему миру опять горят синагоги, а евреи по-прежнему ничего не хотят видеть и слышать даже сегодня, когда новая катастрофа – «новый Ближний Восток» – у нас на пороге.

– Вы заговорили тоном пророка. Они всегда рисовали страшные картины и требовали от евреев слишком многого.

Пророки, прежде всего, объясняли, что происходит с евреями, и показывали им, что произойдет, если они этого не поймут и не услышат. Каббалист – это человек, поднявшийся на четко определенную духовную ступень (по той самой лестнице, которая ведет к полному постижению цели творения, к постижению Творца – я объяснял уже, что это за лестница, и целая книга у меня написана – «Лестница в небо»), так вот с этой определенной ступени каббалист видит причины всего происходящего. Причины происходящего сегодня и всегда. Причины происходящего с каждым из нас и глобальные причины того, что происходит с нашим народом и со всем человечеством.

Когда я говорю, что сегодня евреи обязаны вспомнить о своей миссии, то это я выражаюсь фигурально. На самом деле мы уже очень сильно запоздали. И в этом причины и экологических катастроф, и социальных проблем, и неслыханных всплесков насилия, жестокости, изуверства во всем мире, и в этом причина того, что мы стоим на грани уничтожения.

Цель творения заключена в том, чтобы привести человечество и каждого человека в отдельности на другой уровень существования – на уровень Творца, привести его к управлению природой, управлению миром. Мы для этого созданы и ни для чего другого.

Человечество, приближаясь к тому, чтобы начать управлять природой, всем мирозданием (сроки подходят), входит в противоречие с общими законами мироздания, потому что не знает их.

Постижение этих законов — а это автоматически означает освоение высших миров и Творца — возложено на евреев (излишне напоминать, что и основные научные законы нашего мира были открыты евреями — не потому, что они самые умные и талантливые математики, физики, врачи, а потому, что такова наша миссия).

Мы обязаны, я повторяю, первыми изучить их и передать это знание всему человечеству. Именно в этом и состоит богоизбранность нашего народа. Мы же не хотим ничего знать об основных законах мироздания и другим не даем это знание. Какими узлами завязывать тфилин — мы знаем. Чего нельзя есть и как чистить кастрюли — мы знаем. Когда и какие молитвы произносить — мы знаем. Какого размера должна быть крыша у сукки — мы знаем.

А для чего и почему, в чем смысл всего этого набора правил и установок, в чем смысл нашей жизни, какова цель существования нашего мира — мы не только не знаем, но и не хотим знать. И нет никакой связи между Каббалой и религией. Свидетельство этому то, что обычный религиозный человек совершенно не знает и не признает Каббалу. Он не нуждается в ней для отправления своих обрядов.

Я вижу причины происходящего и следствия, которые нас ожидают, не потому, что я такой хороший или талантливый, а потому, что я знаю законы. И не только я, но и другие каббалисты-ученые, изучившие эти законы, овладевшие этим знанием, дающим полную картину всего мироздания, его прошлого, настоящего и будущего. Сегодня этим знанием в состоянии овладеть любой человек.

Я не могу в газетной беседе рассказать, почему именно современный человек может и должен это сделать, — я писал об этом подробно в статье «Предисловие к книге «Зоар» (п. 65) — но я утверждаю, что делать это надо немедленно!

— *Вы так говорите, словно достаточно открыть книги по Каббале, и знание законов всего мироздания тут же будет у нас в руках. Но я знаю, что это не так. И те, кто занимается Каббалой, жаловались, что это тяжело и что о результатах даже и мечтать не приходится.*

Угроза уничтожения

Путь так долог, и конца ему не видать. Так что Ваша спешка выглядит странной.

Это для вас она выглядит странной. Вы листаете книги и сокрушаетесь из-за отсутствия немедленных результатов. Если бы вы поступили на физмат, то вряд ли через год рассчитывали бы стать серьезным физиком-теоретиком. Вы, вероятно, хоть пять лет дали бы себе для этого. Почему же вы полагаете, что изучение общих законов мироздания должно занять меньше времени, чем изучение законов физики?

И я вовсе не призываю всех немедленно стать каббалистами. Я говорю о том, что сегодня, когда это знание доступно всем, именно евреи обязаны хотя бы прикоснуться к нему, почувствовать, что за пределами нашего крошечного материального мира существует огромный мир, они не обязаны немедленно и детально изучить его, но получить представление о нем, понять перспективу они обязаны. Потому что этого требует от них время, этого будут добиваться от них все народы, подсознательно чувствуя, что мы и им не даем двигаться в нужном направлении, к пониманию смысла творения.

И требования эти окажутся облаченными в такую страшную, жестокую форму, что если бы вы видели это, как вижу я, вы бы не рассуждали лениво о том, что в моей спешке нет никакого смысла. Я не хочу никого пугать, все и так напуганы тем, что происходит в последнее время, но у меня нет выхода, я обязан достучаться.

Просмотрите любой фильм о Катастрофе. Вспомните о ней и поймите, что будет в десять раз хуже и страшнее. И это не я первый говорю. Об этом написано у Ихэзкеля, у Захарии, об этом писал уже в нашем веке Бааль Сулам. Но все это воспринимают как литературу или исторические сказки.

— Вот Вы сами уже изучили эти общие законы мироздания. И что – Вы уже можете управлять миром? Вы можете избавить людей от страданий? Вы тогда, наверное, могли бы что-то изменить и здесь, в этой земле, откуда нас выживают, и во всем просвещенном мире, где в XXI веке горят синагоги.

Я меняю то, что могу изменить. Но ни один человек, даже каббалист, не может принести «на блюдечке с золотой каемочкой» спасение всему миру. Евреи как народ – да, могут и должны.

Вы употребили безличную форму относительно того, что нас «выживают из этой земли». Кто нас выживает?! Мы отдаем совершенно добровольно эту землю, однажды нам данную, потом нам возвращенную. Мы отдаем сами, не ведая, что творим. И не слушая тех, кто ведает!

Даже сейчас, в это время – после Катастрофы, после того, что Он сделал с нами, после того, что Он вернул нас на эту землю, где нам предоставлена последняя возможность построить на месте Эль Аксы Третий Храм. Мы и сейчас пытаемся уклониться от своей миссии, которую можем выполнить, только находясь на этой земле.

Наша капитуляция перед внешними врагами приводит к тому, что в соответствии с общими законами мироздания и с конечной целью творения на нас воздействуют все более жесткими методами. Мы не хотим добровольно выполнять свою вселенскую миссию, но нас все равно будут толкать к этому с помощью наших врагов, давлением всего человечества, вплоть до полного изгнания.

– Из этой ловушки еще есть выход?

Конечно. Но я предупреждаю, что это единственный выход, и воспользоваться им надо немедленно, если мы хотим здесь выжить, а не захлебнуться в крови. Сегодня, когда процесс капитуляции идет полным ходом, когда армия парализована, глава правительства парализован, народ деморализован, мы, тем не менее, должны приложить максимальное усилие и резко все изменить.

Мы должны показать всему миру, что не дадим себя уничтожить. В Израиле должно быть объявлено военное положение – нам нужен военный режим, правительство национального спасения, правительство генералов, полковников – Шарон, Барак, Нетаниягу, кто из них годится в качестве военачальников, пусть разберутся. Нам не нужен сейчас Кнессет, в котором заседают наши естественные враги – арабские депутаты (они этого и не скрывают) и миротворцы, парализовавшие волю народа к жизни на этой земле, раздавшие оружие нашим врагам и несущие ответственность за пролитую в последние недели кровь.

Не правительство национального единства нам нужно, а именно военный режим, который должен взять на себя всю полноту власти и ответственности и нанести мощный превентивный удар по Сирии, которая является нашим главным врагом. Полностью сокрушить ее военную машину, лагеря подготовки террористов. С Сирией мы и формально находимся в состоянии войны, она держит Хизбаллу в качестве цепного пса, рвущегося с этой цепи, чтобы нас уничтожить. Через нее Иран поддерживает и готовит террористические группы, захватывающие наших солдат. Давно пора было признать, что так называемая война «Шлом аГалиль» – неоправданная попытка ничего не решить. Ведь как можно воевать против партизанщины, которую поддерживает и питает Сирия? Ведь только Сирия – наш военный противник, создающий, подготавливающий и питающий всех наших врагов, как внутри Израиля, так и со стороны Ливана. А то, что она не воюет со своей территории – так разве же это оправдание врагу!

Мы должны уничтожить эту угрозу. Территории должны быть взяты в плотное кольцо с введением 24-часового комендантского часа, разумеется, с полным разоружением палестинских бандитов и ликвидацией любого сопротивления. Всех, кто не захочет жить в этих условиях военного режима и под полным военным контролем Израиля, необходимо вывезти в Сирию (я надеюсь, что не надо объяснять, почему не в Иорданию).

Я предвижу все крики и возражения против этого сценария: международные санкции, международный экономический бойкот, полная изоляция. И я еще раз повторяю: хуже того, что нас ждет в случае непротивления, быть ничего не может. Меры эти временные, но совершенно необходимые. Да, для этого нужна не только военная мощь, но и возрождение силы духа, напрочь уничтоженного «мирным процессом». Но альтернатива – гибель Израиля, причем страшная гибель.

Мы должны четко предупредить мир – мы остаемся на этой земле и строим Третий Храм для всего человечества. У нас еще есть силы и возможность выдержать и выстоять. Если мы сейчас ею не воспользуемся, потом будет поздно. Мы должны показать миру, что так просто не дадим себя уничтожить – вплоть до угрозы применения ядерного оружия.

Нас загнали в угол – я не рассматриваю сейчас другой уровень, на котором очевидно, что мы сами себя туда загнали, – но это делается чужими руками, и руки эти по локоть в нашей крови. Нас может спасти только страстное желание выжить, понимание того, что все здесь будут препятствовать этому, и четкая картина нашего будущего в случае, если мы не воспользуемся этой последней возможностью.

Я повторяю: все каббалисты, которые способны видеть и понимать механизм того, как формируется будущее, видят здесь одно и то же – море еврейской крови и море арабов. И не тешьте себя иллюзией, что от этого можно сбежать и где-нибудь спрятаться: как только Израиль захлестнет гигантская волна мусульманского нашествия, как только здесь начнется кровавая бойня, лютая ненависть к евреям настигнет их везде – по всему «просвещенному миру» (в вожделенной Америке будет еще хуже).

Спастись можно только здесь и спасти всех евреев на Земле, но это надо делать, и немедленно. Спасение – только в осознании возложенной на нас задачи. Сказано у пророков, что как только Израиль пожелает воссоздать Третий Храм, народы мира сами принесут сынов Израиля на своих плечах в Иерусалим и всячески будут помогать им в этом.

– Почему же Вы молчали раньше, когда этот процесс капитуляции только начинался? В отличие от лидеров национального лагеря, Вы сегодня не можете сказать: «Я предупреждал!»

Я ведь не Клинтон и не Нетаниягу, чтобы выступать по Си-Эн-Эн или у нас в Кнессете. Я писал об этом в статьях, говорил по радио, приводил в своих книгах пророчества великих каббалистов. Кто-то был способен это услышать? Сегодня, когда мы действительно на грани пропасти, есть слабая надежда, что меня услышат. А тогда – что я еще мог делать?

– Еще осталось время что-то изменить? Или законы высших миров уже сработали, и уже «запущен» механизм нашего уничтожения? Ведь Бааль Сулам более полувека назад писал о море арабов на этой земле.

Нарушения закона мироздания не мгновенно вызывают реакцию в нашем мире. Отводится достаточно времени на исправление. Сейчас оно действительно на исходе, но мы можем еще попытаться остановить это колесо уничтожения. И для этого мы должны действовать и в конкретных политических рамках, спасая государство, и в сфере духовной, получив для этого хотя бы минимальное представление об общих законах мироздания.

Чтобы не нарушить их окончательно и остановить грозящее нам уничтожение и изгнание, чтобы предотвратить массовое купание в нашей крови, по модели линча над евреем, случайно оказавшимся в арабском городе Рамалла (может быть, не все заметили, что модель нам уже была продемонстрирована).

Сейчас надо, чтобы израильтяне поняли хотя бы одну простую вещь: надо остановиться. Никакого мирного процесса не было в помине. Иллюзии кремлевских ли, иерусалимских ли мечтателей о всеобщем немедленном благоденствии неизбежно приводят к кровопролитию. Пора подумать, наконец, не о всеобщем благоденствии, не о мифическом мире и дружбе со всеми народами, а о выживании собственного народа и выполнении своей действительной задачи перед другими народами.

Надо жестко сказать — это наше, мы никуда не сдвинемся с этой земли. Мы только здесь можем выжить и выполнить свою миссию, возложенную на нас Творцом. Даже те, кто в этого Творца не верит и слышать о Нем не хочет, должен, по крайней мере, захотеть остаться в живых на этой земле.

Когда рава Ашлага спросили, какой смысл в создании киббуцов в Негеве, где нет воды и ничего не может расти, он сказал: «С помощью молитвы возможно все», — «Но они же не верят в Б-га!» — возразили ему. «Это неважно, — ответил рав Ашлаг, — они так сильно хотят освоить эту землю, что их желание и есть молитва».

Вы даже не можете себе представить, какую силу имеет четкое и ясное намерение евреев остаться на этой земле! Это главное — на духовном уровне, — что может приостановить страшный процесс, который ведет к нашему уничтожению.

И пусть каждый не думает: обойдутся без меня, кто-нибудь за меня остановит. Все евреи ответственны за происходящее. Эта тяжелая круговая порука заложена в нашей богоизбранности, которая неотменима. И наше спасение только в одном — в выполнении своей миссии.

Мы были и останемся навсегда богоизбранным народом. Только нужно постоянно помнить, в чем состоит цель нашего избрания. На нас и только на нас возложена обязанность создать связь между всем человечеством и Творцом. Мы принесли миру монотеизм и понимание Единого управления. На том, первом этапе мы – вернее, наши праотцы – свою миссию выполнили.

— *И получили за это изгнания, преследования и – под занавес – Катастрофу?*

О каком занавесе вы говорите? Я ведь объясняю, что нам еще предстоят гораздо более страшные вещи! Вы упорно не желаете этого услышать. Изгнания и преследования мы «получили» не за выполнение своей роли, они – результат того, что мы перестали ее выполнять. Точно так же, как сейчас, никто не услышал в свое время предупреждения о Катастрофе, а ее можно было избежать.

Свобода выбора есть всегда. Ни законы физики, ни законы высших миров вы не можете отменить, но можете их использовать, если изучите. Евреи не захотели тогда уехать в Эрец Исраэль и создать свое государство.

— *И все-таки оно было создано. Что же это – случайность? Нам дали полвека порезвиться в своем государстве на Святой земле, а теперь что – все отменяется?*

Государство было создано, но этого недостаточно. Я уже многократно объяснял, что на действия свыше должны в ответ происходить действия снизу – то есть от нас. Я уже говорил вам же в интервью, что нам была возвращена эта земля и открыта книга «Зоар». А мы не приняли ни того, ни другого.

Мы не желаем знать, какая духовная сила действует на эту землю, какова природа этой силы. Мы не изучаем закономерности и связи нашего народа с этой землей: одни кричат – бросьте эти сказки про святость земли и камней, священна лишь наша жизнь. Другие столь же громко кричат: эту землю нам дал Всевышний, – и не имеют ни малейшего желания изучать, для чего, почему дал и кто Он вообще такой.

Поэтому «хазара ба тшува» – возвращение к вере – не имеет никакого отношения к той духовной работе, которую должны проделать евреи на этой земле. Мы видим сегодня, к каким страшным расколам в стране привели спекуляции на религии, какой невероятный накал ненависти к религиозным возник в обществе. Все рациональные объяснения этой ненависти никуда не годятся.

Они не служат в армии? Смешно ломать копья из-за нескольких процентов мужского населения, когда обсуждался вопрос о значительном сокращении призыва. Они говорят, что надо закрыть некошерные магазины? Говорите тоже. В одном только Иерусалиме их количество утроилось за последние десять лет. Они закрывают улицу на время молитвы? Но объезд ее занимает ровным счетом три минуты. Это просто детсадовские разборки.

Настоящие причины ненависти к религиозным в том, что они не выполняют свою духовную миссию. Так же, как причина ненависти к евреям в том, что они не выполняют свою миссию по отношению ко всему человечеству.

Поколения каббалистов работали, чтобы донести до нас книгу «Зоар» и сделать ее доступной нашим поколениям. И что? Она стоит в любом книжном магазине, и сколько человек ее открывают, чтобы понять, как мы связаны с Творцом, по каким законам и как мы должны работать со своей душой, со своим «я», чтобы постичь Творца? Чтобы постичь Его замысел и тогда управлять миром вместе с Ним и вместо Него, чтобы открыть всему человечеству путь в духовные миры. Мы отказываемся от своей роли в этом мире, и именно за это нас преследуют и хотят уничтожить.

– *До сих пор отношения евреев с Творцом были вроде бы их личным делом?*

Разумеется нет! И неевреи это или понимают, или ощущают на подсознательном уровне. Мы тормозим их на пути к постижению Творца. Я неоднократно выслушивал за границей претензии неевреев, которые очень четко ощущают нашу миссию и спрашивают: «Почему вы не строите Третий Храм? Почему вы не осваиваете высшие законы управления и не передаете это знание всему миру?»

И это абсолютно правомочный вопрос, заданный людьми, понимающими нашу задачу. В вашей же газете было опубликовано письмо мусульманских лидеров Италии. Посмотрите, что они пишут: «Еврейский народ должен раз и навсегда признать свое богоданное право на землю Израиля».

Я не хочу приводить длинные цитаты, но вы не поленитесь и посмотрите, что пишут верующие мусульмане со ссылками на Коран. Они знают, как и многие другие, что именно народ Израиля должен принести миру высшее знание. Если он не несет другим народам это знание о духовном мире, о законах этого мира, он препятствует всему человечеству достичь исправления, а значит совершенства и счастья. И подсознательно это ощущают во всем мире, и это проявляется в ненависти к Израилю.

Но и Творец требует от нас того же. И мы поэтому ощущаем давление с обеих сторон: ни Творец, ни один народ в мире не являются сегодня нам другом и защитником. Антисемитизм – это требование народов мира к народу Израиля выполнить свое предназначение. Это я вам говорю, чтобы вы поняли смысл антисемитизма на духовном уровне.

Я надеюсь, что вы не сделаете отсюда вывод, что это оправдывает антисемитов в мире материальном. А возвращаясь к материальному уровню, вы и сами видите, что мы даем возможность выжить нас отсюда. Пока это делалось за столом переговоров, мы, как бараны, резво бежали к миражу-миру. Когда в нас начали стрелять, мы робко отстреливаемся, бросаем своих раненых истекать кровью из страха поранить мирных палестинских пастухов.

– Вы говорите, что все каббалисты видят одну и ту же страшную картину. Но в течение последних семи лет десятки, если не сотни совершенно светских людей, не имеющих никакого отношения к Каббале и высшему знанию, предупреждали ровно о том же. И кому это помогло?

Разумеется, в Израиле достаточно трезвых, разумных и умеющих просчитывать исторические причины и следствия людей. Проблема в том, что разумным людям не верят. Им верит небольшое количество тоже разумных людей. Сумасшедшие и одержимые всеобщим угаром немедленного мира – хоть на 48 часов – и счастья для всего человечества, назовут мракобесами, подстрекателями и этих разумных людей, и меня, не изучавшего историю и не разбирающегося в политике, но имеющего другие инструменты для того, чтобы рассмотреть наше будущее.

И все-таки, возможно, что как раз для этих оглушенных и одержимых «миром» (это ведь разновидность религиозного экстаза) предупреждение каббалиста – последний аргумент, способный остановить их на краю пропасти, куда уже свалился их вожделенный «мир» и куда он уже затягивает всех нас. Поэтому я говорю: остановитесь и сопротивляйтесь, иначе погибнете страшной гибелью!

Мы, выходцы из бывшего СССР, хорошо знаем, что делать, когда «отечество в опасности». И если мы не придумали новых песен, поднимающих дух народа, то вспомним хотя бы старую: «Идет война народная, священная война!» Да, нам предстоит воевать «с проклятою ордой», и у нас не должно быть ни малейших иллюзий относительно ее намерений уничтожить нас.

Мы должны воевать и победить. Мы больше не имеем права выпрашивать у них мира и унижаться. В этом униженном состоянии им ничего не стоит нас уничтожить. Израиль готов к войне, но пока лишь технически. Для того чтобы произошли коренные изменения, народ должен захотеть их и потребовать от своих лидеров. Без этого требования снизу, без воли к жизни и сопротивлению Израиль спасти невозможно.

МЫ МОЖЕМ СПАСТИ ИЗРАИЛЬ
Газета «Вести»

В предыдущей беседе Вы дали лишь самые общие установки на работу духовную и на чисто военные меры, которые необходимы в сегодняшней ситуации. При этом во всех бедах чуть ли не всего человечества Вы обвиняли евреев. Тут Вы не оригинальны – у Вас довольно много великих предшественников, как среди еврейских пророков, так и среди антисемитов.

Но в этом заложено противоречие: как же Израиль сможет в этом кольце ненависти, в дыму горящих по всему миру синагог, под дулами арафатовских боевиков сопротивляться (я не прошу Вас считать наши танки и самолеты) всему миру, за который сам же несет, как Вы говорите, всю полноту ответственности.

Рав М.Лайтман: Вы могли бы заметить, что это не первое противоречие в истории евреев. Плохо выполняя свою миссию богоизбранного народа, мы постоянно вступаем в противоречие с замыслом Творца и целью творения. И пока не изучим этот замысел и не поймем, каков путь достижения цели, мы из противоречий и не вылезем. Однако же на данном этапе перед нами стоят вполне конкретные задачи, решение которых и на материальном, и на духовном уровне дает нам шанс спасти Израиль. Вы помните – американцы пишут на долларе: «С нами Б-г». Арабы пишут на ноже: «С нами Б-г». Америка молится, чтобы благодаря Творцу у нее было богатство. Арабы молятся, чтобы благодаря Творцу у них была власть над всем миром. Все используют Творца ради своих вполне прикладных целей.

А что же мы? Почему мы не кричим: «С нами Б-г»? Мы, которые познакомили их с Творцом, мы, у которых была с Ним прямая связь? Как ее восстановить на уровне всего народа? Не подумайте только, что я предлагаю нам сейчас же разойтись по синагогам, закутаться в талесы и молить Б-га спасти нас от арафатовских орд.

Но почему мы не можем использовать Творца в своих прикладных целях? Для этого недостаточно написать на шекеле или на ложке «С нами Б-г». От нас Творец требует большего. Он требует, чтобы наше желание выжить на этой земле стало осознанным, чтобы оно было направлено к Творцу. Это может изменить судьбу Израиля и отвести угрозу уничтожения.

Но что значит осознанное желание и как устанавливается связь с Творцом? Прежде всего изучением Его законов – законов, по которым существует все мироздание (не только наш крошечный материальный мир, духовные корни которого находятся в высших мирах и определяют все происходящее с нами), освоением методики, выводящей человека на контакт с Творцом.

Эти законы и духовные корни нашего мира и методика установления связи с Творцом изучаются в единственной науке, называемой Каббала. В течение многих столетий ее изучение было уделом единиц, тайных каббалистов, особых душ. Массы не допускались к этим знаниям, окутанным легендами и мистикой. Эти времена давно прошли. Наше поколение не просто имеет право, но обязано начать изучение тех самых предметов, которые раньше были тайной за семью печатями, потому что они станут основой существования и Израиля, и всего мира.

– Но к тому же самому давно призывают все религиозные лидеры, и ничего кроме резкого протеста и нежелания даже слышать эти слова – Заповедь, Тора, Творец – они не добились. У большинства светских евреев хватает интеллигентности и ума отказаться от атеистических и коммунистических бредней и принять, если не как безусловный, то как вполне возможный, факт наличия Высшего управления. Но им так задурили голову кашрутом, специальными субботними лифтами и выключателями, что если и не протест, то уж скуку эти слова – Тора, Заповедь, Творец – точно вызывают.

Это и не может быть иначе – ведь они не понимают их смысла. Об этом писал в свое время первый Главный раввин

Израиля А.Кук: «Я вижу, что основная причина неудачи укрепления иудаизма в Израиле в том, что пренебрегают светом Творца, пренебрегают им и в сердце, и в разуме. Все заняты сейчас только выполнением «прастэ фрумкайт» (идиш: глупонапыщенные действия). Как будто можно выполнять заповеди «в теле», без духовного постижения».

Это относилось к людям, которые не только себя ограничили механическим выполнением заповедей, но и другим не давали распространять духовные знания, содержащиеся в Каббале. По их доносу британские власти закрыли каббалистическую газету, которую начал выпускать великий каббалист последнего столетия Бааль Сулам, увидевший необходимость немедленного распространения духовных знаний среди масс.

Человек светский должен лишь уяснить себе разницу между набором ритуалов и духовными реалиями, которые и являются сердцевиной и смыслом существования евреев и в которых основа спасения Израиля, – я имею в виду вполне конкретное сегодняшнее спасение. Те же термины используются в Каббале – Творец, Тора, Заповедь, но нам необходимо полностью отречься от привычных трактовок и понять их иной – высший и практический – смысл:

- В духовном мире существуют 620 законов, подобно тому как в нашем мире существует множество законов природы этого материального мира. Каждый из 620 законов высшего мира называется «Заповедь».
- Общая сила всех этих законов, двигающая высшими мирами, называется «Тора».
- Общий закон всей природы – как высшего, так и нашего мира – называется «Творец». Его единственная цель – привести человечество к наивысшему уровню развития. Это и есть общий закон природы.

Поскольку нахождение в этом наивысшем состоянии ощущается как вечное и прекрасное, то общий закон, приводящий к этому, называется «Творящий добро». Это наивысшее, вечное, совершенное состояние называется «Цель творения», и к ней мы вынуждены постоянно двигаться и в конце концов прийти, независимо от того, видим ли мы эту цель и знаем ли что-то об основном законе.

— Но разве не эти самые законы и определения изучаются в тысячах ешив по всей стране Израиля и за его пределами?

Ничего подобного там не изучают. Все религиозное воспитание построено на укреплении традиций, на обучении выполнению ритуалов.

Но сегодня уже не стоит вопрос о передаче традиций из поколения в поколение, как в прошлые века. Для сохранения традиционного образа жизни, для сохранения народа, необходимо было именно такое воспитание, какое и сейчас практикуется в религиозных заведениях. И оно было совершенно оправдано до возвращения народа Израиля на землю Израиля.

Но с возвращением на эту землю необходимо осознать, что недостаточно возвратиться физически. Мы обязаны возвратиться также на духовный уровень «Эрэц Исраэль» (я поясню ниже, что это означает). Природа – ее Высший закон, который вернул нас сюда, – самыми жесткими воздействиями, через страшные страдания вынудит нас это сделать, если мы не сделаем это добровольно и осознанно (и уже сегодня вы видите, что это происходит).

Вот чертежи (стр. 88-89), на них показано строение миров, по которым изучается распространение Высшего света по всему мирозданию, включая наш мир. Эти структуры, от которых мы зависим самым непосредственным образом (в том числе здоровье и благополучие ваши собственные, ваших детей – не только Израиля, в целом), необходимо изучать всем и в религиозных школах, и в светских – или хотя бы познакомиться с ними.

Каббала все равно станет главной наукой XXI-го века, и чем быстрее это произойдет, тем меньше страданий выпадет на долю нашего народа. Прошли времена бессознательной веры в Б-га и ритуального служения Ему. Сегодня мы обязаны не просто верить, а знать, не уповать на Его милость, а изучать Его законы, чтобы самостоятельно управлять мирозданием – в том числе и тем, что происходит с нами здесь и сейчас.

Когда пришло время распространения Каббалы в массах, рав Йегуда Ашлаг (Бааль Сулам) начал издавать каббалистическую газету. Это было еще в начале века в подмандатной

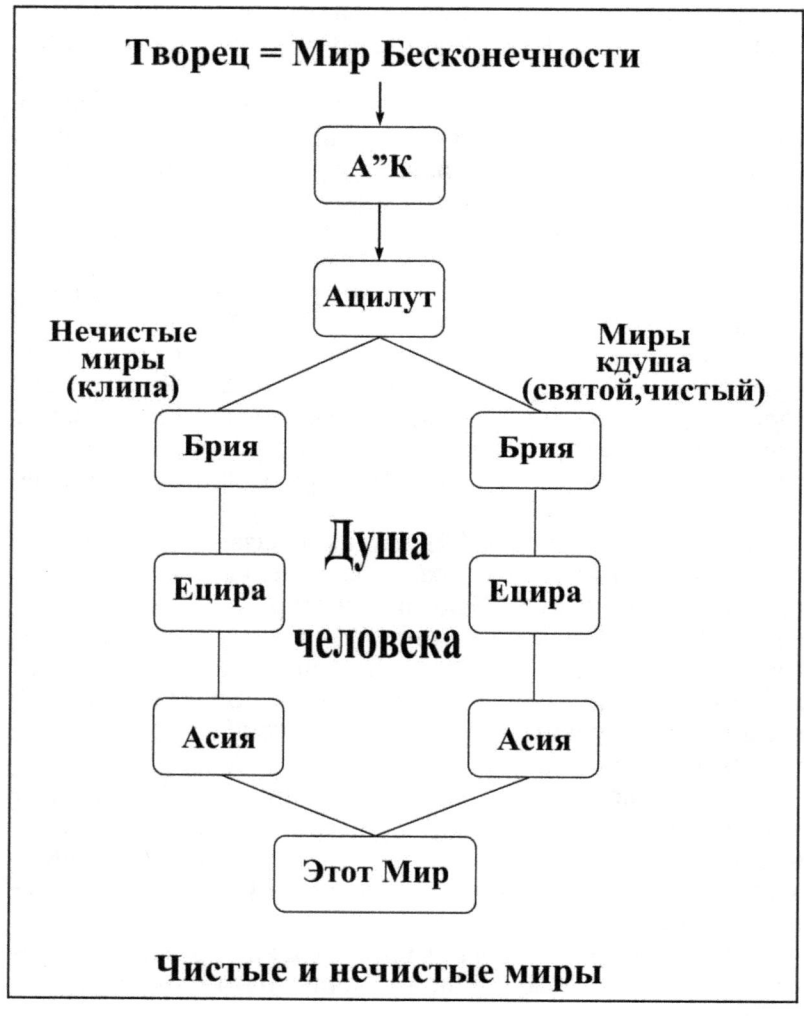

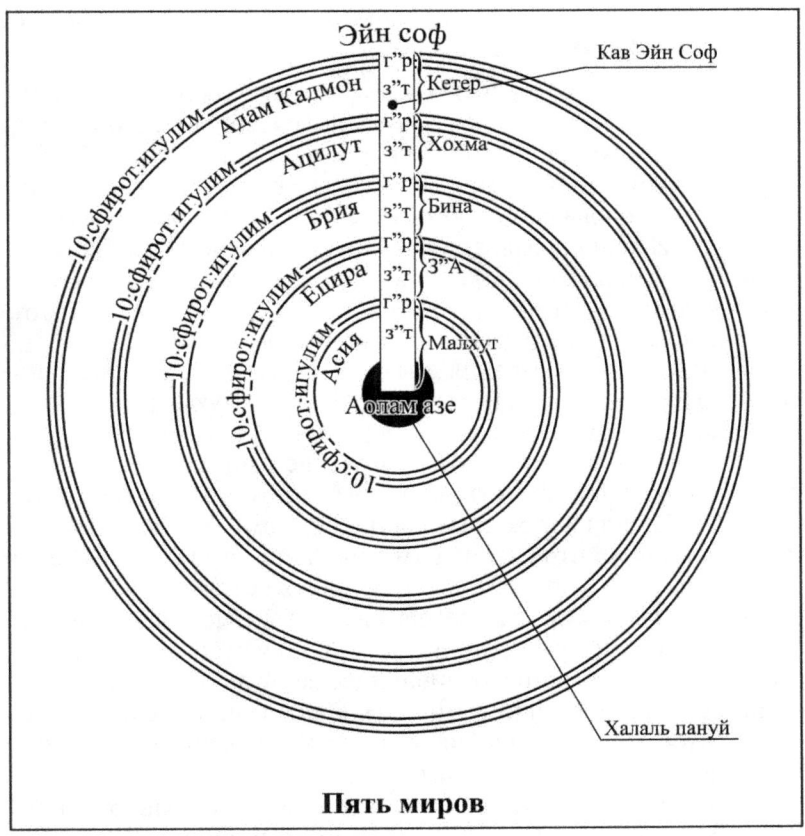

Пять миров

Палестине. Кто вообще даже в наше время может себе представить такое – «каббалистическая газета». Мы вот обсуждаем необходимость изучения Каббалы в XXI веке в газете на русском языке, а то было в первой половине прошлого столетия и на иврите. Какой рав, каббалист сегодня способен на такое?

Но Бааль Сулам, видя опасность продолжения механического выполнения ритуалов и отказа от изучения духовных законов мироздания, видя, что это ведет еврейский народ к катастрофам, не испугался противодействия религиозных кругов и начал выпускать газету по Каббале. Изучая высшие законы мироздания, корни того, что происходит в нашем мире, он видел, что наступило время раскрыть тайны Каббалы.

— Просто так вот наступило и все? Почему, зачем, что это за время такое особое?

Бааль Сулам писал, что пока народ Израиля не вернулся на свою Землю, у него не было обязательства соответствовать ей, то есть постигать ее духовные корни и «подгонять» себя под свойства этой земли. Земля Израиля — Эрэц Исраэль на иврите. Эрэц — от слова рацон — желание, Исра-эль — прямо к Творцу. Народ Израиля возвращен свыше на Землю Израиля, и он должен искать прямого контакта с Творцом, который возможен и необходим для этого народа только на этой земле. Здесь этот контакт происходил, и здесь будет происходить вновь.

Отдавая землю Израиля, мы совершаем антидуховный, антиприродный поступок (я говорю о природе духовных миров). Каббалист, находящийся одновременно в духовном мире, откуда нисходят все силы в наш мир, и в нашем мире видит наперед все, что будет происходить с нашим миром в зависимости от нашего влияния на духовные корни. Поэтому мы, каббалисты, предупреждаем, что свыше нам дана наша земля, но мы сами должны получить эту землю, то есть соответствовать ей.

Как и весь мир, эта земля связана с высшими мирами миллионами информационных нитей, но у этой земли особое положение и состояние, отличающее ее от любой другой точки нашего материального мира. Наша обязанность и состоит в том, чтобы понять, изучить эти особые параметры Земли Израиля (а не просто поверить в ее святость), постичь ее духовный внутренний уровень. Иначе у нас нет права жить на Земле Израиля, так как наш внутренний и внешний уровень не уравновешены, не совпадают.

— Пока мы начнем их уравновешивать и изучать духовные корни этой земли, сидя даже над самыми мудрыми книжками, нас отсюда вышвырнут и вместе с нашими книжками развеют пеплом по ветру. Не Вы ли говорили всего пару недель назад, что именно это примерно ждет нас, если мы не будем сопротивляться. Вы что имели в виду — сопротивляться с книжкой наперевес, а не с автоматом?

А они должны дополнять друг друга. Еще каббалист рав Кук предупреждал: «Победить мы сможем только тогда, когда призовем к себе силу, которая заложена в Каббале».

— *Вам нелегко будет разрушить сложившийся в светском Израиле стереотип, отвергающий все, что хотя бы терминологически связано с религией.*

Я много раз объяснял, что Каббала – не религия, а наука. Не зря ведь она называется «Хохмат аКаббала» – наука Каббала, «Хохмат аНистар» – тайная наука, «Хохмат Эмэт» – истинная наука. Что же касается трудностей, то чем безнадежнее будет положение Израиля, тем быстрее сломаются стереотипы. Хорошо бы только успеть...

— *Пожалуйста, начинайте – попытайтесь сломать. Что именно изучает Каббала, чему не обучают в обычных ешивах? И почему именно это так кардинально должно изменить состояние мира?*

Каббала изучает строение высших миров, в которых находятся корни всего существующего и происходящего в нашем мире. Оттуда нисходит в наш мир вся информация, вся программа, на основе которой он существует. Эту информацию, эту программу мы должны понять, чтобы правильно ею пользоваться. Материя нашего мира зародилась как бы у подножья последней, нижней ступени высшего мира.

Затем эта материя упорядочилась по подобию четырех уровней высшего мира и подразделилась на четыре уровня нашего мира: неживой, растительный, животный, человек. Неживая материя разделилась на твердую, жидкую, газообразную, плазменную. И так далее. Эти тривиальности я перечисляю, чтобы просто показать, что все в нашем мире, как и в высших мирах, устроено по одной системе – в соответствии с пятиступенчатым нисхождением высшего света.

Все мироздание, все существующее состоит из следующих миров (сверху вниз):
- мир Бесконечности – корень человеческой души, ее исходное и конечное место
- мир Адам Кадмон
- мир Ацилут
- мир Брия
- мир Ецира
- мир Асия
- наш мир, пребывание души в белковом теле.

— Душа человека изначально находится в мире Бесконечности. Тело человека рождается в нашем мире. Душа человека нисходит из своего корня, из мира Бесконечности, через 5 миров (Адам Кадмон, Ацилут, Брия, Ецира, Асия) в наш мир и входит в тело.

Связь человека с Творцом, начиная с нашего, низшего уровня до самого высшего, до мира Бесконечности, где находится Сам Творец, происходит через миры Адам Кадмон, Ацилут, Брия, Ецира, Асия. Поскольку каждый мир состоит из 5 объектов, так называемых парцуфим, по 5 частей, называемых сфирот, в каждом, итого от нас, нашего мира, и до Творца, мира Бесконечности, есть 5 миров, по 5 парцуфим в каждом мире, по 5 сфирот в каждом парцуфе, итого 125 ступеней. Поэтому наше сближение с Творцом уподобляется восхождению по ступеням духовной лестницы. На высшей ступени – Творец, а низшая ступень касается нашего мира.

После грехопадения Адама его душа раздробилась на 600000 отдельных душ, и они упали в самый низ духовного мира, к подножью этой лестницы. С этого места они нисходят в наш мир и одеваются в белковые тела. Бааль Сулам описывает этот процесс в своем основном труде «Талмуд Десяти Сфирот» и объясняет, что душа человека до ее нисхождения в наш мир наполнена высшим светом.

Нисходя вниз, душа постепенно опустошается от света. При входе в наш мир душа окончательно опустошается от света. Полностью опустошенной душе в нашем мире издали, из мира Асия, светит некоторое малое, не ощущаемое даже явно свечение. Оно не наполняет душу, а светит ей только издали. Поэтому душа ощущает отсутствие света в себе, что воспринимается ею как страдания (болезни, страхи, угрозы, телесные и душевные, личные и глобальные).

Если душа не прилагает усилий, чтобы вернуться к тому состоянию наполненности светом, в котором она была в мире Бесконечности, то отсутствие света вызывает в ней все более сильные страдания. Они – так же, как наслаждения – могут проявляться в самых разных формах нашего мира.

Так продолжается до тех пор, пока душа не осознает, что истинная причина ее страданий в отсутствии света, который ее наполнял в мире Бесконечности. Свет, светящий душе из мира Асия, тянет ее к себе, вынуждая вернуться к своему корню.

Человек должен стремиться к тому, чтобы скорость его возвращения к корню была больше, чем эта вынуждающая вернуться сила света. Если человек будет стремиться вернуться к корню своей души, он ни в чем не будет ощущать страданий: не будет ни болезней, ни страхов, ни неприятностей, ни войн.

Каббала дает методику наполнения души светом и потому является единственным средством получения этого света. В меру занятия человека Каббалой свет из высшего мира светит душе. Но человек может прожить свою земную жизнь и не ощутить, что у него есть душа – частица от чего-то духовного. Душа проходит в теле определенные этапы развития, причем не за одну жизнь, а за множество кругооборотов жизней («гильгулим»), «переодеваясь» в различные тела, но на каком-то этапе она неизбежно и остро почувствует отсутствие высшего света.

Почему каббалисты считают обязательным для каждого человека, независимо от возраста, пола и пр. изучать Каббалу? Потому что в изучении Каббалы есть великая сила, о которой желательно знать всем: изучающий Каббалу, даже если он не сразу понимает все, что изучает, одним только своим желанием понять возбуждает на себя воздействие высшего света.

Человек обязан в каком-либо из кругооборотов достичь наполнения своей души. Чем больше проходит времени, пока человек не наполняет душу высшим светом, тем глубже его страдания, пока в конце концов они не вызовут осознания их причины – потребности души вновь получить наполнявший ее до нисхождения в наш мир свет.

Поскольку душа человека из мира Бесконечности проходит через пять высших миров (Адам Кадмон, Ацилут, Брия, Ецира, Асия), прежде чем войти в белковое тело в нашем мире, человек находится в непосредственной зависимости от всех элементов и свойств высших миров. Ведь именно они-то и уменьшают высший свет, высшее благо.

Отсюда понятно, что систему миров, отделяющих нас от наилучшего состояния, мира Бесконечности, надо изучить, чтобы функционировать в соответствии с ее законами, использовать ее для нашего блага, а не наступать вслепую на грабли, получая удары за ударами.

Основной закон этой системы – «Добро, творящее добро», т.е. приведение всего творения к наивысшему состоянию, миру Бесконечности, действует независимо от того, знаем мы его или нет. Хотим или не хотим, мы вынуждены его выполнять. Нарушения ведут к несчастьям и трагедиям – личным и глобальным – для осознания необходимости исправления.

Оттого что нас немедленно не хватают за руку, когда мы его нарушаем, этот закон не отменяется. А как и когда он срабатывает, мы сможем понять, лишь изучив тот материал, который дает нам Каббала. И если мы не воспользуемся этим знанием, нас – евреев – в первую очередь, а вслед за нами и всех остальных, ждут катастрофы, и не когда-нибудь в будущем, а в самое ближайшее время.

– И Вы надеетесь, что этой премудростью займутся еврейские массы, сосредоточенные сегодня совершенно на других проблемах?

Мы не справляемся сегодня с нашей главной проблемой – выживанием Израиля. Каббала дает точное объяснение причин нашего нынешнего состояния и указывает, как из него выйти.

– Попытайтесь это объяснить так, чтобы те, кто никогда не держал в руках каббалистических книг, поняли, что там действительно содержится ценная практическая информация.

Я только этим и занимаюсь в последнее время. Но тому, кто хочет всерьез это понять и попытаться способствовать спасению Израиля, все-таки придется взять в руки книги. Почему для евреев знакомство с Каббалой сегодня вопрос существования – объясняется в книге «Зоар»: «Знай, что во всем есть внутреннее и наружное. Израиль относится к внутренней части мира, а остальные народы считаются его наружной частью. Сам Израиль тоже делится на внутреннюю часть – тех, кто работает над постижением высших миров и Творца, и наружную часть – всех остальных. То же самое касается народов мира: они делятся на внутреннюю часть – праведники народов мира и наружную – враждебную по отношению к Израилю».

Я привел лишь небольшой отрывок, но уже из него следует простая зависимость: усиливая внутреннюю часть Израиля, мы усиливаем внутреннюю часть народов мира. Ослабляя свою внутреннюю часть, мы усиливаем враждебные нам силы. И более того, не желающий получить знание о высших мирах своим бездействием приводит к тому, что внешняя часть народов мира усиливается, то есть берут верх наихудшие их представители, наибольшие враги и ненавистники. И это приводит к разрушениям и войнам во всем мире.

Все сказанное выше не означает, что все обязаны немедленно погрузиться в систематическое изучение Каббалы: достаточно преодолеть внутренний барьер и начать просто интересоваться этой наукой. И таких возможностей сегодня более чем достаточно: по всей стране работают бесплатные курсы, на нашем сайте в Интернете публикуются интереснейшие материалы, ко мне через Интернет обращаются тысячи людей из разных стран.

Познакомившись с этими материалами, вы начнете понимать все, что произошло и происходит не только на нашей земле, но и во всей вселенной, потому что увидите высшие корни, из которых рождается вся реальность нашего мира. Поверьте, буквально через несколько дней вы почувствуете прилив сил, состояние уверенности, которого не было раньше. Вы словно подключаетесь к новому источнику силы, который начинает заряжать вас.

И это моментально начнут чувствовать враги. И отступят, понимая подсознательно, что с такой силой они не могут справиться. И более того, наши враги – это же силы Творца, вынуждающие нас вернуться к нашей миссии, – немедленно из противников станут помощниками, как сказано пророком, что народы на своих плечах принесут сынов Израиля строить Третий Храм.

До тех пор, пока мы бездействуем – от неверия или от лени, – мы сами же приводим в действие все нечистые силы, которые обрушиваются на нас. В поколении, которое пренебрегает внутренней работой, все разрушители народов мира поднимают головы, желая уничтожения Израиля. Мы уже видели, как это происходит, и сегодня мы наблюдаем один из пиков этого процесса.

Так не кажется ли вам, что сосредоточенность на «других проблемах» становится просто бессмысленной. Ну, пососредоточиваемся мы еще годик-два на проблемах безработицы или курса доллара, а потом эти проблемы рассосутся сами собой за отсутствием тех, кого они так беспокоят сегодня... Тот же рав Кук предупреждал своих современников: «Все великие каббалисты кричат в один голос о том, что, не занимаясь Каббалой, мы тем самым разрушаем мир. (рав А.Кук, «Игрот», 2; 231)

— *Все, что Вы говорите, звучит устрашающе, и все равно трудно поверить, что евреи массово могут засесть за Каббалу.*

Послушайте, но сегодня каждый школьник сидит ночами, готовясь к экзамену по психометрии. Зачем? Правильно, чтобы обеспечить себе комфортабельное будущее. Уверяю вас, что занятия Каббалой не только необходимы, чтобы у нас было хоть какое-то будущее, но они в тысячу раз увлекательнее, чем подготовка к психометрии.

— *Чем же Вы тогда объясните недостаточный интерес к столь важному предмету?*

Видимо, нам еще недостаточно тех наказаний, которые мы испытали. Они нас еще не заставили поумнеть. Мир создан так, чтобы человек им управлял. Он может и должен своими мыслями правильно влиять на происходящее в мире. Но этому надо научиться. Не научимся — нами будут управлять самые разрушительные силы.

Сегодня никто не может оправдаться тем, что у него нет информации. Я, занимаясь в конце 60-х годов биокибернетикой и сидя в лаборатории ленинградской Военно-медицинской академии, пытался докопаться до тайны жизни, поймать истину за хвост, я мучился, оттого что она никак не давалась, и у меня не было никакой информации о том, где ее искать.

Я предполагал, что человеческий мозг — ключ к этой тайне. Я рвался к этой тайне, а истина ускользала, но не отпускала меня. Я понял, что вот я могу сейчас посвятить свою жизнь еще какой-то мелкой частности в функционировании человеческого мозга, стану почтенным профессором, а жизнь пройдет, и я все равно не успею добраться до истины. Я решил, что должен быть какой-то другой путь.

Мне говорили верующие люди, что в какой-то другой вечной жизни я узнаю истину. Но я требовал, чтобы мне в этой жизни дали эту возможность. Я верил, что такая возможность должна быть. И я не ошибся. Есть другая субстанция — не мозг, а душа, которая должна развиваться и постигать эту истину. Прошло время, когда можно было с ленцой говорить себе в преклонном возрасте: «Пора подумать о душе». О ней надо подумать и в тринадцать лет, и в семнадцать, и в двадцать пять, и в сорок.

Мы знаем сегодня достаточно много, чтобы понять, что существуют такие параметры нашей реальности, которые не улавливаются нашими пятью органами чувств, и научного аппарата тоже недостаточно, чтобы их объяснить. Да что далеко ходить: вы можете объяснить, как ваша собака узнает, что вы приближаетесь к дому еще за квартал. Она вас не видит и не слышит, и учуять носом она вас не может, потому что квартал провонял выхлопными газами. Но она знает о вашем приближении. А это ведь речь идет о самых примитивных животных явлениях, и даже их вы не можете просчитать: с какого расстояния она узнает о вашем приближении, как это расстояние меняется в зависимости от погоды, от ее или вашего возраста, роста, состояния, настроения и т.д., и т.п.

Ко мне приходят лечиться, просят наладить семейные отношения, решить финансовые проблемы. Почему этим людям лень поинтересоваться, как я это делаю, почему я могу, а они нет? Ведь это же такие естественные вопросы.

И вот я предлагаю: откройте книги, вы найдете там ответы – не сразу, но уже сам процесс поиска и изучения облегчит вашу жизнь и даст невероятные захватывающие впечатления!

– Но Вы ведь не просто открыли книги по Каббале, Вы учились у знаменитого каббалиста, который показывал Вам весь этот процесс, вел, как Вы сами говорили, за руку.

Да, мне повезло, я учился у рава Баруха Ашлага, который давал мне столько информации и столько сил освоить эту информацию, что помощь эту невозможно переоценить. Но прежде чем мне повезло, я искал и прикладывал собственные усилия. Я требовал этой информации. Требуйте и вы. Я помогу, насколько это в моих силах, любому, кто потребует. Бейт-мидраш – это место, где учатся требовать (лидрош) раскрытия Творца и всех законов мироздания. И требовать должны многие.

Ушло время каббалистов, сидевших в углу и занимавшихся с избранными единицами. То были особые души, сделавшие особые исправления в мире. Большое исправление в мире сделал Бааль Шем Тов. Тогда даже массы смогли почувствовать чуть больше духовного в мире, и временно стало легче постичь высшие миры тем, кто к этому стремился. Для того, чтобы выбрать достойных учеников в свою группу, Бааль Шем Тов учредил «адморут» – такое деление еврейского общества, когда каждая группа-община имеет своего духовного предводителя-каббалиста.

Эти предводители «адморы» выбирали достойных изучать Каббалу в свои «хедеры» (классы) и в них растили будущие поколения каббалистов, которые, постигая строение и законы высших миров, могли быть настоящими духовными лидерами еврейских общин. После же ухода Бааль Шем Това наш мир находится в духовном падении, всегда, кстати, предшествующем будущему подъему.

– Вы так говорите, словно Бааль Шем Тов жил вчера. После его ухода, между прочим, еврейский народ пережил кровавые погромы, революции и Катастрофу! Они что, не справились – адморы Бааль Шем Това?

Я не хочу сейчас это обсуждать. Я хочу говорить о том, где мы сегодня находимся. Каббалой, которая является нашим реальным оружием против тех, кто хочет нас уничтожить, по-прежнему занимаются единицы или, вернее, далеко не достаточное количество евреев. А это значит, что, как написано в книге «Зоар», ослабевает наша внутренняя часть и усиливается внешняя часть народов мира – то есть наши непосредственные враги.

– Вы говорите об исправлении мира с помощью каббалистов и о Каббале как об оружии в борьбе Израиля с теми, кто хочет нас уничтожить. Антисемиты тоже писали о тайном еврейском оружии и о наличии каких-то сверхъестественных сил у еврейских (сионских) мудрецов. Так все-таки они были не далеки от истины – такие сверхъестественные силы есть?

Конечно, есть! А как мог выжить, по-вашему, еврейский народ, пройдя все, что он прошел? В соответствии с какой-нибудь исторической закономерностью? Эти силы есть, но их «сверхъестественность» мы можем постичь, и я предлагаю ими воспользоваться сегодня, когда речь идет о новой попытке нас уничтожить. Авторы «протоколов» слышали звон, не зная, где он.

Силы отдельных каббалистов были направлены исключительно на исправление нашего народа. Народы мира могут попасть под их влияние только после нас. Но для того чтобы сегодня спасти Израиль, недостаточно сил одних каббалистов, а также армии. Необходима поддержка масс.

Но для этого массы должны понимать, хотя бы на начальном уровне, что это за силы, каков их источник. Это не алхимия и не магия: чтобы эти силы призвать на помощь, надо получить о них представление, и на это сегодня способен любой человек.

Каббала для того и открывается сейчас массам – чтобы дать им важнейшую информацию о нашем настоящем и будущем. Не захотят ее получить – значит не смогут нас поддержать, и значит возможность спасения Израиля будет упущена.

ЗА РОДИНУ...
Обращение на Форум интернетовского сайта «Бней Барух»

Дорогой Рав! Прошу Вас высказать Ваше отношение к инициативе, в которой я принимаю активное участие:

Фронт освобождения Иудеи и Самарии

Обращение оргкомитета к еврейскому народу

1. Уход еврейского народа из Иудеи и Самарии является грубейшим нарушением Законов Мироздания, раскрытых нам в Торе Всевышнего.

2. Данный шаг приводит к катастрофическим последствиям для нашего народа и всего человечества.

3. Мы объединяемся ради того, чтобы любыми законными средствами не допустить разрушения Еврейского Ишува и способствовать его восстановлению во всех оставленных ранее частях Иудеи и Самарии.

4. Если государство Израиль откажется от своего основополагающего долга: защиты Евреев и Еврейской Земли от Ишмаэля и Эдома, мы объявляем о своем выходе из-под израильской юрисдикции и о создании Мамлехет Йехуда (Независимой Иудеи) на всей территории Иудеи и Самарии, включая Старый Город и Храмовую гору.

Это даст возможность нам, евреям всего мира, выполнить нашу миссию перед Лицом Творца и построить Третий Храм для всего человечества.

Ответ рава Лайтмана

Я могу быть с вами солидарен только в том случае, если вы осознаете, что созданием спальных поселков Иудею и Самарию не осваивают. Их можно освоить, как и все остальные части земли Израиля, только внутренним соответствием этой земле, ее духовному корню.

Я об этом пишу во всех своих книгах. Вы, как и весь остальной современный еврейский народ, своим пренебрежением к этому необходимому условию, из-за несоблюдения которого мы были изгнаны в прошлом с этой земли, сегодня снова сами же привели себя к настоящему состоянию. А можете привести и к очередной катастрофе!

Вы хотите, как другие народы, воевать оружием, насилием, не осознавая, что войну необходимо выиграть на духовном уровне с самими собой. Я, если и призываю остановить отступление, призываю делать это одной рукой, а другой раскрыть Каббалу, потому что спасение – оттуда, а армия поможет только на время, необходимое для начала поиска спасения в высшем. Но намерение, изучая Каббалу, достичь Творца – обязано быть всегда в начале любого военного действия. Каббалисты (а, кроме них, кто еще знает истину!) слезно умоляют вас об этом со времени разрушения Храма, произошедшего по той же причине.

Поэтому вам нечего кричать, что у нас забирают землю, – тот же Творец ее у нас и забирает, руками арабов! Потому что мы ее недостойны! Я не призываю отдавать, но я призываю вас, в конце концов, осознать, что нам **в себе** необходимо изменить, чтобы соответствовать этой земле, иначе ведь она «изрыгает живущих в ней».

Я провожу лекции по всей стране, но ни разу меня не пригласили выступить среди вас, я вам не нужен! С вашей радиостанции Аруц-7 меня изгнали, а месяц назад мне заявили на радио-Ариэль, что я там тоже нежелателен! А ведь радиостанция в Ариэле вообще не религиозная, как Аруц-7. Так что и вы действуете не методом свободной дискуссии, а насилием. Это же и пожинаете!

Смотрите, насколько вам чужда Каббала! Никто из вас не тянется, не стремится к Каббале, к постижению корня Эрец Исраэль – какое же вы имеете право утверждать, что это земля ваша! Чем вы ей соответствуете? На каком основании вы можете там находиться? Эта земля святая тем, что «Творец находится в ней постоянно», т.е. Его свойства изливаются на эти места. Мы обязаны, по Его замыслу, соответствовать этим свойствам, обрести их, стать равными Ему, что называется слиться с Ним (свойствами, «леидабэк бэ мидотав»). Иначе земля эта вследствие несоответствия ее корня нам, нашим свойствам, изрыгнет нас.

Вы думаете, Барак желает отдавать что-то, а другие политики не отдали бы? Он ведь знает, что за народ стоит за ним! Любой народ силен духом, а наш должен быть силен не просто духом, а высшим духом. Этого-то и нет. В чем же виновато правительство? Конечно же, и я призываю, что его надо остановить, но это «левой рукой», а «правой» – немедленно начать сближаться со своим высшим корнем и с этой землей, что возможно, только занимаясь Каббалой.

Великий комментатор Торы – РАШ"И объясняет, почему Тора начинает свое описание не с выхода из Египта (ведь тогда начинается основное повествование о связи с Творцом), не с завоевания земли Израиля, а с самого начала, от сотворения мира: чтобы показать, что вся земля принадлежит Творцу, кому желает – тому и дает, поэтому Он изгнал народы, населявшие эту землю до выхода евреев из Египта (которых сам же поселил здесь ранее), и отдал ее Своему народу по выходе из Египта. А затем Творец разрушил Храм руками гоев и изгнал Свой народ, потому что тот упал с уровня «народ Творца» на уровень «гой». Задолго до разрушения Храма и изгнания мудрецы предрекали гибель, но никто их не слышал и не слушал...

В наше время Творец вернул Свой народ на эту землю. Изгнание закончилось. Но не потому, что мы изменились. Мы прибыли сюда не ради духовного возвышения под стать Земле Израиля. Нас вытесняли сюда со всего мира всеми способами, вплоть до Катастрофы!

Творец свыше вручил нам эту землю. Мы ее своими свойствами не желали! Желали государство – может быть, в Уганде, вот и создали здесь – Новую Америку! Которую даже арабы ненавидят, а мы обожаем! Создали здесь все, что угодно, но не Эрэц Исраэль! И за полвека не стали вровень с нею. Когда мы соответствуем этой земле – мы на ней, если не соответствуем ей – «земля эта проглатывает живущих на ней».

Я призываю нас всех опомниться и решать нашу вечную проблему на ее решаемом уровне – духовном. После статьи «Угроза уничтожения» меня хотели пригласить выступить в Хевроне. Я предупредил, что буду говорить о Каббале, – и все умолкли. На сегодня воевать надо против самих себя, т.е. мы сами должны воевать против себя, сегодняшних, несоответствующих Иудее и Самарии. Смотрите материалы в разделе «Богоизбранность» – и вы поймете меня и почему я не могу быть с вами.

Пока не изменится в нас осознание причины настоящего положения страны и ее судьбы, регрессия нашего состояния будет продолжаться – до момента, когда мы прозреем!

Я призываю всех нас к изучению Каббалы (см. раздел «Увидеть хорошее») и возвращению к корню – как только мы это начнем, **как только начнем изучать Каббалу**, даже из чисто шкурных интересов – все начнет чудесно изменяться! Это все равно произойдет, но вот когда – зависит от нас...

БЕСЕДЫ НА АКТУАЛЬНЫЕ ТЕМЫ

Нынешняя ситуация в стране совсем непростая. Кто-то называет ее тревожной, кто-то считает, что это начало конца, и все ищут какого-то выхода. Каббалист рав Михаэль Лайтман пару месяцев назад опубликовал статью, в которой предупреждал о большой опасности для Израиля и объяснял, что изучение Каббалы – это обязанность евреев и именно невыполнение ее влечет за собой все наши проблемы. Рав, скажите пожалуйста, Вы действительно думаете, что, услышав Вас, евреи бросятся изучать Каббалу? Поверят Вам, что это поможет избавиться от врагов?

– В человеке заложена вера в то, что можно желанием, мыслью, намерением управлять миром и что есть люди, которые им управляют. Ко мне приходят обычные люди, просят, чтоб я им помог. Чего они ожидают, чем я, по их мнению, им помогу? Денег у меня нет. Армии у меня нет. Протекции в правительстве нет. Я тихонько сижу в своем углу. Т.е. эти люди верят, что я обладаю силами видеть будущее и скорректировать его для них в добром направлении. Т.е. люди верят в то, что возможно управление нашим завтра и что оно возможно именно благодаря знаниям высшего «духовного» мира.

Так вот, каббалисты говорят о том, что этим знанием может обладать каждый. Изучая Каббалу, человек уже в той мере, в которой он ее изучает, положительно влияет на свое завтра, даже если не целенаправленно, не зная точно, какие именно случаи, готовящиеся ему на завтра свыше, он должен изменить, нейтрализовать или оставить без изменений.

Каббалисты говорят, что даже простое чтение каббалистических текстов кардинально и немедленно меняет наш мир. А если бы это происходило в масштабе целого народа!? Я написал множество книг по Каббале на русском языке, наш

Интернет – на 22 языках, и мы постоянно добавляем и обновляем материалы. Почему мы столько работаем над распространением каббалистической информации? Потому что когда люди читают эти тексты, даже если они не понимают, что читают, они уже вызывают на себя свечение высших источников света, которые руководят нашим миром. Повышенное свечение высшего света немедленно положительно влияет на мир. И хотя они не ощущают результата своих действий, не видят явно связи своих занятий и следствий, они должны этому верить, как верят, когда обращаются ко мне, что я могу изменить их судьбу.

Все каббалистические книги говорят о том, что даже неосознанная связь с Каббалой уже создает такую структуру вокруг нашего мира, такое положительное влияние, что в нашем мире немедленно начинаются изменения к лучшему. Народы мира в это верят, и люди говорят мне, когда встречают меня за границей: «Почему вы не строите Третий Храм?» Что значит Третий Храм? Это как бы земное отображение духовного пульта управления мирозданием.

Народы мира в это верят, это вообще очень распространенное мнение о нашем народе. Существуют ведь целые секты и течения, проповедующие, что евреям надо помогать переселяться в их землю. И они помогают. Но у большинства народов мира мы вызываем отвращение и ненависть.

И мы должны наконец осознать, понять причины многовековой ненависти к нам. Нам никуда от этого не уйти, нас даже невозможно уничтожить, как остальные древние народы, мы останемся как ведущая группа в развитии человечества и все равно мы обязаны будем выполнить эту миссию.

— *Отсюда можно сделать вывод, что все страдания и все нависшие над страной неприятности и несчастья как бы гонят нас в туннель, который ведет нас к Творцу.*

Все обстоятельства гонят нас к Высшей силе. Гонят к тому, чтобы мы научились управлять мирозданием, чтобы мы были осознанно действующими в этом мире. Ведь человек живет, не зная завтра: упадут ли его акции, упадет ли ему что-то на голову, что будет с его детьми, что произойдет с миром? Как можно таким образом существовать в этом мире?

Человечество развилось до уровня, на котором оно обязано освоить высший мир. Лень, нежелание осваивать высшее вызовут жесткое внешнее давление, в первую очередь на нас. Арабы здесь ни при чем, и все остальные народы ни при чем. Я их не оправдываю, я не призываю любить наших ненавистников, но они – марионетки в руках высшей силы, и они будут давить на нас, пока мы не осознаем, что нам надо подчиниться законам мироздания.

А мы только в тот момент, когда на нас действуют огромные страдания, способны немножко осознать необходимость поиска выхода из этого состояния. Но как только страдания прекращаются, мы сразу же возвращаемся к обычной жизни, и вновь все нам кажется не так уж плохо, хотя и ясно, что это только временное прекращение острого давления.

Не зря мы названы в Торе жестоковыйным, упрямым народом! Это следствие нашего огромного эгоизма, который должен был бы подтолкнуть нас к высшему.

– *Представим, что человечество, евреи вдруг это поняли. Что произойдет в тот же момент?*

Как только даже не все человечество, а только наш народ, и не миллионы, а тысячи, начнут изучать Каббалу для того, чтобы исправить наше состояние – оно изменится. Те же арабы и все остальные народы, вместо ненависти, начнут помогать нам. Потому что, помогая нам, они получат через нас Высшее знание и доброе будущее. Сказано у пророков, что в будущем народы мира принесут сынов Израиля на плечах в Иерусалим и заставят строить Третий Храм.

Проблема только – каким образом нас заставят – добрым путем или путем страданий. Т. е. если бы через книги, Интернет, лекции, статьи в газетах наш народ осознал необходимость изучения Каббалы, начал бы ею заниматься – немного, в свободное время, – мы бы вызвали извне настолько интенсивный высший свет, что он бы защитил нас, сделал бы нас притягательной силой в глазах всех народов, а не ненавистным народом на Земле.

Как только любой народ достигает определенного уровня своего развития, тут же начинает в нем зарождаться антисемитизм, хотя он может и не понимать, откуда это.

Есть много народов на Земле, с которыми у нас никогда не было никакого контакта, но несмотря на это ненависть к нам подсознательно, автоматически возникает изнутри народа, и исходит она из самого закона развития. Потому что и они начинают нуждаться в духовном подъеме, они начинают зависеть в большей степени от духовных сил. И хотя это знание в них неявно, подсознательно, но они начинают ощущать, что в чем-то зависят от нас. Тут-то и возникает ненависть.

– *Но тогда зачем нам столько тратить на оборону? То, что вы говорите, отменяет необходимость иметь сильную армию, защищающую нас от врагов.*

Нет! Ничего не отменяет, потому что, пока мы не будем в состоянии управлять мирозданием на духовном уровне, т.е. до тех пор, пока мы не станем, как сказано, «светочем для других народов», пока есть ненависть на Земле и не достигнуто глобальное исправление, мы обязаны иметь сильную армию.

Но как только мы начнем заниматься внутренней частью мироздания, сразу же свыше начнет нам светить высший свет, и все народы подсознательно начнут ощущать, что Израиль им нужен. Вот тогда исчезнет потребность в силе. Но до тех пор, пока мы не воюем против самих себя, против своих внутренних врагов, мы должны содержать армию, чтобы воевать против внешних врагов.

Поэтому у нас может быть только одно: или борьба за освоение духовного мира, или борьба за выживание в этом мире, которая, в принципе, в таком виде, как сегодня, обречена на провал. Страдания все равно заставят нас взяться за Каббалу.

Важно как можно большему количеству населения начать изучать Каббалу, т.е. заниматься истинным исправлением мира. Вследствие этого немедленно повысится интенсивность излияния высшего света на наш мир. Все на Земле зависит от интенсивности духовных источников, которые светят на нас свыше. Мы не ощущаем этих источников, но мы ощущаем их следствия: хуже нам – значит, они светят меньше, лучше нам – значит, они светят больше.

И пока мы не можем возбудить эти источники светить на нас, армия должна делать свое дело. У нас есть враги внутренние и есть враги внешние. Надо бороться с ними одновременно. Наш внешний враг в наше время – это Сирия. Она подстрекает против нас все арабское население нашей страны, обучает в своих тренировочных лагерях, вооружает его, снабжает деньгами. Египет – это наш идеологический враг.

Сирия управляет Ливаном, группами террористов в Ливане и здесь, в Израиле. Нам необходимо разгромить всю ее военную машину, тренировочные лагеря для террористов. Не трогая гражданское население, все остальное должно быть уничтожено. Этим уничтожится источник проблем с Ливаном и внутри страны. Может быть, и не понадобится трансфер.

Необходимо территориальное разделение двух народов, чтобы дать обоим возможность существования, а не непрерывного противостояния. Если одновременно с нашими военными действиями мы будем изучать Каббалу, весь мир поможет нам и оправдает нас во всем. Мир любит, когда Израиль сильный, когда Израиль не слушает его, потому что надеется, что сейчас Израиль поведет его к освоению высших духовных источников, благодаря которым все человечество спасется и обретет уверенное будущее.

– То есть Вы считаете, что сейчас, когда Израиль ищет компромиссов, мирных соглашений, мир отвернулся от нас?

Конечно! Никто в мире не желает нашего существования, и если мы не изменимся, все будут против нас, будут желать нашего уничтожения и содействовать этому. Так действует общий мировой закон, который желает поднять все человечество до духовного уровня, уровня управления всем мирозданием, и мы этому основному закону противимся. Так что основной закон мироздания против нас.

– Скажите, пожалуйста, только попроще: что означает управлять мирозданием? Понятие «мироздание» для человека размыто, понятие «управлять» тоже.

Все, что есть в нашем мире, нисходит из Высшего мира. Но из нашего мира, от наших действий, мыслей, взаимоотношений поднимается наверх наша энергия, на сегодняшний день отрицательная. Вот она-то и определяет отрицательное влияние на нас Высшего управления. Высшее управление в итоге нисходит к нам отрицательным. Мы ощущаем удары судьбы. Высшее управление заставляет нас находиться в разногласиях между собой, внутри себя, с детьми, с соседями, внутри народа, со всем миром.

Управлять мирозданием – означает знать, каким образом правильно поднимать наверх свои чувства, свои мысли, свои желания. Это то, что люди, в принципе, просят, когда обращаются ко мне. Например, телефонный звонок: человек говорит, что сегодня у него в 10 утра очень важное для него судебное разбирательство, или экзамен, или еще что-то, и просит помочь, помолиться.

Обычно это человек, не имеющий никакого отношения к религии, но он чувствует, что без этого не обойдется, в этот момент он готов на все. Каббала же утверждает, что каждый может определять себе свое будущее и все вместе мы можем делать самое лучшее будущее для себя.

– *Желая нам лучшего, Творец дает нам страдания?*

Нет! Страдания мы вызываем неправильным отношением к природе. Каббала – это как любая другая наука. Разве мы можем правильно обращаться со сложной машиной, если не знаем ее устройство, не знаем, каким образом ею управлять? Мы существуем совместно с природой, это подобно взаимодействию человека с какой-то машиной. Но мы не знаем, каким образом устроена природа, мы не знаем, каким образом на нее воздействовать, чтобы получить оптимально хороший для нас результат, реакцию на свои действия.

Нам ничего не остается, кроме как или продолжать страдать, или изучить эту машину и знать, каким образом ею управлять. Каббала – это наука об устройстве и управлении всей, высшей и низшей природой, это естественная, практическая наука, которую в конце концов мы должны освоить первыми, а после нас – все остальное человечество.

– *Но даже если человек согласен, что знания Каббалы очень важны, он боится ее сложности.*

Эта наука нисколько не сложная, она ведь заранее самой природой предназначена для ее освоения всеми. Каббалу не надо изучать, как науку нашего мира, ею надо просто интересоваться, и тогда она сама становится понятной любому человеку. Любой может стать великим каббалистом, но этого и не требуется. Надо только интересоваться этим. Этого достаточно, чтобы коренным образом изменить излучение на себя свыше.

Ты хочешь, чтобы у тебя было хорошее завтра? У тебя назавтра, допустим, экзамен по вождению, прием на работу, решение вопроса об операции, угроза войны и падение акций. Почему тебя не интересует, как запрограммировать завтрашний день? Почему ты звонишь мне в самый последний момент — авось я тебе помогу?

— *Потому что уверен, что сам не могу этого сделать.*

Но если ты веришь мне, что я в состоянии тебе помочь, так поверь и моему совету: «начни это делать сам». Как только ты откроешь книжку по Каббале, как только начнешь слушать аудиокассету, смотреть фильм о Каббале, сразу же свыше все начнет изменяться. Все каббалисты говорят, что важно само бережное отношение к Каббале, увлечение ею — и большего не надо. Влияние на судьбу происходит не оттого, что человек что-то делает в высшем мире, а оттого, что считает высший мир более важным, чем этот. В меру этой важности высший мир положительно влияет на нас. А для такого отношения к высшему не нужны особые способности. Короче говоря, в той мере, в которой для меня духовное становится важнее, чем окружающее, в той мере духовное улучшает мою жизнь, вокруг все успокаивается: соседние страны, палестинцы, семья, дети, здоровье. Ведь все отрицательное в мире происходит вследствие отсутствия сознательного управления природой.

— *Но если Вы можете по просьбе человека улучшить его дела, то почему группа каббалистов не может это сделать для Израиля?*

До нашего времени отдельные каббалисты получали свыше такие задания. В течение всей истории человечества каббалисты смягчали Высшее управление. Но в настоящее время человечество достигло такого уровня развития, когда вопрос «В чем смысл жизни?» должен решиться каждым для себя. Потому что его решение раскрывает перед человеком высший мир. А только это способно дать человеку комфорт и совершенство. Так он устроен природой, хотя еще и не осознает этого.

В Каббалу должны прийти не все, а только те, в ком кричит вопрос о смысле жизни, кто готов искать причину своих страданий. Мы видим, что весь мир построен по пирамиде: есть занимающиеся наукой, первооткрыватели, затем, ниже их – осваивающие открытие в лаборатории, практически, затем уже заводы, и так открытие входит в обиход. То, что сейчас открывают, мир применит через десятки лет.

Так и в духовном мире: исследовать Каббалу должны единицы, но нужны и массы, которые будут заинтересованы, будут помогать им. А затем, по такой же пирамиде, все будут связаны с Высшим управлением и смогут все извлечь из него пользу.

Наше отношение к Каббале определяет ее влияние на нас. Кто отрицает ее важность, причиняет нашему народу самый большой вред! Известно, что наша мысль влияет на живые организмы, растение ощущает отношение человека к нему, вся природа ощущает хорошее или плохое отношение к ней человека. Не только экстрасенсы, но и все люди верят в воздействие на окружающее мыслями, желаниями. В народе это называется дурной глаз, сглаз.

– *Поговорим еще о сегодняшнем дне. Что Вы можете сказать по поводу Иерусалима и борьбы вокруг него?*

А зачем нам Иерусалим, если у нас практически нет государства, государственной символики, сионизма, идеологии? Человек, свободный от своих обязанностей перед государством и народом превозносится, как герой, «звезда» СМИ. Хотя для арабов, исходя из их религии, Эль Акса не представляет особой важности, они возвели ее в высшую ценность и добиваются безраздельной власти в Иерусалиме. А у нас в правительстве рассматриваются планы альтернативной столицы...

– *Но ведь выросло другое поколение, у многих нет мотивации служить в армии...*

Это мы их вырастили, а теперь пожинаем плоды. Ко мне приходят родители детей-наркоманов, бездельников, проституток, воспитанных на том, как бы полегче прожить без коллективной ответственности. Люди спокойно говорят о «закрытии» государства. Но природа самыми жестокими методами заставит нас остаться и жить по ее законам, а не по выдуманным нами. Почему не уезжали из Германии в Палестину, пока было возможно? Ждали концлагерей?

— Как Вы смотрите на то, что сегодня некоторые евреи собираются уезжать, чтобы избежать гибели, в Канаду, в Австралию?

Ничего не поможет, и там будут погромы. Именно здесь самое безопасное для евреев место!

— Вы сказали, что мы сами вырастили это поколение, не желающее служить в армии, работать. Возможен ли обратный путь, возможно ли восстановить все, восстановить сильную армию?

У нас армия технически сильная, но духовно слабая.

— Возможно поднять ее дух?

Для этого нужна мотивация. Осознание того, что иного места для нас нет. Иной планеты тоже нет. Я обращаюсь именно к русскоязычным израильтянам, они более сознательны, и за нами, как ни странно, Россия. Мы, в наших галутах, оставили в этих странах частички своей души. Они остались среди тех народов. Они подсознательно ждут от нас решения. А есть такие, что и осознанно понимают это. Именно мы, русскоязычные израильтяне, обязаны освоить Каббалу. Мы в состоянии изменить мир. Одни мы – этого хватит!

Для того чтобы изменить характер Высшего управления в нашу пользу, не нужны миллионы людей. Это изменение определяют, как в пирамиде, единицы, стоящие во главе духовного движения народа. Конечно же, все человечество осознает, что каждый обязан в зависимости от характера своей души и в зависимости от меры ее емкости заниматься Каббалой. Я вижу, как духовные руководители поколения, видящие строение души каждого, будут помогать и указывать каждому его оптимальный вид занятий для исправления своей души.

В итоге человек будет жить тем, что его будут обучать правильно взаимодействовать с окружающей нашей и духовной природой. Этому будут обучать в школах, ведь только это и надо знать человеку. Но сейчас, если процентов 30 русскоязычных израильтян активно заинтересуются Каббалой, этого будет достаточно, чтобы изменить к лучшему воздействие на нас Высшего управления. Уже этим мы выведем за пределы любой опасной черты и далее всех наших врагов.

— *Из этого можно сделать почти фантастический вывод: что будущее Израиля в руках русскоязычных евреев?*

Это несомненно! Так же, как я надеюсь, что через Россию мы в таком случае получим очень большое духовное подспорье, от которого и она сама восстановится.

— *Вы считаете, что и Россия не случайно испытывает проблемы с мусульманским влиянием?*

И не только с мусульманским влиянием, с этим связаны и другие ее проблемы и общее бедственное положение.

— *Это как бы соединяет две страны?*

Да! Потому что мы там оставили очень много частичек своих душ (келим – сосудов), а поэтому, естественно, связаны с Россией и страдаем параллельно. Это следствие изгнания народа Израиля: в той стране, где он находился, он оставил свои духовные части, и эта связь обязана в будущем проявиться и дать свои следствия.

— *Но Вы за сильный Израиль как духовный, так и военный?*

Военная мощь нужна как компенсация духовной слабости, так же, как страдания – это проявления необходимой компенсации духовного падения. Нам необходима сила сдерживания, потому что мы пока мыслим только на земном уровне. Но как только наши земные и духовные заботы будут в нашем сознании зависеть от одного Источника, нам не понадобятся иные силы нашего мира, которые, в общем-то, только компенсируют нашу духовную слабость.

Зачем понадобится мне здравоохранение, на которое тратится больше, чем на оборону? А вся оборона? Сэкономьте на этих двух статьях расходов общества и представьте себе масштабы освобождающихся ресурсов.

— *Вы предвидите, что человек не будет болеть?*

В идеальном виде, да! Но это после всеобщего исправления. Ведь болезни – следствие недостатка наполнения души светом. Все болезни и все войны – только из-за неправильного управления природой. При правильном же воздействии человека на

Высшее управление, естественно, исчезает потребность во множестве функций государства и общества: в судах и тюрьмах, школах и воспитании. Рав Ашлаг пишет об этом в своем труде «Последнее поколение». Последнее, потому что ему уже незачем изменяться, и его форма только улучшается.

Человек свою природу связывает с природой физической, а не с духовной. В итоге его эгоистического развития возникает все больший разрыв между человеком и высшим миром, отчего высший свет все больше скапливается перед входом в наш мир. Чем больше интенсивность его свечения издали, тем больше мы ощущаем его отсутствие в нас, т.е. тем большие страдания, болезни, дискомфорт мы ощущаем.

Об этом говорят не только каббалисты, а даже экстрасенсы, ясновидящие, все люди, которые более или менее ощущают мироздание на более тонких уровнях.

— Можно ли сказать, что чем больше разрыв у человека между материальным и духовным, тем серьезнее у него болезнь? Можно провести такую параллель?

Естественно! Это пишется напрямую в книге «Зоар» и в книгах рабби Ашлага: все страдания — только от недостатка высшего света. Недостатка, который мы вызываем. Как только мы научимся правильно вызывать Высший свет, он сразу же облачится во все объекты нашего мира, наполнит собою все вокруг — и сразу же в каждом объекте исчезнет его недостаток, проблема, болезнь.

— Можете ли Вы сказать, в течение какого времени может произойти этот переворот?

Мы сейчас находимся в таком состоянии, когда это должно случиться уже в наши дни. Самые великие каббалисты писали именно о нашем времени. И самый большой каббалист нашего времени рав Й.Ашлаг, мой Учитель, говорил о том, что с 1995 года и далее начнутся решающие годы в духовном развитии человечества.

Посмотрите, какие фильмы делает о будущем человечества кинематограф. Каким ужасным он представляет наше будущее! Развалины цивилизации, остатки людей бродят, как тени, выращивают какие-то растения для скудного пропитания, часть из населения — мутанты. Сегодня уже нет ни одного оптимиста!

А нужно совсем немного для счастья. И природа, Высшее управление, направляет человечество к причине его несчастного состояния – к нам, к Израилю. В «Предисловии к книге «Зоар» рабби Й.Ашлаг объясняет, что все человечество построено по принципу пирамиды. На самом ее верху находится наш народ. Ниже – остальные народы. Точка соприкосновения народов с духовным проходит через нас, находящихся на острие пирамиды.

Если мы эту точку соприкосновения с духовным не сделаем точкой действительного контакта, то не пройдет через нас свет к остальным народам, и вся находящаяся под нами часть пирамиды будет ненавидеть нас и стремиться уничтожить, сменить. Таким образом, давлением народов на нас природа стремится заставить нас установить контакт между нашим и духовным мирами. Мы обязаны будем это сделать. Весь вопрос только в том – как бы поскорее понять это, чтобы сократить ненужные страдания. Но не зря сказано о нас, что мы упрямый, жестоковыйный народ!

– *Вы говорите и о народе, и о земле Израиля. И у земли есть своя миссия?*

Да. Земная поверхность делится на страны соответственно населяющим ее народам. Т.е. соотношения стран построены по тому же принципу пирамиды, что и народов. Существует каббалистическая география, изучающая, как на каждую часть Земли влияет своя определенная духовная сила, так называемый «свой ангел».

И соответственно, есть определенная духовная сила в Израиле. Поэтому настоящие каббалисты всегда стремились жить только здесь. Если народ не соответствует этой духовной силе страны, он изгоняется из нее. Но затем, если обстоятельства меняются, та же сила вынуждает народ вернуться.

Особая духовная сила влияет на землю Израиля, еще более высокая духовная сила влияет на место, где находится Иерусалим, еще более высокая духовная сила влияет на место, где находится Храм, и наивысшая сила влияет на место, где находится в Храме Святая Святых – место соприкосновения нашего мира с духовным, где десять сфирот высшего мира соприкасаются с нашим миром.

Все имеет свою четкую иерархию, систему строения, и человек должен это все знать, должен всем этим управлять.

Природа заставит его это сделать. Мы обязаны строить Третий Храм в себе и на месте Эль Акса, и как только начнем, весь мир нам поможет. Ведь это пульт управления мирозданием.

— Скажите, пожалуйста, и это, может быть, последний вопрос: возможно еще одно изгнание?

Нет. Душа состоит из четырех слоев. Против каждого слоя души обязано быть свое изгнание и свое возвращение в страну Израиля. Мы закончили последнее изгнание, и поэтому каббалисты призывают вернуться из изгнания духовного, к своей исторической миссии.

— Что Вы посоветуете человеку, который будет читать эту статью?

Посоветую связаться с нашим Центром по распространению каббалистических знаний «Бней-Барух». Мы ведем десятки бесплатных занятий по всей стране. Посоветую изучить наш Интернет. Там вся каббалистическая литература, аудио- и видео-пособия, чертежи, форум. Через Интернет можно присутствовать на наших уроках в реальном времени. Любой человек может написать нам письмо, приехать к нам, участвовать в наших экскурсиях, подключиться к нашим занятиям, получить книги, аудиокассеты, бесплатные брошюры и пр.

Мы обучаем человека самостоятельно планировать свое будущее, а не звонить мне с просьбой помочь, если завтра тяжелый день. А вместе мы сможем спрограммировать наше будущее.

ЧТО ВЫБРАЛИ ЕВРЕИ?
Журнал «МИГ»

В одной из статей рава Лайтмана описывалась структура души, в которой присутствуют, как минимум, два параметра – «гой» и «йехуди». Последний период существования Израиля указывал на явное преобладание «гоя» в душах если не всех израильтян, то значительной части ее политической верхушки.

Как с этой точки зрения следует рассматривать результаты выборов? Нас интересуют, в первую очередь, не преимущества или недостатки тех или иных политиков (хотя и это важно, ведь Вы говорили, что «сердца правителей мира сего находятся в руках Творца»), а состояние народа. Мы не случайно спрашиваем – что выбрали евреи, а не кого.

Рав М.Лайтман: Вы, вероятно, полагаете, что я скажу что-нибудь вроде того, что евреи выбрали жизнь вместо уничтожения. Пока что евреи выбрали только возможность несколько изменить свой путь к цели творения. Уничтожить наш народ никто не может. И хотя я писал именно об угрозе уничтожения, и меня понимали так, что арабы нас могут уничтожить, я имел в виду, что наше духовное падение будет стоить нам большой крови.

Сейчас нам показали, что Высшее управление несколько изменилось в более мягкую сторону. Ведь Барак мог довести нас до полной капитуляции перед арабами, которые бы просто перерезали половину народа. Свое духовное бездействие мы бы компенсировали большой кровью. А сейчас появилась возможность пройти путь к цели творения с меньшими потерями.

И еще раз я хочу подчеркнуть, что пока нам дана лишь передышка, которую мы должны использовать для интенсивного изучения законов мироздания и внедрения в Высшее управление. А до тех пор, пока мы не освоим полностью управление миром, мы обязаны держать в одной руке книгу «Зоар», а в другой – оружие. И оружие понадобится вплоть до того момента, когда большинство народа откроет книгу «Зоар». Потому что, как говорят каббалисты, если наш народ связан с высшей силой, он непобедим. И тогда оружие не понадобится вообще.

Давление на нас свыше будет продолжаться через любых посредников – Россию, арабов, Америку, изнутри нас самих, через природные катаклизмы (недостаток воды, например) и пр. И так до тех пор, пока мы не достигнем духовного уровня Третьего Храма и не начнем строить Третий Храм. Наше моральное и национальное падение будет продолжаться до тех пор, пока мы поневоле не осознаем, что только управляя своей судьбой свыше, через Каббалу, мы спасемся.

– А как Вы объясняете такой крутой массовый поворот вправо – впервые в истории Израиля разрыв составил более 25%? Это страх? Это возросшее желание сохранить эту землю и себя на ней?

Только животный страх привел к такому разрыву в предпочтении Шарона. Нас приперли к стенке, мы почувствовали, что можем все потерять. Страх и страдания открывают людям глаза, если они не хотят еще до этого, осознанно, сами двигаться к цели творения.

25% на самом деле не отражают реальную ситуацию. Если убрать такие факторы, как личная заинтересованность и зависимость огромного количества людей от структур, принадлежащих партии Авода, то кто бы голосовал за Барака? Сегодня уже никто не верит в мирный процесс, кроме окончательных безумцев и фанатиков. Мы помним такой тип коммунистов-ленинцев, которые усвоили ровно одну идею и на всю оставшуюся жизнь потеряли возможность оценивать адекватно реальность, в них просто отсутствует способность к осознанию происходящего. Но таких совсем немного. Остальные все поняли правильно. С помощью арабов нам открывают глаза и показывают, что мы должны стремиться к миру с Творцом, а не с нашими соседями. Творец использует оптимальные средства влияния на нас. Возвратив нас сюда, Он заставит нас возвратиться и в духовную Эрэц Исраэль, т.е. прийти к ощущению высшего мира.

— А зачем нам и Ему это?

Потому что таким образом человек достигает наивысшей ступени своего развития и становится равным Творцу. А это и есть цель Творца в создании человека.

— Израильские арабы практически не участвовали в этих выборах. Это окончательный развод (они как раз использовали слово «гет» в своих комментариях)? Как вы объясняете это с духовной точки зрения – окончательное отделение «гоя» от «йехуди» в материальном мире?

Высшее управление показало нам еще раз с абсолютной точностью, чтобы мы уже не сомневались, что мы одни в этом мире, и ни в ком никогда не найдем партнера. У нас один партнер – Творец. Наша судьба зависит только от Него. Он может всплеском страданий заставить нас надеяться на чудо, но желает привести человека к сознательному управлению миром. Если мы установим с Ним хотя бы минимальный контакт, мы притянем свыше свет, который все изменит и будет самым надежным щитом. А это возможно только с помощью книги «Зоар». О наших днях и о настоящем нашем состоянии сказано в самой книге «Зоар», и там же указывается, как нам лучше действовать. Эта книга и была написана специально для наших дней, и потому в наше время смог появиться на нее полный комментарий «Сулам» рабби Йегуды Ашлага.

— Вы говорили в одной из статей, что все «авансы свыше уже получены, пора и самим посуетиться, чтобы выжить на этой земле». Вас услышали?

Это не я говорил, а Бааль Сулам. В своей книге «Матан Тора» он пишет, что мы свыше получили все: возвращение из последнего изгнания, книгу «Зоар», чтобы подняться своими познаниями из изгнания в нашем мире в высший мир, в духовную Эрэц Исраэль. И я думаю, что меня-таки услышали! Я едва успеваю отвечать на телефонные звонки. Наш интернетовский сайт сегодня посещают уже более 250 тысяч человек в месяц. Огромное количество людей начали заниматься Каббалой самостоятельно.

Сегодня все больше людей понимают, что даже простое чтение Каббалы (в одиночку по книгам, без группы и без учителя, на русском или любом ином языке), даже только такое изучение высшего мира и управления из него этим миром, т.е. изучение действий Творца, немедленно создает вокруг человека защитный духовный кокон. Об этом написано во всех каббалистических книгах. Это самый действенный метод защиты. А если люди собираются вместе, концентрируют свои усилия, их влияние на положительные изменения в управлении свыше нашим миром резко возрастает.

— А Вы сами и Ваша группа каббалистов приложили какие-то усилия, чтобы изменить ситуацию в Израиле?

Конечно, мы все голосовали за Шарона.

— Нет-нет, а на уровне высших сфер Вы смогли что-то изменить?

Разумеется. Мы создали по стране около 40 групп. Почти во всех городах страны наши преподаватели еженедельно бесплатно занимаются с сотнями людей. А кроме того, в нашем Центре, в Бней-Браке, у нас есть особая группа внутри этого многотысячного окружения. В этой небольшой особой группе мы проводим занятия по особым текстам с особыми намерениями (кавонот, медитация). Вследствие этого мы воздействуем на Высшее управление так, что на Израиль свыше проецируется более положительное влияние. Мы также надеемся, что сможем сфокусировать особое положительное влияние на определенные точки страны — на Хеврон, на Храмовую гору и др. места.

— Вы создаете некий щит? Это действительно возможно?

Конечно возможно! Это и есть наша главная защита. Но нам нужна поддержка. Я ведь не случайно весь январь ездил с лекциями по всей стране, по два раза в неделю из Бней-Брака на север, из Бней-Брака на юг... Я хочу подчеркнуть, насколько в моих глазах важен минимальный интерес любого человека к Каббале. Проявленный во время этих лекций интерес к Каббале, сосредоточенность сотен людей на поисках связи с Творцом, сразу же резко улучшает наше общее положение. Ведь я прочел десяток лекций, на которых собиралось по 300-350 человек.

— В книге «Зоар» написано: «И посчитают себя сыны Израиля погибшими и предпочтут быть проданными своим

врагам... *Помыслите в сердцах ваших, что проданы вы, но это не так, ибо написано, что нет покупателя...*» Не так давно в Израиле прошла мощная кампания против отдачи Голанских высот. Было ощущение, что вся страна завернулась в плакаты «Народ с Голанами». Что это было – всплеск желания евреев к самосохранению? Повлияло ли это мощное желание на реальность? Или мы тут ни при чем, и действительно не нашлось покупателя – покойник Асад нас не купил?

Нас, как говорится, Б-г бережет, а не наша стойкость. Смотрите, как мы вяло реагируем на заявления арабов об их претензиях на весь Израиль. Вы знаете, мне рассказывали жители Тверии, что арабы приезжают присматривать себе дома, где они поселятся после того, как выгонят или уничтожат нас!.. Где же наша реакция? Подожмем хвост или найдем ключ к спасению?

– *Вы говорили, что «земного» патриотизма евреям не хватило и на полвека. Может быть, нынешний выбор опровергает это утверждение, и есть шанс на то, что народ что-то понял и вправду задумался не только о хлебе и «Мицубиси» насущном? Ваши каббалистические группы расширились? Вы видите тенденцию к увеличению интереса евреев к духовным сферам? Или мы по-прежнему безнадежны?*

Нет-нет, не безнадежны. Во всяком случае, евреи из России. Количество наших групп выросло вдвое. Во многих городах открылись по две-три группы. В одной только Хайфе в двух группах занимаются 170 человек. Мои ученики ездят преподавать по всей стране (я хочу напомнить, что занятия эти бесплатные, присоединяйтесь, чтобы принести пользу себе и Израилю). Я уже сказал о резко возросшем интересе к нашему интернетовскому сайту. Так что есть надежда на духовное продвижение.

– *Давайте все-таки немного поговорим о политике. Вы голосовали за Шарона, дайте свою характеристику нового главы правительства.*

Я не просто голосовал за Шарона. Мы духовными силами проводили предвыборную кампанию, и вполне результативную.

Кроме того, многие люди отвечали на предвыборных опросах, что будут голосовать за Шарона по рекомендации Лайтмана. Меня даже в газетах критиковали за это любители социализма и социалистических привилегий.

– Вашу предвыборную кампанию оплатили?

Если вы о деньгах, то полагаю, что это шутка. А если всерьез, то оплата очень щедрая: мы получили шанс на лучшее будущее. В Израиле, которым руководят правые, легче делать духовные исправления. Ведь есть только два пути к Цели творения – духовный путь и путь страданий. При Шароне легче будет обойтись без крови. Каждый каббалист, который понимает, как действуют духовные силы на наш мир, знает, что правая линия ближе к истине, ближе к духовному, чем левая. А левые как врали, так и продолжают врать народу, ради своих интересов. Народ же готов верить любым сказкам, даже таким нелепым, что арабы вдруг нас нежно полюбят. И только одной простой истине народ не хочет поверить – что судьба его в руках Творца.

А возвращаясь к Шарону, могу сказать, что столько, сколько построил в Израиле этот человек – мало кто построил. Все как-то больше знают о его военных победах, о том, что он успокоил в свое время Газу и выкурил оттуда террористов. Это все так, но он добился создания многих новых городов и поселков...

– Мы всю предвыборную кампанию слышали, что Шарон – это война (поскольку она и так уже идет, то нигде не сказано, что более серьезная война – так уж плохо сегодня для нас). Но что, Вы считаете – действительно будет война?

Никто из наших врагов не дернется, если почувствуют нашу силу, желание отстоять себя. Одним своим четким желанием остаться и жить на этой земле мы вселяем страх в наших врагов. А если бы мы сумели приложить духовные усилия на этой земле, то они бы просто испарились.

Но когда мы и на духовном, и на материальном уровне оставляем Храмовую гору, так конечно, они делают, что хотят. Мы не сможем избавиться от наших врагов только военными действиями. Я хочу, чтобы меня поняли правильно. Мы получили еще одну возможность самостоятельно, без вынуждения к этому страданиями, начать путь духовного восхождения, вплоть до строительства Третьего Храма. Мы еще не сделали никакого выбора. Наш настоящий выбор должен состоять не в Шароне, а в выборе духовного возвышения. И нам дали такую возможность. Если мы расслабимся и упустим ее, если опять забудем, для чего нас вернули на эту землю, то никакой Шарон, никакая сильная армия нас не спасут. Так что я бы предостерег от эйфории. Впрочем, наши двоюродные братья не дадут нам расслабиться и вынудят нас заключить всего один мирный договор – с Творцом. Вопрос лишь в том, какой ценой.

КАК ЕВРЕИ УПРАВЛЯЮТ МИРОМ
Газета «Вести»

После публикации бесед с равом Михаэлем Лайтманом, в которых он с точки зрения Каббалы дал оценку сегодняшнего критического состояния еврейского народа и государства Израиль и показал перспективу и возможность выхода из этого состояния, у многих читателей возникли конкретные вопросы, большинство которых сводились к одному привычно-русскому: «что делать?» Что делать нам, простым людям, которые действительно хотят изменить положение в Израиле? Как именно с помощью Каббалы обычный человек – не каббалист – может научиться влиять на происходящее, научиться управлению миром.

– Рав Лайтман, Ваши утверждения о возможности наравне с Творцом управлять делами всей вселенной очень многим показались заманчивыми. Можете ли объяснить нам принцип действия этого механизма управления – ведь если он действительно доступен на обычном человеческом уровне, то получается, что совсем не «трудно быть Б-гом»?

Рав М.Лайтман: Я не хочу показаться непоследовательным, но все же не стану опровергать Стругацких: стать Б-гом действительно не так уж легко – и тем не менее, для современных поколений это вполне реальная задача. И мы можем разобраться и понять, как управлять своей собственной судьбой, как улучшить жизнь всех людей, как «заказывать» свое будущее. Задача может показаться необычайно сложной, но на самом деле ее решение доступно каждому, и само движение к цели необычайно интересно, захватывающе, я бы сказал...

Посмотрите, сколько людей трудятся годами и десятилетиями, чтобы стать всего-навсего главой правительства маленького государства или большой компьютерной фирмы (в зависимости от амбиций, то есть – на каббалистическом языке – от силы желаний). По-моему, понять, что управление миром – задача посильная – уже немало. Конечно, не сразу удается вырваться в высший мир, ощутить его и вторгнуться в управление нашим миром свыше, но это под силу каждому. Сама постановка этой задачи перед человеком стала возможной лишь в последнее время, и тому есть причины, которые я объясню.

Не всякому ведь удается вырваться и за пределы земного притяжения и попасть в космос, но с определенного момента каждый знает, что это достижимо для нормального здорового человека. Если бы еще десять или пять лет назад вам сказали, что у вас появится возможность научиться управлять не только собственной жизнью, но всем мирозданием – неужели вы стали бы рассуждать – трудно или нетрудно стать Б-гом?

– Я не стала бы, но есть люди и более рассудительные. Обычный человек взвешивает, какое количество усилий ему надо приложить, чтобы получить такое-то количество благ – в любой форме: денег, удовольствий, славы, знаний. А как он в данном случае может это «вычислить»?

Вы совершенно правы: обычный человек взвешивает. И вы, между прочим, тоже. А теперь попытайтесь с математической точностью взвесить: сколько удовольствия вы получите, родив и воспитав одного, трех, пятерых детей, учитывая при этом, что первый станет, например, лауреатом Нобелевской премии по физике, а пятый – не дай Б-г – наркоманом. Взвесили? Можете показать мне свои расчеты и результат – расчеты «обычного человека», который «взвешивает»? Или вы получили твердые гарантии, что все пятеро будут здоровы, богаты, знамениты и, главное, счастливы?

– Нет, «страховая компания» на гарантии скуповата...

То есть нам приходится смиряться с тем, что все наши расчеты не только приблизительны, но зачастую и безрезультатны. В данном же случае – дело беспроигрышное, потому что по единому замыслу творения, который изучает Каббала, все должны достичь ощущения высшего мира. До последнего времени это было недоступно. Мы были в изгнании и поэтому не были обязаны заниматься Каббалой. Но сейчас наступили времена, когда каждая кухарка сможет управлять мирозданием. Грезы Ильича осуществляются с помощью еврейского учения Каббала. А если мы вспомним еще одного еврея, написавшего «Капитал», то обнаружим, что он не так уж далеко ушел от своих корней: там тоже говорится о том, как можно побольше и получше получить. Ясное дело, еврейская наука...

Но для того чтобы суметь этим миром управлять и воздействовать на него в нужном направлении – в первую очередь, необходимо знать, как он устроен. Что происходит, когда кухарка управляет, ничему не научившись, мы уже наблюдали.

В прошлый раз мы начали знакомиться с устройством миров, и вы видели два чертежа, показывающих структуру мироздания. Но сегодня я хочу показать не просто структуру миров, а проследить пути нисхождения в наш мир света жизни, благополучия, постижения.

Перед вами страница из «Инструкции по коррекции Высшего управления мирами». Называется она «Сидур РАША"Ш» (был такой большой каббалист рав Шараби).

На странице из «Сидура» (сидур – молитвенник) указано: «Притянуть свет к сфире тифэрэт парцуфа Зэир Анпин мира Ацилут от сфиры сод парцуфа Има и проделать это 16 раз на три сосуда сфиры тифэрэт». Затем указывается условными обозначениями, принятыми в Каббале, как и в любой науке, как именно нужно произвести каждое из этих действий. Затем в два столбика приведены указания, как провести свет к парцуфу Яаков и парцуфу Рахель мира Ацилут. И снова условными обозначениями показано, как осуществить каждое из этих действий.

Человек, который производит эти действия, помогает высшему свету спуститься ниже к нашему миру и светить нам всем более интенсивно. От меры интенсивности этого далекого света зависит вся мера доброты, изобилия, покоя, которая проявится в нашем мире. В прошлые времена об этом заботились каббалисты – небольшое количество людей, которых Творец выбирал в каждом поколении, и они своими действиями вызывали приближение к нам высшего света.

Нам может показаться, что они это делали не совсем удачно – ведь постоянно на Земле есть войны и зло перевешивает добро. Но мы просто не знаем, что за ужас был бы на нашей планете, если бы не работа каббалистов.

סידור תפלה להרש"ש
פנימיות דפנימיים
גומר
להמשיך פרקין אמצעיים דאבא לכתב"ד דז"א ולדיקות ספ"ק לחב"ד דז"א.

אֶהְיֶה	אהיה אהיה	אֶהְיֶה
יְהֹוָה	יהוה יהוה	יְהֹוָה
יהוה	יהוה	יהוה
לג' כלי בינה	לג' כלי דעת	לג' כלי חכמה

יוד הי ואו הא	אלף, אלף הא, אלף הא יוד, אלף הא יוד הא	יוד הי ויו הי
יה יהו יהוה	אלף הא יוד הי	יוד הי ואו הי
יוד הא ואו הא	אלף הא יוד הא ה י ה	יוד הה וו ההא

אֶהְיֶה	אוהיונהו אוהיוהנו	אֶהְיֶה
יְהֹוָה	יוהגונהו יוהונונהו	יְהֹוָה
ו ד י יו י	ו ד י יו י	

לג' כלי גבורה דז"ת | לג' כלי ס"ע | לג' כלי חסד דז"א

א אל אלו אלוה	יוד הא ואו הא	אלף, אלף למד, אלף למד הי, אלף למד הי יוד
א ל ו ה	יה יהו יהוה	אלף למד הי יוד מם
אלף למדי	יוד, אלף למד הי יוד	
	ה ו ה	

יכון לדיקות סומין דקטנות לכ"ס החתתונים דפ"א דו"א.
חכמה
אלף למד הי יוד מם   אלף למד הה יוד מם
חסדים   נטורות
אלף למד הא יוד מם   אלף למד הא יוד מם
כ"ס ח"ת דז"א

יה יהו יהוה
יהוה
חסדים

Не зря сказано в Торе, что мир существует благодаря 36 праведникам, находящимся в нем в каждом поколении. И кроме того, существует определенная часть пути, которую человек должен пройти неосознанно, страданиями. Но эта часть пути развития нашего мира закончилась. Сейчас настоятельно необходимо, чтобы не отдельные каббалисты, а тысячи людей стремились познать высший мир и научиться управлять из него нашим миром.

Возможно, это и покажется сюжетом из какого-то голливудского сценария, но разыгрывать этот сценарий все равно придется нам. Согласно закону развития душ и воздействию высшей силы, мы обязаны сами определять свое следующее состояние, свое завтра.

– И Вы полагаете, что «любая кухарка» сумеет не только понять то, что написано в этой «Инструкции», но и воспользоваться приведенными там указаниями?

Этими инструкциями пользуются каббалисты, когда необходимо скорректировать определенные параметры в нашем мире. А любая кухарка, начав интересоваться устройством мироздания, тут же «подключается» к источнику света.

Таково свойство этого света, которое мы будем еще изучать. Вы, может быть, мне не поверите, но читая эти строки об устройстве миров, вы уже начинаете благотворно влиять на нисхождение свыше света к вам!!!

Тем самым вы уже корректируете свое будущее, хотя, конечно же, еще в очень малой степени, неосознанно, спонтанно. Наша же задача – научиться сознательно, максимально, самым оптимальным путем использовать мироздание себе на пользу.

Кстати, если вы откроете старинные книги по сглазу, порче и приемам защиты, вы поразитесь, что везде используется каббалистическая символика, даже имена сфирот считаются спасительными, и рекомендуется называть их в особо критические моменты.

И еще я хочу напомнить вам, что молитвенник на иврите называется «Сидур», что в переводе означает не просьбы, пожелания, благодарности, а список, распорядок, перечисление – что и в каком порядке надо делать («сидур авода» – порядок работы). Все религиозные евреи скажут вам, что обязанность человека в этом мире делать «Аводат аШем» (работу Творца).

Только они не понимают, что под этим подразумевается. Столь же общеизвестно, что «работа Творца – это молитва». И еще о молитве сказано, что «Молитва – это работа в сердце». Таким образом, все сводится к одному простому выводу: есть книга, называемая «Сидур» (распорядок), излагающая процесс работы (внутренней, то есть духовной) в сердце (желаниях) человека, которая называется «Аводат аШем» (работа Творца).

То есть нам даны указания, как и в каком порядке прилагать усилия, чтобы производить особые действия по «работе Творца» – вместо Творца – как производить работу по Управлению. (Как именно, глядя в Сидур, производить управление, объясняется в основном каббалистическом учебнике «Талмуд Десяти Сфирот», который я рекомендую просмотреть, особенно часть 12, а также книгу АР"И «Шаар аКавонот»).

– Если я не ошибаюсь, это – шеститомник, так что «просмотреть» его – совсем нелегкая работа.

Но вы же хотите научиться управлять миром! Так послушайте, что для этого необходимо знать.

Итак, сверху – из мира Бесконечности – в мир Ацилут нисходит высший свет. О нем упоминают, в частности, люди, прошедшие через клиническую смерть. Этот свет «стоит» наверху и ждет нашего желания снизу, желания наполниться им. Это желание мы – души – должны поднять к миру Ацилут. Если мы в состоянии это сделать, то свет нисходит свыше из мира Ацилут, входит в наши души и светит в нашем мире, вследствие чего в наш мир нисходит покой, благополучие, безопасность. Но, к сожалению, пока лишь немногие души в состоянии вызвать нисхождение света в наш мир, потому мир этот и выглядит соответственно...

– Вы полагаете, что благодаря Каббале он станет выглядеть лучше?

Несомненно, но кроме того – и это главное – я знаю, что у нас просто не осталось выбора. Потому что если мы не сумеем «притянуть», как сказано в «Сидуре», нужное количество света в наш мир, то он станет выглядеть еще хуже, а для нас – евреев – это будет иметь самые тяжелые последствия.

Потому я всем и объясняю, что Каббала – самая насущная и современная наука. Именно в силу назревшей острой необходимости изменений и исправлений в нашем мире Каббала и становится доступной обычному человеку, а в самое ближайшее время она станет основной наукой нового времени.

Пока большинство людей не в состоянии понять, что Каббала – это всеобъемлющая наука, включающая все прочие. Я, видя ее будущее, могу для простоты сравнить нынешнее ее положение с периодами внедрения генетики, кибернетики, вычислительной математики: на первом этапе лишь любопытные одиночки шли в эти науки, веря, что сделали правильный выбор и помимо новых знаний сумеют получить и реальные (материальные) подтверждения точности своего выбора.

В Каббалу до сих пор не допускались «любопытные одиночки». Я уже в общих словах объяснял причины, по которым это учение было тайным и по которым оно же обязано стать теперь наукой для всех. Сегодня Каббала постепенно становится притягательной для тысяч, а в ближайшие годы она станет практической наукой для миллионов. Деваться-то некуда...

— Вы так настойчиво повторяете слово «наука», что неизбежно возникает вопрос, по каким параметрам вы определяете Каббалу как науку?

Мирозданием управляет единый закон, единая цель, единая управляющая сила, связывающая все части мироздания в единый организм. Эйнштейну виделся этот Единый закон природы. Множество ученых понимают, что такой закон обязан быть, иначе вся наша вселенная рассыпалась бы. Человек является частью этой системы. Так вот, именно этот основной закон мироздания и является главным предметом изучения Каббалы.

— Когда Вы говорите, что Каббала должна стать наукой для всех, что человечество обязано изучить законы управления мирозданием, – это, видимо, обобщение? И обычные-то науки – далеко не массовое занятие, а привилегия избранных, наделенных определенными способностями.

Я вовсе не обобщаю и не преувеличиваю, когда говорю о кухарке, которая сможет управлять мирозданием. В Каббале нет привилегий. Нет отборочных экзаменов. Занимаясь ею, любой человек, независимо от своего развития и предыдущих знаний, начинает видеть и ощущать, «как все устроено».

Он просто начинает видеть ранее невидимое, потому что свет свыше улучшает его «зрение». Вникая в эту науку и овладевая «пультом управления», человек приобретает такие свойства, при которых ему не только не опасно доверить этот пульт, но именно так и задумано в замысле творения, что он должен перейти в руки человека.

Этот процесс приобретения необходимых для управления свойств происходит постепенно, но неизбежно: таково влияние света, на котором сосредоточено внимание человека, когда он его изучает. Каббала учит управлять мирозданием под контролем Творца.

Каббалисты и те, кто только начинает знакомиться с этой наукой, в том числе и вы, в данном случае, — это своего рода элитные подразделения с повышенной мерой ответственности и, соответственно, находящиеся под Личным Управлением Высшей силы. А иначе эта информация прошла бы мимо вас. И если сегодня Каббала — все еще занятие немногих, то исключительно из-за нашей душевной лени. Беда в том, что именно для нас, евреев, эта лень в данном случае смертельно опасна.

Вы правильно отметили, что занятия обычными науками — привилегия определенной, довольно закрытой, группы людей. Человечество вообще разделено по различным признакам на множество групп.

Отчуждение стало привычным состоянием человечества, кажется нам нормальным и естественным. Вы не можете сегодня «выпрыгнуть» из своей шкуры и почувствовать боль другого человека.

Вы можете посочувствовать ему, но это — совсем другое. А в процессе изучения Каббалы вы не только изучаете строение мироздания, структуры высших миров, законы нисхождения Божественного света и еще много основополагающих вещей, вы начинаете воспринимать мир таким, какой он есть на самом деле, вы видите, что это единое целое, интегральной частью которого является человек.

Вы видите корни нашего мира (я использую глагол «видите» в буквальном смысле), вы воспринимаете все его элементы (в том числе и человечество) не разобщенно, как сейчас, а в единстве и взаимосвязи.

Насколько это важно — видеть связь душ между собой и их «включение» друг в друга, я поясню на примере одного из своих учеников. Это – актер театра «Гешер» Саша Демидов, который должен был играть в спектакле нациста. Роль не шла, «войти в образ» казалось невозможным. От него как раз требовалось «выпрыгнуть» из своей шкуры.

А ведь актеры только этим и занимаются. Тут уж и каббалистом совсем необязательно быть. Но оказалось, что одно дело «выпрыгнуть» в кого-нибудь типа князя Мышкина или князя Болконского, а совсем другое – в нациста, в нечто, совершенно чуждое тебе и ненавистное. Он еще не понимал тогда, что в каждом человеке существуют все люди Земли – от Гитлера и Сталина до Эйнштейна и Моше Рабейну, включая Фараона и самого Творца. Человек, и не будучи актером, может как бы переодеваться в любые образы.

Я объяснил тогда своему ученику, что он не должен ничего делать – только найти в себе эти образы. Он порылся в себе – и отыскал. Обнаружить в себе, а не вне себя, эсэсовца – неприятно, но полезно...

– Ну вот, теперь окажется, что Каббала не только наука, но и театр?

По системе Станиславского от актера требуется психологическая достоверность образа, над чем и надо работать в поте лица, изучая окружающую – внешнюю – жизнь, чтобы ей максимально точно подражать.

По системе Каббалы человек просто должен найти в себе любой образ, любую личность. Потому что в каждом из нас существуют все люди Земли, жившие во все прошлые и будущие века существования человечества. Потому что наша душа бессмертна, и в ней уже заложены все наши жизни и жизни всех остальных людей, как в каждой клетке тела заложена информация обо всем теле.

Являясь интегральной частью единой системы мироздания, человек, в отличие от неживой природы, растительного и животного мира, развивается в течение своей жизни и постигает окружающее, раскрывая из поколения в поколение все новые проявления природы. Каждое поколение людей, в отличие от животных, передает свои знания, опыт, все созданное им следующему поколению.

– А как Каббала объясняет способность человека – и только его – сохранять и передавать из поколения в

поколение весь материальный, научный, культурный и духовный опыт?

В человеке работает программа развития. Она заложена в нас и действует, как мотор, толкая вперед, заставляя развиваться. Мы уже усвоили, что вся информация о нашем биологическом теле заложена в генах. Программа же духовного развития также записана в особых «глубоких, духовных генах». Как только рождается человек, эта программа начинает управлять, командовать им. Она определяет свойства человека, его судьбу, его характер, диктует ему поступки, давая ему при этом свободу выбора во многих ситуациях. Все основные параметры индивидуума определяются этой программой развития.

— *Значит ли это, что вся остальная природа находится как бы вне управления, то есть свободна, и только человек «запрограммирован»?*

Нет, конечно! В любом ином объекте природы, кроме человека, заложена постоянная программа, установленная только на поддержание существования в общем для этого объекта виде, а в человеке она развивающая, прогрессирующая.

Программа внутри каждого объекта мироздания диктует определенный процесс, называемый «жизнью» данного объекта. Запись программы представляет собой цепочку последовательных информационных команд. Каждая команда называется «решимо», от слова «рошем» – запись.

И в каждом из нас существует эта цепочка решимот – от нашего рождения и до смерти. Более того, эта цепочка включает в себя не только одну – сегодняшнюю – жизнь человека, но все превращения, все круговороты, которые проходит душа в процессе развития.

Эта цепочка поистине может, как в кино, провести нас от периодов ящеров и динозавров, рассказать о зарождении вселенной, Солнца, звезд – ведь в соответствии с общим законом мироздания ничто не исчезает, а только переходит из одного состояния в другое.

Поэтому в решимот вся информация сохраняется, и если прочесть всю цепочку решимот – это будет повествование обо всем мироздании и, в частности, о нашей вселенной еще до ее рождения и до ее самых дальних будущих состояний. Вот вам и готовая машина времени, и вовсе не из области научной фантастики.

Если цепочка решимот представляет собой всю программу наших действий – от начала нашего существования и до конца, если мы не в состоянии ничего в ней изменить, а только реализуем указания, записанные в решимот, то тем более интересно узнать, что там для всех нас и для каждого в отдельности уготовано.

Вернее, сформулировать задачу исследователя решимот лучше так: выяснение цели, которую ставит перед собой природа, общий закон творения – то, к чему должны привести нас решимот. И немедленно возникает следующий же вопрос: из того, что мы узнаем, сможем ли мы что-нибудь переделать, изменить, произвести «улучшения» на свой вкус?

– По-видимому, получить ответ на этот вопрос можно, лишь войдя внутрь программы, в которой эти решимот записаны. Каббала изучает эти исходные данные?

Разумеется, а иначе как бы человек мог узнать об этой программе и о решимот?

– Человек и не знает о них ничего. Вы какого человека имеете в виду?

Я имею в виду современного человека, которому надо приложить некоторые усилия, чтобы узнать программу своей собственной жизни, чтобы использовать отпущенные ему годы с максимальным КПД и, кроме того, изучить систему управления всем мирозданием.

– Вы можете разъяснить, где записана эта программа, эти решимот?

Да, конечно. Между Источником света, несущим нам жизнь, здоровье, изобилие, уверенность и покой, и нашим материальным миром находится блок управления нисхождением этого света на нас. Этот блок управления и называется «мир Ацилут».

Управляя потоком нисходящего на нас света, мир Ацилут управляет нашим миром. Потому что все в нашем мире реагирует только на свет. Высший свет вызывает в нас энергию, жизнь, все положительные ощущения и действия, и наоборот, его отсутствие вызывает в нашем мире в каждом из творений отрицательные ощущения. Изначально все души находятся в мире Ацилут в своем совершенном состоянии, т.е. наполнены светом.

Это состояние ощущается как полное совершенство, покой, вечность. Ощущение света воспринимается душой как наполнение Творцом, слияние с Творцом. Ведь свет и Творец – это синонимы. Свет создал творение. Затем душа насильно постепенно нисходила из мира Ацилут, теряя свет, пока не достигла она самого низкого, темного места, называемого «наш мир». Действительно, хуже этого места нет!

В пути, проделанном душой из мира Ацилут до нашего мира, свет постепенно покидал душу. Всего от самого высшего состояния души до ее самого низшего состояния есть 620 ступеней нисхождения. В обратном порядке душа поднимается из нашего мира по тем же ступеням.

Все этапы и состояния этого нисхождения зафиксированы в решимот, которые и определяют все наши состояния восхождения. В них присутствуют две информационные составляющие:

а) память о наслаждении Божественным светом, наполнявшим душу до ее нисхождения;
б) сила, с помощью которой душа держалась на этом высоком уровне (сила антиэгоистического намерения).

Из этих двух составляющих строится тот самый дополнительный орган ощущения, постижения, который необходимо в себе создать, чтобы преодолеть барьер между нашим материальным миром и высшими мирами. Этот орган, который создают в себе каббалисты, называется «масах» – экран. О процессе его приобретения человеком мы еще будем говорить подробнее. Именно обладание экраном дает человеку возможность управлять своей судьбой и улучшать окружающее его.

А сейчас я возвращаюсь к решимот. Как мы говорили, два параметра остаются от каждой ступеньки, которые проходит душа в своем нисхождении из мира Ацилут в наш мир (она – как мячик, который катится по лестнице вниз, ударяется о каждую ступеньку). В мире Ацилут душа была целиком наполнена светом, а нисходя в наш мир, на каждой ступеньке она теряет часть наполняющего ее света, так что, достигнув нашего мира, душа теряет весь свет и остается только с решимот – от всех ступеней, которые прошла.

Изучая Каббалу, человек учится правильно реализовывать каждое решимо (от самого маленького – от последней, наинизшей духовной ступени), всплывающее по мере развития души из подсознания на поверхность нашего сознания и вызывающее в нас желания к чему-то высшему, находящемуся вне этого мира.

– Вы сказали, что решимо – это «духовный ген». Если действительно можно провести параллель с генами, то ничего сверхъестественного в действии решимот нет. Если в генах человека заложен высокий рост или музыкальные способности, ему остается лишь вырасти до заложенного в гене роста или стать музыкантом, т.е. реализовать решимот. Все более или менее предопределено. Но Вы говорите о неких сверхвозможностях управлять миром, которые предоставлены именно евреям. Что же за специальная программа записана в наших «духовных генах» и как она реализуется в этом мире? То есть я спрашиваю, как, на самом деле, евреи управляют миром? Что дает им такую возможность, даже гипотетическую?

Как евреи управляют миром? Переходя в высший мир! Именно реализуя решимо – запись, сделанную на высших духовных ступенях, по которым душа низошла в тело. Человек, реализуя последовательно каждое решимо, поднимается в то место в мире Ацилут, которое занимала его душа до нисхождения в наш мир. Высший мир, мир Ацилут, называется в Каббале «Эрэц Исраэль». Поднявшийся в него человек называется «еврей», от слова «эвэр» – «маавар» – переход. Он перешел из нашего мира – из изгнания – в духовный, то есть вернулся из изгнания в землю Израиля.

Включаясь в мир Ацилут, человек получает возможность управлять нашим миром, потому что это и есть функция мира Ацилут. Таким образом, человек определяет все, что произойдет в нашем мире.

– Ну, а каков же путь наших душ, которые покинул свет?

Все, что осталось от души, после того как весь свет покинул ее по пути ее нисхождения в наш мир, – это цепочка решимот. Все они свернуты, и в этом состоянии подобны точке. Эта точка находится внутри всех наших желаний.

Она так и называется – «точка в сердце», или зародыш будущей души. Решимот определяют всю будущую душу человека, ее «форму», свойства и то место в мире Ацилут, куда она должна вернуться.

Отличие первоначальной души в мире Ацилут до ее нисхождения вниз в наш мир от души, которая вернулась из нашего мира в мир Ацилут, состоит в том, что подъем произошел желанием и усилиями человека. Душа по своему выбору поднимается по ступеням миров, «обретает снова силу высоты» мира Ацилут. В это время тело человека продолжает находиться в нашем мире. Т. е. человек живет в обоих мирах. Каббала, по определению, – это методика раскрытия человеку всего мироздания во время его земной жизни.

В процессе этого раскрытия человек перенимает свойства Творца. Поэтому внешность души – это подобие внешности Творца. В той мере, в которой человек приобретает свойства Творца, его душа все более походит на Творца, пока совершенно не станет Ему подобна. Тогда человек и становится равным Б-гу.

Из вышесказанного очевидно, что для того чтобы управлять своей судьбой, а заодно и всем миром, необходимо стать евреем, то есть «лаавор» – перейти по ту сторону «экрана». Теперь понятно, почему евреи не нация, а группа людей, получившая методику, указывающую, как стать евреями – перейти через границу между нашим и высшим миром. А до получения этой методики, до получения Торы – это была простая бедуинская семья, ничем не отличавшаяся от других, населявших Месопотамию. Даже генетически, как утверждают и ученые, мы – включая ашкеназских евреев – подобны коренным жителям Междуречья (не арабам, которые завоевали и заселили эти земли от Пакистана до Марокко).

Наше отличие – только в принятии особой миссии, которая и определила судьбу этой семьи – семьи Авраама – как богоизбранной для вполне конкретной цели: научиться самим и обучить все человечество управлению миром и связи с Творцом. Тот, кто принимает на себя эту миссию, и называется евреем. А национальности «еврей» в действительности нет, потому что такого народа изначально и не было.

— А были какие-то этапы, когда евреи достигали такого духовного уровня, что реально могли управлять миром, или это дело лишь будущего?

Во времена завоевания этой земли по выходе из Египта и весь период существования Первого и Второго Храмов значительная масса евреев была на высоком духовном уровне, и у каббалистов была возможность держать тот древний мир в гораздо лучшем состоянии, нежели он существовал бы без их вмешательства и без евреев.

Но в то время человечество в целом не должно было еще подняться до уровня Творца, а значит и евреи не могли тогда реализовать свое историческое и вселенское предназначение перед другими народами. Это о нашем времени сказано пророками: «И будете вы мне особым святым народом»; «И понесете свет всем гоям»...

А тогда задача евреев состояла в смешивании с остальными народами, в изгнании среди них, в постепенном историческом развитии решимот до возможности поднять человека с уровня «животного», желающего только наслаждений этого мира, до уровня «человек», до осознания своего предназначения в высшей жизни и управления всем мирозданием. Вот для этого и был нам уготован галут – изгнание среди всех народов. Но о галуте мы еще поговорим подробно в другой раз.

СВОБОДА ВОЛИ
Газета «Вести»

Значительная часть нашей прошлой беседы с равом Лайтманом была посвящена так называемым «духовным генам» — решимот, из которых строится наша душа и которые предопределяют все наши жизненные пути и ситуации. Эта информация вызывает естественный вопрос о свободе воли, а точнее, о ее полном отсутствии.

Поколения философов, размышляя над этой темой, нашли жаждущему свободы человечеству минимальные лазейки в беспросветной стене детерминизма и успокоились, удовлетворившись «ограниченной свободой» развитого индивидуума от общества.

При этом любой мыслитель прекрасно отдавал себе отчет, что никогда не освободится от того факта, что завтра на него может наехать трамвай или упасть кирпич, или его разобьет паралич, превратив в абсолютно свободное растение, вросшее в больничную койку.

Можно, конечно, игнорировать столь унизительное проявление несвободы, но легче от этого не становится.

Развитие генетики не прибавило оптимизма, а создало ощущение окончательно закрытой клетки, опутанной прочными цепочками генов, из которой уже никому и никогда не вырваться.

А теперь получается, что и Каббала, которая, как вы говорили, является последним этапом развития науки о мироздании, объясняет нам, что мы запрограммированы — и не на одну жизнь, а на все, какие есть и могут быть, — мощным последовательным рядом решимот, вписанных в мозг, и в кровь, и в душу.

Выходит, деваться нам некуда, эти цепи нерушимы, а тогда где же «записаны» все человеческие порывы к свободе, за которую пролито столько крови? Неужели вопрос со свободой воли надо просто закрыть и выбирать из всех несвобод ту, которая каждому удобнее?

Рав М.Лайтман: Этот вопрос не только нельзя закрыть, – потому что он один из важнейших в нашей жизни, – но именно сейчас его и надо открывать и рассматривать со всех сторон, а иначе у нас не будет никакого стимула что-то менять в своей жизни и меняться самим. Нам необходимо четкое понимание того, в чем именно эта свобода есть, а что заранее предусмотрено свыше, и мы на нашем уровне развития просто не в состоянии увидеть эти ограничения.

Ведь даже если в моих поступках и решениях есть только один-два действительно свободных параметра, мне необходимо знать и понимать именно их, потому что только здесь я могу проявить свою свободу и что-то изменить в своей судьбе. А во всем остальном я останусь в подчинении законам природы – и известным мне, и вовсе неведомым.

– Как же определяет Каббала степень свободы человека в этом мире? В чем он может по своей воле что-то изменить, а в чем не стоит и пытаться?

Сразу могу сказать, что в границах нашего материального мира мы практически полностью зависим от природы, от Высшего управления. Мы рождаемся не по своей воле. Не от нас зависит, с какими задатками родиться, с кем встретиться в этой жизни. Мы рождаемся во время, которое не выбираем, и в семье, которую не выбираем, попадаем в среду, которую не выбираем! А что же мы выбираем?

Все параметры нашей личности заданы изначально: чувства, ощущения, склонности, характер. Каждый, как говорится, рождается под своей звездой, и более того, сказано, что нет ни одного объекта внизу, в нашем мире, над которым не стоял бы ангел сверху – сила высшего мира, ангел, который его бьет, заставляя двигаться, развиваться, расти. Так есть ли вообще свобода?

Если и природа, и общество развиваются по своим законам, все космогонические изменения, все природные катаклизмы происходят сами собой – выходит, что от каждого из нас фактически ничего не зависит.

Если все эти параметры не только внутри объекта (свойства, наследственность, характер человека), но и снаружи (силы, которые его должны довести до окончательного, заранее заданного состояния – «полного исправления», «гмар тикун») определены заранее, то о какой свободе вообще можно говорить, писать, думать?

Но с другой стороны, если мы все являемся просто послушными исполнителями приказов природы, тогда вообще непонятно, для чего мы и все вокруг нас создано. Если все задано и нет свободы – нет смысла в творении!

Смысл творения ведь не в том, чтобы все так и существовало, как есть, само, а в том, чтобы достичь совершенства, причем, достичь совершенства свободным выбором этого как цели. Поэтому нам необходимо отыскать, где и в чем есть-таки свобода воли.

Мы видим, что вся природа, все живое – растительное, животное и человек – не выносит отсутствия свободы. Наперекор осознанию жестких рамок нашего мира, стремление к независимости определяет всю жизнь человека. Даже животные, лишившись свободы, если не погибают, то, как правило, хиреют в неволе. И это верный признак того, что природа не согласна ни на какой вид рабства, что все живое стремится к свободе. Совсем не случайно в последние столетия человечество пролило много крови, завоевывая личности относительную свободу.

– Но откуда же в нас это стремление к тому, чего достичь невозможно, к тому, чего, собственно, и нет в нашем мире?

Будучи созданным по образу и подобию Творца, человек подсознательно или сознательно стремится к тому, что характеризует свойства Творца. Творцу свойственно состояние покоя – и мы стремимся к покою, а все наши движения – лишь способ достичь его. Творец единственен – и каждый из нас, вне зависимости от истинного уровня развития своей индивидуальности, заявляет о своей уникальности, о неповторимости, единственности своего «Я». Творец свободен – и нам свойственно стремление к свободе.

Наша душа, будучи частью Творца, определяет наше стремление к Нему, к тому, чего, как вы говорите, достичь невозможно. Вообще-то получается, что мы стремимся к состоянию Творца! Это и есть цель нашего существования. И если бы это было невозможно, то понятия свободы и не существовало бы вовсе.

– Вы хотите сказать, что раз это стремление существует, значит свобода достижима, несмотря на все виды несвободы, опутавшие нас по рукам и ногам? Тогда объясните, как она достижима?

Свобода человека – его независимость – может быть только в меру его освобождения от своей природы, когда человек поднимается выше нее. Потому что вся наша природа заранее задана. Чтобы достичь истинной, абсолютной свободы, надо задействовать специальный механизм, который откроет дверь из клетки нашего материального мира в бесконечное свободное духовное пространство мироздания.

Мы усвоили, что за свободу надо бороться. Вся наша жизнь – это борьба за маленькие надуманные свободы, которые нам навязывает общество. Мы стараемся быть такими, какими нас хочет видеть общество. Ради почестей и славы мы готовы заполнить свою жизнь самыми пустыми занятиями.

Сначала мы боремся за освобождение от власти родителей, от навязываемых нам обстоятельств, от тяготящих нас обязанностей. Мы тяжело трудимся, чтобы получить суррогаты свободы. Чтобы обрести истинную свободу, свободу от своей природы, в которой все заранее задано, предопределено, необходимо потрудиться. Но эта свобода достижима – и не в каком-то загробном мире, как обещают всевозможные религии, а в этом, материальном, в этой конкретной жизни. Но для этого необходимо приложить усилия, чтобы подняться выше своей природы, т.е. выше нашего мира.

– Так Вы же удаляетесь в высшие сферы, Вы же говорите «выше нашего мира»! А что же здесь и сейчас?

«Выше нашего мира» – означает приобретение духовных свойств, которые «выше нашего мира». В наших же свойствах, которые нам свыше навязаны, свободы воли быть не может. Все определено. Кроме одного...

Обратили ли вы внимание на такую проблему, с которой особенно болезненно столкнулись репатрианты последнего десятилетия? Мне рассказывали, что многие родители, выбиравшие школу для своих детей, шли на всевозможные ухищрения –

фальшивые договоры на квартиры, переселение детей к родственникам и пр., чтобы уклониться от принципа «прописки» в нашей системе государственного образования и устроить детей в хорошие школы.

То есть они пытались создать ребенку среду обитания и такое окружение, которые, по их мнению, обеспечили бы его дальнейшее продвижение и развитие. И они абсолютно правы. Влияние среды как раз и характеризует отсутствие свободы воли, с одной стороны, а с другой — мы видим на примере этих маленьких хитростей, что интуитивно эти родители действуют в той единственной сфере, в которой у человека есть реальная свобода: выбрать, под воздействием какой среды он желает оказаться.

Многие философы пытались проанализировать, измерить степень воздействия среды на личность. Их выводы непринципиально различались, ведь интуитивно и на основе исследований и опросов они видели, сколь мощно это влияние.

Каббала дает исчерпывающий анализ воздействия среды на человека, и выводы ее однозначны: зависимость тотальная, и совершенно непринципиально, пытается ли человек противодействовать этой среде — значит, его просто тянет в другую, и тогда он всю жизнь тратит на сопротивление данной среде или на то, чтобы из нее вырваться, — или полностью подчиняется ей.

— *«В Москву, в Москву...» — это мы проходили и знаем, что вырваться удается немногим.*

И все-таки мы снова и снова пытаемся, и уже одно то, что принципиально у нас есть свобода выбрать среду себе и своим детям, определяет почти все в нашей жизни в этом мире. А вот как и для какой цели надо создавать себе определенную среду — это важно понять.

Каббала раскрывает полную замкнутую картину Высшего управления нами, из которой видно, что добровольно или путем страданий и испытаний, в этой или в одной из последующих жизней каждый из нас и все человечество в целом вынуждено будет принять Цель творения за цель собственной жизни.

— *Вы с такой легкостью оперируете понятием «в этой или в одной из последующих жизней...» словно мы можем открыть семейный альбом и вспомнить наши предыдущие воплощения. Человек ничего не знает о своих прошлых жизнях, но если он верит, что зависит в этой жизни от них, то тогда он вообще повязан по рукам и ногам: ведь не он, а его неведомое прошлое определяет его настоящее. Получается, что мы тотально зависимы, и не только в пределах одной жизни...*

Но вы забываете, что есть еще и последующие жизни, а не только предыдущие, и человеку дана возможность именно в этом кругообороте – в его нынешней жизни – влиять на свои последующие воплощения. Уже сейчас, сегодня. И хорошо бы каждому знать, как влиять правильно, зная законы, по которым это влияние распространяется из одного кругооборота жизни в другой.

Человек может передавать из одной жизни в другую много положительной информации и заготавливать себе лучшую следующую жизнь. Человек может идти к цели творения в течение нескольких жизней и накапливать свои достижения. Только человеку во всем мироздании дана такая возможность!

Человек может управлять своей судьбой, определять свое будущее, осознанно влиять на все вокруг. Весь наш мир существует за счет высшего света, который нисходит к нам и облачается во все вокруг. Этот невидимый нам высший свет все оживляет, все питает. Человек может управлять нисхождением этого света жизни в наш мир. Изучением Каббалы человек приобретает «экран» – возможность управлять нисхождением света. Тогда он раскрывает каббалистический молитвенник и действует по указанным там командам, а не ждет милости свыше.

Чтобы сделать это утверждение нагляднее, я хочу показать вам страницу из каббалистического молитвенника «Сидур тфила ле Раша"ш». На странице, которую вы видите, указано: «Продолжить средние части звена парцуфа Аба к сфирот кэтэр-хохма-бина-даат парцуфа Зэир Анпин и оттолкнуть к сфирот хэсэд-гвура-тифэрэт».

Затем, как выполнить это указание, приводится на всей странице более подробно, а в конце листа указано: «Создать намерение по отторжению малого света к двум низшим частям сфиры тифэрэт парцуфа Зэир Анпин».

סידור תפלה להרש״ש
גומר
פנימיות דפנימיות

להמשיך פרקין אמצעיים דאבא לכתב״ד דז״א ולדחות הפ״ם למב״ת דז״א.

לג׳ כלי בינה	לג׳ כלי דעת	לג׳ כלי חכמה
אֶהְיֶה אֶהְיֶה	אֲדֹנָי אֲדֹנָי	אֶהְיֶה
יְהֹוָה יְהֹוָה	יְהֹוָה יְהֹוָה	יְהֹוָה
יהוה	יהוה	יהוה

יוד הי ואו הא	יוד הי ויו הי	אלף הא אלף הא יוד
יה יהו יהוה	יוד הי ואו הי	אלף הא יוד הא
יוד הא ואו הא	יוד הה וו ההא	ה י ה

אֶהְיֶה	אוהויהנו אוהויהנו	אֶהְיֶה
יְהֹוָה	יהחווהו יהחווהו	יְהֹוָה
וד י וי י	וד י וי י	

לג׳ כלי גבורה דז״א	לג׳ כלי ת״ת	
אלף. אלף למד. אלף	יוד הא ואו הא	א אל אלו אלוה
למד הי. אלף למד הי	יוד יה יהו יהוה	א ל
אלף. למד הי יוד מם	ה ו ה	אלף למד י

יסודות לדחות מומין דקטנות לכ״ס החחתונים דת״ת דז״א.

חכמה — בינה
אלף למד הי יוד מם   אלף למד הה יוד מם

חסדים — נטורות
אלף למד הא יוד מם   אלף למד הא יוד מם

כ״ס ת״ת דז״א

חסדים
יה יהו יהוה
יהוה

Непосвященному не понятен смысл указаний, как их выполнять, что должно произойти вследствие их выполнения. Наука Каббала потому и называется «тайной», что все это совершенно скрыто от человека, не достигшего ощущения высших сил.

Могу только добавить, что выполняющий эти команды пропускает через себя высший свет, а потому ощущает себя в совершенстве познания, безопасности, предсказуемости событий и возможности ими управлять.

Вот это и есть истинная свобода воли. И на этом уровне влияния человек полностью держит в своих руках управление своей жизнью, своим будущим и всей природой. Он – с помощью высшего света – несет в наш мир добро, и это добро возвращается к нему в многократном размере.

– Для управления своими будущими состояниями каждому необходимо изучить механизм «переодеваний» души?

Чередование поколений в мире – это лишь появление и исчезновение тел, в то время как душа, наполнитель тел, главное «Я» человека, не исчезает, а лишь меняет тело-носитель. Поэтому относительно душ все поколения от первого до последнего считаются как одно поколение, жизнь которого длится несколько тысяч лет от рождения человечества и до его исправления, достижения полного совершенства и покоя.

Неважно, сколько «переодеваний» в тела проходит каждая душа, ведь смерть тела не отражается на душе – материи высшего уровня, как срезание волос, ногтей – «растительного» в человеке – не отражается на жизни «животного» – тела. Изучив механизм переодевания души в тела, человек освобождается от власти смерти над своими жизнями.

– Вернемся еще ненадолго в этот мир, к тем немногим степеням свободы, в пределах которых мы можем действовать независимо, хотя бы в течение одной конкретной жизни.

Есть такой параметр в мироздании, в нашем мире, в нас, на который мы имеем возможность влиять именно в этой конкретной жизни, а он, в свою очередь, влияет на все остальное. Если мы сможем им управлять и узнаем точно, каким образом его менять в лучшую сторону, мы перестанем быть полностью зависимыми от природы.

— *Что же это такое, что Всеведущая Высшая сила оставляет в нашей воле?*

Для этого надо выяснить, в чем наша суть, наше «Я». Из чего состоит человек. В общем, человек состоит из четырех факторов.

Первый фактор называется «маца» — основа. Это базисный, первичный материал, из которого мы созданы, который получен нами от Творца. Это то, что определяет всю нашу суть. Это то, что Творец создал «из ничего». А значит, этот первичный материал уже заранее задан в каждом из нас. Поэтому я и сказал, что исходные данные души не должны нас беспокоить — ведь они заранее заданы.

Как мы можем исследовать любое явление природы? Только если поднимемся своими ощущениями, разумом выше нее и сможем наблюдать с более высокого уровня. Мы можем, например, в подробностях исследовать процесс развития зерна, влиять на его жизни — кругообороты: мы закапываем зерно в землю, предопределяя этим его гибель, но и появление из него новой жизни.

Мы в состоянии проделывать эти манипуляции только с растительной природой, потому что в неживой природе нет кругооборотов жизнь-смерть, а над животной природой мы не можем подняться, ведь мы сами находимся в ней.

То есть, свой, животный уровень, со стороны, свыше, мы обычными своими органами чувств наблюдать не в состоянии. И никакие приборы нам в этом не помогут, потому что все они созданы тоже только на уровне животного восприятия.

Только если выйти из животного уровня, наивысшего в нашем мире, на более высокий уровень, в духовный мир, можно видеть, что происходит с нами, исследовать и управлять своими жизнями, как мы исследуем и управляем жизнью зерна. Это-то и позволяет Каббала.

Аналогия с зерном раскрывает механизм нашего развития. Когда зерно в результате своего гниения в земле достигает полного разложения, когда от него не остается практически ничего материального, оно становится прахом, то есть совершенно неживой материей, только тогда из него начинает появляться новая форма, новая жизнь. Прошлая форма полностью исчезла, от нее остался только дух – сила, решимо, информация, которая вызывает к действию новую жизнь.

Если бы мы находились на растительном уровне зерна, мы бы эту жизнь и ее превращения наблюдать не могли. Зерно умирает, разлагается. Относительно своей прошлой жизни оно исчезает полностью... и начинает заново расти, и все основные свойства прошлой жизни переходят к новой жизни. Хотя ничего материального не остается, все сгнивает, из оставшейся от прошлого состояния силы, из духа возникает зародыш. И развивается новый цикл жизни, новая сущность, ничего из прошлого не помнящая.

– Но что же в этом новом цикле будет от меня? Что остается от «прошлого состояния», от эмоций, мыслей, от моей неповторимой личности? Ведь вы говорили, что любая личность неповторима.

Происходящее с нами, с нашими телами, подобно тому, что происходит с зерном: тело разлагается, мы получаем новое тело, а душа – этот прошлый духовный потенциал, остающийся как ген, как информационная сила, переходит от одного состояния, старого тела, в другое, в новое тело через материальный разрыв, называемый нами «смерть».

Пока предыдущий материал окончательно не разложится, следующий цикл не появится. Только тогда прошлые решимот начинают свой новый цикл развития. Поэтому в иудаизме тело немедленно предают земле. А есть традиции, когда в могилу помещают известь, вызывая его более быстрое разложение – якобы дать возможность быстрее появиться новой жизни, новой стадии исправления.

Переход от жизни к жизни происходит через полное сгнивание зерна: от прошлого должна остаться «суть» – чистая энергия, не облаченная ни в какую внешнюю оболочку. Это и есть решимо. А между ступенями – разрыв, бездна. Потому человек не видит переходов. Но каббалист в течение своей земной жизни тысячи раз переходит от жизни к жизни, управляя переходами, оставляя решимо. Для новой жизни ему нет необходимости избавляться от земного тела, потому что он отождествляет себя с душой.

— *А можно ли пройти переход жизнь-смерть-жизнь, не умирая физически?*

Для того чтобы этот скачок произошел, человек или должен умереть, чтобы душа прошла через этот материальный разрыв и приобрела для следующей ступени развития новое тело-носитель, или «оторваться» от тела, что и делает каббалист, а потому он проходит множество жизней в течение одной земной жизни и может за один раз пройти свой путь от начала до цели творения — возвращения в исходную точку души.

Только если выйти из уровня нашего мира на более высокий уровень, в духовный мир, — только оттуда мы можем наблюдать наши собственные метаморфозы: подобно тому, как человек в состоянии клинической смерти наблюдает со стороны за врачами, сражающимися за его бренное тело. Из высшего уровня можно видеть, что происходит с нами, исследовать и управлять своими жизнями и их качеством. Это-то и позволяет Каббала.

Так вот, силы, которые переходят из прошлой жизни, из прошлого тела или зерна, в следующую, называются «маца», информационная духовная основа, суть. Если это было зерно пшеницы, оно останется зерном пшеницы. Если это была определенная душа, она останется той же душой, только облачится в другое тело.

— *А от чего зависит — в какое тело она облачится, и можем ли мы влиять на выбор этого нового тела?*

Душа облачится в тело, соответствующее ей для реализации программы, которая в этой душе находится. Свойства души, исправления, которые она должна пройти, определяют свойства животного тела, которое она создает вокруг себя, в которое облачается.

Своими духовными достижениями в этом кругообороте мы определяем, в каком теле и в каких обстоятельствах очутимся в следующей нашей жизни. Это зависит от решимо, которое после смерти нынешнего нашего тела создаст вокруг себя новое тело. В решимо содержится информация, какие этапы исправления души еще не пройдены и должны реализоваться.

— А если человек закончил всю свою земную миссию, он появится ли снова в этом мире?

Да, появится, и самое наилучшее, если человек полностью исправил себя и нисходит в этот мир только для помощи другим.

От того, какое решимо создает тело человека, следуют все различия качеств, характеров, способностей, склонностей, с которыми рождаются люди, — это все определяется внутренним свойством души, потребностью реализовать то, что она должна в этом мире совершить. Поэтому, кстати, недопустимо никакое насилие в процессе воспитания.

Итак, мы выяснили, что первый фактор («маца», основа, суть, наш духовный ген) мы получаем непосредственно от Творца, и понятно, что влиять на него никак не можем.

Для человека этот первый фактор включает в себя и происхождение, и ментальность предков, и приобретенные ими знания, которые проявляются в потомках как бессознательные привычки, свойства личности, физические и душевные качества. В человеке могут быть заложены склонности к вере или к критическому мышлению, к материальным благам или к духовному, к скупости, стыдливости и т.д. Эти свойства подобны зерну, потерявшему форму в земле, и передаются нам вне материального носителя, автоматически наследуются нами, и поэтому часть из них проявляется в нас в обратном, противоположном выражении.

Второй фактор — это законы, по которым развивается наша суть. Эти законы неизменны, заранее заданы Творцом, потому что вытекают из природы сути и той, ее заранее заданной формы, к которой она обязана прийти как к цели творения. Каждое зерно, растение, животное, человек имеет внутри себя программу (законы) своего развития — это самый второй фактор. Поэтому и на этот фактор мы влиять никак не можем.

Существуют еще два «внешних» фактора (третий и четвертый) нашего развития. Внешними они являются относительно души. Это внешние условия, которые изменяют меня сознательно или своим давлением, непроизвольно или наперекор мне.

То есть третий фактор нашего развития — это внешние условия, которые могут частично изменять путь развития объекта: он может пройти развитие по хорошему или по плохому пути.

Опять же модель развития зерна, доступная для нашего наблюдения, хорошо иллюстрирует это утверждение. Если мы засадим два участка одним сортом зерна, но будем по-разному воздействовать на них: один закроем от солнца, не дадим достаточно воды, не уберем сорняки, а другому создадим хорошие условия, мы обнаружим, насколько внешние факторы влияют на развитие. Вырастет в конечном итоге то же зерно, но с какими проблемами роста, и каким оно будет по качеству!

Итак, мы подошли к четвертому фактору – изменениям внешних условий. Т.е. мы видим, что, меняя внешние условия, мы можем влиять на свою судьбу. Мы не можем влиять на себя сами, непосредственно, но, изменяя внешние условия вокруг себя, мы можем определять свое будущее, свои будущие мысли, желания, устремления, одним словом, качества.

У человека могут быть очень «неблагоприятные» первый и второй факторы – то, что мы называем наследственностью (слабость физическая, ментальная, психологическая, духовная), но если он находит для себя, как зерно, правильный участок для развития, то, «подставляя» себя под благотворное влияние среды, может достичь невероятного результата.

Итак, Каббала учит, что под влиянием правильной среды я могу создать в себе желание к духовному, к достижению цели творения. Естественным путем это желание может появиться во мне в итоге вековых страданий. Под воздействием же общества я могу значительно ускорить свое созревание. Выбор общества – и есть единственный свободный выбор, оставленный человеку Творцом.

Нам необходимо создать для себя такую среду, которая бы тянула нас к совершенству, к постижению духовных миров, потому что, достигнув их, я стану управлять своей судьбой и избавлюсь от всех страданий.

– Но где же найти такую среду? Где на земле, а не в высших мирах, находится место с такими благоприятными для развития условиями?

Идеально, если человек находит группу, стремящуюся к цели творения, которая может повлиять на него так, что и он предпочтет духовное развитие. Смотрите, как пишет об этом рабби Й.Ашлаг в предисловии к основному учебнику по Каббале «Талмуд Десяти Сфирот» (п.155):

«Зачем же каббалисты обязывают каждого, независимо от возраста, пола и пр., человека изучать Каббалу? Потому что есть в изучении Каббалы великая сила, о которой желательно знать всем: изучающий Каббалу, даже если не понимает, что изучает, только одним своим желанием понять, возбуждает на себя воздействие высшего света».

Это явление обусловлено тем, что душа человека до ее нисхождения в наш мир была наполнена высшим светом. Когда же душа низошла в наш мир и поместилась в тело, свет, ее наполнявший ранее, остался в высшем мире. Вот он и светит свыше душе, желая в нее вернуться. Но светит только в меру занятия человека Каббалой, потому что Каббала – это и есть методика наполнения души светом.

Человек обязан в каком-либо из кругооборотов достичь наполнения своей души. Стремление души наполниться бывшим в ней светом, ощущается человеком как различного рода страдания. Чем больше проходит времени, в течение которого человек не наполняет душу светом, тем больше усугубляются его страдания. В конце концов, страдания вызовут осознание их причины – необходимость вновь наполнить душу светом. И приведут человека к желанию овладеть методикой наполнения светом – Каббалой.

Когда человек обращается к истинным каббалистическим источникам, на него свыше начинает изливаться духовный свет. Когда человек изучает Каббалу не один, а в группе, с учителем-каббалистом, то на всех действует общая духовная сила, свет, во много раз мощнее того, который светит одному человеку. Таким образом, группа создает вокруг себя особый духовный фон, и она сама, благодаря этому свету, становится той средой, которая вырастит человека и сбережет ото всех невзгод.

Об остальных факторах даже не стоит вспоминать, и ни в коем случае не сожалеть о недостатке способностей, о рождении не в той стране, семье и пр. – для каждого созданы оптимальные условия развития. В будущем мире никто не сможет пожаловаться на то, что ему не предоставили возможность достичь совершенства! Есть один параметр, в котором я свободен и должен действовать, – я сам должен создавать себе среду.

Поэтому мы везде открываем бесплатные курсы для начинающих. Так поступали каббалисты во все века. Каждая из таких групп, как маленькое общество, влияет на находящихся в ней. В будущем эти группы будут укрупняться, сливаться в большие общества. Ведь с каждым месяцем все больше людей осознает, что нет иного пути в этом мире, спасающего ото всех невзгод.

Эти группы постепенно сформируют новый духовный фон всего нашего общества, а затем и всего мира. А начинаем мы с вами!

ВЫЙДЕМ ЛИ МЫ ИЗ ЕГИПТА?
Газета «Вести»

До сих пор наши беседы с равом Лайтманом касались, главным образом, будущего нашего народа и общих каббалистических понятий, связанных с Израилем, евреями и их миссией. Однако же будущее нам предстоит еще пережить, а общие понятия мы, будучи ограничены материалистическими стереотипами, тоже пока не в состоянии приложить к своей конкретной жизни.

Но можем ли мы рассмотреть наше прошлое с точки зрения Каббалы? Ведь поскольку оно уже состоялось, у нас нет по его поводу никаких сомнений. Нам не хватает только понимания причин того прошлого, которое пережил еврейский народ.

И поскольку значительная часть нашего прошлого – это изгнание, галут, возможно, его рассмотрение с точки зрения Каббалы даст нам максимально приближенное к нашим реалиям понимание тайного еврейского учения. Собственно, особая судьба евреев (унеся в скобки такие духовные вехи, как получение Торы и распространение монотеизма) – особая судьба в рамках нашего материального мира – и заключается в этом магическом слове «галут», изгнание. Объясните нам, за что евреям была дана такая напасть? Вы уже говорили, что Каббала считает, что наказания нет, а есть лишь исправление. Тогда ответьте, зачем, как и почему эти страдания, эта миссия? Короче говоря, мы хотим знать причины и цель того, что происходило с нашим народом.

Рав М.Лайтман: Вы умудрились «унести в скобки» самое основное – то, что определило нашу историю на все последующие тысячелетия. Галут, изгнание есть прямое следствие нашей миссии по получению Торы и распространению знания о едином Творце. Вопрос «за что» не имеет никакого смысла, а вот на вопрос «для чего», «как» и «почему» наша история происходила именно по этому сценарию, Каббала дает ясный и доступный ответ.

— Вы хотите сказать, что и на вопрос о смысле Катастрофы в Каббале есть ответ?!

Разумеется, есть. Но сразу скажу, что надрывный вопрос: «Где был Б-г, когда Его избранный народ уничтожали в газовых камерах», — не имеет никакого смысла. «Где был?» – где всегда есть и будет. Нам пора понять, что инфантильный довод о том, что «пути Господни неисповедимы», в конце шестого тысячелетия и в XXI веке больше не актуален. Они исповедимы, и еще как исповедимы. И если в прошлые времена они были исповедимы избранными единицами, то сегодня постичь их может практически каждый человек. Иначе не было бы надобности вести эти беседы на «научно-популярном» уровне. И чем быстрее на любом уровне евреи получат конкретную информацию о строении мироздания, о Высшем управлении, о «путях Господних», тем больше шансов у нас избежать будущих катастроф. Не думайте, что я ухожу от ответа по поводу Катастрофы. Я не ухожу, я предлагаю вам и всем остальным подойти к нему самостоятельно и изучить ее причины и следствия. Каббала дает исчерпывающий ответ и на этот больной вопрос, и если я его не формулирую на «научно-популярном» газетном уровне, а предлагаю получить из настоящих каббалистических источников, то лишь потому, что большинство людей еще не готовы к нему, и для того чтобы понять его правильно, нужно получить хотя бы минимальные понятийные основы каббалистического знания.

— И тему галута, в целом, и истории еврейского народа вы тоже без этих основ объяснить не можете?

О галуте в целом и об истории, как они объясняются в Каббале, я могу рассказать много и надеюсь, что это будет вполне понятно. Тема галута, изгнания евреев и смешивания их с другими народами мира – одна из важнейших тем, потому что с точки зрения пути творения (человечества) к Творцу галут евреев – один из главных этапов в выполнении их духовной миссии. Не нужно быть каббалистом, чтобы заметить, что на протяжении всей истории взаимоотношений евреев с народами, среди которых они жили, наблюдался один и тот же феномен: страна, из которой евреи изгонялись, очень быстро приходила в упадок. И опять же, бессмысленно говорить о каком-то наказании свыше. Все процессы, в том числе исторические, направлены на приведение творения к цели – постижению Творца всеми людьми. А то, что воспринимается как страдания или «Божья кара» – это исправление творения и корректировка пути к цели и реализации Высшего замысла. И в соответствии с этим замыслом в строении души евреев и других народов есть глубокие различия.

– Каббала описывает эти различия на уровне нашего мира или понять их так же невозможно, как Высший замысел?

Высший замысел, начиная с нашего поколения, доступен всем, доступен пониманию любого желающего его изучить и понять. Отвечая же на ваш вопрос – разумеется, различия эти можно понять, их можно видеть, так сказать, невооруженным Каббалой взглядом. И поскольку вы эти различия видите, равно как и подавляющее большинство других людей (не будем брать в расчет тех, кто безнадежно мечтает о том, чтобы этих различий не было, и пытается выдавать желаемое за действительное), то мне остается лишь объяснить корни этих различий.

Перед евреями и другими народами мира стоят разные задачи на пути к достижению одной цели: евреи обязаны «вытащить» остальные народы мира из уровня «этот мир» до уровня подобия Творцу. Чтобы народы мира достигли такого уровня существования, и необходимы евреи и Тора. Но давайте по порядку.

Изначально Творцом создано только одно творение – душа-Адам. Поскольку эта первоначальная общая душа-Адам разбилась на множество частных душ, то ее осколки приобрели различные свойства в соответствии с тем, от какой части общей души-Адама они откололись. Всего есть 70 душ народов мира и одна – душа евреев. От них в нашем мире и пошли народы мира (гои) и еврейский народ. Так же, как существует общий корень общей души всего человечества, существует и свой корень у души каждого народа.

Свойства душ (духовных сосудов) евреев называются Г"Э («Гальгальта эйнаим»), и они отличаются от свойств душ (духовных сосудов) других народов, называемых АХА"П («Озэн-Хотэм-Пэ»). Каждая душа связана со своим корнем в душе Адама, от которой откололась.

Каждая индивидуальная душа включает в себя свойства всех остальных душ как второстепенные свойства относительно своего, основного, доминирующего. Но поскольку они обязательно включены в нее, то исправление каждой души заключается не в исправлении себя, а в исправлении ее отношения ко всем остальным душам. Человек исправляет свою душу не прямым образом, он исправляет свое вкрапление во всех остальных душах, свое отношение к ним — и этим исправляет свою душу. Т.е. исправление заключается не в исправлении себя, а в исправлении своей связи с остальными.

— С этим и связана так называемая «круговая порука» евреев, о которой постоянно говорят религиозные люди?

Основной принцип Торы — «возлюби ближнего как самого себя» существует не для всеобщего порыва к «светлому будущему — коммунизму», а ради всеобщего духовного возвышения. Этот принцип, при его исполнении каждым, создает условие, при котором высший свет может наполнить душу.

Свойства «Гальгальта эйнаим», т.е. свойства евреев, таковы, что именно через эти сосуды, души, изливается в мир духовная сила, высшее изобилие, несущее процветание и богатство. Это высшее изобилие проявляется в нашем материальном мире через евреев, через их «Гальгальта эйнаим». Страна, изгонявшая евреев, теряла их духовные сосуды, искры света Творца, через которые получала высшее изобилие и духовную силу — основу также и материального благополучия.

Мы живем в период, когда души развились уже настолько, что народам мира недостаточно материальных «наполнителей»: секса, богатства, власти, знания. Развитие душ дошло до этапа, когда стремление к постижению высшего мира проявляется все шире и среди гоев. На уровне сознания или подсознания гои знают, что без евреев им не обойтись, и не получая той духовной пищи, которую мы обязаны, в соответствии с Высшим замыслом, им дать, народы мира возгораются ничем не мотивированной, с материальной точки зрения, ненавистью к евреям. Так что «необъяснимый» антисемитизм, наблюдающийся даже среди тех народов, которые с евреями практически не сталкивались, имеет вполне конкретное объяснение в Каббале.

— А кроме названий – «Гальгальта эйнаим», «АХА"П» – Вы можете дать еще какие-то характеристики этих двух типов душ – евреев и других народов?

Конечно, и для этого давайте вспомним, что мы знаем о Творце, о Его свойствах, о Его законах. Мы знаем, что Творец – это желание отдать творению весь Свой свет, все наслаждение, все добро. Творение – это созданное Творцом желание получить, получить весь свет, все наслаждения из высших миров. Именно таким и именно для того Творец и создал творение.

Для слияния Творца и творения необходимо подобие свойств. Потому что только в мере своего сходства творение и Творец сближаются. Творец совершенен, а значит, для сближения менять свои свойства должно творение – менять с эгоистических свойств на альтруистические.

Этот принцип близости в мере подобия свойств существует также и в нашем мире: чем более схожи между собой люди по вкусам, взглядам, тем они ближе друг другу.

Конструкция души-творения такова, что альтруистические свойства принадлежат духовным сосудам «Гальгальта эйнаим» (Г"Э), а эгоистические – сосудам АХА"П. Творец светит издали Своему творению так называемым окружающим светом («ор макиф»). Творение желает получить наслаждение от этого окружающего света. Этот свет толкает человека к Творцу, пока он не достигает того, что переходит из нашего мира в высший мир. Это означает, что человек начинает руководствоваться не своим желанием получить, а желанием отдавать.

В сравнении своего исходного, природного желания «получать» с этой искрой – свойством Творца «отдавать» человек начинает ощущать в себе два начала: Творца и творения, что неизбежно приводит к внутренней борьбе и противоречиям.

В человеке-творении должны присутствовать два начала – эгоистическое и альтруистическое – в полной мере. Исправляя свой природный эгоизм, заменяя его на свойство Творца, человек становится равным Творцу и выходит на уровень бессмертия, неограниченного постижения, знания, наслаждения.

Эгоистические свойства души (АХА"П) называются «гой» («народ» – в переводе с иврита). Альтруистические свойства души (Г"Э) называются «йехуди» от слова «ихуд» – единение (с Творцом), «Исраэль» (от слов «исра-эль» – прямо к Творцу), «еврей» от «эвэр, лаавор» – переход (из нашего мира в духовный мир). Авраам, удостоившись раскрытия Творца и выхода в духовный мир, из простого бедуина стал евреем. А по своим биологическим данным он и его семья относятся к древнему племени Месопотамии. Евреи – не нация, а потомки Авраама, проповедовавшего стремление к единому Творцу.

— *Но стремление к Творцу присуще не только евреям. К Нему стремятся и другие народы и религии.*

Но они не понимают, к чему именно стремятся, а Авраам получил свыше точное знание о цели творения, ему раскрылся Творец. Его потомки стали распространять это знание и обучать других. Все они были каббалистами, т.е. постигающими Творца, ощущающими высший мир и этим коренным образом отличались от всех остальных народов. Все евреи – не народ, не нация, а просто-напросто сыновья и ученики этого «парси».

Теперь перейдем к нашему миру и к нашей истории. Высший и наш мир находятся один под другим, и все, что есть в нашем мире, происходит, питается, управляется из высшего мира, как сказано: «Нет ни одной былинки внизу, над которой не было бы высшей силы сверху, которая питает эту былинку и управляет ею». Короче, сверху вниз нисходят сигналы управления от корня к его следствию в нашем мире. Изменения и связи духовных сил находят отображение в нашем мире.

Евреи в нашем мире развивались от Авраама и далее. Для укрепления их веры были необходимы преграды, помехи. Ради этого они были отправлены в изгнание в Египет, где прошли «окунание» в эгоистические свойства, называемые «Фараон», и вышли из Египта уже целым народом, ощутившим порабощение эгоизмом и освободившимся от свойств Фараона, которые властвовали над ними, над Божественной искрой «отдачи», называемой «Авраам». В итоге укрепления в Египте они достигли такого уровня, настолько развили свойство Авраама в себе, что стали достойными получения Торы.

— *То есть египетский Фараон из Агады – это человек в целом, как он есть?*

Да, Фараон – это эгоистическая природа человека, которую он сам должен исправлять, чтобы выйти из египетского рабства – из клетки своей изначальной эгоистической природы, то есть открыть себе путь к духовным мирам. И праздник Песах – это праздник освобождения от эгоистических свойств.

– Действительно ли праздник Песах считается у вас, каббалистов, чуть ли не самым главным?

Действительно, Песах – особый праздник. Он не идет ни в какое сравнение с другими праздниками. Но не только каббалисты придают ему особое значение. Во всех благословениях в течение года мы добавляем «в память нашего выхода из Египта», потому что невозможно выполнить ни одну заповедь, не выйдя из Египта, из эгоизма. Потому что заповедь – это исправление, замена свойства творения на свойство Творца. Душа человека состоит из 613 частей-желаний, и поэтому есть всего 613 заповедей – 613 действий исправления. Каждое исправление возможно только после того, как человек поднялся из нашего мира в высший мир, т.е. вышел из своего Египта.

Египет олицетворяет наше настоящее духовное состояние, изгнание из высшего мира, из ощущения вечности и совершенства. Выход из него проходит красной линией в Торе. Потому что это главное, что должен совершить человек. До этого он – не человек, он не свободен, он находится под властью своих природных свойств, т.е. является просто покорным исполнителем заложенной внутри него природной программы, а сам как личность не существует. И это касается всех, кроме каббалистов.

А Песах олицетворяет выход человека из ощущения только нашего мира в ощущения духовного мира. И чтобы привести человека к этому новому состоянию, есть совершенная, четкая методика. Эта методика и есть Каббала.

Пасхальное сказание не зря начинается со слов «Вначале праотцы наши занимались идолопоклонством», – это и есть состояние человека до его выхода из Египта: поклонение своим природным желаниям, которые в совокупности и есть Фараон. А заканчивается сказание – «в следующем году в Иерусалиме». Т.е. человек уже вышел из нашего мира и поднимается к его высшей ступени – Иерусалиму.

В постижении высшего мира и заключается спасение – и глобально, и конкретно – от всех неприятностей, болезней, катастроф. Единственное, чего нам сегодня не хватает – это видения всего мироздания в его истинном объеме.

Такое состояние человека, когда от него скрыта истинная реальность – реальность всего мироздания, и называется «египетским изгнанием», изгнанием из духовного. Другими словами, египетским изгнанием называется такое состояние человека, когда он ощущает только наш мир. Все мы находимся в изгнании, но для того, чтобы из него выйти, нам необходимо его четко ощутить, ощутить именно как изгнание. Ведь тогда только можно возжелать избавиться от него. Т.е. ощущение изгнания невозможно без ощущения – хотя бы немножечко – свободы, осознания, что вообще есть такое состояние как свобода.

Тогда мы начинаем видеть все процессы в нашем мире от начала и до конца, понимать их причины и следствия, управлять ими, мы получаем возможность соединить все свои состояния до рождения в данном белковом теле со всей жизнью в этом мире и жизнью после смерти. Каббала учит тому, как замкнуть весь цикл бесконечного существования человека, его «Я». Каббала раскрывает человеку глаза, он начинает видеть высший мир и может функционировать с максимальным КПД, используя эту информацию, это знание.

Начало ощущения человеком духовных миров и Творца является началом выхода из египетского рабства. А это возможно, только если на человека светит «ор макиф» – окружающий свет. Вызвать излучение этого света на человека можно лишь при правильной работе с каббалистическими книгами.

Начиная ощущать Творца, он поднимается выше и выше, видя все мироздание постепенно все в большем, истинном, объеме, видит все причины и следствия, находящиеся в высших мирах. И сегодня каждый человек, находящийся еще только в нашем мире, при желании может пройти этот путь.

Все действия человека, которые он производит по своему внутреннему исправлению, называются заповедями. Например, заповедь жертвоприношения: человек приносит в жертву часть от своего природного эгоизма, исправляет его. А в исправленное, альтруистическое желание, получает высший свет, ощущение Творца, это и называется Торой.

Человек начинает ощущать и осваивать духовный мир. Сравнивая свойства свои и духовных миров, он познает себя. Он начинает видеть, что представляет собою маленького эгоиста, не желающего ни в коем случае расстаться с этим, своим мирком, с его мелкими удовольствиями, не желающего расстаться даже во имя связи с Творцом. И когда ему раскрывается немного Творец, он и Творца желает приспособить себе на пользу. Вот это желание поработить Творца ради себя – и есть Фараон, который и перед Творцом желает быть единственным властелином. Это и есть наш природный эгоизм в его полной мере. И он достигает масштаба, равного Творцу, – чтобы, исправив его, мы стали полностью подобными, равными Творцу.

Неприятие своих свойств, отвращение, ненависть к ним отрывают человека от них, он начинает стремиться изменить их. Пребывание в эгоизме, осознанное пребывание в его власти, в египетском изгнании, может ощущаться только если человек уже отчасти ощущает «издали», что такое «воздух свободы», свойства духовного мира. Но выход в высший мир строится не на изменении, улучшении своих земных качеств, а на основе изменения взаимоотношения с Творцом.

– *Тогда почему же заповедь «Возлюби ближнего как самого себя» считается основной заповедью?*

Да потому что осознать свои эгоистические свойства и пытаться исправить их, пока человек не ощущает Творца, он может лишь на себе подобных. И из этого отношения к окружающим он строит свое отношение к Творцу.

– *Вы относитесь к окружающим довольно резко и нетерпимо. Как это соотносится с вашим духовным состоянием?*

Имеется в виду не вежливое красивое общение, а отношение к исправлению других, забота об их душах, а не о телах, не потакание мелкому эгоизму каждого и удовлетворение этого эгоизма, а помощь в его исправлении...

– *А как «расшифровывает» Каббала пасхальную Агаду?*

В пасхальной Агаде сказано, что наши отцы были идолопоклонниками. Это говорит о том, что кроме Божественного откровения, искорки Творца, ничто более еврея от гоя не отличает. Ему раскрылся Творец. Соответственно своему духовному постижению, состоянию, он перешел из Междуречья в Землю Израиля, которая, как указал ему Творец, соответствует духовному высшему миру. Но размножившись в Земле Израиля до размеров большой семьи (70 человек), развившись до малого духовно уровня «Яаков» (эти процессы изучает Каббала), расти более в Земле Израиля человек не в состоянии. Потому что в нем отсутствуют эгоистические желания, исправляя которые, можно духовно подниматься. Поэтому люди начали ощущать голод (духовного возвышения) и из-за голода спустились в Египет. Сначала им в Египте было хорошо, пока не появился новый египетский фараон, который начал угнетать их и превратил в рабов. Они сплотились, как обычно бывает в тяжелые моменты. Затем появляется Моше, который и выводит их из Египта.

С точки зрения Каббалы этот рассказ выглядит следующим образом. Человек рождается в нашем мире с определенными свойствами, которые можно охарактеризовать как абсолютный эгоизм. Духовная природа основана на ином свойстве – альтруизме. Духовный мир – это антимир, которого мы не чувствуем. Поменять свою природу на духовную, альтруистическую, можно только выйдя за пределы эгоистических свойств тела. Не животного тела, а именно его эгоистических свойств. Тогда человек начинает ощущать все духовные миры, Творца, вечность. Обычно это происходит, когда человек умирает. Но цель нашего нисхождения в этот мир заключается в том, чтобы мы еще при жизни в этом мире всеми своими ощущениями вошли в духовный мир, существовали вне ограничений времени, жизни и смерти.

Методика, с помощью которой можно достичь духовного мира сегодня, находясь в нашем теле, и называется Каббалой. Так вот, в Пасхальном сказании отображены все стадии выхода человека за рамки нашего мира, когда раскрывается ему все мироздание.

Иными словами, в рассказе о Песахе говорится об этапах выхода человека в мир духовных ощущений. Вначале человек является идолопоклонником, т.е. слепо выполняет желания своего эгоистического тела. Затем он начинает понемногу понимать, что эгоизм мешает ему, служит причиной всех его страданий – этот этап называется нисхождением в Египет. На иврите Египет – «миц-раим», что означает концентрат (миц) зла (раим). Человек чувствует на себе гнет зла, понимает, что сам себе мешает достичь вечного и совершенного.

Новый фараон символизирует этот гнет – только что раскрывшееся человеку осознание того, что его желания материального и его отречение от духовного ему во вред. Положение становится настолько невыносимым, что человек начинает слепо следовать за стремлением достичь высшего, Творца. Это стремление к духовному в человеке называется Моше (от слова «лимшох» – вытаскивать). Оно-то и выводит человека из Египта, рабства эгоизма – единственной помехи, преграды на пути к ощущению совершенства и вечности. Ведь только наше «тело» (в Каббале под телом подразумеваются эгоистические желания) и отделяет нас от духовного прекрасного мира.

Но для того чтобы ощутить высший мир сейчас, вовсе нет необходимости умирать – достаточно просто нейтрализовать животный эгоизм нашего тела – и вот оно будто и не существует и потому не мешает совершенно ни в чем, ни в каких ощущениях самых высоких духовных ступеней.

– А что такое десять казней египетских?

Это понятие относится к системам темных и светлых сил и связано с тайнами Торы... В принципе, фараон сидит в каждом из нас, и поэтому мы на себе проходим все десять ударов, казней, прежде чем отрываемся от нашей эгоистической природы. Но сначала мы должны прочувствовать, насколько она невыносима и ненавистна нам. А это можно понять, только если хоть одним глазом подсмотреть, что мы теряем, не ощущая духовный мир, – и такую возможность человек получает на определенной стадии изучения Каббалы.

Пройдя все эти ощущения, человек получает свыше помощь и неожиданно для самого себя выходит из Египта. Это всегда происходит неожиданно...

Затем идет переход через море, т.е. полное отделение от прошлой человеческой природы. А затем вход в духовную пустыню, где человек еще не получает духовного, потому что еще не понимает, как его можно ощутить, но переходом от Красного моря к горе Синай он постепенно создает в себе эти понятия. И так до вручения Торы, т.е. до вхождения в человека духовного света.

Войти в духовный мир можно быстро и безболезненно, так называемым путем Торы. Но, к сожалению, весь мир идет не по этому пути, а по иному, называемому путем страданий: путем постепенного осознания, что прогресс может быть только духовным, а материальный несет в себе зло и существует только для того, чтобы мы в конце поколений убедились, что от него нам один вред!

– А разве мир мог идти по другому пути?

До последнего времени не мог. Но с начала XX века, когда информация о духовных мирах, о возможности их постижения, должна была стать доступной уже не отдельным каббалистам, а широким массам – мир мог перейти на путь осознанного существования и резко сократить страдания, постигшие его (Бааль Сулам пытался донести эту информацию и предотвратить много несчастий, но его не услышали). Человек в процессе своего развития страдает, как любое животное, но с того момента, когда он получает свыше духовную информацию, он как бы переходит в другой статус и у него появляется возможность управлять и своей жизнью, и включиться в Высшее управление всем мирозданием. Он обретает полную свободу воли, о чем мы подробно говорили в прошлой беседе.

– Давайте вернемся к Песаху. Бокал с вином, предназначенный для пророка Элияу, который якобы посещает нас в этот вечер, – что он означает?

Пророк Элияу олицетворяет высшую духовную силу, которая спасает нас. У человека, подошедшего уже к ступени перехода в духовный мир, к его ощущению, наступает миг, когда приходит высшая сила, называемая пророком Элияу, и помогает ему духовно родиться, выйти из Мицраима – нашего мира, эгоизма.

Выход из-под власти эгоизма – Фараона – называется освобождением из Египта, исходом из Египта, а обретение новых альтруистических свойств называется входом в страну Израиля.

Евреи в Египте, пройдя через страдания и рабство, предпочли свойства Творца своим эгоистическим свойствам, захотели изменить их и этим заслужили получение Торы – силы, дающей такую возможность и открывающей путь к контакту с Творцом.

Этой силой изгнали они из земли Израиля семь народов, живших здесь, и поселились в том месте, в котором им полагается быть в соответствии с их местом в духовном поле, и построили Храм.

— Так что же еще нужно было, если земное состояние евреев совпадало с состоянием в духовном мире? Почему снова последовало изгнание, и не одно?

Потому что они не завершили свою миссию. На этом этапе развития творения они взрастили только свои желания отдавать, исправили духовные сосуды Г"Э, но не исходные желания всего творения получать. Творение в целом осталось не исправлено. Евреи же в своем исправленном состоянии – вообще не от нашего мира, они как бы представители Творца в нем. Поэтому они должны были пройти через галут, в котором Г"Э должны смешаться с АХА"П. Евреи выполняли определенную миссию среди гоев, смешиваясь с ними и передавая им духовную информацию, частицы своих духовных сосудов. Но смешивание заканчивается – закончилось и последнее изгнание. Евреев силой выводят из галута и силой возвращают в землю Израиля. Силой – потому что это не исправленные евреи, представители Творца, а испорченные. И они должны теперь уже в земле Израиля работать над собой, чтобы соответствовать исходным данным своей души – «Гальгальта эйнаим». Это невозможно сделать, выполняя механически непонятные законы и ритуалы, как бы скрупулезно они ни выполнялись. Это можно, лишь изучив эти законы, поняв и увидев, что такое «Гальгальта эйнаим», что такое АХА"П, как все это устроено, как это работает в высших мирах и в нашем мире, в духовных структурах и в нашей жизни. Ведь не случайно Каббала в наше время из тайного учения стала доступным научным источником высшего знания, хотя бы прикоснуться к которому обязаны все евреи, потому что только с его помощью, по методике, разработанной в Каббале, мы можем изменить свое состояние и состояние всего человечества. Здесь и сейчас нас заставят это сделать!

А в тех странах, где мы побывали в галуте, мы оставили частицы своих духовных сосудов – они там работают внутри тех народов, среди которых мы долго жили, и именно эти народы, в первую очередь, способны к духовному исправлению, к сближению с нами. Я знаю, что именно Россия ощущает это, и там возникает стремление к постижению Творца.

И при этом нет более бездуховной страны, чем Америка (современное воплощение Египта), которая навязывает всему миру свою бездуховность. И вслед за Голливудом и рекламой идут войска, и на Югославию сыплются бомбы... А мы мечтаем, чтобы они были нашими лучшими друзьями. Дайте возможность каждому уехать в Америку – посмотрим, кто здесь останется. Мы должны увидеть, насколько мы погрязли в своих материальных животных стремлениях, в погоне за благами этого мира, которые неизбежно приведут к появлению нового фараона и рабства. И нам не преодолеть самим эту жажду материального. Это возможно лишь приобщением к Каббале, которая дает ощущение изгнания из духовных миров, изгнания от Творца, от вечности и совершенства, дает почувствовать тот самый «воздух свободы».

– *Вы упомянули Россию. Почему именно там вы видите духовный потенциал?*

Россия, Восточная Европа – это единственные на сегодняшний день места в мире, где готовы к восприятию духовных законов, в отличие от духовно опустошенной Америки и Запада. В России, где мы долго были в галуте, остались части наших душ, а частицы их душ мы забрали с собой. Это ощущается в нашем мире и, я думаю, определит многие события ближайшего будущего и наши отношения с Россией. Я уверен, что только выходцы из России способны первыми пройти процесс исправления, изучения законов мироздания и постижения Творца. Именно в них есть истинная тяга к высшему знанию. Они – будущее мира, и они же определят и будущее Израиля в следующем поколении.

БЕСЕДА ДЛЯ АМЕРИКАНСКОГО РАДИО

Первую книгу в мире, которая была книгой по Каббале, написал, по преданию, Адам Ришон – Первый человек. Книга называется «Разиэль аМалах» (Ангел Разиэль). Вы ее можете купить в любом магазине религиозной литературы.

Вторая книга по Каббале написана нашим праотцем Авраамом, и называется она «Сефер Ецира» («Книга Создания»). Мы ее изучаем и сейчас. Третья из дошедших до нас самых известных и популярных книг – это «Зоар» («Книга Сияния»). Она была написана в 4 веке нашей эры.

Дальнейшие источники – труды десятков и сотен каббалистов в течение последующих 17 веков – это, в основном, труды Ари (16-й век нашей эры). После Ари возникает течение хасидут в Польше, России и в Белоруссии. Но Каббала существовала и до этого течения и продолжила существование вместе с ним. Хасидут не заменяет Каббалу. Наряду с хасидутом возникло течение митнагдим – противников хасидута.

Все эти течения религиозные, а Каббала – это как бы надрелигиозное учение, не течение, а наука. Поэтому и называется «Хохмат аКаббала». Это наука о творении, о том, каким образом оно создано, что является его сутью, структурой. Каким образом это творение управляется Творцом, каким образом это творение должно исправить себя, чтобы возвыситься до уровня Творца.

Это задача, которая стоит перед творением. Каббала объясняет, каким образом это надо делать. Но, в первую очередь, Каббала – это наука о творении, о сближении с Творцом. В то время как массовая религия говорит о том, что нам надо делать, конкретно, здесь, в рамках нашего мира, механически.

Поэтому, если вы подойдете к любому религиозному человеку или даже к большому раву, – я тоже обращаюсь к ним, чтобы узнать, каким образом выполнять те или иные заповеди, – и зададите ему вопросы по Каббале – он вам не сможет ответить.

Каббала не имеет отношения к массовому религиозному течению, в том смысле, что нет необходимости знать Каббалу для того, чтобы выполнять заповеди нашего мира. Нет связи между заповедями нашего мира и Каббалой. Само отношение к Каббале религиозных масс говорит об этом.

Хасидут призван помочь рядовому верующему вдохнуть некоторую духовность в заповеди, которые он выполняет. Но Бааль Шем Тов был, в первую очередь, великим каббалистом, и его целью было выбрать из народных масс тех, которые желают и достойны быть каббалистами. Для этого он создал хасидут, массовое течение.

Благодаря этому к нему пришли достойные ученики. Они и являлись первыми «адморим», основоположниками различных ветвей хасидута, течения, изначально призванного выбрать из масс стремящихся к Творцу, а остальным дать некую поддержку в их жизни. Ведь хасид – это выполняющий заповеди благоверный еврей, одновременно стремящийся в эти заповеди вдохнуть свое сердечное отношение к ним.

А каббалист – это человек, который исследует всю систему творения своими внутренними действиями, называемыми «исправления», он поднимает себя по ступеням духовных миров до полного соответствия, слияния с Творцом. Это возможно только изучая Каббалу. И только для человека, в котором уже пробудилось стремление к духовному.

Бааль Шем Тов считал, что если он даст начальные знания по Каббале в виде хасидизма массам, то к нему постепенно начнут стекаться те единицы, которые действительно захотят возвышаться до уровня Творца.

Все люди в мире в итоге придут к тому, что почувствуют необходимость в духовном возвышении, но это процесс постепенный. Все души являются частью одной души, но каждая из них развивается постепенно, в своем темпе. Поэтому есть души, которые уже сегодня требуют духовного развития, выхода в высший мир, а есть такие, и их большинство, которые пока развиваются только в рамках нашего мира.

Человек не может насильно заставить себя стремиться к духовному. Он в сегодняшней своей жизни стремится к различным целям. А затем, в какой-то момент, вдруг возникает в нем желание к духовному. И тогда он уже начинает искать, пока не найдет Каббалу.

Если он еще не осознает, к чему должен идти, а только ощущает неясное стремление к духовному, может пройти еще много лет или даже кругооборотов жизней, но он придет – и именно к Каббале. И так все в мире, потому что, как сказано пророком: «И все познают меня от мала до велика»

Поэтому мы ни в коем случае не навязываем наше учение. Каббала ждет только того, кто в ней уже нуждается.

Есть прямое выражение Торы: «Тора ло оверет бе еруша» – «Тора не передается по наследству». Вы не можете, зачиная ребенка, спланировать, определить его душу. Это зависит не от вас. Так и сказано в книге «Зоар»: «Семя дает отец, кровь дает мать, а душу дает Творец».

Поэтому естественные свойства нашего мира, наследственные, могут быть переданы по наследству. Наука начинает это видеть и понимать, что передается по наследству, а что – нет. Но душа абсолютно не передается по наследству.

Было много великих каббалистов, и только у единиц из них были дети, которые могли бы и дальше продолжать хоть в какой-то мере путь родителей. Что мы знаем о детях Моше, рабби Акивы и пр.? Душа – она совершенно не зависит от того, кто были отец и мать.

Великий каббалист Гаон ми Вильно (Агра) пишет, что сочетанием между собой парцуфим мира Ацилут, Зэир Анпин и Малхут определяется, какая душа низойдет в определенное тело в нашем мире.

В книге Ари «Шаар аГильгулим» рассказывается о том, каким образом нисходят души в наш мир, в какой последовательности, какие тела принимают какие души. Из нее мы также увидим, что родители не определяют души детей.

Поэтому нельзя требовать от детей стремления к духовному – это дается Творцом и четко распределяется Им между душами по совершенно особой системе. Мы должны дать детям общее религиозное воспитание, чтобы они знали о своих истоках. Но если у них не существует тяги к чему-то большему, то тут уже ничего не поделаешь. Тяга к духовному называется «точка в сердце», зачаток, зародыш души, стремление к Творцу. Если у ребенка этого нет, он будет хорошим человеком, хорошим верующим, но ни в коем случае не каббалистом.

...Внутри нашего животного (или более мягко, белкового) тела существует желание. Это желание будем называть «животной душой». Она изначально стремится к животному: утоление плоти, питание, сон, покой. На следующем уровне своего развития это желание возрастает до желания к богатству. Далее, следующий уровень развития – стремление к почету, власти. И последний уровень развития желания человека этого мира – к знаниям.

Эти четыре уровня желаний присутствуют у каждого человека в определенном сочетании и постепенно развиваются. Человек в итоге своей духовной эволюции в рамках нашего мира проходит постепенно все эти стадии, пока не достигает самого последнего желания – к знаниям.

Это не значит, что остальные желания в нем отсутствуют, нет, они существуют, но только в меньшей пропорции. И после этого последовательного развития всех желаний у человека возникает желание (стремление) к более высокому, чем этот мир, к истинно высшему, к Творцу, к духовному.

Вот это возникновение стремления к духовному, если оно возникает у человека, – оно называется «точка в сердце». Сердцем называется общее желание человека, а вот «точка в сердце» – это зачаток души.

Наличие этого желания уже «вытаскивает» человека из интересов нашего мира и устремляет его к поиску духовного. И если такое желание возникает у человека, то он постепенно приходит к Каббале. Если же такого четкого желания к духовному в нем еще нет, то он ищет себя в иных методиках.

...И может пройти много жизней, пока его желание к духовному достигнет такого своего качественного уровня, который точно поставит человека перед необходимостью найти определенную книгу, определенную группу, определенного учителя, т.е. методику Каббалы.

Ни в коем случае нельзя уничтожать эгоизм, это просто невозможно! Мы видим это на протяжении всей истории: человечество неправильно понимает, каким образом надо работать с эгоизмом. Творец ничего не создал зря. Тем более, эгоизм – ведь это Его единственное творение! Естественно, он не создан для того, чтобы мы его уничтожали. Надо знать, как его правильно использовать.

Ни в коем случае нельзя «убегать в монастыри», надо рожать детей, надо работать, надо использовать все, что дано в этом мире, только правильно использовать. Использовать для того, чтобы духовно возвышаться. Оттого что человек убивает свою плоть, он никому не приносит никакой пользы, он отвергает то, что создал Творец именно для достижения цели жизни. Ограничения в итоге сеют разруху, ненависть, войны.

Нет в Торе такого понятия как месть. Под наказанием имеется ввиду не наказание, а исправление. Все наши заповеди, в соответствии с которыми мы должны поступать, даже законы ведения войны, поведения с военнопленными, с врагами, внутренними, внешними, – все это оговорено Торой и ничто не исходит из человеческих чувств, чувства ненависти, раздражения, гордости.

Все рассматривается только с точки зрения общего вселенского исправления, возвышения всего человечества, всей природы до уровня Творца. Только такие действия оправданы. Поэтому под такими понятиями как «месть», «наказание», «расплата» подразумевается только исправление.

После грехопадения Адама его кли – сосуд, желание – продолжало разбиваться, все более окончательно освобождаться от экрана, даже в самых второстепенных желаниях. Поэтому в Торе повествуется о прегрешении, убийстве Каином Эвэля.

Это последующее разбиение души Адама, последующее грехопадение. Ведь для того чтобы полностью исправить творение, необходимо еще ниже и ниже опускать души, вплоть до уровня нашего мира.

Вообще, говорится не о первом человеке и его детях, говорится о состоянии творения, о душе, которую единственно и создал Творец. Адам аРишон – не имеется в виду человек, как мы с вами, имеется в виду душа, творение, которое создал Творец.

Для того чтобы это творение начало добровольно, абсолютно независимо от Творца духовно возвышаться, оно должно быть полностью оторвано от Творца, не находиться под Его властью. Для того чтобы полностью оторваться от Творца, оно должно спуститься со своей высоты, называемой «Адам», до уровня, который ниже, чем Каин и Эвель, ниже, чем поколение Потопа, поколения строительства Вавилонской башни, поколения Сдома – еще ниже, до нашего уровня.

Мы находимся в самом низу. Когда душа опускается до нашего уровня, вселяется в наши тела, она находится в полном отрыве от Творца, т.е. совершенно Его не ощущает, ей кажется, что она совершенно свободна. Из такого состояния, если мы будем духовно подниматься, то действительно будем все исправлять. Поэтому-то и было необходимо разбивать и дальше души, спускать их до уровня нашего мира.

Если человек изучает систему высших миров и их законы, он изучает 613 законов мироздания. Каждый закон – это метод исправления каждого из 613 желаний души. Есть более общие законы, а есть более частные. Но все они действуют внутри души, потому что все мироздание, все, что кроме Творца, – это душа.

Если человек изучает эти законы мироздания и постепенно начинает их выполнять духовно, он при этом поднимается духовно, по мере того, как их исполняет, до уровня Творца. Т.е. от нашего, нулевого состояния до уровня Творца есть как бы такая лесенка, которая состоит из 613 ступеней. Каждая ступень – это заповедь. Взойти на ступень – означает приобрести экран и исправить еще одно желание из 613 желаний души.

Желательно представлять себе мироздание намного проще, чем не совсем сведущие преподносят нам. Все сконцентрировано в одной душе: ощущение Творца, себя, связи Творца с собой. Душа называется «творением». Только ее и создал Творец, только она и существует, кроме Творца. Душа ощущает – не вне себя, а только внутри, – что находится в ней.

Вся душа называется Адам, или Адам аРишон. Душа делится на части, называемые органами тела Адама. Поскольку душа – это желание насладиться, то ее части – это частные желания насладиться, называемые «душами». Но каждая частная душа также состоит из всех 613 желаний, из которых состоит и одна, общая душа, Адам.

613 желаний единой души разбились (разделились) на 600000 отдельных, частных душ, по 613 частей (тех же желаний) в каждой. И упали на 125 ступеней ниже своего первоначального уровня, называемого «корень души». Уровень, на который они упали, называется «этот мир» – наинизший духовный уровень души. С этого наинизшего состояния человек должен исправить душу до первоначального состояния, поднять ее на 125 ступеней, исправив свои 613 желаний.

Наш мир – это материя, желание самонасладиться ощущениями нашего мира. Состояние, в котором ни неживая, ни растительная, ни животная природа, ни даже человек не ощущают высшего – Творца. Но строение всей природы и человека в нашем мире подобно соотношению духовных сил в духовных мирах, т.е. структуре и связям желаний, частей в душе, в Адаме.

Поэтому в нашем мире есть материальное отражение духовных ступеней. Это отражение непонятно нам, потому что связи-то между мирами мы не ощущаем. Человек накладывает тфилин, покрывается талитом, выполняются еще какие-то действия, с нашей земной точки зрения совершенно неразумные, не имеющие никакого реального смысла.

Смысл выполнения этих действий в том, что это отражение в нашем материале духовных законов исправления наших же желаний, внутренних наших свойств. Человек, выполняя физически эти действия, как бы выражает этим свою готовность и внутренне, в желаниях, исправить себя, выполнять и в себе волю, указание Творца. Жаль только, что этой, второй и главной части выполнения воли Творца, человека не обучают!

Получается, что сами заповеди духовны, т.е. относятся к исправлению свойств человека, а не к объектам нашего мира. Человек, изучающий Каббалу, сознательно выполняет и физические заповеди посредством своего материального тела, выражая этим готовность во всем следовать желаниям Творца. Тем более, что еще не во всем он может уподобиться Творцу в своих желаниях и мыслях, а вот физически может уподобиться: если такая мысль сопровождает его физические действия, он уже намного выше простого человека, выполняющего ритуалы. Ведь сожалеет о своем частичном выполнении и надеется достичь выполнения внутреннего: своими желаниями, всем своим существом уподобиться Творцу.

Поэтому каббалист, который изучает духовные законы, одновременно их выполняет и механически, телесно. Но только по мере выполнения духовных правил человек, именно через выполненные, исправленные желания, входит в ощущение высшего мира, начинает жить в обоих мирах.

Тора говорит о том, какие исправления на себе должен произвести человек, чтобы духовно возвыситься. Быть верующим – означает выполнять в рамках нашего мира определенные механические действия. Что при этом делается в сердце человека, к сожалению, снаружи не видно.

Самому человеку не понять, что движет его действиями. Потому что только из сравнения себя с Творцом можно осознать себя. А внутри этого мира все пропитано желанием самонасладиться, и никто не в состоянии осознать, что все его мысли, желания, действия абсолютно эгоистичны.

Поэтому Каббала и называется тайной наукой, потому что она объясняет человеку, что же на самом деле происходит в его сердце и как он должен его исправить. В принципе, человек даже не знает, что происходит у него в сердце, он не в состоянии его правильно понимать. Каббала позволяет человеку произвести так называемое «акарат ара» – осознание зла, собственного эгоизма.

Без этой методики любой человек чувствует себя если не праведником, то, по крайней мере, «таким, как все». Когда Каббала дает человеку ощущение Творца и он начинает отождествлять и сравнивать себя с Творцом, только тогда он видит, какой он величайший эгоист, просто невыносимый для самого себя.

Вот это ощущение своего ужасного, низкого состояния относительно Творца и заставляет человека духовно возвышаться, быстро искать для себя возможности исправления. А если воспитатели отталкивают от изучения Каббалы, то, естественно, воспитанники не понимают, насколько они хуже самого минимального требования Торы. И все по причине отсутствия точки отсчета – Творца.

Ведь если брать за эталон окружающий мир, то не так уж тяжело быть, как все остальные и даже, может быть, немножко лучше. Когда же начинаешь сравнивать себя с духовными стандартами, становится страшно за свои внутренние свойства. Если человек не раскрывает для себя Творца, он найдет оправдание для любых своих поступков.

Тора говорит о том, что именно в конце дней раскроется Творец всему человечеству. Не одному народу, а всему человечеству. И тогда люди увидят свои качества, оценят их по истинной мерке – и это определит их жизнь здесь, на Земле, в каком состоянии находиться здесь и там.

И тогда они смогут правильно поступать, и бросят они все свои эгоистические заботы, и все вместе объединятся в едином стремлении быть подобными Творцу. Но это возможно только тогда, когда человек раскрывает для себя Творца.

Есть общее раскрытие Творца, которое придет в конце дней. Мы не далеки от этого события. Но есть частное раскрытие Творца – когда человек, своими усилиями в занятиях по специальной методике, Каббале, раскрывает в себе Творца, – тогда он, пока один, не со всем человечеством, духовно возвышается, и существует в таком состоянии, в котором затем все человечество будет существовать.

Но когда он поднимается до такого уровня, т.е. выходит на уровень ощущения Творца, он и остальным помогает достичь поскорей такого свойства.

И поэтому так важно нам распространение Каббалы, чтобы как можно больше людей знало об этом, занималось, раскрывало для себя Творца, живя одновременно в двух мирах, вышло на уровень совершенства, вневременности, полного наслаждения.

Поэтому не надо нам ждать конца дней. Конца дней – в хорошем смысле слова, говорится в Каббале, а не в плохом. Ведь хуже нашего состояния нет ничего, нет хуже нашего мира. Но мы можем хорошее время приблизить к себе.

И не методом ужасных ошибок и постоянных страданий, а с помощью Каббалы раскрыть Творца для себя, получить сверху высшую энергию и силу, сделать так, чтобы человечество поскорее опомнилось и поняло, каким образом действительно можно хорошо жить.

Ведь ни один из нас не может обуздать свой эгоизм, если ему не раскроется Творец, если он не увидит, что такое духовный мир. Только раскрытие Творца является той силой, которая в состоянии исправить мир. Поэтому мы так упорно работаем по распространению Каббалы для всех.

Каббала находится вне религии, выше религии, она создана для всего человечества, а Творец для всех един. Все в конечном итоге, от мала до велика, познают Творца, как сказано в Торе. А это возможно только с помощью Каббалы.

Почему иные религии против Каббалы? Я не занимаюсь сравнительной теологией. Каббала занимается исследованием духовного мира и путей достижения его каждым человеком. Желающий достичь Творца (своими свойствами), соединиться с Ним, называется «йехуди» от слова «ихуд» –

единение. Все зависит только от желания человека, а его дает свыше Творец.

Поэтому если это желание есть, то Каббала занимается его реализацией. Но если его в человеке нет, никогда он не найдет себя в Каббале. Поэтому никто не заставляет заниматься Каббалой, но если у кого-то есть желание, это говорит, что подошло их время сближаться с Творцом, и этому-то совершенно нельзя мешать. Вот только в этом есть претензии каббалистов к тем, кто запрещает всем заниматься Каббалой.

Поэтому Бааль Шем Тов и организовал хасидут, чтобы просеивать всех и находить единиц, желающих, годных к духовному возвышению. Поэтому сказано, что тысячи входят заниматься, но один выходит к свету.

Что такое грех? Это понятие неправильно трактуется. Как и все остальные понятия, оно трактуется в нашем земном понимании, в нашем мире. Как сказано в Торе: «Тора говорит языком людей» (дибра Тора бэ лашон бней адам). Но только говорит, а повествует-то именно об ином, не о том, что есть среди людей. Поэтому-то и ударение на то, что только языком нашим говорится.

Грех, грехопадение — у нас существуют об этом совершенно неверные представления. Грех Адама — это падение с духовной высоты для того, чтобы с наинизшей точки начать подниматься к Творцу, сознательно, самостоятельно, самому избирая путь духовного возвышения, подниматься к Творцу.

Дело в том, что если бы человек находился в том состоянии, в котором существует ощущение Творца, т.е. в высшем мире, каким и был создан Адам, то у него бы не существовало возможности самостоятельно действовать. Он бы находился полностью под властью света, как робот Творца. Как у маленького человека в тени большого нет свободы воли, он весь подавлен влиянием большого.

Когда же Творец полностью отстраняется от человека, полностью исчезает за последним экраном, за последней завесой, отделяющей наш мир от духовного мира, у человека появляется свобода воли. Это падение из духовного мира в наш мир условно называется «грехом». Но из вышесказанного видно, насколько грехопадение необходимо и совершается свыше.

Все наши болезни, все наши страдания оттого, что человек в нашем мире неправильно использует свои эгоистические желания. Человеку не нужно ничего, кроме знания, как правильно использовать себя самого, свои желания, свои духовные, животные стремления, порывы, страсти. Каббала и объясняет человеку, как наиболее оптимально, чтобы было хорошо и ему, и его детям, и всем остальным, и сегодня, и в вечности, и в последующих его круговоротах, использовать свои свойства.

Что же касается изучения Каббалы живущими в США – на нашем сайте в Интернете существуют уроки на русском языке в записи, видео, в цвете, в движении, выставлены для свободного пользования все мои книги. Вы можете нажать на кнопку – и вам будет прочитана лекция на русском языке, вы можете слушать каббалистическую музыку.

Если в это время идет урок в нашем Центре, вы можете через Интернет присутствовать на нашем уроке, слышать нас в реальном времени. Можно связаться с нами по телефону, послать нам письмо, и мы вышлем любую литературу, книги, видеоленты, аудиокассеты. Мы готовы любыми путями помочь вам.

ПЕСАХ – КАББАЛИСТИЧЕСКАЯ ВЕРСИЯ
Газеты «Время»

«Песнь ступеней. Когда возвратит Творец из плена детей Сиона, мы поймем, что были как во сне. Тогда возрадуемся в полный голос мы, и песни изольются из наших уст. Скажут народы: «Великие чудеса совершил для них Создатель!» И мы скажем: «Великие чудеса совершил для нас Творец, ликуем мы». Псалом 126.

И действительно, наше сегодняшнее состояние похоже на сон. На нас все время невесть откуда сваливаются болезни, неприятные неожиданности, несчастья. Мы пытаемся как-то на них отреагировать, но не знаем как, потому что не понимаем их причин.

Мы находимся как бы в середине цепочки, не зная, где ее начало и где конец. Поэтому не можем учиться на собственных поступках, не видя результата их действий. И, как правило, поступаем совершенно бессмысленно с точки зрения оптимальности вечной жизни...

Чтобы вывести человека из этого состояния, есть очень четкая научная методика, с большим математическим логическим аппаратом, которая называется Каббалой. С помощью этой методики человек может начать ощущать высший, духовный мир, в котором зарождаются все действия, нисходящие затем к нам, и туда же уходят все результаты наших поступков, которые, в свою очередь, определяют то, что низойдет на нас в будущем.

Как сказал рав А.Кук («Игрот», 1, 92): «Приближается время освобождения мира, зависящее только от высшего света, от раскрытия тайн Торы ясным языком, таким, чтобы проявилась вся скрытая мудрость».

Сегодня мы попробуем по-новому понять смысл праздника Песах, взглянуть на него с точки зрения Каббалы, науки, открывающей нам тайны строения нашей души и путь достижения Цели Творения.

В ряду всех еврейских праздников Песах занимает особое место. Каббалисты придают ему очень большое значение. Это видно из того, как во всех благословениях, которые говорятся в течение всего года, мы произносим благодарственные молитвы в память о нашем выходе из Египта.

В пасхальной Агаде сказано, что наши отцы из-за голода спустились в Египет. Сначала им в Египте было хорошо, пока не появился новый египетский фараон, который начал их угнетать и превратил в рабов. Евреи сплотились, как обычно бывает в тяжелые моменты – именно давление рабства собрало их в один народ. Затем появляется Моше, который и выводит их из Египта.

А вот как выглядит этот рассказ с точки зрения Каббалы: «Сначала наши праотцы были идолопоклонниками...» Так начинается Агада. Если человек полностью следует за своими природными желаниями, заложенными в нем, действует согласно природе, то это и называется в Каббале «идолопоклонством».

Вначале человек является идолопоклонником, т.е. слепо выполняет желания своего эгоистического тела, ощущает наш мир и действует только в рамках нашей природы. Затем он начинает постепенно понимать, что эгоизм мешает ему, служит причиной всех его страданий – этот этап называется «нисхождением в Египет». «Египетским изгнанием» называется такое состояние человека, когда он ощущает слабое свечение высшего мира, а потому понимает, что истинная действительность от него скрыта.

Положение становится невыносимым, и тогда человек поневоле следует за особой высшей силой, которая называется Моше (от слова «лимшох» – вытаскивать). Она-то и выводит человека из Египта – рабства личного эгоизма человека, который и является единственной помехой и преградой на пути к ощущению совершенства и вечности. Только наше тело отделяет нас от прекрасного духовного мира.

Но для того чтобы ощутить высший мир здесь и сейчас, вовсе нет необходимости умирать – достаточно просто нейтрализовать животный эгоизм нашего тела – и вот оно будто и не существует, а поэтому и не мешает ощущать самые высшие миры.

Десять казней – это последние осознания ничтожности и ограниченности наших земных возможностей познать и насладиться.

Все происходящее в нашем мире нисходит из духовного в наш мир. Тора повествует о происходящем «там», в высшем мире.

Описываемое в Торе происходит с каждой душой. Поэтому получается, что Тора говорит о каждом индивидуально, будто только он один существует в мироздании, будто только его создал Творец.

Получается, что все, что описывается в Торе, есть в душе каждого из нас. Так ощущает каждый входящий в высший мир. Т.е. Тора говорит о духовном пути каждого. Каждая душа обязана пройти все ступени развития, о которых говорит Тора.

Отсюда понятно, что Фараон сидит в каждом из нас, и мы на себе проходим все десять казней, прежде чем преодолеваем нашу эгоистическую природу и начинаем ощущать высший мир. Сначала мы должны прочувствовать, насколько этот мир, т.е. наше временное существование в нем, ограничен, безысходен, никчемен.

А это можно понять, только если хоть одним глазом подсмотреть, что мы теряем, не ощущая духовный мир, – такая возможность появляется у человека только при изучении Каббалы.

Пройдя все эти ощущения, человек получает свыше помощь и неожиданно для самого себя выходит из Египта, из ощущения только нашего мирка. Это всегда происходит неожиданно.

Выходом из египетского рабства называется начало ощущения человеком духовных миров. Далее путь человека – это путь освоения высшего мира. Ощущается высший мир не в наших пяти органах чувств, а в особом, возникающем при выходе из Египта новом органе ощущения – душе. До этого в Каббале считается, что у человека нет души.

Сами желания не меняются, а меняется намерение их использовать: было намерение использовать каждое желание для самонаслаждения, а стало намерение использовать весь свой потенциал желаний только ради Творца – и тогда в этих желаниях ощущается высший мир и Сам Творец.

Постепенное исправление эгоистических желаний возможно только после выхода человека из эгоизма, перехода в высший мир. Выход из Египта называется Песах – от слова «пасах» (переход).

Потом идет переход по морю, т.е. полное отделение от животной, эгоистической природы. А затем вход в духовную пустыню, где человек еще не получает духовного, потому что еще не понимает, как его можно ощутить, но переходом от Красного моря к горе Синай он постепенно создает в себе желание получить высший свет.

Это и есть ощущение пустыни, отсутствия духовного. А как только желание к высшему сформировалось, человек достигает ступени, называемой «Гора Синай», и получает новое раскрытие, ощущение, называемое «вручение Торы», от слова «ор» – свет.

Войти в духовный мир можно быстро и безболезненно так называемым путем Торы. Но, к сожалению, весь мир идет не по этому пути, а по иному, называемому путем страданий: путем постепенного осознания, что прогресс может быть только духовным, а материальный несет в себе зло и существует только для того, чтобы мы в конце поколений убедились, что от него нам один вред.

Всегда на Песах ставится бокал с вином, предназначенный для пророка Элияу, который якобы посещает нас в этот вечер. Пророк Элияу олицетворяет высшую духовную силу, которая охраняет и спасает нас от наших вредных свойств, из-за которых мы так страдаем.

У человека, подошедшего уже к ступени перехода в духовный мир, к его ощущению, наступает миг, когда приходит высшая сила, называемая Машиах, и помогает ему духовно родиться, выйти из «Мицраима» – нашего мира.

Тогда он начинает ощущать все мироздание, видит все действия от начала и до конца, понимает все происходящее, причины и следствия того, что происходит, управляет им, соединяет все свои состояния до рождения в этом мире со всей жизнью в этом мире, жизнью после смерти.

Каббала раскрывает человеку глаза, он начинает видеть высший мир, она учит тому, как замкнуть весь цикл бесконечного существования человека, его «Я».

Рассмотрим строение нашей души: всего в душе есть семь основных свойств, желаний, каждое из которых включает в себя все остальные, а потому всего 49 свойств. Эти свойства называются «сфирот».

Человек при духовном рождении получает все эти 49 свойств неисправленными. Он должен их постепенно в себе исправить. По мере их исправления человек начинает ощущать в них высший, духовный мир, начинает все больше и больше его ощущать.

Исправление 49 эгоистических свойств называется «Сфират аОмер». Если вы откроете молитвенник, вы увидите в тексте молитвы на Сфират аОмер: «Сегодня я исправляю сфиру хэсэд». Конечно, произносящий не понимает, что это и для чего написано, но каббалист производит своим намерением именно это действие и потому активно и явно продвигается к получению Торы в праздник Шавуот, когда исправит все свои 49 свойств.

С первой ночи выхода из Египта мы начинаем отсчитывать 49 дней – Сфират аОмер. Ощущение эгоистических свойств на языке Каббалы называется «ночью». Поэтому сфират аОмер происходит в вечерней молитве.

А их исправление и получение высшего света называется «днем». Когда человек полностью исправляет все свои 49 свойств, это означает, что он принимает в себя весь духовный свет. Творец облачается в него, человек полностью сливается со всем мирозданием вне времени, вне пространства, в вечности. На 50-й день после Песаха мы празднуем праздник Шавуот, праздник получения Торы.

В пасхальной Агаде есть много динамики, народ постоянно перемещается из одной страны в другую или странствует по пустыне.

Человек состоит из тела и души. В соответствии с процессами, протекающими в его душе, он перемещается с места на место, причем, если я передвигаюсь на метр вправо или влево, это происходит потому, что мой духовный корень сдвинулся «вправо» или «влево», как сказано: «Нет никакого движения внизу, если нет на это причины свыше».

Все наши перемещения внизу, в нашем мире, соответствуют духовным изменениям в нашей душе. Все движения в мире, от происходящих на уровне атома и до глобальных, зависят от высших изменений.

Поэтому, как только изменилось внутреннее состояние Авраама, и он из идолопоклонника превратился в человека, постигшего Единого Б-га, ему было велено идти в другую землю – Землю Израиля («Эрэц Исраэль» – происходит от слов «рацон – яшар – эль» – «желание прямо к Творцу»).

Затем был спуск в Египет ради приобретения дополнительных желаний. Далее пришло время строить Храм – выходи из Египта, иди в Землю Израиля. Разрушился Храм – нет тебе места в Земле Израиля – уходи в изгнание, как физически, так и духовно.

Рабби Й.Ашлаг – (Бааль Сулам) – написавший комментарии к книге «Зоар», ко всем сочинениям Ари, пишет, что сегодня мы физически вышли из изгнания, физически вернулись в Землю Израиля, а потому должны выйти из духовного изгнания, духовно вернуться в Землю Израиля, достичь уровня Храма, прихода Машиаха.

В соответствии со сказанным, мы должны понять, что если желаем изменить наше физическое состояние к лучшему, то должны делать соответствующие изменения в духовном. А затем из высшего мира низойдут эти изменения в наш мир. Прямо воздействовать на высший мир мы не в состоянии.

Сказано, что когда народ Израиля пришел на свою Землю, на ней проживало семь народов. Почему Земля Израиля не ждала свой народ? Потому что в народе Израиля находились эти «семь народов», т.е. посторонние, не духовные желания, поэтому и в нашем мире, физически, здесь находились семь народов.

Если ты изгонишь из себя семь этих народов – семь видов посторонних эгоистических желаний, они так же исчезнут физически с Земли Израиля. Только так можно овладеть Землей Израиля, а не бездуховными войнами. Они не принесут нам истинных плодов. И мы будем вынуждены воевать до осознания, что победу необходимо одержать в своих желаниях – чтобы желание к Творцу, к высшему победило все остальные. Тогда мы окончательно победим.

То же происходит и сегодня: мы пришли в Землю Израиля, но она находится в руках арабов. Так устроено Творцом свыше, потому что мы здесь, внизу, в этом мире и внутри себя, пока еще не «йехуди» от слова «ихуд» – единение с Творцом. Внутри нас полно разных эгоистических желаний, называемых в Каббале «народ» – «гой». Изгони из себя внутренних гоев, тогда ты сможешь освободиться от гоев внешних.

Ничто другое тебе не поможет. Пока человек не очистится внутренне, не будет никаких внешних изменений. И наоборот, ты увидишь, что как только ты изменишь свое отношение к Творцу, вдруг у твоих внешних врагов-арабов найдутся причины переселиться подальше от тебя, например, к своим родственникам в Европе, благо их там уже миллионы.

Исход из Египта произошел не благодаря Моше и Аарону, а благодаря всему народу. Весь народ устремился за ними. И в каждом человеке все его желания должны подчиняться свойству «Моше» в нем, т.е. все желания и усилия должны быть ради духовного возвышения.

И так во всем народе: нельзя, чтобы только Моше и Аарон со своими семьями вышли из Египта. «А кто из евреев не желает выходить, тот может остаться?» – Моше жалуется Творцу на этот упрямый народ, но Создатель велит ему выполнять свою миссию до конца – пока весь народ не убедится в необходимости исхода. Следовательно, из Египта можно выйти только всем вместе.

Поэтому работа нашей каббалистической группы «Бней Барух» заключается в том, чтобы каждый из народа ощутил сегодня, что он должен выйти из духовного Египта и прийти в духовный Израиль. Наша работа по распространению Каббалы именно на это и направлена.

Массы народа должны узнать о своем духовном падении, о том, что именно оно вызывает в нашем мире войны, несчастья, страдания. Мы должны довести народ до состояния: «И возопили сыны Израиля из своего рабства к Творцу». Для такого крика необходимо, чтобы большинство захотело изменить свое внутреннее состояние на более возвышенное, духовное. При условии, что это будет именно в массах, придет Машиах.

Поэтому наша основная работа – это работа Моше и Аарона. Ведь и они могут выйти из Египта в Землю Израиля только вместе со всем народом. Это признак нашего времени: ранее единицы могли выйти в духовный мир, но это время закончилось, сейчас возможен только массовый выход из нашего мира в высший мир. Значит, мы должны способствовать тому, чтобы весь народ пошел по этому пути.

ПОИСКИ СМЫСЛОВ
Газета «Новости недели»

От Метулы до Эйлата – таков географический разброс читателей, которые обращаются с вопросами к раву Лайтману. В последнее время по понятным причинам особенно много вопросов, связанных с обострением ситуации в стране. Мы выбрали из них такие, которые повторяются особенно часто. Если кому-то эти ответы покажутся не достаточно конкретными, то мы лишь напоминаем, что вы задаете вопросы не политику, а каббалисту.

– Израиль пережил столько войн и террора. И, наконец, наметился какой-то просвет, надежда на мир. Неужели нам снова придется воевать за эту землю?

А что мы, по-вашему, сейчас делаем? И кто нам давал основания для надежды на мир с нашими соседями? Мы воюем за эту землю, только пока очень плохо воюем. Потому что получаем мало поддержки свыше. Пока мы не поймем, насколько связаны эти две вещи – борьба за землю Израиля и изучение ее духовных корней, связей с высшими мирами, пока мы не откроем книгу «Зоар», которая содержит эту информацию и которая предназначена именно нынешним поколениям (в прошлом она была открыта лишь избранным единицам) – мы будем вынуждены воевать. Чем дольше мы не осознаем это, тем в более жестких условиях окажемся, тем больше оружия, тем больше активных боевых действий нам придется предпринять, тем больше жертв потребуется, чтобы выжить на этой земле.

– За многие века человечество прошло через такие испытания и страдания, что с трудом верится, что цель Творца, как пишется во всех религиозных книгах, заключается в том, чтобы дать наслаждение творению, то есть

нам. *Почему же Творец так медлит с реализацией этой цели? Нельзя ли ускорить процесс, и можем ли мы этому способствовать. Посмотрите, ведь еще наши дедушки-бабушки почти поголовно верили в Творца и в то, что Он создал нас для добра. И что они получили за свою веру? А сегодняшнее поколение вообще раздроблено. Плохо при этом всем, человечество не слишком-то счастливо. Можно ли изменить это положение, особенно в Израиле?*

Разумеется, можно. И именно на евреях лежит эта задача. Не выполняя ее, мы тормозим все человечество на пути к достижению совершенного состояния и реализации цели творения, а себе мы роем глубокую яму.

Посмотрите, как ненадолго хватило евреям обычного «земного» патриотизма. На полвека не хватило. И это после двухтысячелетнего изгнания и Катастрофы! Мы выдохлись, мы пустые. И это не случайно. Еврейскому народу уже недостаточно слепой веры. Ему нужно знание и понимание всех процессов, всего строения мироздания, ему нужна и конкретная информация о том, что такое эта земля, какие духовные силы, какие информационные параметры ее характеризуют.

Без этого знания, которое сегодня открыто для всех, у нас не будет духовных сил за нее воевать. А знание это действительно открыто, причем на многих языках, в Интернете эта информация совершенно бесплатно существует на 22 языках, так что никакого оправдания типа «не знали – не ведали» у нас не будет. Именно мы должны ускорить все процессы, ускорить продвижение творения к Цели.

– *«Третий Храм» – это категория духовная или без постройки здания Третьего Храма на Храмовой горе в Иерусалиме невозможно достичь духовного совершенства человека и общества?*

Теоретически духовного совершенства можно достичь и без постройки Храма, без архитекторов и строителей. Но поскольку человек в процессе изучения высших миров меняет себя, исправляет свои свойства и начинает влиять тем самым на духовные корни мироздания, то, исправив себя до уровня «Храм», он вызывает соответствующее воздействие оттуда, откуда нисходит духовное управление на все ветви в нашем мире.

И это воздействие будет таковым, что всем, кто может иметь отношение к постройке Храма на Храмовой горе в Иерусалиме, снизойдет указание – и как строить, и из чего строить и когда приступить к постройке. Наш мир, маленький и конечный, – самая последняя, низшая точка творения. Все, что в нем происходит, – происходит исключительно под воздействием свыше.

Все, что делает сейчас каждый из нас – как он работает, создает или разрушает, о чем думает, чего желает, все перемещения каждого объекта в нашем мире – это следствия нисходящих свыше сил. Мы сами ничего не определяем. Кроме одного – мы внутренними исправлениями можем влиять на то, какое воздействие на нас будет оказано свыше. Подъем снизу вверх возможен – подъем наших намерений, наших мыслей, наших стремлений.

Мы можем полностью управлять всем миром. Причем не на бессознательном уровне, как в случае с киббуцниками Негева, которые одним своим страстным желанием, требованием (им самим неведомо, куда и кому направленным) вызвали дожди в пустыне, а понимая – что, от Кого и как мы хотим получить.

Мы будем услышаны, как только узнаем – не из сказок и легенд – а воочию, к Кому мы обращаемся. Храм – свидетельство того, что мир находится в уравновешенном состоянии. И это состояние достижимо, но лишь одним путем – исследованием, изучением устройства всего мироздания и замысла Творца.

Это неправда, что «пути Господни неисповедимы». Они были неисповедимы, покуда не пришло время их постичь. И первыми это должны сделать мы – евреи, живущие на этой земле. Я надеюсь присутствовать при постройке Третьего Храма.

– *Как вы объясняете, что такие люди, как Мадонна, Розанн, Мик Джагер, занимаются Каббалой? Что общего между ними и этой наукой?*

Я не знаком лично с этими людьми, а потому никак не могу объяснить вам их личных мотивов. Великий АР"И писал, что в период последних поколений, перед раскрытием Каббалы, до того как массы встанут на путь постижения высших миров и Творца, будет всплеск увлечений всевозможными мистическими учениями, магией, гаданиями, гороскопами. Так оно и происходит. И это лишь свидетельствует о том, что людям стало тесно в рамках нашего маленького материального мира, и они, не зная еще истинной дороги, выхода в духовные миры, ищут всякие лазейки.

Я полагаю, что к истинной Каббале то, чем занималась Мадонна, отношения не имеет. Но людям такого типа, достигшим всего в этом мире, видимо, и этого «всего» мало. Однако же вовсе необязательно стать поп-певицей, чтобы почувствовать несовершенство и ограниченность нашего узкого маленького мира, чтобы понять, что за его пределами существуют и другие миры, доступные нам на определенном этапе развития души. А в наше время уже многие души достигают этого этапа.

Потому и открыта Каббала – не для фокусов и развлечений, а для того, чтобы раскрылись эти миры, для того, чтобы человек стал полноценным партнером Творца. Процесс продвижения к этому столь увлекателен, что интуитивно это чувствуют многие, в том числе и перечисленные вами «звезды», и делают попытки хоть в какой-то форме прикоснуться к тайному еврейскому учению.

ЛЮБОВЬ И ГОЛОД МИРОМ ПРАВЯТ
Газета «Время»

В этой статье я поставил перед собой сложную, если вообще выполнимую задачу: выяснить причины существования страданий с точки зрения науки Каббала. И даже если есть им объяснение, то какие доводы могут помочь человеку в тот момент, когда он ощущает боль, страх, тревогу или утрату? Но возможно, есть шанс предотвратить следующую волну горя и крови, регулярно обрушивающихся на нашу землю, или по крайней мере, сократить их до минимума, если использовать знания, которые дает Каббала? С этими вопросами я и обратился к раву Михаэлю Лайтману.

— В чем же смысл страданий? Можете ли Вы ответить на этот вопрос, и может ли наука Каббала помочь нам их избежать?

Я могу ответить на этот вопрос, и я начну со слов моего великого учителя, рабби Ашлага в предисловии к его 6-томнику «Талмуд Десяти Сфирот», где он объясняет, для чего написал эту книгу: «...зададим себе вопрос, который постоянно возникает у нас, но, несмотря на это, поражает нас и всегда застает врасплох, застает неподготовленными к нему. Вопрос, который рассеивает, как дым, абсолютно все возражения против изучения науки Каббала, вопрос, встающий перед каждым, посетившим сей мир: «Для чего я живу? Что дают мне эти, так тяжело проходящие годы моего существования, за которые так дорого мне приходится платить, в течение которых множество страданий никак не перекрываются немногими радостями, пока не заканчивает человек в полном изнеможении свое существование?!

Над этим вопросом задумывается каждый, посещающий этот мир. И, конечно же, великие умы в течение всех поколений, поневоле и искренне задумывались над ним, страстно желая найти ответ. Но, так или иначе, этот вопрос, как и прежде, встает перед каждым во всей своей горечи, зачастую застигает нас врасплох, унижая человека отсутствием ответа на него, пока не удается нам найти всем известное «решение» – закрыть на него глаза, забыться, продолжать влачить свое существование, как вчера».

Читая газеты, слушая радио, мы постоянно ощущаем волны ненависти и вражды почти всех народов по отношению к нам. Трудно согласиться с тем, что это делается Творцом специально ради нашего блага. И, тем не менее, это так: именно, для того, чтобы заставить нас измениться, начать думать о первопричине страданий, искать правильный дальнейший путь, необходимы эти проявления враждебного мира.

Если мы попытаемся всерьез задуматься не о самих воздействиях на нас, а об их причине, то станем «человеком», а не «животным» (я беру в кавычки эти слова, потому что говорю о названиях уровней развития творения, которые изучает Каббала) – «животным», которое в состоянии реагировать лишь на болезненные и приятные ощущение, не проявляя ни малейшего интереса к их причинам и целям. Если мы поймем причину страданий, то сможем осознать события и изменить их, а не убегать, как животное, от ударов.

Итак, смысл всех страданий в том, чтобы вызвать в нас вопрос об их причине и цели. Причина и цель страданий могут объясняться каждым из нас произвольно, в соответствии с его склонностями и воспитанием, но каждый должен пытаться найти эти объяснения.

Распространение Каббалы, ее изучение, дает такую возможность – не в нескольких фразах, как я это вынужден делать в газетном интервью, а глубоко и подробно – изучить, понять, осознать причины и цели нисходящих на нас страданий и невзгод. Понять, что они имеют совершенно определенные корни, что их источник – Творец, Который тысячелетиями посылает страдания всем и каждому с определенной целью, окружая нас ими, не оставляя надежды избежать их.

Работа Творца над нами преследует конкретную цель – последовательными отрицательными воздействиями развить в нас зрелое отношение к страданиям. Не избегая их, а осознав их причину, мы должны использовать их как напоминание о необходимости сближения с Ним. Если мы приподнимемся с ощущения страданий до их причины, мы вместо страданий ощутим Дающего, – и сразу же страдания обратятся покоем и наслаждением.

— *И тогда эти страдания прекратятся?*

Конечно! Творец ведет нас, как животных и маленьких детей, привлекая покоем и наслаждением, т.е. используя специально для этого созданный в нас эгоизм. Но постепенно, подъемами (хорошими ощущениями) и падениями (плохими ощущениями), Творец приводит нас к желанию постоянной связи с Собой, к тому, в чем именно мы и нуждаемся, а если еще не чувствуем этого, то почувствуем именно с помощью отрицательных воздействий на нас.

В слиянии с Творцом человек должен искать обретение всего лучшего, вечного, совершенного. Почему именно в Творце? Потому что душа человека оттуда, из Творца, и поэтому, только будучи там, она наполняется совершенным и вечным. В каждый момент необходимо восстанавливать истинную картину: во всем происходящем есть только Он и я, а все «случаи», «ситуации» между нами Он создает с целью приблизить меня к Себе.

И после того, как человек, вынужденно убегая от страданий в своем стремлении выжить, сближается с Творцом, он входит в совершенно новые ощущения: он начинает ощущать, что связь с Творцом, сама по себе, – вознаграждение, что она – благо, независимо от животного страха, который ранее обязывал его к связи с Творцом.

Человек ощущает, как постепенно «животное» уходит из него, спадает, как падает с плеч длинная рубашка, сходит с него, как шкура со змеи. Возникает иная необходимость – необходимость внутреннего постоянного контакта с Творцом, вне зависимости от животного тела, вне зависимости от того, что оно ощущает. На этом этапе самое главное – укрепиться в этом ощущении настолько, чтобы никакие помехи на животном уровне не отрывали человека от Творца, никакие животные страхи и наслаждения не прерывали внутреннюю связь, а наоборот, используя животные страхи и наслаждения, человек, несмотря на них, укреплял бы связь с Творцом.

Но если мы вспомним костры инквизиции, погромы, фашизм... Сколько страха и отвращения они внушали. Пытки, варварские казни... как можно разглядеть за всем этим адом и страхом точку соприкосновения с Творцом — то, что этим Он притягивает нас к Себе, хочет, чтобы мы поднялись до уровня ощущения Его? Только подъем на уровень Творца, на уровень общения с Ним, раскрывает перед человеком всю картину происходящего на протяжении столетий: разрушений, гонений, инквизиции, катастрофы, сегодняшней угрозы нашего уничтожения...

— *Чем сегодняшнее наше положение отличается от прошлого?*

Сегодня, как и во все века, нас окружают враги. Народы мира — американцы, русские, англичане, французы, немцы — влияют на арабов и на нас, держат нас в окружении, в постоянном страхе перед угрозой уничтожения. И единственное отличие в том, что, несмотря на такое же, как и в прошлом, их отношение к нам, нам дается большая сила, потому что нам дана большая, чем в прошлом, свобода воли — как внутренняя, так и внешняя, как физическая, так и духовная.

Но это пока еще кажущаяся свобода воли, не более чем иллюзия. Чтобы мы осознали на еще более высоком уровне, еще более явно, что нам все равно ничто не поможет и даже если у нас будет все, что есть у других народов, мы все равно зависим только от Творца и не можем быть, как другие народы, потому что Творец не позволит нам этого.

Вот и сегодня: нам некуда деться, ни одна страна в мире не желает существования Израиля. Мы опять наблюдаем проявление «синдрома Массады». В первый раз нас в Массаде окружили римляне, в другой раз это была инквизиция, и во всех странах — беснующаяся чернь, погромы, антисемитизм, изгнание, изгнание, изгнание. И это ощущение не оставит нас до тех пор, пока мы не обнаружим, что это никто иной, как Творец — Он сам окружает нас!

И сегодня, хотя мы физически вышли из последнего изгнания, но из «духовной Массады» мы не вышли, хотя нам дана свыше земля, государственность, признание народами...

Мы обязаны осознать причину «синдрома Массады». Все предыдущие века происходило накопление страданий до меры, необходимой для возвращения к Творцу. Это накопление было обязательным, неосознанным, неуправляемым нами. Но сегодня, после предоставления нам физической независимости, после раскрытия нам причины страданий, цели творения, Каббалы и метода ее постижения, мы должны осознать, что будущее зависит от нас.

Мы вышли из последнего изгнания, накопив всю необходимую меру страданий, необходимую для анализа причин изгнания. Причина – в осознании оторванности от Творца, в осознании, что изгнание наше было не из земной, а из духовной родины – из духовных миров, из контакта с Творцом. И пока мы не вернемся из этого изгнания, не будет мира и спокойствия на этой земле и во всем мире.

Великий каббалист последнего поколения рабби Йегуда Ашлаг пишет, что все изгнания были необходимы для осознания их причин. Именно сегодня мы в состоянии понять ее, потому что мы вышли из последнего изгнания и удостоились раскрытия книги «Зоар».

Пройдя в течение сотен лет изгнания через животное ощущение опасности, осознав, что оно дается неспроста, ощутив сквозь него связь с Творцом, хочется рассказать об этом остальным – для того, чтобы сократить людям период развития, осознания того, как избежать страданий, опасности, ведь попытки удрать каждый раз кончаются очередной неудачей. И так продолжается много-много лет, и будет продолжаться до тех пор, пока мы не поймем, отчего это с нами происходит.

Каббалисты сокращают людям страдания тем, что помогают определить, что причина страданий в удалении от Творца, и объясняют, как достичь связи с Творцом, не дожидаясь еще больших страданий. Каждый человек в отдельности и все человечество должны будут прийти к Цели творения.

Сближение с Творцом происходит подъемом человека по духовной лестнице, изменением ощущения мира постепенно, по мере подъема из нашего мира по пяти ступеням миров Асия, Ецира, Брия, Ацилут, Адам Кадмон в Мир Бесконечности, где человек становится вечным и совершенным, как Творец.

– Если Творец, как Вы писали, создал нас ради того, чтобы дать возможность наслаждения Божественным

светом, то почему же средством к этому Он выбрал страдания?

Мы состоим из единственного, созданного Творцом, материала – «желания насладиться». Поэтому мы реагируем только на страдания, т.е. только на отсутствие наслаждения. Причем, если мы получаем наслаждение, мы считаем, что так нам и положено, потому что состоим только из одного желания наслаждаться. А как только получаем ощущение, обратное наслаждению, т.е. его отсутствие, это воспринимается нами как страдание – и тут мы немедленно спрашиваем себя: «За что мне это?»

Поэтому Творец создал только желание насладиться. И этого Ему достаточно, чтобы уже далее сотворить из него «Себе подобное». Как? Тем, что Он дает этому сотворенному Им желанию насладится всевозможные ощущения Своего отсутствия, вызывая тем самым страдание, а страдания толкают к движению, к усилиям от этих страданий избавиться, т.е. наполниться наслаждением – т.е. Творцом.

Зачем же через страдания? А чтобы мы сами захотели наполниться Творцом, осознав, что без Него мы страдаем. В этом и заключается роль эгоизма (Фараона, Злого Начала) в нашем развитии: он создает в нас страдания от удаления от Творца, вызывает в нас просьбу к Творцу избавить нас от страданий, и Творец вызволяет нас. Таким образом, эгоизм выполняет свою роль. Так выполняют роль все нечистые силы.

– Хорошо, я осознал целенаправленность страданий, но что же дальше?

У Творца существует только одно Желание – желание дать наслаждение творению. Существует одна Цель – привести создания к получению этого наслаждения. Существует только одна сила – Сила, приводящая все творение к состоянию, в котором возможно получить наслаждение. Все в мире – это одна Его мысль, и только об одном, и только к этому.

Всем в мире управляет один закон – закон возвращения творения к наслаждению (к Творцу, к свету). Мы просим наслаждений, но проблема в том, что они могут прийти только посредством исправления. Мы просим от Него благ, а мы должны просить исправления, через которое придет наслаждение.

Тот, кто понимает, что получает удары для того, чтобы исправиться, тот начинает исправляться. Постепенно приходит мудрость, и тогда мы изменяем себя. Т.е. выполняем то, чего желает Посылающий удары. И тогда я уже не обращаю внимания на удары, а я смотрю на Посылающего их. Страдания я воспринимаю лишь как средство духовного возвышения. Ведь иначе я не отреагирую, иначе я не обращусь к Нему! Необходимо приподняться над своим плохим ощущением и начать работать разумом. Почему мне плохо? Наверное, существует Некто, кто посылает мне эти удары? С какой целью? Почему Он бьет меня?

Возмутитесь: «И это называется желанием насладить творения? Нет ничего хуже того, что Он дает нам!» Когда вы начинаете спрашивать, это означает, что у вас уже есть разум разглядеть, что в этих ударах, в страданиях существует некая целенаправленность, причина.

И это то, что объясняет Каббала, и это то, что мы и стремимся объяснить всем людям. Люди, здесь есть Цель! Смысл! Не виноваты арабы или гои, а виноваты мы сами! Мы получаем удары свыше, потому что мы не исправлены. Давайте улучшим себя – все удары исчезнут! Необходимо осознание, находящееся выше приятных и неприятных ощущений. Необходимо включить разум, чтобы отнестись к плохому и хорошему критически.

Но сколько мы должны страдать, чтобы понять этот принцип, что страдания приходят только ради того, чтобы разбудить в нас нечто, находящееся выше ощущения страданий?

Чем мы пока что занимаемся? Мы принимаем «успокаивающие таблетки»: убили вчера еще одного солдата – не страшно, каждый день убивают, это уже нормально. Я не вижу, чтобы народ проснулся из-за этого. Отговорка: «Это плата за наше существование, ничего не поделаешь. Ведь гибнут на дорогах – также гибнут и солдаты». Мы видим постоянные попытки ухода от осознания причины страданий.

Вместо того, чтобы начать задаваться вопросом: «Почему так происходит? Возможно, все-таки есть в этом какая-то цель?» – вместо этого мы успокаиваем себя. И получая больше ударов, мы пытаемся себе доказать, будто их стало меньше. И если будут убивать по десять человек в день, мы будем это ощущать, как будто убивают одного в месяц. Это то, что происходит сегодня в обществе.

Своим «геройством» в игнорировании страданий мы вызываем еще большие удары, которые все-таки доведут нашу реакцию и боль до такой степени, чтобы мы встряхнулись и сказали: «Хватит, есть причина, давайте найдем ее, она в нас!» Такое «геройство» я бы назвал «глупым эгоизмом». Это подобно тому, как птица от страха, чтобы не видеть опасности, прячет голову под крыло. Мы должны объяснить всем, что существует причина всех страданий, что страдания – вещь целенаправленная, требующая от нас соединения с высшей силой.

— *Но ведь это естественное стремление человека – приглушить боль, отдалить ее от себя, и, пожалуй, именно восточные учения преуспели в этом?*

Вы знаете, что если у нас вырезать пару сантиметров слизистой оболочки во рту, мы перестанем ощущать вкус. Давайте сделаем это и будем кушать только здоровую пищу, станем здоровыми, бодрыми... Мы ведь не хотим этого, потому что не только пищей жив человек, а тем наслаждением, которое он получает от нее, и если не будет наслаждения, не стоит жить. Без наполнения наслаждением человек приходит к самоубийству, смерть представляется избавлением от страданий. Все потому, что мы – не более чем **желание** насладиться! Так вот, то наполняя, то опустошая, то одним, то другим наслаждением, Творец ведет нас к тому, к чему Он знает и желает, чтобы мы пришли.

Поскольку Его цель – наполнить нас бесконечным наслаждением, то и желание Он должен взрастить в нас бесконечное. Рецепт от всех страданий нашего мира – в ощущении высшего мира. Это желание и наполнение неизбежны!

— *Почему именно отрицательными ощущениями можно усилить связь с Творцом?*

Потому что, ощущая хорошее, человек «продается» этому хорошему ощущению и не думает о его источнике, а, ощущая плохое, мгновенно ищет источник плохого, чтобы аннулировать его.

Творец намеренно посылает чувство страха, недостатка, неудовлетворенности, неуверенности. Но это только вначале. Это первый фрагмент «вынужденного» приближения, когда человек приближается по принуждению, чтобы избавиться от отрицательных ощущений. А затем человек начинает сам стремиться к Творцу до состояния, которое называется «больной любовью», «не дает мне сна». К этому мы должны придти. Период, который мы сегодня проходим, называется «время подготовки» ко входу в духовный мир. Этот период необходим для того, чтобы вырастить в наших желаниях эгоистическую тягу к Творцу. И только потом есть обратное действие от эгоизма к альтруизму.

А если еще нет ясного чувства к Творцу? Но ведь есть мысль! А уж если и ее нет, то вы уже не ответственны за происходящее. Это значит, что вы еще находитесь на такой предварительной ступени развития, что Творец вас еще не пробуждает к связи с Ним. Но если есть мысль – это уже начало вашего пути. А потом человеку становится ясно, что вообще, кроме этого, ничего нет. Все ситуации, все происходящее вокруг и внутри вас, вообще все, что вы можете сказать о своих внутренних свойствах и мыслях, и то, что вы ощущаете в мозгу и в сердце, начиная с гена, атома и до галактик, с самого малого и до глобального, – это все происходит только для того, чтобы усилить связь человека с Творцом. Ищущие связи с Творцом должны понимать, что своими усилиями они двигают не только себя, а все мироздание к цели.

– Как может внутренняя работа человека изменить действительность?

Действительность меняется, потому что если человек сам усиливает связь с Творцом, то нет необходимости в бедах свыше. Ведь беды приходят, чтобы вынудить человека усилить эту связь. Поэтому внешние события меняются. А не этого ли изменения внешних событий люди ищут, когда приходят к каббалисту за благословением?

Если индивидуума Творец «донимает», чтобы тот достиг связи с Ним, и в этом Его помощь и призыв, то к массам отношение иное – Творец желает от них вначале эгоистической, медленной ориентации на Него. Можно себе представить, что индивидуум стоит на острие пирамиды, а массы – внизу и поэтому к ним столь разное отношение. Кроме того, намерение исходит от индивидуума, а общее желание к нему добавляют массы. Поэтому работа их столь различна. Но они связаны в общем замысле.

Люди не понимают, как происходят изменения в мире, но ощущая большие страдания, неосознанно ищут связь с высшей силой, ибо не на кого больше положиться, как только на Него. Творец страданиями загонит нас в угол, настолько, что мы будем искать другое место, подобное земному шару, «другой глобус», но его не будет... И только у Творца мы найдем то, что ищем.

– Но почему Творец вернул народу землю, материальную страну Израиль, но не приблизил его к духовному ощущению этой земли?

Возвращение в Эрец Исраэль произошло вследствие неосознанной молитвы, вследствие ощущения страданий. Просили о месте для себя. Но если мы сегодня внесем в молитву хотя бы некоторое понимание того, что все происходит целенаправленно, – молитва станет осознанной, – ответ будет на ином уровне, духовном. А поскольку духовное определяет материальное, оттуда уже низойдут соответствующие следствия в наш мир и изменят его.

Все это происходит по тому же закону возвращения всего к Цели. Скажем так: Единственный Закон – это закон подобия свойств творения и Творца до полного слияния. В нем соединяются все состояния, которые находятся и в начале, и в конце творения. Это окончательное состояние властвует над всеми частными. Поэтому можно сказать, что только оно и существует. Остальные состояния, меньше этого, существуют только в нашем настоящем, временном ощущении, они соответствуют мерам нашей исправленности.

Представьте: самый высокий уровень там, где душа слита с Творцом. Если человек находится на какой-либо низшей ступени в духовных мирах или даже в этом мире, этот Закон Единения, подобия свойств, тянет его вернуться к корню с вынуждающей силой, пропорциональной степени удаления человека от Цели творения.

Это подобно куску металла в магнитном поле или электрическому заряду в электрическом потенциальном поле, предмету в гравитационном поле – если нет равновесия между полем и объектом, сила возвращает (или стремится вернуть) объект к равновесию, т.е. к подобию с полем, к источнику поля.

Когда душа выходит из связи с Творцом, со своим корнем, и нисходит в тело, в эгоистические желания, в наш мир, она отрывается от корня накладываемыми на нее всевозможными эгоистическими желаниями, называемыми «помехами». Они-то и отделяют нас от корня. Помехи эти создались по мере удаления души от корня. То есть помехи – это ступени нисхождения души, по которым она сошла в наш мир. Поэтому нейтрализация этих помех – исправление эгоистических свойств – и есть возвращение к корню. А нейтрализовать эгоизм можно лишь почувствовав, что он – помеха.

– *Объясните, пожалуйста, что Вы подразумеваете под словом исправиться?*

Достаточно того, чтобы весь народ думал не об ударах и не о своем состоянии, а о Посылающем эти удары, о том, что Он нас этим приближает к хорошему. Если мы так изменим свою мысль, отвлечемся от ударов, от эгоизма, повернемся к Цели – этим мы решим все проблемы.

Это изменение нашей сути, потому что в этом отличие человека от животного: вместо того чтобы вглядываться в себя, ты обращаешься к Творцу. Неважно, что ты, возможно, проклинаешь Его, но ты обращаешься к Нему – это уже отношение творения с Творцом, уровень «человек». Ощутить, что за ударами Кто-то стоит, – это уже раскрытие.

Когда приходит большое страдание, то чувство отключает разум, забываешь всю учебу. Так же происходит и с наслаждением – ты полностью погружен в него и не можешь думать ни о чем другом, ощущение подавляет. Свыше специально посылают такие ощущения. Наша задача – показать целенаправленность этих состояний.

– *В чем смысл страданий великих каббалистов, достигших духовных миров, исправивших себя?*

На высших ступенях каббалист исправляет не себя, а остальные души – страдает за весь мир и ведет его к Цели. Но вообще-то страдания не посылаются Творцом, а они и есть то ощущение, которое человек испытывает, потому что находится на определенной ступени своих желаний. Если он изменит свои желания, поднимется на более высокую ступень, то и страдания исчезнут, ведь они ощущаются только в определенном неисправленном желании. Исправится желание – и то же воздействие будет ощущаться как наслаждение! ...И появятся более высокие страдания – от отсутствия духовного, от желания отдачи Творцу. И эти ощущения необходимы как основа продвижения. Но они уже называются «страданиями любви»...

ИЗ РУБРИКИ «ПИСЬМА В РЕДАКЦИЮ»
Газеты «Вести» и «Новости недели»

Уважаемый рав Лайтман! Ни для кого не секрет, что тяжелое положение в стране вынуждает многих евреев искать более спокойное место на Земле. У многих из-за этого возникают мучительные проблемы в семье – родные, друзья, дети уезжают из Израиля в Америку, Канаду, даже в Германию. Хотелось бы знать ваше мнение – следует ли этому препятствовать или, наоборот, дать возможность тем, у кого есть возможность, уехать в более безопасное место?

Нет на Земле для евреев более безопасного места, чем здесь. Как это ни звучит парадоксально, но везде будет хуже, чем здесь – и это лишь вопрос непродолжительного времени.

В соответствии с общим законом мироздания, у евреев есть вполне определенная миссия – дать человечеству знание о строении высших миров, о Творце. Все в нашем мире построено по принципу пирамиды, и евреи находятся на вершине этой пирамиды – именно нам передано это знание, содержащееся в Каббале и хранившееся в тайне многие века. Так же, как именно мы получили Тору от Творца и передали ее принципы остальным народам.

И у земли тоже есть своя миссия. Земная поверхность делится на страны соответственно населяющим ее народам. Соотношения стран, разных участков поверхности Земли, построены по тому же принципу пирамиды, что и отношения народов. Существует каббалистическая география, изучающая, каким образом на каждую часть Земли влияет своя определенная духовная сила, свой так называемый «ангел». Разумеется, Израиль находится под влиянием особой духовной силы. Если народ не соответствует этой силе, он изгоняется из страны. Но затем, если обстоятельства меняются, та же сила вынуждает народ

Из рубрики «Письма в редакцию»

вернуться. Так это было с нами. Каббалисты же всегда стремились жить только здесь.

Особая духовная сила влияет на землю Израиля, еще более высокая духовная сила влияет на место, где находится Иерусалим, и еще более высокая духовная сила влияет на место, где находился Храм. И наконец, наивысшая сила влияет на место, где в Храме была Святая Святых.

Все в мироздании имеет свою четкую иерархию, систему строения и законы, и человек должен изучить их, чтобы знать, как управлять этой системой. Природа заставит нас прийти к этому знанию. Мы обязаны строить Третий Храм в себе и на том месте, где он был физически – вместо Эль Аксы. Как только мы начнем и наше внутреннее строительство, и материальное – весь мир начнет нам помогать. Потому что духовное возвышение, постижение Творца – это то, чего ждет все человечество, подсознательно чувствуя, что должно получить его через евреев и что исходить оно будет из этой земли.

Больше изгнаний не будет – мы вернулись из последнего изгнания, и поэтому каббалисты призывают вернуться из изгнания духовного, а не только физического, вернуться к своей исторической миссии.

Почему так происходит: как только человек понимает, что ты будешь делать все для его блага, он «садится на голову», пользуется твоим хорошим отношением? Получается, что любить опасно. Что же делать, как жить, боясь полюбить? Существует ли настоящая любовь?

Любовь – это ощущение слияния, которое достигается подобием, совпадением свойств. Закон подобия свойств – это единственный закон движения всего мироздания, который приводит все существующее к Творцу. Изначально творение находится в нашем мире, полярно удаленном от Творца. Постепенно, от Авраама и до наших дней, в каждом поколении в нисходящих душах происходит развитие эгоизма, пока эгоизм не осознается каждым как зло.

Затем, начиная с 1995 года, начинает происходить процесс его исправления – постепенного уподобления Творцу. Или сближение творения с Творцом. Потому что если два духовных объекта подобны по свойствам, то они сливаются в один, и все, что происходит в одном, ощущается другим и становится общим.

Если между людьми есть такая связь, они находятся в духовном общении, они душами сливаются в одну и нет между ними ничего разделяющего, потому что тела в таком случае неощущаемы, поскольку относятся к животному уровню, временны, смертны. Вот такое слияние, взаимное обогащение друг другом, ощущение другого как себя, называется чувством любви.

Взаимное удаление по свойствам, мыслям, желаниям делает людей далекими друг от друга, вплоть до появления ненависти, а взаимное сближение желаний, мыслей, свойств делает их близкими, любящими друг друга. Те, кто считает, что сходятся противоположности, и они могут понять друг друга, дополнить и быть счастливы, ошибаются. Каббала говорит о том, что самое большое наслаждение в мире – ощущение слияния с Творцом. Наша земная любовь – лишь слабое отражение этой высшей любви. Мы не ощущаем, что значит быть наполненными Творцом. Но, поверьте, это превыше всех ощущений!

Истинная любовь может быть только безграничной! Но если она без границ, то вызывает у получающего пренебрежение, вплоть до ненависти. Это мы видим в отношении детей к своим безмерно преданным родителям, это происходит и в любовных отношениях мужчины и женщины, что вы и заметили очень точно. Такая система отношений возникает не случайно. Поэтому, чтобы дать человеку возможность достичь истинной любви и сохранить ее, дабы любовь не превратилась в пренебрежение или даже ненависть, и создана Творцом такая система взаимоотношений, что изначально Творец, Его любовь, скрыты от человека и раскрываются только в мере страха человека потерять эту любовь.

Поэтому первая заповедь Торы – страх, а вторая – любовь. Причем, страхом называется не эгоистический страх потерять любовь, а страх «все ли я, что мог, сделал для любимого?» Только в мере достижения такого страха, Творец раскрывается нам, раскрывает нам Свою любовь. Вплоть до полного исправления нашего эгоизма, вследствие чего мы заслуживаем полной, безграничной, вечной любви Творца. Т.о. раскрытия любви мы достигаем проявлением взаимности.

Очевидно, что в нашем мире, т.е. неисправленному человеку, подобного чувства не достичь. Поэтому на земном уровне мы

Из рубрики «Письма в редакцию»

должны стремиться к исправлению, и в мере подобия общему эталону – Творцу сможем любить друг друга как части одного целого, души одной – общей Души. И сможем увидеть своего истинного спутника, как духовного, так и физического, земного, с которым действительно сможем ощутить полное слияние в мере духовного подъема.

Ничего так не сближает мужчину и женщину, как совместное изучение Каббалы. Не зря сказано: «Муж и жена – Шхина между ними». Я всячески поощряю, по завету своего рава, домашние совместные занятия. У нас это введено в постоянную практику. Поэтому многие наши семьи могут похвастаться ощущением любви. Чего и вам желаем.

Вскоре после последних выборов Вы писали, что благодаря победе правых у Израиля появился шанс на более спокойный вариант развития, с меньшими кровопролитиями. И что же мы видим сейчас! Как Вы сегодня относитесь к тому, что происходит, и к А.Шарону?

Сегодня мы видим лишь начальную фазу после очень тяжелого периода. Я уже не раз говорил, что нас вынуждают искать причину происходящих с нами трагедий, а не забывать о них на следующий день или через неделю. Я и на сегодняшний день убежден в том, что мы выбрали лучший путь.

Мы обязаны внушать страх нашим врагам, прежде всего, своим четким желанием остаться и жить на этой земле. Мы же демонстрировали арабам, что готовы уступить всюду и везде. Если бы мы сумели, кроме политических и военных шагов, приложить духовные усилия на этой земле, то наши враги просто бы испарились. А когда мы и на духовном, и на материальном уровне готовы оставить Храмовую гору, так конечно, они делают, что хотят. Мы не сможем избавиться от наших врагов только военными действиями.

Я хочу, чтобы меня поняли правильно. Мы получили еще одну возможность начать свой путь духовного восхождения, вплоть до строительства Третьего Храма. Наш настоящий выбор должен состоять в выборе духовного возвышения. И нам дали такую возможность. Если мы расслабимся и упустим ее, если опять забудем, для чего нас вернули на эту землю, то никакой Шарон, никакая сильная армия нас не спасут.

И вы сами видите, что наши соседи не дают нам расслабиться и показывают, что нам необходим всего один мирный договор – с Творцом, как Он это сделал с нами четыре тысячи лет назад. Тогда у Него был один партнер – Авраам, сегодня Его партнером в управлении мирозданием должен стать весь Израиль. А раз должен, значит станет. Вопрос лишь в том, какой ценой.

Вы писали где-то, что антисемитизм объясняется в Каббале и что он является следствием того, что евреи не выполняют своих обязанностей перед другими народами. Я не очень понял, как они могут выполнять их и управлять миром и какую работу нужно проделать, чтобы управлять своей собственной судьбой.

Работой над собой по каббалистической методике вы поставите себя в такие условия, чтобы можно было влиять на Высшее управление. Представим себе, что мы вошли в стеклянный лифт, чтобы подняться в зал управления. Подниматься на этом лифте с этажа на этаж мы можем только по мере своего внутреннего исправления, по мере достижения внутреннего соответствия свойствам высшего мира. Этажи, на которых останавливается лифт, называются «сфирот». Всего есть семь основных сфирот, и каждая состоит еще из 10 «подсфирот» – итого 70 этажей.

В соответствии с тем, до какого этажа человек добирается, с какой интенсивностью, какую силу он прикладывает для подъема (а лифт не поднимается автоматически) – в соответствии с этим он может управлять мирозданием. Потому что его подъем соответствует его исправленности, его взрослому, ответственному пониманию того, что и как надо делать.

Вся наша работа только в этом и заключается – подняться на более высокие этажи, чтобы можно было более конкретно, более интенсивно влиять на все более и более глобальные процессы в нашем мире и обществе, так как вся система, которая находится на этих 70 этажах, – система управления нашим миром. И людьми в нем. И влияет это система на наш мир таким образом, чтобы заставить каждого зайти в лифт и подняться, чтобы управлять своей судьбой.

Из рубрики «Письма в редакцию»

Как человек включается в Высшее управление? Если я нахожусь, например, на 40 этаже, на 40-й ступени, значит, снизу и до нее я могу определить все, что будет на меня влиять и все, что со мной будет. А вот от 40 ступени и вверх я еще влиять не могу – я еще не поднялся туда. И все, что нисходит оттуда, – для меня отрицательно.

Почему отрицательно? Чтобы я не успокоился и поднимался дальше, чтобы я захотел подняться до наивысшей ступени. И так с каждым из нас. В итоге мы все должны будем собраться на самом высоком 70 этаже – в зале управления. А пока что мы все толчемся в лобби вестибюле, на нижнем этаже.

По замыслу Высшего управления первыми должны начать подниматься евреи. Оно вынуждает нас испытаниями и страданиями подниматься. Но мы цепляемся за всех остальных, за тех, кто находится там же, в вестибюле. А те, в свою очередь, нас ненавидят, говорят: «Идите отсюда. Начинайте подниматься, а мы за вами. Вы всем мешаете, вы всех останавливаете и вы – причина всех страданий во всем мире. Поднимайтесь, наконец»

Это – картина сегодняшнего дня, и она становится все более явной и ясной, она предстает уже перед глазами многих. Замысел всего мироздания в том, чтобы поднять человечество на 70 этаж. Когда человек как единственное высшее существо во вселенной станет действительно высшим, тогда все мироздание будет управляться им – истинно правильно, добром. Внутри природы заложен такой механизм – эволюционный, – который толкает все человечество, народ за народом (мы просто первые), становиться наивысшими существами нашей вселенной – венцом творения.

Объясните, пожалуйста, кем же был Моисей – предводителем народа или ученым-каббалистом?

Одно другому не противоречит. От Авраама и до автора книги «Зоар» (РАШБ"И) было много каббалистов. Самым большим из них был Моше. Он был знаменит тем, что в отличие от остальных каббалистов получил не только раскрытие тайны творения для себя, но и указание раскрыть ее в определенном виде всему человечеству, описать ее, создать вокруг себя целую школу, чего не было ранее ни у одного каббалиста.

Начиная с Моше, уже все остальные каббалисты организовывают группы учеников. Моше собрал вокруг себя 70 учеников, у него был последователь – Иошуа бен Нун. Кроме того, что Моше занимался исследованием высшего мира, он также занимался практическим приложением своего высшего постижения в нашем мире – оно стало применимо для выхода массы народа из Египта. Руководствуясь полученными высшими силами, благодаря знанию духовного мира, Моше был в состоянии вывести свой народ из изгнания. Он довел его до границы с Иорданом: далее он не мог идти вместе со своим народом, потому что его душа не должна была практически овладеть землей Израиля.

Ей было уготовано выйти из Египта и создать книгу, по которой в дальнейшем каждый человек и все человечество в конечном итоге смогут прийти к тому, чтобы завоевать духовный мир, выйти из так называемого «духовного Египта» – из нашего мира, который преклоняется перед мумиями, статуями, перед солнцем, перед лжебогами – и войти в Эрец Исраэль – духовную Землю Израиля, так называемый мир Ацилут, где человечество своим внутренним постижением находится вне времени, вне пространства, в абсолютном совершенстве и бессмертии. Методика, которую Моше изложил в своей книге, называется «Тора»...

Я слышал в одной из радиопередач, что великий каббалист Ари появился в Цфате в 1570 году. Приблизительно в 1571 году между Ари и его учеником равом Виталем происходил разговор, в котором шла речь о группе каббалистов, которая будет работать через 430 лет. Такая группа уже существует?

Да, существует. Это группа «Бней Барух», созданная после смерти рава Баруха Ашлага – сына и последователя великого Бааль Сулама. От него непосредственно было получено указание создать такую группу для изучения и распространения Каббалы. Все великие каббалисты, начиная с Ари, писали о том, что среди последних поколений учение о строении мироздания, духовных миров, методика постижения Творца – то есть Каббала – получит широкое распространение, и без этого знания человечество в конце шестого

Из рубрики «Письма в редакцию»

тысячелетия, на последней фазе своего развития, просто не сможет существовать.

Так что Ари действительно писал о такой группе, которая уже существует. Это первая группа, на которой лежит обязанность реализовать то, что предсказано каббалистами прошлого. К сожалению – действительно, к большому сожалению – мы являемся единственной группой, которая занимается активным распространением Каббалы, которая изучает Каббалу именно по книгам Ари (в комментариях Бааль Сулама, но это, в принципе, книги Ари, «переведенные» на язык наших поколений). И это единственная группа, которая ведет распространение Каббалы для следующего поколения. Рав Барух Ашлаг, у которого я учился и от которого получил указание создать группу, был последним в предыдущем поколении каббалистов, которым Творец давал озарение, души которых еще нисходили сверху вниз. То были каббалисты в прямом смысле слова – от Б-га.

Чем отличается эта группа, о которой говорил Ари, от других групп, существовавших в прошлые века? И почему он специально говорил о какой-то группе начала XXI-го века? Потому что в нашем поколении все происходит уже иначе. Мы снизу начинаем освоение духовных миров. Нисхождение душ сверху вниз закончилось в конце XX века, и теперь души должны пройти обратный путь к Творцу – снизу вверх. И вот эту работу мы начали первыми. Такого не было еще в истории человечества. И работы у нас очень много, мы должны добиться того, чтобы у большого числа людей возникло общее желание раскрытия Творца и чтобы это желание возобладало над всеми остальными ничтожными желаниями нашего мира. И мир уже начинает понимать бесцельность и никчемность погони за все большими материальными благами, начинает ощущать пустоту и бессмысленность существования, если оно ограничено двумя датами, которые пишут на надгробных плитах.

Кроме распространения Каббалы, работая в своей группе, притягивая на себя высший свет, мы видим, как с помощью этого света мы помогаем всему миру избежать очень страшных моментов, глобальных несчастий, вплоть до самоуничтожения. В том, что удается их «проскочить» мы видим тот весомый вклад, который вносим мы и сорок наших групп по всему Израилю.

Объясните, пожалуйста, почему в наше время мы не слышим о мудрецах-каббалистах-праведниках, которые всегда существовали в нашем народе? Вместо этого Каббалой занимается кто ни попадя, какие-то полуобразованные люди, истеричные женщины. Почему такая профанация?

Мудрецов-каббалистов вы не видите и не слышите по той причине, что тайные каббалисты и должны работать в тайне. Если раньше они были известны в своем определенном еврейском кругу, то сегодня они не собирают учеников и не заявляют о себе. Мой рав Барух Ашлаг был последним в поколениях явных каббалистов. Таково требование времени.

Но существующие тайные каббалисты делают большую духовную работу, притягивая высший свет в наш мир, корректируя этот мир, улучшая, делая его добрее. А те «полуобразованные», о которых вы говорите, на самом деле — люди, обнаружившие в себе «острую духовную недостаточность», и из них собираются группы открытые, которые совместными усилиями и тяжелой работой прорываются в духовные миры.

Они действительно не заканчивали ешив — в этом смысле, видимо, вы называете их полуобразованными, — а их инженерные, математические или театральные дипломы мало могут помочь в постижении Творца. Но они упорны в своем желании получить высшее знание и донести его до мира. О таких каббалистах и писал почти полтысячелетия назад великий Ари. Так что это никакая не профанация — вы просто не заметили, что мир не стоит на месте, он меняется, и люди, занимающиеся этой самой современной наукой, во многом способствовали этим изменениям.

Наряду с несчастными и забитыми, в нашем мире существует также группа людей, у которых есть деньги, власть и т.д. И судя по их внешнему виду, они абсолютно от этого не страдают, а даже наоборот, цветут и пахнут. Хорошее питание, правильный секс, платные врачи, курорты всего мира, отсутствие изнуряющего физического

Из рубрики «Письма в редакцию»

труда и т.д. Это они придумали химеру о чести, неприхотливости, покорности, лояльности для того, чтобы держать в руках всю необузданную стаю. И пользуются они законами, которые сами же и создают. Как известно, на них эти законы не распространяются. Но какая же собака в стае не хочет стать вожаком, а если не дано, то хотя бы ближе к кормушке. Вот и модель общества, которая, по Вашему мнению, является проекцией высших миров. В этом и состоит мой вопрос.

По моему мнению, наше общество вовсе не является проекцией высших миров. Проекцией является структура нашего мира, основанная на взаимодействии четырех элементов – домем, цомеах, хай, медабер (неживой, растительный, животный, говорящий). Человек – единственный испорченный элемент. В духовном мире все элементы природы включены в человека, и они исправлены вместе с человеком. А в нашем мире все элементы природы вместе с человеком не исправлены. Они работают на получение, захват, поглощение. Но все эти элементы в нашем мире таковы лишь из-за человека.

В духовном мире человек исправленный – его душа работает на отдачу, а не на получение. И соответственно все остальные элементы природы в духовном мире тоже работают на отдачу. Так что проекцией является лишь наличие одних и тех же элементов в нашем и духовном мирах. А связь их – получить один от другого, урвать или отдать – противоположна. И все составляющие миров зависят от человека. А среди людей – от евреев, которые являются – должны являться – проводником высшего света.

И пока они не начали работу по постижению духовных миров, наш мир и выглядит так, как вы описали, собачьей стаей и т.д. и даже еще хуже. В книге «Зоар» написано: «Знай, что во всем есть внутреннее и наружное. Израиль относится к внутренней части мира, а остальные народы считаются его наружной частью. Сам Израиль тоже делится на внутреннюю часть – тех, кто работает над постижением высших миров и Творца, и наружную часть – всех остальных. То же самое касается народов мира: они делятся на внутреннюю часть – праведники народов мира и наружную – враждебную по отношению к Израилю».

Из этого небольшого отрывка вы должны понять простую зависимость: усиливая внутреннюю часть Израиля, мы усиливаем внутреннюю часть народов мира (то есть праведников мира). Ослабляя свою внутреннюю часть, мы усиливаем враждебные нам силы. И более того, нежелающий получить знание о высших мирах своим бездействием приводит к тому, что внешняя часть народов мира усиливается, то есть берут верх наихудшие их представители, наибольшие враги и ненавистники. И это приводит к разрушениям и войнам во всем мире. Познакомившись немного глубже с Каббалой, вы начнете понимать все зависимости и проекции, потому что увидите высшие корни, из которых рождается вся реальность нашего мира.

Если есть возможность, прошу ответить на мои вопросы. Зачем человеку, занимающемуся Каббалой, нужно, как вы писали, активно участвовать в повседневной жизни – работа, семья, учеба? Почему он не может сосредоточиться только на изучении Каббалы? Человек в течение дня находится среди людей, не занимающихся Каббалой, и на него действуют их мысли, желания и т.п. Как он может нейтрализовать эти воздействия?

Человек, который занимается Каббалой не из научного любопытства, а для исправления себя и мира, обязан быть связан с другими людьми. Только тогда он может влиять на них. И он должен подвергаться их влиянию и исправлять в себе все негативное, что он получает, гуляя, например, по улице, – весь эгоизм, всю агрессию. Он не должен уклоняться от этого. Как в материальном мире каждый человек в той или иной мере пользуется плодами труда других людей, и без этого невозможно существование человеческого общества, так и на духовном уровне и в процессе продвижения к нему человек должен быть связан с другими людьми, отдавать свою духовную силу и получать, только тогда возможно взаимопроникновение душ, и только так все человечество движется к исправлению.

Посмотрите, как выглядит современный мир, как развитие коммерции превратило его постепенно в одну большую деревню, где все друг с другом связаны, – а будут еще больше. Это

Из рубрики «Письма в редакцию»

происходит не для того, чтобы мы снабжали друг друга всякими предметами, а для взаимопроникновения душ и их общего исправления.

Так что человек, который занимается Каббалой в современном мире (в прошлом это было не так), не должен избегать влияния внешнего мира, наоборот, он должен набираться всяческих «гадостей», а нейтрализовывать их учебой и правильной работой над собой. Причем, когда каббалист производит исправление – лечение того, что он «подцепил», «гуляя по улице», от другого человека, то он производит это и в своей душе, и в его. И так усиливается связь между душами. Каббалисты прошлого предсказывали, что в конце дней всему человечеству раскроются духовные миры, раскроется Творец. И это возможно будет лишь на основании совместного исправления. Только так человечество придет к счастливому концу.

Можете ли Вы сказать, как много в нашем поколении людей (в Израиле), которые являются следующим «гильгулем» (жизненным кругооборотом) тех евреев, которые погибли в Катастрофе?

Почти все.

Я был недавно за границей, много общался с неевреями и понял, что Вы были совершенно правы, когда писали, что народы мира жаждут увидеть в еврее человека, несущего свет Творца в мир. Вам уже задавали вопрос, почему Вы не идете в политику. Мне Ваш ответ понятен: политика – дело низкое, ничего по сути не меняющее. Но как лично мне кажется, Вам действительно пришло время выйти на трибуну перед всем народом. Народ Израиля уже сейчас жаждет всем сердцем настоящего духовного лидера, а не барахтающихся в грязи и неуверенности политиков (хотя головой этого пока многие не понимают). Представьте, какое бы появилось воодушевление в массах, если бы Вы во весь голос сказали: «Мы выполняем Волю Творца, мы выполняем предсказанное пророками – мы начинаем строить новый Израиль. Наша задача – спасение всего народа. Наша цель – раскрытие Творца всему человечеству!» Весь народ просто инстинктивно высыпал бы на улицы от радости – Пришел! Дождались! Разве не сказано: «Если не я, то кто?» Мне кажется, излишняя скромность совершенно неуместна в наше время. Простите, это не поучение, это жажда правды.

Я не страдаю от скромности, но мои расчеты иные: я делаю ровно то, что в состоянии сделать, на что мне пока даются силы и знания. Я вижу в себе не Машиаха, а человека, способного распространить учение Каббалы в мире, насколько позволят и укажут мне свыше. Я чувствую себя рабочей лошадкой и бесконечно благодарен Творцу за эту миссию. Что может быть выше, чем нести учение о Творце его творениям! Куда это приведет в будущем – не знаю, да и не могу предположить, ведь никогда в мире не было аналога нашему времени.

Машиах – это высшая сила, вызволяющая человечество из эгоистического, ограниченного восприятия мира. Возможно, этот процесс «вытаскивания» (от слова «лимшох») будет идти под руководством духовного лидера, сильной личности, которая поведет за собой массы, прежде всего, примером – созданием для начала небольшого общества, группы, в качестве примера для всего человечества. В Каббале есть простой принцип: все, что в твоих силах – делай. Этому принципу я и пытаюсь следовать. А далее – как укажут.

Вы как-то определили Каббалу как «индивидуальный иудаизм». Это, конечно, звучит очень привлекательно, особенно, если учесть культ индивидуализма, характерный для нашего времени. Но это вступает в резкое противоречие с тем, что я читал и что, как я понимаю, является стержнем Каббалы: цель ее изучения – постижение Творца, а для этого человек должен изменить свою эгоистическую природу на альтруистическую природу Творца. Как же это возможно, культивируя индивидуализм? Я вижу здесь противоречие, если оно разрешимо, объясните, пожалуйста.

Вы затронули интересную и сложную проблему. К Каббале действительно приходят люди, которых не устраивают массовые религиозные течения, которые хотят получить ответы на самые сложные и глубокие вопросы. Вы сами

Из рубрики «Письма в редакцию»

понимаете, что это действительно должны быть индивидуумы, а не люди, следующие за толпой. И вы, разумеется, правы в том, что работа над изменением своей эгоистической природы на альтруистические свойства Творца – стержень каббалистической методики. Но когда человек, тот самый индивидуум, почувствовал необходимость в самостоятельном постижении духовных миров и начал заниматься Каббалой, он неизбежно находит себе подобных, потому что заниматься, изучая только книги и свою индивидуальность, можно лишь вначале.

Через какое-то время человек чувствует, что ему этого недостаточно. Основная работа на самом серьезном этапе ведется в группе, потому что именно группа единомышленников, помимо истинных каббалистических источников и учителя, передающего информацию (полученную, в свою очередь, тоже от учителя-каббалиста) непосредственно ученику, – именно группа мощно ускоряет индивидуальное продвижение.

Не случайно на наши ночные уроки в центре «Бней Барух» приходят уже более ста человек, несмотря на то, что многим приходится стоять – просто не хватает места. Но люди чувствуют, что в одиночку по книгам они с какого-то момента заниматься уже не могут. Мы многое сделали для того, чтобы у людей, у которых возникла внутренняя потребность получить ответы на главные вопросы, была возможность заниматься в группах в разных городах Израиля. Наш интернетовский сайт, помимо материалов непосредственно по Каббале, дает и информацию о том, где, в каких городах занимаются в группах (разумеется, бесплатно). Так что противоречие, о котором вы пишете, решается само собой в процессе занятий. Успехов вам!

Просматривая книги по основам Каббалы, я обнаружила, что все чертежи, все схемы описывают различные виды света и их сочетания. Почему только свет? Разве мало на свете факторов, тоже очень сильно действующих на людей?

В мироздании существуют лишь две вещи: Божественный свет и творение-сосуд, жаждущий его получить, наполниться им. Поэтому Каббала сводит все объекты, дающие нам наслаждения, к единственному их источнику – свету. Вместо того, чтобы называть бесчисленное множество объектов, дающих человеку наслаждение, называется их источник – свет (ор). А все многообразие желаний получить эти наслаждения обобщается одним понятием – сосуд (кли).

В нашем мире мы осознанно или неосознанно стремимся к свету, воспеваем свет, несущий наслаждение. Наши песни о любви, наши страсти, болезни, страдания, поиски, выраженные в музыке, живописи, поэзии, – все это реакция на получение или недостаток в нас Божественного света. Это описание, отражение ощущений, вызываемых в нас светом, который облачается во всевозможные одеяния и находится в тех или иных дозах в различных объектах, притягивающих нас именно своим наличием в них.

Таким образом, все многообразие желаний, характеризующих творения, сводится к одному желанию – света. А все мыслимые виды наслаждений сводятся к одному виду наслаждения – к получению света. И кроме этого нет ничего, так как существует лишь Творец и творение – свет и сосуд, наслаждение и желания. Поэтому Каббала и занимается исследованием основы нашего существования – света.

Скажите, пожалуйста, если бы Вы стали главой правительства Израиля, чтобы Вы сделали в первую очередь?

Главой правительства я бы не захотел быть – слишком большая головная боль. А вот если бы мне предложили быть министром просвещения, то на эту должность я бы пошел. Потому что самое главное для нас – это воспитание. А воспитание сейчас страшное, народ деморализован. Дети обучаются по антинародным, антисионистским учебникам.

Мы видим, что происходит с молодежью. Я могу судить об этом и по тем, кто обращается ко мне за помощью. Если бы у меня была возможность немножко преподавать Каббалу для детей в школах... Дети воспринимают это очень естественно, для них это как будто так и должно быть. Я видел это много раз; и если бы такая возможность была, от этого я бы не отказался. Я поощряю такие занятия в семьях. Я вижу семьи, в которых даже если кто-то один интересуется Каббалой, это очень помогает во всем: начиная от физического здоровья и нравственного и кончая просто связью людей между собой.

Из рубрики «Письма в редакцию»

Каббала – это очень высокая сила, она вызывает такое влияние высшего внешнего света на человека, что при этом возникают потрясающие вещи: человек излечивается, человек находит контакт с другими людьми. Изучение Каббалы настолько сильно может влиять в лучшую сторону, что совместные занятия в группе приводят к замечательным результатам.

ЦЕЛЬ СОТВОРЕНИЯ АДАМА
Газета «Время»

Мы находимся в преддверии осенних праздников. Новый год, Йом Кипур, Суккот, Симхат Тора. Мы уже много слышали «перушим» – толкований этих праздников от своих религиозных знакомых. С чем-то соглашалось наше сердце, но что-то наш разум, воспитанный в духе атеизма, воспринимает с трудом. Я хочу предложить вам сегодня новую трактовку цели творения вообще и осенних еврейских праздников в частности. Посмотрим теперь на них с точки зрения науки Каббала.

Что же такое на самом деле еврейский Новый Год? От чего идет отсчет? Новый Год – это день сотворения Адама. Творец создал Душу, называемую Адам, с целью дать творению Вечное, Абсолютное наслаждение. Кроме желания получить наслаждения, Творец не сотворил ничего. В Каббале оно называется «желание получить», имеется в виду «получить наслаждение».

Итак, есть Творец и созданное Им желание – желание насладиться. Чем? Творцом! Ощущение Творца творением воспринимается как наслаждение. Называется это наслаждение в Каббале – «Свет», на иврите «Ор». Желание получить называется «сосуд», на иврите «кли».

От духовного объекта, называемого Адам, расходятся 600000 лучиков, каждый из которых на своем конце тоже строит маленькую душу.

То есть, через Адама мы все связаны между собой. Сотворение духовного объекта, называемого Адамом, произошло в еврейский Новый Год, и понятно теперь, почему это такой большой праздник – наш всеобщий день рождения.

Сотворение Мира произошло на пять дней (или ступеней) раньше (Адам был сотворен на шестой день, а сотворение Мира начато с первого дня).

Цель сотворения Адама

Адам, находясь на высочайшем духовном уровне, в шестой день, не дожидаясь субботы, принял в себя огромный духовный свет, что на нашем языке означает «съел запретный плод». Не сумев достигнуть одним духовным действием цели творения, первичная душа раскололась на 600000 частей, каждая из которых делится еще на много тысяч других частиц. Все они находятся в душах, т.е. в живущих в нашем мире людях. Каждая из этих частичек, путем многих кругооборотов, должна произвести свое частное исправление. Затем они собираются снова в эту общую душу, в этот общий огромный духовный комплекс, называемый Адамом.

Осенние праздники символизируют процесс совмещения души, называемой Адам, с Творцом. Сначала, в Новый год, происходит полнейшее отделение души от Творца, так называемый процесс «несира» от слова «масор» — пила, которая как бы распиливает эту общую конструкцию на две части.

Затем, в течение десяти дней от Рош аШана до Йом Кипур, отделенная от Творца Душа получает в свое распоряжение десять сфирот: кэтэр, хохма, бина, хэсэд, гвура, тифэрэт нэцах, ход, есод, малхут, — постепенно абсорбируя в себе свойства Творца. Слово «сфира» образовано от слова «сапфир» — светящийся.

Затем в Йом Кипур происходит окончательное включение всех этих десяти сфирот в общую Душу. А начиная с Йом Кипур и дальше происходит процесс «амтака» (от слова «маток» — сладость), то есть процесс исправления, процесс облагораживания свойств творения абсорбированными свойствами Творца. Поскольку творение стало подобным по свойствам Творцу, Творец начинает заполнять эти десять сфирот творения Своим светом. Душа ощущает наполнение высшим светом как огромное наслаждение.

Но это уже происходит в течение семи дней праздника Суккот. Поскольку до полного исправления в Душу может входить только частичный свет, то праздник Суккот длится семь дней. Вследствие наполнения светом, творение достигает состояния, называемого Симхат Тора — веселье Торы. Это день также называется Шмини Ацерет — остановленный восьмой день, потому что до окончательного исправления всего мира получать свет больше семи дней нельзя. Заполнение творения светом происходит в соответствии с его мерой исправления —

мерой подобия свету. Когда творение станет полностью подобно Свету, оно полностью наполнится им.

Вначале происходит создание Души, полностью противоположной своими свойствами свету. Затем сосуд Души постепенно исправляется, чтобы его желание было совершенно альтруистичным, подобным Свету, и в мере исправления заполняется Светом. Весь этот процесс складывается у нас в этом мире в череду праздников.

Даже Йом Кипур не зря называется праздником, ведь он называется также «Шаббат Шаббатон», то есть Суббота Суббот. Десять дней между Новым Годом и Йом Кипуром являются не траурными, а наоборот, грозными днями – днями суда. Потому что в это время добавляется очень много неисправленных желаний, которые затем исправляются и наполняются. Поэтому, в принципе, это очень хорошие дни, надо встречать их радостно, соответственно их цели.

Во время осенних праздников свыше изливается огромный духовный свет, он окружает всю нашу вселенную, нас, наши души. Это свет, так называемый «ор макиф» – окружающий свет, вызывающий возвышенное духовное состояние, защищающий, приподнимающий, очищающий нас. Поэтому эти дни, так называемые «ямей рацон» – дни желаемые. То есть Творец, Высшее управление, с большей, чем обычно, благосклонностью относится к нашим действиям, если они будут направлены навстречу Ему.

В чем смысл моей жизни? Этот вопрос мы должны задать в Рош аШана и Йом Кипур (как мы нередко задаем его себе, празднуя очередной день своего рождения). А получение ответа отодвигается на Суккот и Симхат Тора.

Два противоположных состояния творения: с одной стороны, праздники Рош аШана, Йом Кипур, грозные дни, когда создается настоящее желание достичь совершенства и духовного возвышения, и, с другой стороны, праздники Суккот и Симхат Тора, когда происходит наполнение исправленной души высшим светом. Все время этих праздников желательно читать каббалистические книги, потому что свыше есть особое высшее излучение.

В Новогодней молитве сказано, что «молитва, пожертвование и возвращение (сближение с Творцом) переводят зло в добро», т.е. если даже человеку были суждены неприятности, страдания, то эти три действия отводят от него наказание.

В духовном, высшем мире не может быть такого действия, как в нашем мире, чтобы человек просил и ему давали. Действие в высшем мире основано на исправлении желания человека, в которое он затем заслуженно получает наполнение. А все просьбы человека поэтому – только о помощи в исправлении, а не о получении милостыни. Человек просит, чтобы ему дали силу для того, чтобы разумно действовать, чтобы исправлять свои намерения, сближаясь тем самым с Творцом. Поэтому все зависит от человека, от его правильных усилий.

Отсюда станет понятным, что «молитва» – это формирование желания души, желания к духовному. «Пожертвование» – это то, что в Каббале называется «экраном» – ограничением использования эгоизма. То есть, когда на духовное желание создается экран, чтобы использовать это желание только во имя духовного возвышения, а не во имя материального обогащения. «Возвращение» – это когда с помощью этого желания и экрана происходит подъем, движение навстречу Свету, возвращение в Бесконечность, возвращение к Творцу. Таким образом человек ликвидирует перед собой всякие помехи, всякие страдания, вступает в область высшего света. На сегодня же все, что с нами происходит отрицательного, все ощущаемые нами страдания, – все это происходит только из-за отсутствия света вокруг нас. Поэтому, естественно, если мы поднимаемся на более высокую ступеньку, мы получаем высший свет и отводим от себя суд и наказание.

«ЛЕВАЯ РУКА ЕГО ПОДО МНОЙ, А ПРАВАЯ ОБНИМАЕТ МЕНЯ...»

Газета «Вести»

Мы встречаем 5762-й год от сотворения мира. Нас ждет длинная череда праздников: Рош аШана, Йом Кипур, Суккот, Симхат Тора.

Это единственный период в году, когда праздники следуют один за другим. А поскольку мы уже выяснили из Каббалы, что события нашего мира – это отражение процессов, происходящих в духовных мирах, то интересно узнать, что же за интенсивные процессы происходят «там, наверху», в соответствии с которыми мы радуемся, скорбим, молимся, голодаем, строим шалаши – и все это в течение небольшого отрезка времени.

– Рав Лайтман, Вы уже давали каббалистические объяснения праздникам Пурим и Песах, которые показали скрытое, глубинное содержание праздничных ритуалов и обычаев, представлявшихся без этих смысловых, духовных нагрузок забавным маскарадом или исторической пьесой. Что же происходит в духовных мирах и с нами, в этом мире, в период осенних праздников, и влияем ли мы каким-то образом на происходящее?

Все еврейские праздники символизируют постепенный, поступенчатый путь постижения высшего мира, постепенного сближения с Творцом вплоть до полного соединения с Ним. Праздник Песах символизирует выход человека из ощущений материального мира в ощущения духовного мира: человек, кроме нашего мира, начинает ощущать более широкий, внешний мир, начинает видеть, как снаружи, из этого внешнего мира, нисходят в наш мир силы, определяющие все действия и события, происходящие в нашем мире – с каждым из нас и со всем человечеством вместе.

Песах – это единственный праздник, который еще связан с нашим материальным миром, вернее, с выходом из него. Все остальные праздники отражают постижение человеком духовного пространства, много выше нашего мира. Для продвижения в высшие миры необходимо знать законы их существования. Потому что продвижение в высшем мире возможно только в мере освоения его законов.

Праздник получения Торы – Шавуот – как раз символизирует получение инструкции, «кодекса» законов, в соответствии с которым происходит духовное возвышение.

В течение праздника Рош аШана и десяти дней после него до Йом Кипура человек создает в себе из десяти сфирот – по одной сфире каждый день – так называемый «сосуд души», который потом, в Суккот, наполнится высшим светом. Поскольку вначале речь идет только о пустом сосуде, желаниях, ощущениях недостатка, то в этот период формирования сосуда души мы просим прощения, пересматриваем свои поступки и помыслы, подводим итоги своего жизненного пути до сего дня – и все это отражено в молитвах.

В Йом Кипур заканчивается построение десяти сфирот души, и она становится способной воспринять Божественный свет. В Йом Кипур мы достигаем состояния, когда наш сосуд души полностью готов к приему Света, то есть он уже полностью создан, но абсолютно пуст. Его пустота символически соответствует пяти запретам Йом Кипура: запрещено есть и пить, мыться, смазывать тело, обуваться в кожаную обувь, вступать в половые отношения.

Это – дополнительные запреты, кроме обычных субботних запретов. Причина всех запретов заключается в том, что сосуд души еще не готов получить высший свет. В Субботу душа поднимается в мир Ацилут посредством воздействия свыше, а не своими силами. И поскольку такого высокого состояния она достигла не своими силами, то чтобы находиться в мире Ацилут, душа обязана не принимать в себя свет, заполняющий мир Ацилут. Это и символизируют субботние ограничения.

Поскольку в Йом Кипур подъем души еще выше, чем в Субботу (Йом Кипур называется Шаббат Шаббатон – Суббота Суббот), то соответственно этому, есть дополнительные ограничения. Их всего пять, потому что душа состоит из пяти частей-сфирот: кэтэр, хохма, бина, зэир анпин, малхут, – и на каждую из них есть ограничение в получении света мира Ацилут.

В Йом Кипур заканчивается построение души, она становится способной воспринять Божественный свет. В Йом Кипур мы достигаем состояния, когда наш сосуд души полностью готов к приему Света, то есть сосуд уже полностью выстроен, создан, но абсолютно пуст.

Затем от Йом Кипура до Суккот следуют дни отделения от прежнего состояния. Начиная с праздника Суккот в душу начинает постепенно входить ор макиф – окружающий свет. То есть окружающим он называется до праздника Суккот, потому что находится снаружи, а теперь, входя в душу, он называется «внутренний свет» (ор пними). Это особые дни, когда в душу входит свет Творца, вплоть до ее окончательного наполнения, которое завершается в Симхат Тора.

Подготовив до праздника Суккот сосуд души, мы начинаем наполнять его высшим светом. С первого дня праздника Суккот начинаются особые дни, когда в душу входит высший свет, вплоть до ее окончательного наполнения. Все семь дней праздника Суккот – это заполнение семи сфирот нашей души окружающим светом. Наполнение светом – хорошие и праздничные дни! Целиком наполненная высшим светом душа соответствует состоянию Симхат Тора – праздник «Веселье Торы». Весь высший свет, который должен в итоге заполнить душу, называется Тора. Когда это происходит, такое состояние души называется «Весельем Торы».

Вы можете спросить, а почему вдруг душа заполняется высшим светом семь дней, а не пять или десять? Откуда вдруг взялось деление души на семь частей-сфирот? Дело в том, что это наполнение души светом Торы не окончательное, а частичное (окончательное исправлении всех душ произойдет лишь на стадии Гмар Тикун). Поэтому душа заполняется не полностью, что и символизирует число семь, а не десять.

– А для чего, с точки зрения Каббалы, нужна сукка, что она олицетворяет?

Сукка – это олицетворение вместилища, сосуда души, его строения и свойств. Мы должны создать в себе такую духовную конструкцию (называемую «сукка»), которая бы олицетворяла собой отношение окружающего света с нами. Дело в том, что пока душа неисправна, не готова принять в себя высший свет, этот свет находится вне души, вокруг нее, и поэтому называется «Окружающий свет». Изучая Каббалу, мы постепенно исправляем душу и вызываем постепенное перемещение света извне внутрь души.

Чтобы свет вошел в душу, душа должна быть подобна ему. Это соответствие свету и выражают законы строения сукки. Поэтому мы так скрупулезно ее строим, особенно «схах» — покрытие сукки.

Размеры и вид сукки известны из Каббалы, как впрочем, и все остальные Заповеди — законы высшего мира, которые мы исполняем в нашем мире как отображения высших законов. А каббалисты, выполняя эти законы в своих душах, ощущают все эти праздники в себе как высшее, совершенное и вечное существование!

Высший свет может войти в нас, только если мы правильно настраиваем свое внутреннее желание на Него. Как радиоприемник, который настраивает свой внутренний контур на определенную волну для получения именно этой волны — и только тогда он «ловит» ее.

— Это что, так легко и просто — «покрутить» ручку своего «приемника» и настроиться на Божественный свет?

Нет, это несколько сложнее. Человек должен очень сильно захотеть ощутить высший мир, он должен развить в себе мощное желание. Это желание готовится очень скрупулезно, очень тонко, на это уходят месяцы и даже годы, так просто в человеке оно появиться не может. Духовное ощущение, свет, можно получить только в сосуд, созданный абсолютно правильно, по определенной и очень педантичной методике. Эту методику представляет собой Каббала, а процесс создания сосуда души описывается в «Талмуде Десяти Сфирот» — главной книге, оставленной нам великим каббалистом прошлого столетия Бааль Суламом.

— Но Вы только что говорили, что сосуд души создается в дни Рош аШана и до Йом Кипура. Это ведь не месяцы и не годы?

Этот период — олицетворение процесса создания сосуда души в нашем мире. Все наше существование в течение всего периода, от первого и до последнего кругооборота, мы можем себе представить как один год – в итоге создается сосуд, который достигает полного подобия высшему свету и поэтому полного наполнения им.

Начинается этот процесс создания сосуда души от духовного уровня, называемого Рош аШана. Следующее его исправление соответствует достижению духовного уровня, называемого Йом Кипур. Потом проходит пять дней от Йом Кипура до начала Суккот, в течение которых идет приготовление пяти частей высшего света – нэфэш, руах, нэшама, хая, ехида. Этот высший свет входит в душу в течение семи дней праздника Суккот. Потому что сосуд души состоит из семи сфирот: хэсэд, гвура, тифэрэт, нэцах, ход, есод, малхут.

– *А что означают в Каббале этрог, лулав, адасим и аравот? И почему они всегда связаны?*

Высший свет входит в душу только при определенном условии: когда душа, олицетворяющая собой малхут – «этрог», связана с высшим духовным объектом зэиром анпином – «лулавом» и с источниками света – сфирот нэцах и ход – «адасим вэ аравот». И как колебательный контур должен настроиться на внешнюю волну, чтобы принять ее, так же и душа должна настроиться своими внутренними свойствами на свойства света, Творца, – и тогда свет войдет, наполнит ее.

Для того чтобы произошла эта внутренняя настройка души на получение высшего света, необходимо, чтобы получающий сосуд (малхут – «этрог») был связан с дающим (зэиром анпином – «лулавом»), олицетворяющим собой Творца. «Адасим» и «аравот» представляют собой свойства Творца, которые душа должна приобрести.

– *А откуда сравнение сукки с человеческой рукой?*

Если проделаны исправления и душа приобрела свойства Творца, если она посредством определенных духовных действий помещает себя под окружающий свет Творца, то она получает от Него определенное воздействие свыше, называемое «хибук» – объятие. Есть объятие левой рукой «хибук смоль», и есть объятие правой рукой «хибук ямин». Об этом сказано в «Песни Песней»: «Левая рука его под моей головой», – это соответствует подготовке сосуда к наполнению, соответствует дням перед праздником Суккот. А затем следует объятие правой рукой, как продолжает «Песнь Песней»: «А правая рука его обнимает меня», – это соответствует постепенному слиянию человека с Творцом, вплоть до окончательного наполнения – в праздник Симхат Тора.

— *Но почему вдруг в духовных мирах фигурируют такие земные понятия и связи, как объятия, и какая связь между суккой и рукой?*

Все наше тело есть слепок духовных сил и соотношений (только в ином, белковом, «исполнении»). Как в духовном мире силы связаны между собой и воздействуют друг на друга, так и в нашем мире силы материализуются в различных частях человеческого тела, и эти части тела имеют соответствующие свойства, форму и связаны между собой. Наша рука состоит из плеча, предплечья и кисти. Им соответствуют в духовном мире части духовного объекта – ХаБа"Д, ХаГа"Т и НеХ"И – эти три части духовной «руки» как бы обнимают душу, охватывают ее с трех сторон в таком сочетании: плечо и предплечье, равное ему по длине, олицетворяют собой две длинные стороны сукки, а третья сторона коротка, как ладонь. Все свойства и размеры сукки исходят из свойств окружающего света и души, которые должны быть готовы для взаимного сочетания, чтобы свет целиком наполнил душу и произошло бы полнейшее сочетание между ними, называемое Симхат Тора.

В Симхат Тора, естественно, никакой сукки уже нет, так как свет уже полностью вошел в душу, целиком наполнил ее, отсюда рождается абсолютная радость, олицетворенная в самом веселом празднике – Симхат Тора, Веселье Торы, когда она полностью заполняет душу, потому что именно в этом — веселье Творца.

— *Вы строите сукку, как все евреи, или как-то особенно, «по-каббалистически»?*

Законы построения и покрытия сукки соблюдаются каббалистами особенно строго. Хотя в обычное время мы довольно либеральны в выполнении заповедей, но такие, как построение сукки и законы кошерности в неделю Песаха, мы выполняем (в соответствиями с указаниями Бааль Сулама) более строго, чем все остальные группы верующих. В Песах мы подчиняемся очень строгим законам, и кашрут, который мы выдерживаем в этот период времени, не соблюдается так строго никем. То же самое касается праздника Суккот и строительства сукки.

– А можно уточнить конкретные «производственные» детали?

Разумеется: ни в коем случае не должно быть никакого контакта между стенами, столбами и покрытием, крышей. Крыша «схах» – это самое главное, что есть в сукке. У каббалистов на этот счет существует очень строгий закон. «Схах» ни в коем случае не должен касаться ничего, созданного человеком – искусственного, неприродного материала (пластика, каменных блоков, гвоздей, металла). «Схах» должен быть совершенно новым, он должен касаться только деревянных планок, которые нигде раньше не употреблялись, все должно быть абсолютно чистым, ни в коем случае не покрашенным, только вырезанным. И самое главное, чтобы крыша-схах была как можно более плотной, чтобы она пропускала как можно меньше света и чтобы она лежала только на этих новых брусьях, которые, в свою очередь, уже через другие брусья, соприкасаются с каменными или металлическими опорами.

– А как объясняется то, что именно в Песах и Суккот каббалисты должны брать на себя выполнение особенно строгих законов?

Потому что именно эти два праздника олицетворяют два самых главных момента в развитии души человека, в процессе постижения им цели мироздания, в процессе получения высшего знания, постижения Творца – что и является смыслом Каббалы. Эти два момента – начало и конец духовного пути человека – олицетворяют Песах и Суккот, которые особенно строго и соблюдают каббалисты, подчеркивая их особое значение.

О ЧЕМ ПОВЕСТВУЕТ «БЕРЕШИТ»
Газета «Вести»

«В начале сотворения Б-гом неба и земли, когда земное было невообразимым хаосом, тьма заполняла бездну, и дух Б-жий витал над поверхностью вод, сказал Б-г: «Да будет свет!» – и возник свет. И увидел Б-г, что свет – это хорошо. И отделил Б-г свет от тьмы. И назвал Б-г свет «днем», а тьму назвал «ночью». И был вечер, и было утро – день один».

– Так начинается недельная глава Берешит. У каждого из нас эти слова вызывают перед глазами определенную картину. Мы слышали различные толкования слов Торы на уровне «пшат» – простого смысла. Но эти простые толкования оставляют уйму вопросов, нам не хватает в них логики, научного подхода. Как объясняет Каббала то, о чем написано в Торе?

Все святые книги говорят об одном – о высшем мире, о том, как сотворен он, а затем из него – и наш мир. Причем, не просто рассказывается о том, что «там», а человека учат, как увидеть тот мир. Постепенное раскрытие высшего мира, того, что над нами, называется духовным подъемом человека, или ступенями духовного возвышения человека. О духовном мире книги повествуют на нескольких языках. Каббала – это наука о строении высшего мира, и она использует для его описания язык сфирот, парцуфим, графики и чертежи. Тора описывает высший мир обыденным языком. Есть еще язык сказаний и язык заповедей. Попытаемся перевести язык Торы на язык Каббалы.

Тора описывает рождение высшего мира, его строение, план развития, а затем описывается процесс сотворения Человека. Но это не человек нашего мира. Говорится о создании желания насладиться, называемого Душа, или Адам, с целью наполнить это желание, творение, душу вечным, абсолютным наслаждением. Это желание насладиться и есть единственное творение. Кроме него есть только Творец. Поэтому все, кроме Творца, – это только различные величины желания насладиться. Также и в нашем мире: все, что отличает друг от друга все объекты – только различное количество желания насладиться, которое определяет все свойства каждого объекта.

В желании насладиться есть пять подуровней, обозначаемых как:

начало буквы «юд», קוצו של יוד – соответствует сфире кэтэр;
буква «юд», י – соответствует сфире хохма;
буква «хей», ה – соответствует сфире бина;
буква «вав», ו – соответствует сфире тифэрэт;
буква «хей», ה – соответствует сфире малхут.

Вместе они пишутся как: קוצו של יוד - י - ה - ו - ה

И называется имя Творца. Потому что творение в себе ощущает Творца и по своему ощущению дает Творцу имя. Эти пять частей желания-творения называются сфирот: кэтэр, хохма, бина, тифэрэт, малхут.

Творец желает наполнить это творение наслаждением, полностью, до ощущения творением совершенства и вечности. Потому что именно в этом состоянии Он сам пребывает и его желает дать нам. Творец совершенен и единственен. В силу Своего совершенства Он и желает дать творениям совершенство – Свое состояние. Поэтому задача творения – в достижении совершенства Творца, в способности получить то, что Он хочет дать.

– Мы не ощущаем Творца, а потому можем лишь верить в Его существование. Мы не видим высшие миры, ничего не знаем о них. Ни одна из существующих наук не позволяет изменять будущее. Как же с помощью Каббалы можно влиять на будущее?

Каббала изучает происходящее не в нашем мире, а в высшем, откуда затем нисходят силы в наш мир, порождают и вызывают все события в нем. Изучая Каббалу, человек начинает видеть высший мир.

В видении высшего мира человек явно познает Творца и то, каким образом Творец создал духовный мир. Это действие называется в Каббале «Первый день творения». В своих последующих действиях, т.е. в так называемые последующие дни,

Творец создал природу высшего мира, его управляющие силы. Последним, шестым действием Творца – шестым днем творения – было сотворение Адама.

Поскольку Адам был последним действием Творца, он и является целью всего творения. Все ранее сотворенное создавалось для него. Что же должно произойти с Адамом по замыслу Творца? Адам должен достичь подобия Творцу, стать во всем равным Ему, вместо Творца управлять всем творением, своей судьбой.

Причем человек сам должен достичь этого наивысшего, совершенного состояния. Достичь самому – означает, что человек вначале должен оказаться в самом худшем состоянии, противоположном Творцу, а затем сам, своими силами, подняться из него.

С помощью Каббалы человек видит наш мир и высший мир, взаимодействие между ними. Из высшего мира нисходит к нам информация и перед нашими глазами реализуется в материю. А наша реакция на нисходящее свыше в виде информации поднимается в высший мир и там определяет, в каком виде, хорошем или плохом, снизойдет и материализуется перед нами наше будущее, наше завтра.

Итак, Творец, находящийся на наивысшем духовном уровне, создал творение из противоположного Ему эгоистического свойства, полностью наполнил его светом, затем, опустошив от света, этим опустил его до состояния «наш мир». Поднимаясь обратно по духовным ступеням, творение удостаивается получения наслаждения во много раз большего, чем имело до своего нисхождения в этот мир.

– Объясните, пожалуйста, почему для того, чтобы достичь подобия, необходимо оказаться в самом худшем состоянии. Можно ли обойтись без этого?

У творения должны быть возможность и силы свободно действовать между двумя противоположными силами: своим эгоизмом и Творцом, самостоятельно выбирать свой путь и самостоятельно идти им.

Для того чтобы предоставить в распоряжение творения, т.е. человека, эти условия, Творец должен:
- полностью удалить творение от Себя;
- создать ему возможность развития и постижения Мироздания;
- создать ему возможность свободы действия.

Творец создает такие условия творению постепенно. Дело в том, что творение, ощущающее Творца (наполненное светом), не является самостоятельным: оно полностью подавлено светом, свет диктует творению свои условия, передает ему свои свойства. Для создания самостоятельного, независимого от Себя творения, Творец должен полностью отдалиться от творения. Другими словами, творение, освобождаясь от света, становится самостоятельным в своих действиях. Это действие – изгнание света из кли – называется Сокращением.

Тора начинается со слов «Вначале» (Берешит) – с начала процесса отдаления творения от Творца. Само слово «Берешит» происходит от слова «бар» – вне, т.е. повествует о выходе из Творца в отдельное состояние, между небом и землей.

«Вначале создал Творец небо и землю». Небо – сфера бина с ее альтруистическими свойствами. Земля – сфера малхут с ее земными, эгоистическими свойствами. Между этими двумя полярными свойствами, на основе которых действует вся система мироздания, в подвешенном состоянии находится душа человека. Тора начинается с рождения творения, высшего мира, и сотворения человека, души-Адама, но не с окончания творения. Назначение Торы в том, чтобы дать нам в этом мире инструкцию, каким образом мы можем подняться к самому наилучшему, совершенному состоянию.

– *Как исправить свое настоящее состояние? Что же дальше происходит с душой?*

В своем исходном состоянии творение, или душа, или Адам, как хотите назовите, не исправлено. Оно само должно исправить себя, достичь состояния «Конец Исправления». Представьте, что у вас есть неисправный рабочий инструмент, которым вы должны работать. Следовательно, вы вначале должны его исправить, а затем использовать. Так вот Тора и говорит о том, как мы можем исправить этот неисправный инструмент – данную нам свыше нашу душу.

Во время этого исправления человек находится между двумя мирами – высшим и нижним. Его душа в процессе исправления приобретает необходимые навыки, знания, опыт, а главное – у человека появляются новые ощущения, новые, духовные, свойства. Таким образом, когда человек полностью заканчивает исправление души, он приобретает такие свойства, благодаря которым сможет существовать во всем высшем мире, в вечности, покое, совершенстве.

Это особое состояние нигде не описывается, ни в Каббале, ни в Торе, просто потому, что его невозможно описать, т.к. аналогов в нашем языке ему нет. Оно постигается только теми, кто проходит все предварительные состояния исправления и достигает Конца Исправления. За пределами Конца Исправления находится область, которая вообще нигде не описана. Там-то и находятся так называемые «Тайны Торы».

Существуют только маленькие намеки на них в «Зоаре» и в Талмуде. Называются те особые, тайные состояния «Маасэ Меркава» и «Маасэ Берешит». Но все это – лишь намеки, а на самом деле эти состояния, эти духовные области невозможно выразить словами, потому что наши слова, наши буквы, наши понятия взяты из области Исправления и только в ней действительны. А то, что находится выше системы Исправления, совершенно неощущаемо нами и поэтому никак не может быть переложено на человеческий язык, втиснуто в наши координаты, определения, представления.

«Вначале сотворил...» – имеется в виду два свойства: эгоистическое и альтруистическое. С помощью альтруистического свойства «неба» исправляется эгоистическое свойство «земли» – души. Все это исправление происходит в течение семи состояний, называемых «семью днями». Это условное название, естественно, никакого отношения к земным дням не имеет. Здесь не имеются в виду земные день или ночь, земные свет или тьма. Говорится о духовных состояниях, духовных ощущениях человека, проходящего эти стадии исправления, о системе, в которой исправляется его душа, находящаяся пока еще на уровне «земля».

Необходимо поднять душу с уровня сферы малхут на уровень сферы бина, т.е. эгоистическое свойство малхут преобразовать в альтруистическое свойство бины. Это достигается семью последовательными исправлениями, называемыми «семь дней недели».

– Что означает каждый день творения? Что происходит в это время с душой человека и со всем мирозданием?

Тора объясняет, что в «каждый день» человек должен сделать со своей душой.

Первый день

«И отделил Б-г свет от тьмы». Что это значит? Человек должен следовать в своих исправлениях действиям Творца, поэтому самая первая заповедь, которую человек должен произвести над собой – это разделить мысли и желания внутри себя так, чтобы он увидел, какие из них светлые – «небо» и какие темные – «земля». Этот процесс называется «акарат ара» – осознание зла, когда с помощью изучения каббалистических книг, общения в группе каббалистов человек начинает анализировать, какие его свойства относятся к духовным, а какие – к животным. Противопоставление этих свойств друг другу, разделение их, отделение друг от друга и представляет собой первый шаг к исправлению. Это первый день сотворения человеком Человека в себе.

Второй день

После того как человек разделил в себе эгоистические и альтруистические свойства, он должен начать их исправлять. Каким образом это делается? Это делается с помощью особого света Творца. Из Творца исходит два вида света: свет хохма и свет хасадим. Так вот, используя свойство света хасадим (милосердия), называемого «вода», человек овладевает свойством отдавать, альтруизмом. «Земля» – эгоистическое свойство получать, вбирать все в себя – наша начальная природа. Вода, свойство отдачи, пропитывает землю и создает в ней возможность появления жизни. Свойство отдачи исправляет эгоизм, позволяет использовать его правильно, на пользу себе и другим. В исправленном свойством отдачи эгоизме человек ощущает высший мир, Творца, видит свои прошлые жизни и свой путь к цели творения. Именно в душе, которая вечна и переходит из тела в тело, человек может видеть все свои кругообороты жизней. Не исправивший душу не может узреть ничего выше нашего мира.

Третий день

Собирается вода над небом и обнажается суша. Часть первозданной Земли появляется из-под воды. После исправления водой она становится пригодной для того, чтобы на ней зародилась жизнь, потому что в ней есть и свойства воды, и свойства земли вместе.

Вода сама по себе так же губительна для жизни, как сухая земля. Вспомним, как Ноах выпустил голубя для того, чтобы тот нашел землю. Именно на правильном соединении альтруистических и эгоистических свойств «неба» и «земли» внутри души человека построено исправление и использование этих свойств Творца и творения в человеке.

Это исправление называется «кав эмцаи» – «средняя линия». Наша естественная эгоистическая природа называется земной, левой линией. Правая линия – это свойства Творца, свойства воды, свойства альтруизма, отдачи. А средняя линия – это то, что должен сделать человек: «выбрать жизнь». То есть взять столько «воды», чтобы в сочетании с «землей» обе эти линии дополняли друг друга и плодоносили. Чтобы на сочетании этих двух свойств выросло из земли «Древо Жизни» – духовный человек, ощущающий все мироздание, вечно и счастливо существующий во всех мирах. Вечно – потому что, отождествляя себя не с временным телом, а с вечной душой, человек начинает ощущать себя как душа, а свое тело – как временно сопутствующую оболочку. Этот переход от отождествления себя с душой вместо тела – чисто психологический и происходит по мере овладения свойством бины.

Четвертый день

В четвертый день появились небесные светила: Земля, Солнце и Луна – т.е. появляются фазы исправления: дни, месяцы, годы. Исправления происходят в каждой самой маленькой части всего мироздания и во всем мироздании в целом. Общее мироздание называется Адам, или Душа, а его составные части называются частные души, или «бней адам» – сыновья Адама. Каждая частная душа также проходит те же периоды исправления, что и общая душа.

Пятый день

«И сказал Б-г: Да воскишит вода живыми существами, и птицы полетят над землею по небосводу. И сотворил Б-г огромных рыб и всевозможные виды живых существ, которыми воскишела вода».

«Зоар» описывает каждый день творения как возведение «Эйхалот» – небесных чертогов – имеются в виду пустоты (желания), которые по мере исправления эгоистических свойств души на альтруистические постепенно заполняются высшим светом. Этот высший свет отчасти ощущают прошедшие клиническую смерть и рассказывающие потом об особом чудесном неземном ощущении покоя и радости. Постепенное наполнение пустот приводит все души к состоянию окончательного исправления и совершенства. В высшем мире нет времени – оно пропадает, потому что все состояния совершенны. Также и в повествовании Торы нет разделения по времени, а все повествование связано только причинно-следственной связью.

Поэтому, если читать дальше, мы увидим, что человек был создан в шестой день, всего несколько часов просуществовал, согрешил и упал в низший мир. И вместе с ним упал весь мир.

Шестой день

«Сделаем человека в образе нашем, по подобию нашему, и пусть властвует над рыбой морской, над птицей небесной и над скотом...»

Что значит сотворил по подобию и по образу? По образу и подобию – в Торе сказано: «Бе целем Элоким Бара...» «Целем» означает часть бины, спускающаяся из нее в душу и придающая душе свойства Творца. Иными словами, парцуф Бина – это аппарат Высшего управления, который командует всеми душами, их путями и порядком исправления. Все, что происходит с нами, исходит от бины. Малхут – это собрание всех душ, которые надо исправить. Для того чтобы исправилась малхут, из бины исходит особое устройство, которое входит в малхут и позволяет ей исправиться. Этот вспомогательный аппарат, который каждая душа в малхут получает свыше, называется «целем» – образ. Имеется в виду набор свойств, образ Творца.

Без информации о программе творения, без ощущения нахождения в мироздании, т.е. без ощущения духовных миров, мы не знаем, как поступать, как сделать следующий шаг, не понимаем, что от нас требуется. Для того чтобы у человека были все эти необходимые для продвижения вперед свойства, для этого высшая ступень, бина, должна нас научить, должна нам показать, как и что делать. Это и делает в нас Целем – нисходящее из бины вспомогательное устройство. Оно вселяется в нашу душу и вызывает в ней все необходимые исправления. Поэтому сказано, что с помощью Целем создается из нас Человек.

Седьмой день

«И были завершены небеса и земля, и в седьмой день прекратилась вся работа». Работа человека заключается в приобретении им свойств бины. Он исправляет себя с помощью этих свойств и поднимается все выше и выше. Шесть раз он сделал эти исправления в себе: хэсэд, гвура, тифэрэт, нэцах, ход, есод. Эти шесть последовательных исправлений называются шестью днями, или шестью тысячелетиями творения. Последняя сфира малхут не в состоянии исправиться сама. Но после абсорбции свойств шести предыдущих сфирот она может получить от них их свойства. Поэтому седьмой день заключается в том, что все накопленное и созданное за шесть дней входит в малхут. Суббота называется особым днем, потому что в этом состоянии происходит заполнение душ высшим светом. И единственным условием является «не мешать» этому процессу, что символически выражается в субботних законах.

– *Существует ли связь между днями творения и годами еврейского летоисчисления?*

Эта связь существует. Для человечества эти семь дней проходят как семь тысячелетий. Шесть тысяч лет эквивалентны шести дням недели – будням, в течение которых человечество неосознанно, а затем осознанно, «в поте лица», исправляет себя. И достигает в итоге седьмого тысячелетия или седьмого дня – Субботы, состояния, когда сверху его исправленные свойства наполняет высший Божественный Свет наслаждения и изобилия.

– *Существует ли какой-то тайный смысл у числа 7?*

Управляющая нашим миром система состоит из 7 частей. Отсюда в нашем мире происходит деление на 7 и 70: 70 народов мира, 7 дней недели, душа человека состоит из 70 частей, жизнь человека считается 70-летней и пр.

Весь путь человечества состоит из 6 дней – 6000 лет исправления. Мы начали 5762 год. Общее сознательное исправление мира началось с 1995 (5755) года, т.е. всего 7 лет назад. За оставшиеся до 6000 лет время мы, все человечество, должны будем исправить себя, а затем в седьмом тысячелетии получить заслуженное, заработанное вознаграждение.

— *Можем ли мы «сжать» время, сократить свой путь к цели творения?*

Единственное, что мы в состоянии сделать – это, вмешавшись в процесс, запущенный свыше на все 7 тысячелетий, ускорить его. Те, кто может подойти к этому процессу индивидуально, раньше достигают выхода в высший мир, ощущения высшей, совершенной реальности. Да и сам путь исправления, если они проходят его сознательно, своими усилиями, ощущается как созидание, романтическое устремление, а не перманентное получение ударов судьбы.

— *Для каких целей человек рождается мужчиной или женщиной? Почему одному приходится выполнять свое предназначение в Израиле, а другому – далеко от Израиля? По каким критериям выбирается родство?*

Эти вопросы относятся только к механизму высшего управления, называемому ЗО"Н мира Ацилут. Эта система состоит из двух частей – Зэир Анпин и Нуква, мужской и женской, которые находятся между собой во всевозможных соотношениях. Их взаимные отношения образуют времена (дни, недели, месяцы, годы). От их «зивугим» – соитий – рождаются души. Свойства рождающихся душ определяют свойства физического тела, в которое душа облачится. Еще до того как родился в этом мире ребенок, формируется его душа и нисходит в этот мир.

Я говорю об этом земными словами в масштабах времени, места, перемещения, хотя их в духовном не существует. Но должно быть ясно, что именно соотношения мужской и женской частей ЗО"Н мира Ацилут определяют все, что произойдет в нашем мире. Нет никакой возможности популярно изложить все те вариации, которые существуют между этими двумя частями, каким образом они сближаются, одеваются друг на друга, совокупляются и рождают новые души. Это очень сложная система. Из более 2000 страниц «Талмуда Десяти Сфирот», основного каббалистического учебника, около 1600 страниц посвящены ЗО"Н мира Ацилут.

— *Я хочу задать более практический вопрос: может ли человек влиять на эти процессы и зависит ли что-то от человека?*

Мы изучаем устройство и функционирование всей системы мироздания именно для того, чтобы точно знать, где и как мы можем вмешаться, что изменить. Вообще, напрямую человек не может влиять на свой корень, на источник, из которого он исходит. Ведь он находится на ступень ниже, является производным от него.

Но исправляя себя, становясь по свойствам подобным своему корню, человек изменяет в себе ощущение получаемого свыше: вместо ударов судьбы, постоянных неприятностей, повседневных трудностей он начинает ощущать блаженство, покой, совершенство, полное познание.

Творец создал нас в этом мире, чтобы мы с помощью Каббалы освоили высший мир и сами стали управлять своей судьбой. Знание Каббалы должен принести всем народам народ Израиля. Если он не несет миру знание о духовном мире, о высших силах, он этим препятствует всему миру стать лучше, счастливее.

Это подсознательно ощущают другие народы, и это проявляется в их ненависти к Израилю. Спасением от всех проблем может быть только одно – выполнять свою миссию в этом мире, будучи народом богоизбранным именно для этой цели. Наше избрание состоит в том, чтобы создать связь между человечеством и Творцом. Пока мы этого не сделаем, обе стороны – народы и Творец – будут нас к этому толкать.

К счастью, время работает на нас, и близится внутреннее – духовное и внешнее – физическое освобождение всего человечества, как сказано об этом в «Предисловии к книге «Зоар». Ведь как не может человек существовать в нашем мире, не имея знаний о нем, так и душа человека после смерти тела не в состоянии существовать в высшем мире, если не получит предварительных знаний о нем. Поэтому знание Каббалы не только обеспечивает нас комфортным существованием в этом мире, но и вечным и совершенным существованием в мире будущем.

ВЕЧНАЯ ВОЙНА. НА НЕБЕ И НА ЗЕМЛЕ
Газета «Вести»

...На асфальте перед поминальными свечками сидела на коленях девочка и захлебывалась в рыданиях. Она плакала бесконечно, безнадежно, ее черная майка давно промокла от слез. Перед ней аккуратно в ряд лежали свежие красные розы, а под розами были видны темные пятна на асфальте.

— На этом месте позавчера лежал мальчик, — сказала ее подружка. — И тоже заплакала, пробормотав, что сейчас не время для газетных репортажей – слишком много крови...

Было 3-е июня, и никто на свете не мог утешить эту девочку, сидевшую на коленях перед поминальными свечами. Потому что 1 июня на этом месте она рассталась со всеми своими надеждами, здесь осталась окровавленная и бездыханная ее любовь.

В какой-то статье о Катастрофе мне попался короткий диалог: — Где был ваш Б-г, когда евреев загоняли в газовые камеры? — Стоял в дверях и плакал, — последовал ответ.

Я процитировала этот диалог раву Лайтману. «Красивые слова. И совершенно бессмысленные, если не понимать цели мироздания», — сказал он.

«Но кровь этого мальчика и боль этой девочки, независимо от цели мироздания, требуют, если не утешения – оно, видимо, невозможно – то объяснения, оправдания!»

Рав М.Лайтман: Насчет утешения – это не ко мне. Я ничего не скажу вам ни про эту кровь, ни про эти страдания, хотя скорблю не менее вас, но другой скорбью. Ваше горе я разделить с вами не могу. А если вы хотите понять, почему и что происходит сейчас в Израиле, как мы должны к этому относиться и что должны делать – это я могу объяснить.

Мы – наш мир – находимся в самой низине мироздания. Сюда Творец спустил нас, чтобы в соответствии с Его замыслом мы сами, самостоятельно поднялись до самой его вершины. Мы должны стать равными Творцу в вечности, совершенстве, наполнении покоем и знанием.

Для этого мы должны преодолеть все 125 ступеней духовной лестницы, поднимающейся от нашего мира до самого Творца. Эта лестница состоит из 5 миров (см. рисунок), в каждом из которых есть 5 парцуфим (духовных объектов), каждый из которых состоит из 5 сфирот: итого 125 сфирот, свойств, ступеней.

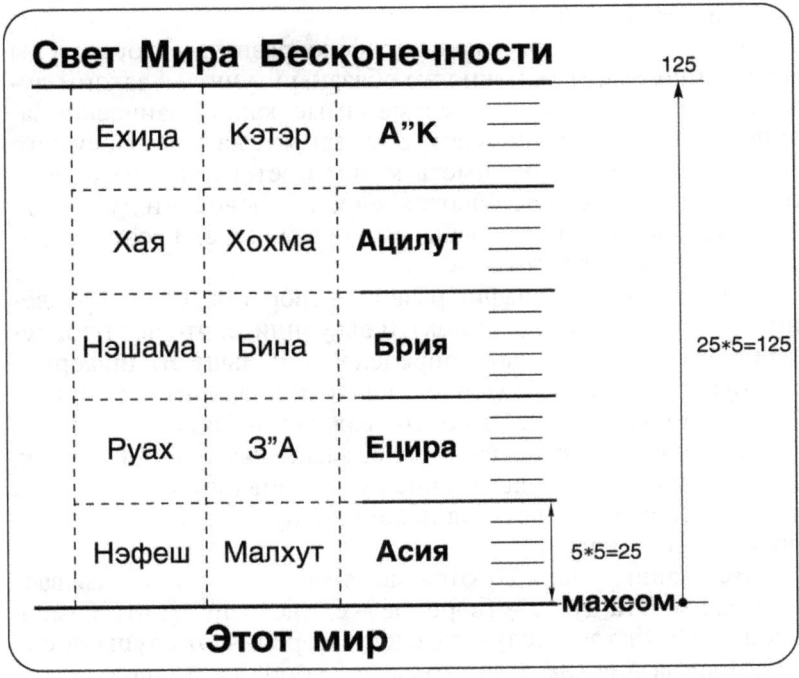

125 ступеней возвышения

— То, что вы объясняете, — чисто академическая информация. Что нам с ней делать? Какое отношение она имеет к катастрофам нашего мира, к этим пятнам крови на асфальте? И почему мы должны платить за то, что по замыслу Творца оказались «в самой низине мироздания»?

С такими вопросами и претензиями мы никуда не сдвинемся в нашей беседе. Когда вы изучите и поймете законы мироздания, когда вы научитесь видеть за пределами нашего крошечного материального мира природу духовных миров, тогда вы получите ответ. Вы ведь сегодня не спрашиваете меня, почему человек разбивается насмерть, прыгая с седьмого этажа, или тонет в воде, если не умеет плавать. Это вам кажется нормальным, потому что вы усвоили несколько неотменимых физических законов и не имеете по этому поводу никаких претензий.

Но с конца XX-го века по графику развития творения вы и все наши современники уже обязаны изучить и законы духовных миров — столь же неотменимые, как и физические законы нашего мира — и усвоить их так же, как закон земного притяжения, чтобы не иметь к ним претензий. Мы сильно опаздываем (в первую очередь, евреи) в освоении духовных законов, нарушаем их, пребывая в невежестве, и возмущаемся, когда тонем, разбиваемся и горим.

Посмотрите на график развития творения, его исправления, избавления (см. рисунок), и вы увидите, что все процессы предусмотрены и даты определены. Раньше эта информация была скрыта от людей, ею владели избранные единицы. Сегодня она открыта. Это очень важная информация для сегодняшнего человечества. Важнее закона земного тяготения. От нее зависит не только наше существование в этом мире, здесь и сейчас, но весь дальнейший путь человечества (и, прежде всего, евреев).

Все наши души являются частями одной души, называемой Адам. Эта душа — творение — единственное, что создал Творец. По Его замыслу — замыслу творения, эта душа после ее создания должна отдалиться от Творца настолько, чтобы ощутить всю горечь, униженность, ничтожность, несовершенство, зыбкость такого состояния (противоположного Творцу), чтобы всеми своими силами захотеть уподобиться Творцу, захотеть вернуться, подняться к Нему.

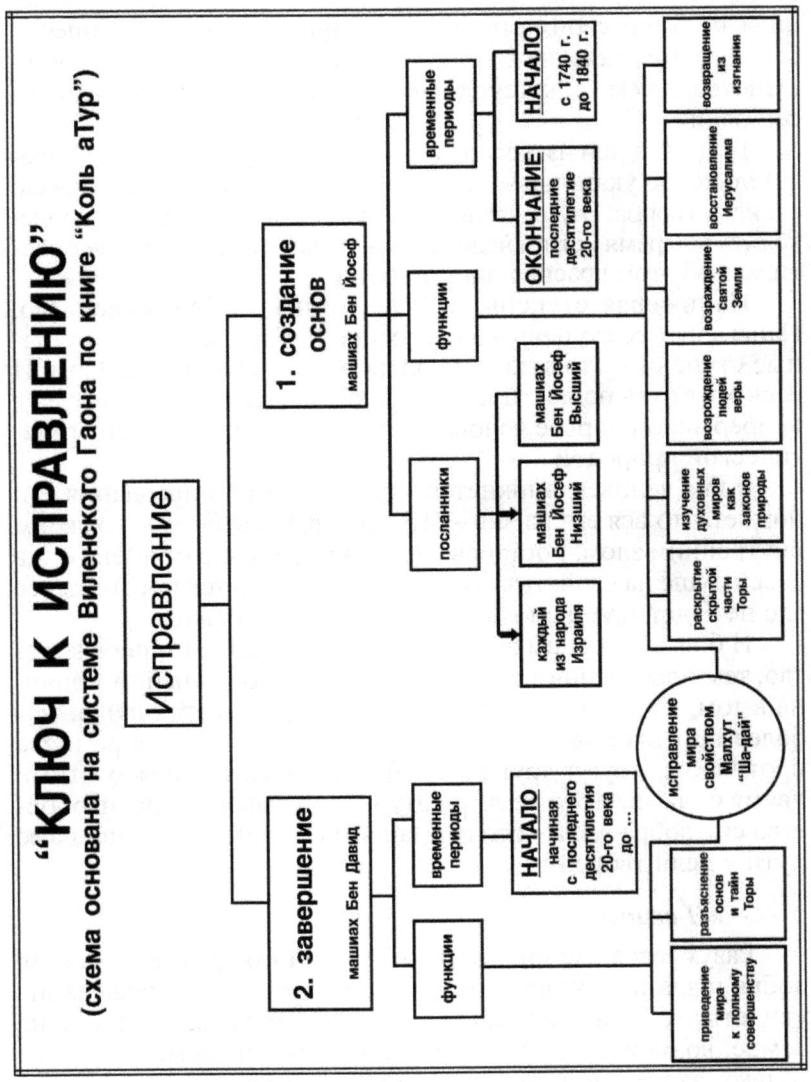

Смысл этого нисхождения от Творца и восхождения к Нему в том, чтобы в творении – в душе – появилось свое личное стремление стать подобной Творцу. В таком случае, возвратившись к Творцу своим стремлением, душа ощущает бесконечно большее наслаждение – вечность, высшее знание, покой, совершенство, – чем то, которое ощущала в своем первоначальном состоянии.

Подъем души из нашего мира к Творцу происходит последовательно, по указанным 125 ступеням в мере приобретения ею свойств Творца. Это возвращение души к Творцу должно происходить во время жизни человека в нашем мире, а не после смерти, как об этом красиво пишут поэты.

Наинизшая ступень этой лестницы – абсолютное Зло. Наивысшая ее ступень – абсолютное Добро. Все промежуточные ступени – это относительная победа Добра над Злом. И весь этот путь по лестнице, ведущей вверх, осуществляется в непрерывной борьбе человека со своим злом, со своей эгоистической природой.

Если человек вникнет в общую схему мироздания, он поймет, что вся его жизнь – это непрерывная борьба со своим внутренним злом, постепенное его вытеснение и замена его в своей душе на свойства Творца – добро. И до тех пор, пока все зло не будет замещено добром, борьба неизбежна.

И более того, чем активнее добро вытесняет и побеждает зло, тем проявления зла интенсивней, беспощадней. А причина в том, что чем выше по лестнице поднимается душа, тем более противоположные и более мощные силы добра и зла противоборствуют друг другу. Душа находится между этими двумя силами, и это не литературная метафора. Противоборство сил добра и зла – это перманентное состояние души на ее пути к цели творения.

– *«И вечный бой»?*

Разумеется. Непонимание постоянного противодействия добра и зла и перманентной войны между ними, нежелание увидеть это приводит человека к надежде на то, что здесь, на Земле, возможно достижение мира в любой момент – стоит только захотеть и попытаться договориться.

Никогда за всю свою историю человечество не существовало без войн, столкновений, противостояний, подготовки к войне или залечивания послевоенных ран. Это – факт. Как факт и то, что если где-то идет война, ищите там евреев. В скрытом или явном виде. В скрытом – поскольку исчезли из нашего поля зрения десяток колен. И выяснив причины и участников войн, мы скорее всего обнаружим там своих явных или скрытых соотечественников. И так будет до самого конца, то есть до состояния полного исправления Зла и замещения его Добром.

— *Какую безнадежную перспективу вы рисуете!*

Но именно этот процесс приведет нас к совершенству, к вечности, к покою – то есть к цели творения.

— *Но мы-то не увидим завершения этого процесса.*

Кто вам сказал? Еще раз посмотрите на график избавления. В течение тысячелетий человечество продвигалось к цели творения неосознанно. С последнего десятилетия XX-го века начался осознанный подъем душ, как и было предсказано в книге «Зоар», в трудах Ари, Виленского Гаона, Бааль Сулама – всех великих каббалистов.

Мы – первое поколение, которое уже обязано начать осознанный процесс исправления, а мы об этом до сих пор даже не удосужились прочитать, хоть что-то узнать и понять. Поэтому – бездыханные девочки и мальчики, поэтому пятна крови на асфальте и море слез.

— *А как мы можем участвовать в этом процессе сознательно, если все предопределено и график расписан?*

Единственным способом: изучить этот график и сознательно включиться в процесс, поняв, что законы мира незыблемы. Человек должен уяснить, что только от него зависит скорость и мера исправления (именно в этом у него есть свобода воли), что на все исправление отведено определенное время, и если человек опаздывает, то природа подгоняет его, трагическими событиями демонстрируя ему его неисправленное состояние, которое он обязан начать исправлять.

То есть страдания, трагедии и катастрофы, через которые мы проходим, – это следствие неисправленных свойств, неисправленных вовремя и нашими собственными усилиями.

Терракты и войны, взрывы и трагедии будут продолжаться, пока мы не начнем внутреннюю войну со злом в духовном мире, будучи полностью готовыми к внешней войне в этом мире. Это — внутренняя работа по исправлению своей природы, своего эго, по вычленению зла в себе и его преодолению. Ни один психолог или психиатр не владеет методикой этой работы.

И как почти все основные законы этого мира открыты евреями (это предопределено нашей миссии), так и эта методика развития и исправления души разработана еврейскими мудрецами-каббалистами. И мы уже давно должны были приступить к ее освоению.

В 30-е годы, накануне второй мировой войны, великий каббалист XX-го века Бааль Сулам призывал к этому евреев. Они не услышали... Мы обязаны начать управлять нашим исправлением, начать управлять мирозданием. А об окончании войны пока можно просто забыть и не мечтать.

— *Вы лишаете нас всякой надежды на мир, всякого утешения в то время, как все религии призывают к миру.*

Я стремлюсь показать реальную картину взаимодействия сил Добра и Зла, я пытаюсь показать расчет, по которому происходят взрывы и начинаются войны, я пишу не для утешения, а для знания, вооружившись которым можно бороться со злом.

Если мы начнем себя исправлять в соответствии с планом творения, то не ощутим на себе в такой жесткой форме этого противостояния сил Добра и Зла, выражающегося в нашем мире в трагических катастрофах и терактах. А значит все зависит от того, принимаем ли мы сами участие в исправлении и насколько активно наше участие.

Если мы исправляемся, идем к постижению духовных миров в темпе, заложенном в плане нашего развития, в темпе, в которым мы можем идти соответственно нашим внутренним задаткам и в соответствии с внешними условиями, создающимися Высшим управлением специально для нашего исправления, то мы начнем постепенно ощущать все больше комфорта, просветления, покоя.

Поэтому мы ведем в наших группах занятия по изучению методики исправления души, а не успокоительные чтения Псалмов. Все религии говорят о страданиях здесь и вознаграждении там. Каббала ни в коем случае не говорит о том, что наши трагедии — это плата за вход в райский сад. Наши трагедии — это не расплата, а следствие неисправленного вовремя какого-то из духовных свойств.

И они будут продолжаться, пока мы не исправим их. Есть простая аналогия: если у меня неисправна машина, я буду мучиться с постоянными поломками, пока не отремонтирую. А если я запаздываю с ремонтом, то неисправности накапливаются и приводят к авариям и катастрофам.

Поэтому я ни в коем случае не хочу изображать розовых картин будущего: мы находимся в состоянии постоянной войны со злом — и только своевременное исправление его в себе, выход из-под его власти над нами, может предотвратить войны и терракты.

Мы вошли в осознанную стадию исправления, и теперь природа будет толкать нас на сознательные поступки, и в мере нашего запаздывания – все более жестко, ведь война между святостью и темными силами продолжается до Конца Исправления.

– То есть вы хотите сказать, что Творец поставил такую цель, которая предусматривает страдания Его творений? Как можно оправдать такой путь и такую цель?

Только увидев ее в целом. А пока вы не видите, вы, разумеется, не можете ее оправдать, и ничего не можете изменить, и опять будете стоять над этой или другой плачущей девочкой. Изменить что-то вы можете, только изучив Его пути, и только тогда вы оправдаете и Творца и Его цель, а до этого, несмотря на любые красивые фразы, вы Его будете проклинать.

И каждый мыслящий человек, узнав, что сегодня у него есть возможность проследить не только пути планет, комет, атомов или человеческих генов, но и пути, законы и цель Творца, должен хотя бы проявить интерес к этой важнейшей области знания.

Я понимаю, что люди ленивы и нелюбопытны, но сегодня от этой лени проистекает множество трагедий. Ведь до тех пор, пока Цель не достигнута, мы, находящиеся в этом мире, должны воевать и на духовном и на земном уровнях. Одно не должно противоречить другому.

Мы изучаем гораздо менее необходимые науки, от которых не зависит наша жизнь и смерть, наше вечное состояние после смерти. Так почему же мы позволяем себе пренебрегать столь важным знанием?

Система мироздания изначально состоит из двух противоположностей. Поэтому война – покорение Зла Добром – обязательна: как внутренняя, духовная, так и земная. Вся жизнь царя Давида, который есть прообраз нашего царства, нашей государственности, является примером для нас: он 40 лет воевал и 40 лет писал Теилим (Псалмы).

Это пример того, как должен вести себя человек в этом мире – в непрерывной борьбе с внутренними и внешними своими врагами. Он явно показал нам, что духовное восхождение – есть духовная война, и война в нашем мире является материальным отображением этой духовной войны.

Сегодня нам необходимо осознать, что бесполезно ждать мира, его не будет, а наоборот, будет обострение конфликтов и военных столкновений повсюду. И в наших силах перенести эту войну с уровня нашего мира на духовный уровень, там победить и увидеть нисхождение наступившего Мира в наш мир.

Ни в коем случае нельзя забывать о том, что война на духовном и на физическом уровне неизбежна и постоянна до окончания общего исправления. Ни в коем случае нельзя обманывать себя, будто земную войну можно отменить земными соглашениями, уступками, молитвами, любыми иными действиями – кроме работы по исправлению нашей души.

Земную войну нельзя отменить даже разгромом земного противника, даже победоносными войнами, какие были у нас за краткую 50-летнюю историю государства. Потому что исправления (уничтожение Зла, соединение с Добром, сближение с Творцом) совершаются в высшем мире, и прекращение войн в нашем мире – не более чем следствие слияния с Творцом, которого можно достичь только с помощью изучения Каббалы.

Мы должны уничтожать своих врагов, подобно царю Давиду, вплоть до границ его завоеваний, называемых «Кибуш Давид», которые включали в себя Землю Израиля в ее естественных границах, включая часть Сирии и Иордании.

– А что такое «естественные границы» Израиля?

Естественными границами Израиля называются такие границы в нашем мире, на которые нисходит высшая сила, соответствующая духовной Эрец Исраэль. Дело в том, что на каждую часть земного шара нисходит из высшего мира своя сила. Поэтому «меняя место, меняешь судьбу»: живущие в одном месте, имеют похожее строение тела, черты лица, характер, а при перемене на много лет местожительства изменяются в людях их внешние и внутренние признаки.

В духовном мире есть 70 сил, которые нисходят в наш мир и образуют 70 народов – каждый на его территории. Сегодня в нашем мире все перепутано, но из высшего мира по-прежнему нисходит 70 сил и каждая из них действует на исконную территорию каждого народа. Поэтому, видя из высшего мира нисходящие вниз силы, можно точно указать границы Израиля.

Но не это главное. Речь ведь идет, в первую очередь, об исправлении творения. Пока оно не будет исправлено, войны не прекратятся – ни духовные, ни земные. Поэтому ни в каком случае нельзя ослаблять армию, и не следует молчать, давая врагам делать все, что им вздумается.

И наоборот, понимая, что война может быть только до победного конца, что не существует соглашений со злом (согласно плану творения), необходимо духовно атаковать зло, упреждая его как снаружи, так и изнутри.

Мы должны исправлять внутреннее зло посредством того, что захватываем его, разрушаем и строим на нем здание добра. То же самое надо делать во внешнем мире.

Заблуждение надеяться, что изучение Торы и чтение Теилим остановит терракты и войны, как считают ортодоксальные верующие. Это было бы верно, если бы мы находились уже в конце исправления (Гмар Тикун). Так же как заблуждение думать, что договоры и уступки предотвратят терракты и войны, как считают «ортодоксальные» неверующие. Это совершенно противоречит плану творения и, наоборот, только усугубляет проблему, потому что усиливает зло.

Необходимо взять пример с царя Давида и воевать одновременно в этом и духовном мире против зла, вести войну внутри себя и вне себя. Мы находимся в условиях, намного лучших, чем те, в которых был царь Давид, потому что наше время – это уже преддверие окончательного исправления и явления Машиаха. Поэтому, как сказано в книге «Зоар», только изучая ее, можно влиять на высшие силы, победить зло и спасти себя и весь мир от грядущих катастроф.

— Я знаю уже очень многих людей, занимающихся Каббалой, изучающих книгу «Зоар», да и раньше их было, наверное, немало. Но результатов как-то не видно...

Результат – это итог исправления. Оно не может быть достигнуто только трудом одиночек. Вспомните пророков, их обращения ко всему народу. Нам необходимо массово, как в школах, начать изучать Каббалу. Это вовсе не означает, что все должны стать каббалистами и изучить глубины тайного учения. Необходимо приобщение народа и понимание основных законов развития и исправления души, изложенных в Каббале. Таково требование нашего времени. Время одиночек, мудрецов-каббалистов, миновало.

А мы, кроме учебы, должны выработать в себе правильное отношение к войне и увидеть в наших войнах исправление. Мы обязаны полностью изменить отношение к войне! Не пытаться бежать, а относиться «по-взрослому» к необходимости исправления душ, осознать, что в этом мире не может быть ничего противоположного миру духовному. А в духовном мире ведь идет постоянная война! Если мы закончим ее там, она закончится и в нашем мире.

— Уже сегодня мы видим, что возвращение из изгнания оборачивается новым изгнанием – бегством от страха. Люди не хотят жить по вашему сценарию «вечного боя», блоковских романтиков остается все меньше и меньше.

Действительно, многие хотят уехать из Израиля. И многие уедут. И они накапливают этим дополнительное зло на своем личном духовном счету. Они не услышат взрывов около своего дома, но через десяток лет они станут жертвами еще больших катастроф.

Все предопределено, и никто не уйдет от своей судьбы. И никто не убежит от своей миссии, как не смог скрыться пророк Иона. Расчеты с каждой душой совершаются в высшем мире в соответствии с кругооборотами, с путем каждой души и ее заранее заданным конечным состоянием. Пока эти пути вы не изучите, мои слова будут казаться пустыми заклинаниями.

Знание Каббалы позволяет человеку не прятаться от земной войны, а управлять ею духовно, в полном сознании и с уверенностью в том, что мы победим в этой войне.

Духовный свет не снизойдет на нас неожиданным изобилием, а постепенно должен быть завоеван нами в сознательной борьбе разочарованиями, падениями – как в частной войне каждого, так и в нашей общей, народной.

С помощью Каббалы мы приобретаем контроль над ходом событий и сами сознательно ведем войну за освобождение места для Творца. Не стоит обманываться, что мир – вот он, на подходе. Противоборство двух сил вынужденно, и именно мы, евреи, определяем течение процесса.

В этой стране за годы существования государства было много войн. Есть войны, которые вообще не ощущаются. Если заранее знаешь о необходимости войны, понимаешь ее высшую цель и моральную основу, противник побеждается настолько эффективно, бескровно, что война проходит практически незамеченной.

Сказано Творцом: «Я пойду с вами в ваших войнах и буду воевать среди вас, и в стане вашем и на поле битвы». Потому что это война Творца! Видение того, как она происходит в высшем мире и достигает вечной цели, позволяет человеку совершенно не ощущать саму войну в этом мире.

– Но мы-то ощущаем – и очень болезненно – войну именно в этом мире. Если можно перевести ее на уровень духовной борьбы со Злом, почему же это не происходит, почему мы этого даже не видим?

Сокрытие и темнота, в которых мы существуем, наше незнание будущего и бессилие являются следствием нашего духовного состояния. Изменить его мы можем только изучая Каббалу, книгу «Зоар». А если мы не прикладываем сознательных усилий для установления связи с Творцом, выхода в высший мир, то обстоятельства вынуждают нас обратиться к Нему, установить контакт с Ним.

Все в мироздании организовано так, что мы должны совместно с Творцом выйти на войну с Фараоном, со Злом. И наша внутренняя война должна проходить так, чтобы мы ощущали, что не мы, а Он руководит этой войной. А прийти к этому ощущению можно только с помощью каббалистической методики.

– Но вы же сами говорили, что в духовном нет насилия и человека нельзя заставить заинтересоваться структурой

мироздания и Божественным управлением, изучаемым в Каббале.

Да, невозможно заставить заниматься Каббалой, пока человек еще не ощущает беды. Необходимость вынудит человека развиваться, и я полагаю, что еще год-два – и люди увидят, ощутят, в каком направлении необходимо двигаться. В любом случае, время работает на нас...

Если до 10% евреев почувствуют необходимость по несколько часов в неделю отдавать изучению Каббалы и ее распространению, а еще 50-70% будут понимать важность этой работы, важность освоения методики влияния на Высшее управление, это изменит духовную расстановку сил, приведет к приходу Машиаха.

Из поколения в поколение, т.е. из круговорота в круговорот, душа нисходит в этот мир, облачается в тело и ведет с телом войну. Мы не осознаем эту войну, она ведется в нас неосознанно и воспринимается нами как наши усилия в борьбе за жизнь, выживание, как бегство от страданий и достижение наслаждений.

Но это наша внутренняя война. А есть еще и войны внешние, порожденные человеческим эгоизмом, его желанием властвовать над себе подобными: борьба между людьми, партиями, все виды конкуренции и вплоть до войн между народами.

После того, как душа проходит определенное количество круговоротов этой неосознанной борьбы (человек не осознает причины и цели своих испытаний, а процесс круговоротов скрыт от него), она восходит на новый этап исправления – сознательный. Для его максимально быстрого и безболезненного прохождения каббалисты и разработали специальную методику. Каббалу не случайно называют математикой души, и изучение ее необходимо именно на последнем сознательном этапе исправления.

Каббалисты прошлых веков писали, что этот этап должен начаться с возвращением из последнего четвертого изгнания, а точнее, как указывал в 16-м веке Виленский Гаон, с 1990 года, а рабби Йегуда Ашлаг (Бааль Сулам) указывал 1995 год.

Так или иначе, но этот процесс начался, и мы видим, что тайное еврейское учение, бывшее в течение веков за семью печатями, – учение об осознанном личном исправлении становится необходимым все большему количеству людей.

Бааль Сулам пишет, что изучение Каббалы меняет баланс между темными и светлыми силами, в результате чего и в этом мире происходят соответствующие изменения. Этот баланс сил не говорит о том, что нет войны. Война до конца исправления неизбежна.

Но она не обязательно должна быть такой, чтобы погибали миллионы. Война – это противостояние сил. И она не прекратится до Конечного Исправления, но мы уже находимся в последней стадии.

– На что же мы можем повлиять, если война неизбежна и, более того, является перманентным состоянием и духовных миров, и нашего мира?

Изучая Каббалу, мы можем влиять на баланс сил добра и зла настолько эффективно, вызывать такие изменения в системе управления, что просто не будем ощущать войну, сопротивления зла.

Что такое – сегодняшнее противостояние евреев и арабов? Каббалистическое объяснение противостояния гоев и евреев основано на анализе строения общей души-творения. Ее наружная часть соответствует гоям, а внутренняя – это евреи (от слова «эвер» – перешедшие границу этого мира и вошедшие в мир духовный), или Исраэль (в переводе – «прямо к Творцу»).

В душе постоянно происходит борьба наружной (материальной, эгоистической) части – «гоев» с внутренней – «евреями». Арабы, которые воюют против евреев – это я сам, мои свойства, это моя природа, которую я должен победить, одновременно побеждая реальных арабов. Евреями, в полном смысле этого слова, мы станем, только когда победим гоев в себе, то есть будем исправлены.

Это не наше сегодняшнее состояние – это состояние будущее. Если бы мы сегодня были исправлены, мы не должны были бы воевать. Согласие, мир – Шалом (от слова «шлемут») – совершенство. Его можно достичь, только если Добро полностью покорило Зло, и Зло служит Добру.

В неисправленном состоянии невозможно себе представить, что силы Зла можно использовать для службы Добру, для слияния с Творцом. А ведь для этого достаточно только изменить намерение их применения.

Этот парадокс можно сравнить с тем, что когда у человека происходят личные трагедии, он вроде бы и слышать не может о высшем, о Творце. Ведь именно оттуда нисходят его страдания. А на самом деле, именно горе, страдания обращают людей к мыслям о высшем, и от этого парадокса никуда не деться.

— После 1 июня я столкнулась именно с этим парадоксом: группа подростков сидела «шиву» в доме, где погибли две девочки – две сестры. Мы с оператором телевидения записывали интервью с ними для телевизионной программы, и вдруг я неожиданно задала вроде бы совершенно неуместный вопрос – верите ли вы в Б-га? Я ожидала недоуменной реакции, если не резко агрессивной. Но все восемь человек мгновенно ответили: – Да, конечно, верим. – А как можно пережить все это и дальше жить, если не верить в Б-га, – добавил один из пятнадцатилетних подростков с серьгой в ухе...

Взрослый, развитый человек использует для выводов прошлый опыт всех поколений. Простой люд закрывает глаза, переживая лишь сиюминутную, свою личную боль. Ни о каких трагедиях прошлого он не желает вспоминать. Поэтому не количество страданий определяет результат прозрения, а внутреннее (духовное) возмужание.

Вопрос о смысле жизни, о причине страданий и испытаний застает человека врасплох независимо от возраста. Возможно, уже в десятилетнем возрасте он начинает ощущать в себе этот вопрос, хотя вроде бы и не прошел в своей жизни никаких страданий и растет в благополучной семье. Это приходит к нему из прошлых кругооборотов жизни его души в этом мире.

Мы почти не продвигаемся сейчас к Концу Исправления, потому что неосознанно относимся к ударам. Мы стоим на месте и накапливаем удары, пока их мера не превысит пороговый уровень, – и тогда мы получаем очередной удар. А когда совокупная горечь ударов вызовет необходимость избавиться от них, тогда эгоизм включит разум и мы поумнеем.

Существует иллюзия, что путь страданий – это путь в духовный мир. Это – не путь. Это – время накопления страданий до их порогового количества, когда включается необходимость осознания их причины. Война же неизбежна и будет продолжаться до полного исправления мира, но изучая Каббалу, мы смягчаем ход войны и уменьшаем страдания, а то и вообще переносим ее полностью на духовный уровень.

Но пока основная масса нашего народа не осознает, что помимо внешней войны, идет процесс внутренней войны, страдания будут лишь усиливаться. Этот процесс продолжается тысячелетия, потому что осознание высшей причины и цели должны пройти всю глубину нашей эгоистической природы.

А пока что мы смотрим на наше тело (страдающее или наслаждающееся) как на главное и единственное свое достояние, потому что не ощущаем души. Мы считаем, что мы – это наше тело (разум, интеллект включен в это понятие), и только с ним мы себя идентифицируем.

– Конечно, мы – это наше тело и интеллект! Ведь все остальное скрыто от нас, как же мы можем оперировать другими понятиями, не данными нам в ощущении!

Сегодня уже можно, у нас есть уже достаточно оснований, чтобы понять, что наше тело, его жизнь – это некий незначительный, сиюминутный фрагмент относительно высшего, вечного. Но мы настолько привязаны к телу, что не можем думать о душе, а все только о нем.

Каббала дана для того, чтобы поднять человека над материальным миром, помочь ему в исправлении, наполнении своей души и установлении контакта с Творцом.

По плану Творца обстоятельства приведут нас к необходимости осознать, что в нас есть нечто, кроме тела, – душа, и что она – главное.

Это есть в каждом – нечто, чего он не знает, не ощущает. Это нечто – огромное, вечное, но пустое. И сейчас эту пустоту и вечность человек должен начать открывать и заполнять. Открытие души занимает тысячи лет, и мы сейчас вступили в его последнюю фазу.

Беседы

СТРАДАНИЯ ИЗГНАНИЯ

Читая газеты, слушая радио, я вижу отношение ко мне, к моему народу – особое отношение других народов к нам, евреям. Слишком много чувства вкладывается в отношение к нам. Антисемитизм, страх народов, вражда по отношению ко мне и ко всем евреям ощущается повсеместно.

Враги окружают меня и мой народ, все хотят нашего уничтожения или, по крайней мере, покорения. Но я должен относиться к этому явлению, как к воздействию Творца, Который вызывает эту вражду и ненависть в народах мира специально ради меня, чтобы я приподнялся с уровня примитивной реакции на само воздействие на более высокий уровень выяснения причин этих воздействий.

То есть, из чувственной области, с уровня «животной» реакции, Творец хочет перевести мое отношение к отрицательным воздействиям на уровень осознания их причин, поставить меня перед необходимостью подумать, поступить вполне определенным образом, измениться.

Если я реагирую не на воздействия, а на их причину, то я действую на уровне «человек» вместо уровня «животное». Только в этом случае я могу осознать события, я способен не убегать, как животное, от ударов, а изменить эти внешние события.

Смысл всех страданий состоит, в первую очередь, в том, чтобы вызвать в нас вопрос об их смысле, т.е. поднять человека с уровня испытывающего страдания на уровень анализирующего, думающего о страданиях, об их причине и цели. Причина и цель страданий могут трактоваться каждым из людей произвольно, в соответствии с его склонностями и характером. Но все согласятся, что страдания заставляют задумываться об их причине и цели. В сущности, причина и цель – это одно и то же.

Распространение Каббалы позволяет ознакомить с нею массы и таким образом сократить каждому время осознания причины и цели страданий, осознание того, что страдания небеспричинны и что у них есть источник — Творец, Который посылает страдания всем и каждому с вполне определенной целью, окружая нас ими в течение тысячелетий и не давая надежды избежать их.

Работа Творца над нами преследует вполне конкретную цель: последовательными отрицательными воздействиями вызвать в нас развитие зрелого отношения к страданиям. Мы должны не избегать их, а осознав их причину, использовать как подарок Творца!

Если мы будем правильно использовать страдания, мы обратим их в кли, в сосуд, наполненный вечным, бесконечным наслаждением и знанием. Если мы приподнимемся с животного ощущения страданий до понимания их причины, мы вместо палки ощутим Дающего страдания, Бьющего нас этой палкой. Он, Творец, ждет от нас этого!

Прекратятся ли тогда страдания? Да, конечно! И из этого следует, что Творец ведет нас, как животных или маленьких детей, привлекая наслаждениями, покоем, т.е. используя созданный в нас эгоизм. Но постепенно, подъемами и падениями — наслаждениями и страданиями, отрицательными ощущениями — Творец приводит нас к желанию постоянной связи с Ним, к тому, что мы нуждаемся в Нем.

Конечно, это «ло ли шма», т.е. вся эта связь «ради себя», это не более чем шкурный интерес, но после того, как человек вынужденно поднимается до уровня связи с Творцом — вследствие страха, необходимости выжить, — после этого начинается совершенно другой этап развития.

В человеке начинается постепенная переоценка вознаграждения: он переходит от желания животного вознаграждения, животного спасения к вознаграждению, которое выше тела, независимо от животного страха.

Человек начинает ощущать, что вознаграждение может быть выше тела, т.е. независимо от животного страха, который ранее обязывал его к связи с Творцом, независимо и не ради того, чтобы ему было хорошо или плохо. Человек ощущает, как постепенно «животное» сходит с него, падает с него, как падает с плеч длинная рубашка, сходит с него, как шкура со змеи.

И эта животная жизнь уже не является связью с Творцом, а возникает иная необходимость, необходимость более внутреннего постоянного контакта с Ним вне зависимости от ощущений животного тела.

Потребность этого контакта вызывает желание постоянно ощущать Творца, вплоть до того, что если тело вновь мешает, т.е. вновь отвлекает ощущением животного наслаждения от связи с Творцом — осознание этого вызывает страдание.

Если человек проходит такую цепочку ощущений и рассуждений, он в итоге начинает благодарить и любить Творца за то, что послал ему все эти отрицательные ощущения, поскольку именно они и привели его к связи с Творцом.

Самое главное — укрепиться в этом состоянии настолько, чтобы никакие помехи на животном уровне не отрывали человека от Творца, никакие животные страхи и наслаждения не прерывали бы внутреннюю связь с Творцом, а наоборот, только укрепляли ее.

Представьте себе костры инквизиции: сколько страха и отвращения она внушала; ее внешний вид — эти черные балахоны инквизиторов, пытки на жаровнях, варварские казни. Как можно разглядеть за всем этим адом и страхом точку соприкосновения с Творцом, почувствовать, что этим Он притягивает нас к Себе, хочет, чтобы мы поднялись до уровня, когда ощущаем Его...

Если не происходит единение с Ним, то человек падает на уровень животного, обреченного на страдания, унижения, смерть. И только подъем на уровень Творца, на уровень общения с Ним, раскрывает перед человеком всю картину происходящего на протяжении столетий — разрушения Храма, гонений, инквизиции, угрозы уничтожения арабами.

И сегодня наше положение ухудшается. Можно нарисовать оптимальный в глазах народов мира сценарий решения ближневосточного конфликта: решением ООН США и Международный валютный фонд оказывают помощь России, предоставляя ей безвозмездный кредит за согласие принять в Еврейскую автономную область все население Израиля. И милосердные народы мира общими усилиями в благородном порыве в очередной раз спасают многострадальный еврейский народ от справедливого гнева арабского народа. Если бы не план Творца, этот сценарий выглядел бы довольно реалистично!

Сегодня, как и во все века, нас окружают враги. Народы мира — американцы, русские, англичане, французы, немцы — влияют на арабов и на нас, держат нас в окружении, перед постоянной угрозой уничтожения. И единственное отличие от прошлого состоит в том, что несмотря на то же отношение их к нам – нам дается большая сила. И это потому, что нам дана большая свобода воли – как внутренняя, так и внешняя, как физическая, так и духовная.

Но эта кажущаяся свобода воли – не более, чем иллюзия (как и наше государство, наша власть, наша независимость, наша сила), чтобы мы осознали на еще более высоком уровне, еще более явно, что все это нам все равно не поможет, что даже если у нас будет все, что есть у других народов, все равно мы напрямую зависим от Творца и именно потому не можем быть, как другие народы! И мы не сможем быть, как другие, потому что Творец не позволит нам.

Поэтому сегодня мы находимся в таком же состоянии, в каком находились евреи в Испании, когда со всех сторон их окружала инквизиция и ненависть этого злобного и примитивного народа – им некуда было деваться, ни одна страна в мире их не принимала.

И сегодня нам некуда деваться, ни одна страна в мире не желает существования Израиля. И мы знаем это, ощущаем наш вечный «синдром Массады». И это ощущение не оставит нас до тех пор, пока мы не обнаружим, что это никто иной, как Творец – Он сам окружает нас!

Творец каждый раз окружает нас: в первый раз нас в Массаде окружили римляне, в другой раз это была инквизиция, а в других странах – чернь, антисемитизм, изгнание, изгнание, изгнание...

И сегодня, хотя мы вышли из изгнания, но «Массада» остается, мы ощущаем себя в ней и ее в себе. И никуда нам от этого не деться, хотя нам дана свыше земля и государственность и мы признаны другими народами.

Сегодня мы должны осознать причину «синдрома Массады». Все предыдущие века происходило накопление страданий до необходимой для возвращения к Творцу меры, и хотя они и прокатились по нам столь страшным образом, но ничего нельзя было сделать иначе, и так нам заповедано относиться к прошлому. Сегодня же мы должны сказать наоборот, что будущее зависит от нас.

Мы вышли из последнего изгнания, накопив всю необходимую меру страданий – необходимую для анализа причин изгнания. И причины эти – в необходимости осознания нашей оторванности от Творца, осознания того, что мы изгнаны из духовного мира, мы лишены ощущения Творца, а не спокойствия и благополучия в этом мире.

Великий каббалист последнего поколения рав Й.Ашлаг пишет, что все изгнания были специально для осознания их причины. Именно сегодня мы в состоянии понять ее, потому что мы вышли из последнего изгнания и удостоились раскрытия книги «Зоар».

Ощущая в течение сотен лет изгнания животный страх и постоянные опасности, народ постепенно подготавливается к осознанию, что в этих-то ситуациях и пробуждается, проявляется связь с Творцом, что эти опасности висят и давят лишь только для того, чтобы вынудить человека искать связи с Творцом.

А когда уже ощущается сквозь эти угрозы и страдания Творец, связь с Ним приобретает свои градации: миры Асия, Ецира, Брия, Ацилут, мир Бесконечности. Все большая связь с Творцом называется подъемом в духовных мирах до достижения такой связи, когда человек полностью сливается с Ним.

Поэтому каббалисты вместе с ощущением Творца ощущают свою миссию: ощущают, что находятся в материальном теле и одновременно в связи с Творцом для того, чтобы помочь тем, которые еще находятся только в материальном теле, достичь хотя бы частички связи с Творцом.

ОБРЕСТИ ДУШУ СВОЮ

Эгоизм, т.е. развитие с эгоистическим намерением, привело человечество к возникновению большого разрыва между развитием моральным и технологическим. Именно этого боялись уже Аристотель и Платон, преграждая путь к наукам людям недостойным, морально низким. (См. Й.Ашлаг «Предисловие к комментарию на книгу «Эц Хаим», п.1, или мой перевод).

Не следует думать, что нет связи между намерением и научным постижением. Отсутствие во всех действиях человека правильного намерения «существовать ради достижения истинной цели творения – раскрытия Творца» приводит к тому, что и законы природы и общества не постигаются нами в их истинном виде.

Мы однобоко раскрываем законы творения, потому что раскрываем их в эгоистических келим, т.е. не в их истинном виде, а только в узком диапазоне «нашего мира». А ведь каждый закон действует во всем объеме мироздания: и в этом, и в духовном мире одновременно.

Но таким мы его сможем видеть, если будем тоже находиться в этом общем объеме. Для этого-то мы должны приобрести соответствующие общему объему мироздания свойства – альтруистические, подстать ступеням духовных миров.

Не придя к такому состоянию, т.е. имея только кли этого мира, мы улавливаем лишь некоторые связи в происходящем вокруг нас, но истинно их ощутить и исследовать не можем. Возьмем, например, экономику. Законы экономики – не обычные природные законы. Она развивается ведь только внутри человеческого общества.

До сего дня никто не знает, к чему приведет нас экономическое развитие мира и как можно предотвратить кризисы. Экономисты получают Нобелевские премии, но не в силах предсказать, что произойдет в банковской мировой системе завтра. А ведь речь идет не о законах естествознания.

Каббала же объясняет нам управление не только в рамках семьи, государства, общества или даже Вселенной, но и в общем мироздании и в каждой его мельчайшей части и во все времена. Каббала учит нас управлять механизмом в целом, включающим всю нашу Вселенную в качестве маленькой детали.

Подобно тому, как существуют ученые, которые занимаются этим миром, проводят всевозможные исследования явлений и законов этого мира, открытого всем нам, существуют также ученые, которые пытаются исследовать всю действительность, находящуюся вне наших ощущений, ее законы.

Нам это необходимо, поскольку мы являемся самой активной, действующей частью – единственно действующей частью мироздания. Но обычными своими способностями мы можем раскрыть только маленькую часть окружающего нас. Наука, позволяющая нам познать все мироздание, общую систему действительности, называется Каббала.

Каббала раскрывает человеку Общий Замысел творения, связь между его частями, развитие человека внутри этого мира, познание этого мира, его управление свыше, раскрывает то, в каком виде мы находимся вне тела, т.е. после смерти тела, и как возвращаемся в новое тело. Эта наука обучает нас находящемуся вне нашей жизни, когда мы находимся в разных жизнях. Эта наука универсальна.

Главный результат учебы состоит в том, что если человек изучает этот механизм, он знает, как правильно действовать, у него появляется возможность выбора правильного поступка в каждом конкретном случае, знание, как влиять на механизм управления своей судьбой.

Наука Каббала, как пишет Бааль Сулам, – это «раскрытие Творца созданиям», т.е. это раскрытие законов, общего механизма всего существующего. Подобно тому, как мы в этом мире не можем жить без знания его законов, нам надо знать, как приближаться к полезному и отдаляться от вредного, знать причину добра и зла.

Без этого знания мы можем задействовать лишь какую-то часть этого механизма, не имея ни малейшего представления, что из этого получится в целом. Человечество желает знать будущее, но никто еще не нашел точную методику его раскрытия. В последнее время с развитием науки мы начинаем осознавать, насколько человек влияет на явления природы. Ученые утверждают, что в опытах с тонкими силами природы результаты испытаний зависят от того, кто выполняет опыт.

То есть существует «грубая» область наших действий, в которой не важно, кто исследует. Исследователь может быть праведником или грешником, и оба они получат одинаковый результат. Но есть более тонкие сферы природы, субатомные, где результат зависит от морального уровня человека.

Мы скоро обнаружим, что недостаточно вооружить ученых самыми современными приборами – необходимы ученые, воспитанные правильно воздействовать на природу. Мы всегда воздействуем на природу. Весь вопрос лишь в том, что значит «правильно». Возможно, на следующем этапе развития науке не понадобятся механические, электронные, оптические, увеличивающие, уменьшающие и пр. приборы, а сам человек будет собою исследовать мир, направленно воздействовать на него для получения желательного результата.

Но как мы будем знать, как воздействовать? С помощью какой науки мы откроем взаимосвязь наших влияний на природу с тем, что от нее можем получить?

Это изучает наука Каббала. Именно она и говорит человеку, какие его воздействия на природу приводят к тем или иным реакциям. Причем Каббала как наука оперирует точными параметрами, и ее язык чисто научен. Не зря она так и называется – «Хохмат аКаббала» – Наука Каббала.

Все, чего мы желаем, – это получить от окружающей нас природы необходимые знания и продукты потребления. Для получения всего этого окажется достаточным воздействие свойствами самого человека. Ведь все возможные приборы и механизмы, которые мы изобретаем, мы изобретаем по нашему образу и подобию.

Каббала объясняет человеку, какие свойства он должен приобрести, чтобы изучать природу, действительность правильным образом. Эта наука помогает человеку приобрести необходимые ему, особые, так называемые «духовные», свойства, с помощью которых он может влиять на весь мир.

Каббала открывает действительность и объясняет человеку законы этой действительности, объясняет, как положительно влиять на мироздание, как получить наилучший результат.

Метод воздействия на окружающее называется «каванот» – намерение.

То есть, цель изучения Каббалы и ее практическое использование – получить самый благоприятный для человека результат. Это очень просто – цель простая, ясная: прийти к счастливой жизни в теле и без тела, к вечной счастливой жизни. И это именно то, что человек ищет.

Каббала – это действительно наука об управлении мирозданием, показывающая, как повернуть мир к добру. По мере развития человечества без управления мир все более входит в страдания и неуверенность. Поэтому в наше время Каббала обретает такую практическую актуальность.

Ты чего ищешь, человек? Ты ищешь чудес (сгулот), чтобы тебе было хорошо. Ищешь их у колдунов, бабок, ясновидящих. За всю свою многострадальную историю человечество так и не нашло лекарства от несчастий. Но существует возможность помочь самим себе. Надо только научиться управлять жизнью. Конечно, вначале неизбежно придется учиться и приобретать это знание, эту возможность, эту способность влиять на природу. Но ведь не зря человек создан таким образом, что в первые два-три десятка лет природа и общество к нему благосклонны. И только после становления его как человека природа начинает относиться к нему безжалостно и строго.

Достичь управления своей жизнью, взять на себя управление миром вместо Творца – это возможно только при наличии *экрана*. Причем, в меру силы *экрана* Творец передает человеку управление мирозданием, включая и самого человека. Человек, имеющий *экран*, держит свою судьбу в своих руках.

Человек с экраном приобретает силу выше своей жизни, выше себя, может делать с собой все необходимое в соответствии с требованием высшей, находящейся над ним ступени. Возможность руководствоваться и поступать не в рамках своего разума, а разума более высокой ступени, – это единственная возможность, дающая свободу, власть, свободу выбора. Человек обретает возможность получить силы от высшей ступени и тем самым подняться на эту ступень.

Нет иной методики достичь хорошей жизни. Ежесекундно человечество погружается в еще большие проблемы, оно обнаружит себя в еще более ужасном виде, и особенно народ Израиля будет страдать больше всех.

(Замечу, что наши усилия в изменении мира дают заметные плоды, и многие тяжелые исправления отменены и заменены на более легкие. Мы наглядно можем видеть изменения в нашем положении вследствие наших усилий. А если бы нас было больше...)

Народ Израиля неуничтожим, но перенесет столько страданий, сколько ему понадобится, чтобы осознать необходимость изучения и применения Высшего управления. Ради облегчения этого пути страданий, замены его хотя бы частично путем Торы, мы обязаны объяснять каждому, насколько его жизнь зависит от законов действительности, от необходимости стать самостоятельным и активно влиять своими добрыми делами на природу.

Человек может по привычке неправильно понять используемые и в Каббале термины «Заповедь», «Тора», «Творец» и пр. Необходимо полностью отречься от привычной трактовки этих терминов и объяснить их иной, высший, практический смысл:

- Заповедь – это духовный закон;
- Тора – это двигающая все мироздание сила;
- Творец – это общий закон природы, «Добро, творящее добро», постоянно вынуждающий человека двигаться кратчайшим путем к «Цели творения» – вечному, совершенному состоянию.

Понять добро и справедливость закона природы, Творца, можно только в конце пути, но не из промежуточных по отношению к нему состояний. В промежуточном состоянии невозможно оправдать необходимость наказания, вплоть до смерти и нового воплощения в новое тело. Оправдать действия природы по отношению к нам можно только с более высокой ступени, с которой и происходит управление нами.

Каждый раз, когда человек поднимается на какую-то ступень лестницы, ведущей из нашего мира к цели творения – миру Бесконечности, он получает управление от более высокой ступени и, чтобы оправдать его, обязан получить разум этой ступени. Такая возможность действовать вопреки своему разуму, получение высшего разума, называется «лемала ми адаат» (выше разума).

Чтобы оправдать происходящее с нами, мы каждый раз должны видеть себя с более высокой ступени, чем та, на которой находимся. Только тогда мы сможем увидеть, как происходит принятие решения, не принимая в расчет свое тело, а только возвышение души. Расчет производится на выбор кратчайшего пути к цели. А далее от нас зависит, как принять его и реализовать. В зависимости от нашего отношения к развитию – выше разума или на его уровне – и будет происходить выбор между «Путем Торы» и «Путем страданий».

Следует упомянуть, что возможность управления судьбой как научный подход не обсуждается никем, кроме каббалистов (и ни в коем случае не религиозными ортодоксами). Потому что для влияния на управление необходимо знание Каббалы, цели и метода движения к ней. Эти вопросы рассматривает только Каббала, они и составляют ее суть. Сами действия – каванот, намерения «ради Творца», человек приобретает только методикой Каббалы.

В то время как массовая религия предписывает выполнять внешние, физические действия, которые только на уровне «домем» (неживой уровень) связаны с внутренними силами природы, т.е. не влияют активно на изменение управления свыше, подобно тому, как неживая природа не влияет на свое окружение.

И можно сказать наоборот: хотя только каббалист может активно влиять на управление, каждый человек, который думает о добре и отдаче, вызывает все-таки определенную положительную реакцию в высшем мире.

Поэтому если весь народ устремится к выполнению общего закона мироздания, он найдет его в формулировке: «Возлюби ближнего как самого себя», – и обнаружит общий закон мира – «Закон Любви». Но это произойдет только после того, как человек выйдет за пределы ощущения и рассуждения только в рамках своих естественных животных органов чувств.

Когда ученые говорят, что результаты их исследований зависят от исследователя, от его морального уровня, от личных качеств исследователя, – что они, в сущности, хотят сказать? Они хотят сказать, что человек своими свойствами изменяет законы, свойства природы? Нет! Свойства природы неизменны, неизменны связи и зависимости между ее силами. Просто в соответствии со свойствами исследователя природа проявляет относительно него иную зависимость. Но не иной закон.

Как в нашем мире: все, что мы воспринимаем, мы воспринимаем в себе. Весь мир – это то, что ощущается нами через наши пять органов чувств. Т.е. ощущение всегда субъективное, «относительно получателя». Поскольку наша изначальная природа, в которой мы родились, одинакова у всех людей, то и законы природы мы воспринимаем как одинаковые для всех.

Но если появится творение с иными свойствами, чем у человека, то, конечно же, оно будет иначе ощущать себя и все вокруг себя. Поэтому, естественно, когда человек изменяет себя, он изменяет ощущение, проявление на себе законов природы.

Это и есть единственное действие, которое возможно совершить: вся природа остается как она есть, и только потому, что человек изменился, он ощущает по-иному воздействие на себя тех же неизменных законов природы. Поэтому сказано: «Я Себя не изменяю» (Ани АВА"Я ло шинити).

Это действительно чудо: ты можешь изменить вокруг себя разные вещи и при этом ничего не меняется, но ты меняешься внутри себя и в своих новых свойствах ощущаешь, что природа изменилась.

Что значит природа? Законы механические, химические, законы соединения, притяжения, валентности – эти законы меняются в соответствии со свойствами человека? Нет, меняется не их воздействие, а их восприятие человеком. Но поскольку человек ощущает перемену в приходящих ощущениях, то считает, что изменения произошли вне его. Так уж устроен человек, что воспринимает себя в центре мироздания как нечто неизменное. На самом же деле существует только одно, созданное Творцом единственное состояние вечного совершенства, а человек, меняя свои свойства, все больше приближается к нему, все более явно ощущает его.

То есть, все процессы, которые вообще могут произойти в мироздании, – это только внутреннее изменение свойств человека. И в изменении их он ощутит, будто изменяется в отношении него Высшее управление.

Поэтому мы должны знать, каким образом изменить наши внутренние свойства, чтобы законы природы изменились для нас к лучшему. Зная это, мы будем уверены в результате, в завтрашнем дне. Каббала говорит нам, что наше изменение должно быть в отказе от применения эгоизма.

Прежде всего, то, что мы вместе, группой «Бней Барух», размышляем и ищем, как подтолкнуть весь мир к добру, этим мы уже сейчас производим большие исправления. Бааль Сулам сказал как-то о поселенцах в пустыне Негев, что хотя они и не верят в Творца, но одно их желание дождя вызовет дождь, потому что любое желание человека – это его молитва к Творцу, даже если он не признает Творца.

То есть любое обращение за необходимым вызывает положительную реакцию свыше. И наоборот, если обращение идет вразрез с целью творения, с добром и любовью к ближнему, оно вызовет обратную реакцию, потому что общий закон творения, возвращающий все дурное к хорошему, с еще большей вынуждающей силой станет давить на молящихся о зле. Это, в принципе, в простонародье называется наговор, проклятие, и сказано в Торе, что в первую очередь страдает от этого проклинающий.

Поэтому все члены нашей группы и каждый, кто вообще солидарен с нами, на какой бы духовной ступеньке он ни был, делают большую работу, вносят свою лепту в исправление мира.

Мы вместе должны доходчиво и легко объяснить любому, от чего зависит самое дорогое, что есть у него, – его семья, его безопасность, и это даст в общем, в народе, огромный отклик.

И кроме того, мы продвигаемся каждый лично, потому что, влияя в ширину, количественно, себя мы поднимаем качественно, в высоту, по пирамиде. Всем известен закон больших чисел. Он действует и здесь. Ведь по этому принципу отчасти и действует каббалистическая группа: каждый дает маленькое усилие, а от их сложения получается одна большая сила. Каждый в состоянии дать одну монету, он не почувствует ее утраты, а от всех соберется несколько миллионов монет – большая сила, которой ты даешь направление на исправление мира.

Постепенно над всем миром начинают сгущаться тучи. На нас возложена обязанность стать примером народам мира, а также примером народу Израиля. Для себя ты объясняешь свое занятие желанием радовать Творца, желанием ради Него исправить мир, желанием исправить себя, получить уверенность, познание, а миру, постороннему, ты объясняешь это не альтруистически-эгоистическими целями, как себе, а чисто эгоистическими – его личным спасением.

Смотрите, что пишет Бааль Сулам. Многие каббалисты прошлого боялись признаться в том, что изучают Каббалу. Бааль Шем Тов специально создал хасидут, чтобы отбирать себе учеников из масс и чтобы вокруг него были массы, готовые защитить его от противников Каббалы.

Пришло время Бааль Сулама, и он не остановился перед тем, чтобы выпускать газету по Каббале. Кто вообще даже в наше время может себе представить такое: выпускать газету по Каббале? А ведь это было в начале века! Какой рав, каббалист сегодня способен на такое? А он ничего не боялся. И сколько успел сделать!

Он пишет в предисловии к книге «Эц Хаим», что мы должны открыть школы Каббалы. Если мы желаем идти его путем, мы должны перенять его внешний уклад жизни и пытаться перенять внутреннюю методику.

Более того, я убежден, и вы увидите, что тот, кто не работает по этой методике, не получит свыше никакой поддержки, а прилагающий усилия ощутит, как его мысли меняются на «отдачу».

В этой работе распространения среди народа идеи коллективного усилия для изменения будущего, коллективного обращения к Творцу распространитель и слушатель занимаются отдачей. Нет в мире задачи выше этой.

Я не раз говорил, что все, полученное мною от Рава, получено благодаря тому, что я приближал к Каббале людей. Прошло время каббалистов, сидящих в углу и занимающихся с единицами. То были особые души, сделавшие особые исправления в мире – то, что им было велено сделать. Этот подход не для нашего времени, когда все, как пишет рабби Й.Ашлаг в статье «К окончанию книги «Зоар», должны начать подниматься вверх. У нас иные души.

Мы должны обращаться не к политикам, не к интеллигенции, не к партиям, а к народу. Время, необходимость спасения требует от нас работать над распространением высшей мудрости.

О ВОСПИТАНИИ

В тот момент, когда появляется в человеке искра, первое ощущение, толчок к духовному, — он еще не знает, что такое духовное. Он просто не находит вокруг себя удовлетворения в том, в чем находят его другие (деньги, почести, секс, еда, власть, знание). Он начинает искать нечто, находящееся за пределами удовольствий нашего мира, и не знает, где это «нечто» находится. И в первый раз в жизни, он обнаруживает, что то, чего он действительно желает, не находится в этом мире. В этот момент и вспыхивает «искра». И она не даст ему покоя, пока он не придет к осознанному желанию связи с Творцом, — и в этом весь человек.

На всем своем пути он называется «человек» (Адам) соответственно тому стремлению, которое родилось в нем в этот момент. В зависимости от этого стремления к Творцу измеряется величина «человека» в человеке. Неживой, растительный, животный, говорящий — это желания, которые находятся в нас, а «человек» измеряется мерой своего стремления к Творцу.

Пять уровней наших желаний:
- «неживой» — к еде, сексу, теплу, дому — всему, что относится к животным, телесным наслаждениям;
- «растительный» уровень измеряется желанием к деньгам, безопасности;
- «животный» уровень измеряется стремлением к власти, почету, славе;
- «говорящий» уровень измеряется стремлением к наукам, к знанию;
- «человек» — это уровень стремления к духовному, к постижению Творца.

Последнего уровня человек достигает, когда его желания настолько развились, что его «тянет» к духовному, к чему-то за пределами окружающей его действительности.

В любом человеке есть свойства, которые он стремится сохранить такими, какие они есть, но есть и такие, которые желает изменить ради духовного. В той мере, в которой ради достижения духовного он готов изменить свои внутренние свойства, – в этой мере он называется «человеком». В соответствии с тем, насколько он не способен отказаться от своих свойств, – называется «животным». Животный уровень и ниже – это состояние, когда человек не желает измениться, не желает изменить свойства в себе.

Например, я пока не могу отказаться от всего, даже ради достижения Цели. Там, где я пока еще не могу отказаться от чего-то, там я еще «животное». И в этом состоит противоречие между массами и личностью. Нет большего противоречия в мироздании, нет большего различия, чем между Творцом и творением, что соответствует в нашем мире противоречию между массами и личностью-каббалистом. Ведь массы продвигаются в соответствии с тем, как они созданы, а личность, которая желает приблизиться к Творцу, продвигается соответственно наличию в ней свойств Творца.

Личность же должна действовать как раз наоборот: насколько она отличается от массы, непослушна, руководствуется только ощущением своего сердца, – настолько это большая личность. Надо это знать и не путать состояния и путь личности и любого представителя масс.

Меня постоянно спрашивают, как это может быть, что Каббала против религии. Конечно, Каббала противоположна религии, ведь она – наука, а религия антинаучна. Но Каббала не отрицает религию. Каббала говорит, что религия полезна и нужна – но только для масс, а не для единиц, не для индивидуумов. Массы должны быть религиозны, ничего не спрашивать, а выполнять все предписания. В массах тот, кто меньше спрашивает и закрывает свой разум, выполняя порученное, считается «праведником». Так установили каббалисты, они ввели эти правила для воспитания народа.

Но для возвышающегося, обладающего искрой в сердце, ощущающего уже стремление к Творцу – для него уже есть другая Тора, как сказано: «Даат Тора афуха ми даат баалабайтим» (мнение Торы противоположно мнению масс). Такой человек, наоборот, обязан развивать индивидуальность в себе, обязан открыть книги Каббалы.

Сами каббалисты издали запрет: женщинам, детям, мужчинам моложе 40 лет (40 лет – это бина, когда человек уже понимает, что существует «ради отдачи», к чему массы не способны, т.к. относятся к «животному» уровню) – то есть тем, кто еще недостаточно развился, запрещено приближаться к Каббале. Этот запрет действовал во все века от разрушения Храма и до великого Ари.

В то же время, те, в ком уже есть искра, ощущение зарождения души, – они обязаны изучать Каббалу. Не зря рав Кук, вроде бы слишком просто ответил на вопрос: «Кому можно изучать Каббалу?» – «Тому, кто желает!» Потому что только это и является критерием развития души.

Бааль Сулам пишет, что если тот, кому уже положено изучать Каббалу, кто обязан это делать, этого не делает, – он является причиной всех несчастий в мире, потому что не вносит свою лепту в управление мирозданием. Общий закон мироздания устроен таким образом, что если человек уже должен включиться в него как активная часть и не включается, то его функции выполняет жесткая природная сила. В таком случае эта подмена силы человека на силу природы ощущается в нашем мире как несчастья и страдания. Поэтому, как только человек начинает ощущать стремление к Творцу, он обязан изучать, как исправить себя и посредством этого исправить всю действительность. Если он этого не выполняет, он является причиной всех несчастий в мире.

Однако тот, кто еще не достиг такого развития, обязан выполнять все, что написано в «Шульхан Арух», не рассуждать, не думать, и этим он уже хорош и соответствует своей ступени. «Животное» обязано быть «животным исправленным», но «человек» должен расти. И в этом нет противоречия: каждому свое, как говорится. Тому, кто этого не понимает, кажется, что мы хотим разрушить образование, воевать против религиозных, разрушить существующую ситуацию. Это неверно. Мы обращаемся только к тем, кто начинает из «животного» желания достигать «человеческого», кому становятся неинтересны слава, деньги, науки, а изнутри всех этих желаний у них появляется стремление к высшему, к духовному. В наше время таких уже тысячи.

Ребе говорил, что до рава Ашлага все книги в иудаизме были написаны в соответствии с духовным постижением, т.е.

все авторы были каббалистами и писали, исходя из своих духовных постижений. Но начиная с XX-го века, нет этого, нет раввинов, которые одновременно и каббалисты. На протяжении всей истории каббалисты давали направление воспитанию и новых каббалистов, и масс. Они установили, что массам не нужно большего, чем соблюдение заповедей в нашем мире и изучение определенных тем. И только особым личностям давались каббалистические знания.

Возникает вопрос: «Почему же тогда Бааль Сулам хотел выпускать газету?» Потому что пришло время, когда массы начинают приближаться к той ступени желания духовного, которой ранее достигали лишь единицы. Поэтому желательно дать массам понятие, что такое Каббала. Но сделать это нужно в мягкой, простой форме, рассказать о том, что Каббала может дать человеку, какова Цель. А затем предоставить массам самим выбирать; в ком уже зреет желание к высшему – потянется. Иначе, если мы не дадим возможность свободно развиваться душам, мы внесем в наш мир еще большие несчастья.

Но почему такое воспитание необходимо сегодня и не было необходимым сто или двести лет назад? Ведь воспитание у евреев всегда было самым главным, всегда мальчика уже с трех лет начинали учить читать Тору? Дело в том, что только после окончания этого последнего изгнания в нашем веке, с возвращением в землю Израиля, начался новый период в развитии душ: как Творец вернул нас на материальную землю Израиля, так одновременно Он возвращает нас и в духовную Эрец Исраэль. Т.е. дает нам желание к духовному и постижению высшего. Этот процесс только начинается в наши дни. Поэтому не стоял раньше вопрос об объяснении, что такое Каббала, всему поколению.

Почему для исправления природы человека он обязательно должен изучать каббалистические книги? Они ведь говорят совсем не о нас, не о нашем мире, они непонятны, ведь мы читаем в них о том, что совершенно нам незнакомо? Есть мнение, что изучением открытой Торы (того, что обычно принято изучать во всех религиозных заведениях) можно достичь всего, даже познания высших миров. Многие в предыдущие годы достигали таким образом духовного, и Бааль Сулам пишет об этом. Но в каббалистических книгах есть больше высшего света, который может помочь человеку исправиться, хотя в сущности, каждая святая книга написана с высоты духовного мира, со ступени «конец исправления». Но некаббалистические книги написаны в общем виде, а каббалистические – именно для желающих возвышения.

Некоторые считают, что лучше изучать только книги, написанные до Ари. Есть такие, кто говорит, что достаточно книг, написанных до Бааль Сулама, а его книги не нужны. Это происходит только от непонимания силы высшего света, который нисходит на человека во время изучения этих источников.

Более того, всем кажется, что если человек обладает духовным постижением, то ему все должно быть абсолютно ясно, что не может быть никаких сомнений. Бааль Сулам в конце книги «Бейт шаар акаванот» пишет, что РАША"Ш ошибался, и приводит конкретные места. Именно расхождение с РАША"Шем и вынудило Бааль Сулама прервать свою работу над «Бейт шаар аКаванот»: он боялся, что поскольку РАША"Ш – общепринятый каббалист, то его (Бааль Сулама) вследствие этих выступлений вообще отвергнут.

Есть такие высокие ступени постижения, находясь на которых уже нельзя ошибиться. Но в начале и середине пути существуют различные методы, соответствующие корню души, каббалисты не понимают один другого, они могут закрываться друг от друга, если не желают, чтобы другой увидел. Однажды, после разговора моего рава с одним человеком, я спросил: «Он каббалист?» – Ребе ответил: «Я полагаю, что отчасти да». – «Что значит «отчасти» и что значит «я полагаю?» – удивился я. – «Он не желает показывать, поэтому нельзя увидеть, – ответил мне рав. – Он должен открыть тебе свой экран. Если каббалист не желает открываться, он может представиться тебе как пьянчужка и никчемный человек. Но если желает, то он открывает свой экран, и вы вместе начинаете работать с общим кли, тогда все по-другому. Подобно двум специалистам, они погружаются в общее дело, понимают друг друга, не нужны даже слова, входят в совместное постижение».

Насколько раздельны и различны пути в духовном восхождении каждой души, можно увидеть из того, что существовали двенадцать колен Израильских, весь народ был разделен на 12 частей и были запрещены браки между представителями разных колен. С одной стороны, любовь к Израилю, единый народ, с другой стороны, запрещено соединяться друг с другом, «жениться». Соединяться и исправлять таким образом друг друга нельзя, а каждый исправляет свою часть отдельно от другого. Странно и противоречиво, не так ли?

Из строения ЗО"Н мира Ацилут нисходит весь процесс духовной работы. Есть много дорог исправления, но нет противоречия, просто до конца исправления группы душ не могут соединиться, т.к. их соединение находится на ступени «конец исправления».

Самое большое разделение выясняется и исправляется перед самым большим и последним соединением со светом. Самые большие выяснения еще ожидают нас впереди, еще предстоят нам. Необходимо понять, что это естественно, нормально, соответствует общей душе. Народ должен оставаться таким, каков он есть, но запрещено препятствовать в изучении Каббалы тем, кто действительно достоин, и таких уже множество в наше время. Об этом и кричат все каббалисты.

Они не говорят: «Иди к «животному» уровню и начни обучать его». Но этот «животный» уровень должен знать, что наука Каббала – это метод развития, и это, в конце концов, – обязанность. Они приходят, слушают, уходят – и этим подготавливают себя к будущему исправлению. Само чтение каббалистических книг – уже исправление. Остальное зависит от Творца. А человек этим выполнил свою обязанность.

Кроме того, изученное не пропадает. Через двести, триста лет вернется. Поэтому запрещено смеяться над ними. Ты устроен по-своему, он по-своему, нет здесь ни в чем унижения, тут есть определенный порядок. Мы должны организовать нашу работу с каждой группой населения соответственно тому порядку, который нам устанавливают сверху. Не противиться нисходящему сверху. Делать, как сказал Бааль Сулам, разбрасывать книги, знания: кто схватит – значит ему уже необходимо.

Возьми, например, молитвеник. Это порядок исправлений, которые человек должен произвести. Это – порядок работы человека. Есть такие, для которых порядок работы – это только молиться с 6 до 6:30. И есть такие, для которых порядок работы – это внутренний процесс. Тфила – это работа в сердце. Мы требуем от себя достичь такого состояния, когда молитва действительно будет в сердце, когда сможем улучшить этой работой наши внутренние свойства, желания. Молитвой называют еще работу Творца.

В нас, наряду с нашим животным началом, присутствует искра Творца. Искра Творца и «животное» находятся в противоречии одно с другим. Поэтому мы постоянно находимся под внутренним давлением. Находящийся на животном уровне человек не испытывает давления, а нам, чтобы не находиться под давлением, необходимо уничтожить «животное» в себе и стать полностью «человеком». Потому что искру Творца погасить нам не удастся.

Выходит, что хорошо быть или «животным», или «человеком», а посередине – это ужасно. Посмотри на всех, никто не радуется своей жизни. Раньше был футбол, сидишь перед телевизором, щелкаешь семечки, путешествуешь, идешь в бар. Но «увеличивая знание, добавляешь боль», и будет больно весь переходный период, пока из «животного» не превратишься в «человека». Переходный период – это период очень неприятный, он может длиться и десять лет. Но что поделаешь? Удрать-то некуда. Как сказал царь Давид: «Поднимусь я на вершины – там Ты, спущусь в низину – и тут Ты, и некуда от Тебя скрыться...»

– Почему так трудно находиться рядом с обычными религиозными?

То совершенство, которое постоянно ощущает выполняющий религиозные предписания, отталкивает человека, чувствующего свою ничтожность по сравнению с Творцом, свою порочность, свою потребность в исправлении. И еще потому, что нам это состояние «совершенства» кажется абсолютно лживым. Но эта ложь проясняется только нам, после осознания своего зла. А тот, кто получил ортодоксальное воспитание, совершенно этого не ощущает – наоборот, он будет изумлен, если вы скажете ему о его недостатках: «Какие могут быть недостатки у исполняющего все ритуалы религиозного еврея?!» Но придет и его время, и в нем разовьется «точка в сердце», и он почувствует Творца и свое отличие от Него – вот тогда и у него начнется процесс «акарат ара», осознания зла.

А почему же мы тогда не испытываем такого же ощущения относительно неверующих – ведь и они считают себя нормальными, «как все»? Потому что они не считают себя совершенными, особыми, лучшими и потому что не ожидают и не требуют вознаграждения ни от окружающих, ни от Творца.

Наше обращение к обществу не должно быть агрессивным. Прежде всего, ты не препятствуешь его развитию. Для чего он родился, для чего живет – это он сам должен спросить у себя. Надо только подтолкнуть его к этому вопросу...

– В чем различие между работой на Творца (аводат аШем) и отдачей Творцу (леашпиа ле аШем)?

Работа на Творца – это общая работа, которую человек выполняет, достигая соответствия со свойствами Творца. Это единственная работа и единственное усилие, выполняемое человеком. Остальные усилия он совершает не против своего желания, а в соответствии с расчетом, не выше знания.

Человек считает: я получаю столько-то ударов, неприятностей, я получаю столько-то удовольствий, я совершаю расчет между ними, и получается, что стоит мне продвигаться или за удовольствиями, или за неприятностями, – но кто же будет двигаться за неприятностями? Все идет по расчету. Это называется обычной работой «животных». Всем известно, как дрессируют животных в цирке, бьют и награждают. Ты видишь огромного медведя, который выклянчивает кусочек сахара, – животное делает расчет. Он впоследствии начинает любить выступать перед зрителями, т.к. видит, что за это получает награду.

Человеком называется тот, кто может отделить себя от вознаграждения, от платы и входит в Ц"А. Не то, чтобы у него не было никакой платы, но он переходит на совершенно другой расчет вознаграждения. Сначала он выполняет Сокращение, чтобы не получать ради себя, это называется переходом махсома, а потом начинается другой расчет – «ради Творца». Отдавать Творцу – это цель, окончание расчета. Весь расчет сводится ко все более точному определению цели, намерения. В чем заключается цель, направление, задача, чего в конце концов я хочу достичь в результате своих усилий? Я хочу сделать расчет, называемый «максимальная отдача Творцу». Целью всех действий является «отдача Творцу».

Существует Творец и творение. Творение проходит всевозможные состояния, от начала истории человечества до сегодняшнего дня и далее, до конца исправления. Мы живем в этом мире и будем еще не раз возвращаться в этот мир, как было и ранее. Из одного жизненного оборота в другой мы внутренне развиваемся, и во всем этом существует цель. С определенной ступени, с какого-то кругооборота человек становится действующим, активным в своем развитии. Как он знает это? В соответствии с призывом свыше, который он слышит в своем сердце, как будто кто-то тащит его куда-то или толкает его к чему-то.

Человек должен теоретически знать, что такие вещи существуют. Тогда это ускорит его развитие, ведь в тот момент, когда это случится с ним, и, вообще, благодаря тому, что он читает об этом и знает, что такое существует, он вызывает на себя свечение окружающего света, которое ускоряет его развитие. Поэтому желательно и даже необходимо, чтобы в школах изучали основы Каббалы – благодаря этому дети ускорят свое «животное» развитие. Человек не должен будет проходить 10-15 жизненных кругооборотов – вместо этого он пройдет то же развитие за 1-2 кругооборота.

– В каком виде человеку желательно существовать, пока он не придет к Каббале, – быть религиозным или светским?

Желательно выполнять Тору и заповеди в материальном мире и при этом знать, что существует Каббала и читать книги об этом: как изучают Пятикнижие, Талмуд и пр., также надо, чтобы читали и каббалистические книги. Но нельзя требовать от человека духовной работы. Это требование должно появиться изнутри. Т.е. религиозное воспитание должно измениться и принять на себя как составляющую объяснение цели творения и метода его достижения.

Конечно же, после этого каждый начнет ощущать себя несовершенным – так ведь это-то и есть средство для продвижения! Каббалист хотел бы сказать массам: «Вы должны работать, служить в армии, выполнять все гражданские обязанности, учить Тору, Талмуд, выполнять заповеди по «Шульхан Арух», читать книги типа «Матан Тора», предисловия рабби Й.Ашлага к его сочинениям – и так разделить свои занятия поровну, это для вас и считается правильным выполнением заповеди «Изучения Торы».

Если вдруг из этих «животных» появляются люди, начинающие искать, у которых уже нет удовлетворения от статичной жизни, они возьмут себе в руководители наши книги. Но мы всегда обязаны оставить человеку свободу воли: «Человек может учить только то, к чему стремится его сердце». Он самостоятельно начнет искать, читать, изучать. Я помню, как Ребе радовался, когда возникла надежда ввести книгу «Матан Тора» в программу министерства образования.

Религиозное воспитание останавливает развитие человека, запугивая его Каббалой, отстраняя от остальной жизни. Не имея возможности дать человеку удовлетворение на уровне «человеку», приходится ограничивать его до уровня «животного». Ведь все, кто занимается в «Бней Барух» работают, служат в армии, общаются с окружающими и не оставляют цели творения. Потому что определили это как главное в жизни, от чего не убежишь. А если человеку не давать понятия о цели творения, его необходимо оберегать: «ничего лишнего не надо изучать, не надо работать, не надо служить в армии, ты не должен вообще обращать внимания на народ, они – отбросы, ты должен только сидеть и учить Гмару».

Это неправильно! Ты должен находиться внутри общества и знать, что существует цель, которой ты должен достичь, ты должен слиться с Творцом благодаря особым действиям, а не одиноким просиживанием за Гмарой. Но еще нечто ты должен знать: нельзя уничтожать желание человека. Ортодоксальное религиозное воспитание останавливает развитие человека. До нашего времени это было оправдано, но с нашего времени, вернее, еще со времени «Аскалы» – это совершенно неоправданно и вредно.

– Почему же ищут и приходят к Каббале, в основном, светские люди, а не религиозные?

Бааль Сулам в «Предисловии к ТЭ"С» (п.1) обращается к религиозному человеку, и тот отвечает ему: «Зачем мне нужна Каббала? Все, что мне важно, я получаю от листа Гмары, за него я получаю плату». Они не спрашивают: «В чем смысл моей жизни?» Потому что этот вопрос и желание получить ответ уничтожены воспитанием.

Но именно это желание запрещено убивать. Препятствуя развитию человека, ты перечеркиваешь весь его жизненный кругооборот. Поэтому в конце «Предисловия к книге «Зоар» Бааль Сулам пишет, что те, кто это делает, являются причиной всех несчастий в мире. Проблема в том, что они закрывают путь Каббале для исправления мира.

А ведь только это и необходимо добавить. Вся Тора и заповеди необходимы, только недостает одного: освободи ту точку, которую ты закрываешь, – внутреннее развитие человека! Это проблема воспитания! Если ты даешь человеку понятие, что кроме всего, что он учит, есть еще нечто, то он придет сомнению, к внутреннему разочарованию. Но что за беда! Ведь для этого он и родился, так человек развивается! Иначе он не станет человеком. Каббалисты обвиняют религиозных руководителей поколения в том, что те разрушают эту внутреннюю точку – возможность развития человека.

УПРАВЛЕНИЕ СУДЬБОЙ
Избранные ответы на письма

– Как Вы относитесь к происходящему сейчас в Израиле?

Отдавая землю Израиля, мы поступаем полностью против духовных корней, то есть совершаем антидуховный, антиприродный поступок. Каббалист, находящийся одновременно в духовном мире и в нашем, видит наперед все, что будет происходить с нашим миром в зависимости от нашего влияния на духовные корни. Поэтому мы, каббалисты, предупреждаем, что свыше нам дана наша земля, но мы сами должны получить эту землю, т.е. соответствовать ей.

Как и в прошлые времена, когда наш народ упал со своего духовного уровня, переняв от римлян и греков их ценности и образ жизни, разрушился Храм, так и сегодня, хотя и дана нам наша земля после Катастрофы, но если мы не станем достойными ее, уже не будем изгнаны, но не будет нам покоя, а вынуждены будем в страшных страданиях все равно принять на себя изучение и управление мирозданием. Победить мы сможем только тогда, когда призовем к себе силу, которая заложена в Каббале.

А мы вместо этого стремимся добиться «благосклонности» всего мира, но что бы мы ни делали, как бы ни старались, нам это не удастся. И всего-то мы просим: «Дайте нам жить в мире, в тишине, прекратите ненавидеть нас. Мы такие же, как вы! И готовы отказаться от всего: от нашей истории, культуры»...

Сказано: «Не будет тебе отдохновения между другими народами» (Тора, Дварим 25, 85). «И задуманному вами не бывать – не бывать сказанному вами: "Будем жить, как другие народы"» (пророк Ихэзкель 20, 32). Насколько эти слова созвучны нашему времени!

— *Но враги наши не отступят и будут продолжать ненавидеть нас. Что же делать? Безысходность?*

Отнюдь! В наших руках, в нашей власти кардинально изменить положение вещей: изучая Каббалу, мы сможем изменить весь окружающий нас мир. И наоборот, отказываясь от изучения Каббалы, мы приводим в действие в этом мире самые худшие силы. И подобно тому и в меру того как Исраэль считает Учение Каббалы и книгу «Зоар» ненужными, народы мира считают ненужным и лишним в мире Исраэль, считают, что мир в нем совершенно не нуждается.

— *Неужели изучение Каббалы может изменить окружающий мир?*

Сказано в «Предисловии к книге «Зоар», п. 66: «Знай, что во всем есть внутреннее и наружное». Исраэль относится к внутренней части всего мира, а остальные народы считаются его наружной частью. Так же и сам Исраэль делится на внутреннюю часть – это работающие на Творца и наружную часть – те, кто не занимается этим, не постигает духовного с помощью Каббалы.

Так же и в народах мира есть внутренняя часть – это праведники народов мира, и есть наружная часть – приносящие вред личности.

Но, может, достаточно простого выполнения заповедей для изменения мира в лучшую сторону? Нет, не достаточно, особенно сегодня! И более того, не занимающийся Каббалой приводит своим бездействием к тому, что внешняя часть народов мира усиливается над их внутренней частью, что наихудшие из них, наибольшие вредители и разрушители мира, усиливаются и возвышаются над внутренней частью, над праведниками народов мира – в итоге это приводит к разрушениям и войнам во всем мире.

При этом совсем не обязательно углубленное изучение Каббалы, достаточно преодолеть внутренний барьер и начать просто интересоваться этой наукой. Поверьте, буквально через несколько дней вы почувствуете прилив силы, состояние уверенности, которого не было раньше, вы словно подключаетесь к новому источнику силы, который начинает заряжать вас.

Это моментально начнут чувствовать враги. И отступят, понимая, что с такой силой они не могут справиться. Но до тех пор, пока мы этого не делаем, мы приводим в действие все нечистые силы, которые, в свою очередь, обрушиваются на нас. В поколении, которое пренебрегает внутренней работой, все разрушители народов мира поднимают голову, желая уничтожения сынов Исраэля.

Так и происходит сегодня в нашем поколении. Но в наших силах изменить все. Только от наших с вами занятий Каббалой зависит состояние как лично каждого из нас и нашего народа, так и всего мира и отношения к нам.

Сила, которую мы приобретаем, изучая Каббалу, действует также на весь народ Исраэля и на народы мира так, что все начинают предпочитать внутреннее внешнему.

Исполнится это, как предсказывает книга «Зоар» (Насо, стр.124; 2): «Силой книги «Зоар» выйдут из неволи милостью Творца». Духовное, а как следствие этого и физическое освобождение взаимосвязаны. Они приведут весь мир к подлинно счастливому существованию, без страха временности, болезней, смерти, в слиянии с Высшей Силой.

— Что значит совершать действия по управлению природой? Человек когда-нибудь вообще делал такое сознательно?

Управление означает, что, зная систему, которой желают управлять, воздействуют на эту систему определенным образом, так называемым «сигналом» или «возмущением», чем вызывают в системе изменения, сдвиги, в результате которых на выходе системы проявляется желательное изменение, результат.

Конечно же, человек во всех своих действиях предполагает такое, но вопрос в том, насколько он знает систему, на которую воздействует. Зачастую человек действует, желая получить хороший для себя результат, а получает плохой, потому что не знает всей системы, а только ее часть, и по ней оказалось, что неправильно рассчитал будущий от своих действий результат. Так что человек всегда находится перед системой мироздания и всегда воздействует на нее — он только этим и занимается.

— Почему же человек не получает эти знания от природы естественно, как животные?

Действительно, животные, например, получают знания о правильном существовании природно, естественно, в виде инстинктов. Потому что находятся на строго определенном уровне развития каждый, не развиваются затем сами, как сказано: «Однодневный бычок называется бык». Это все, что им необходимо. Тогда как человек развивается, и даже то, что у животных задано как инстинкт, человеку не дается природой. Настолько, что поразительна разница между правильными и осмысленными действиями детеныша животного и ребенка.

— То есть Вы говорите о взаимодействии с природой, как поступаем мы, каждый и постоянно? Вы желаете научить нас правильно использовать физико-химические законы? Открыть новые?

Нет! Каббала обучает человека правильным намерениям, мыслям, правильному отношению к окружающему. Она раскрывает человеку, насколько его мысли — именно его отношение — воздействуют на все вокруг. Еще больше, чем наши физические воздействия. Чем сильнее оружие, силы — тем они более невидимы. Мы только начинаем постигать, что вся природа ощущает наше отношение к ней, а не только цветок ощущает, добрый или злой человек находится рядом с ним. Кстати, зверь подойдет и съест растение, и оно не отреагирует на это, потому что для того и создано, это правильно и так запрограммировано в нем, а если человек отрицательно думает о растении, хотя и ухаживает, поливает его, растение вянет.

В последнее время ученые обнаружили, что результаты тонких экспериментов зависят от того, кто их производит. То есть результат одного и того же физического воздействия меняется в зависимости от свойств, вызывающих это физическое воздействие. Человек вроде бы нажимает одну и ту же кнопку, но каждый получит иной ответ, реакцию, результат.

— Так как же нужно правильно воздействовать на природу?

Вы, наверное, видели молитвенник каббалистов. В моей третьей книге приводится пример из такого молитвенника. Действия, кроме физических, которыми человек может воздействовать на весь мир, называются его намерениями — «каванот». То есть человека необходимо обучить правильно думать — и тогда своими мыслями он будет именно мысленно приказывать природе самые мудрые действия.

— Но для того чтобы так правильно приводить в действие весь мир, необходимо много лет учиться, да, видно, и не всем это дано, да и не каждый готов учиться, подобно тому, как немногие идут в науку.

Каждый человек обязан знать, что он так или иначе, уже самим своим существованием воздействует на мир. Поэтому обязан знать, как поступать, чтобы ему было хорошо. Ведь иначе все равно счастливых людей практически нет, а каждый желает быть счастливым! Поэтому в той мере, в которой человек активен в этом мире, в той же мере он обязан знать, как он должен эту свою активность проявлять.

— Но пока человек научится правильно действовать, все время его учебы он будет страдать?

Если он уже начал учиться, отношение к нему природы кардинально меняется, ведь природа относится к человеку по его намерению, а не по его действию, и поэтому главное — стремиться.

— Как Вы видите образование и воспитание детей и взрослых, которые этого мировоззрения в детстве не получили?

Необходимо просто и доступно объяснять всем, что человек должен знать, как вести себя в этом мире. Ведь все желают счастья, удачи. А приходят ради этого не к ученым, а к гадалкам и к каббалистам. Т.е. человек верит в то, что есть возможность влиять на свое будущее, судьбу. Если вы посмотрите в указания каббалистического молитвенника, то там именно так и указано, что делать в высших сферах и как руководить миром. Метод влияния называется «каванот» — намерения, намерения человека, только особые, которыми он овладел с помощью Каббалы.

— Так мы видим мир неисправленным?

Сказано: «Вы партнеры мои», потому что Творец начал творение, вернее, Он сотворил только одно Зло, а человек заканчивает творение, т.е. исправляет его. Творец по мере способности человека управлять творением перекладывает управление творением с Себя на человека. Увеличивает давление свыше на нас, чтобы вынудить нас поскорее взять на себя управление.

Поэтому мир для нас такой плохой – чтобы взялись поскорее его исправить.

– Как Вы можете доказать, что Каббала точно указывает на цель творения?

Каббала исходит только из опыта и ни в чем не опирается на человеческий разум, философию, логические рассуждения. Она считает все, порожденное не путем опыта, а разумом и логикой, совершенно лишенным истинной основы. Потому что разум наш является плодом наших желаний, нашей эгоистической природы, а значит не волен рассуждать объективно.

Да никогда обычный человек, не каббалист, объективно рассуждать и не имел возможности. Потому что не выходил за границы нашего мира. Каббала дает возможность ею занимающемуся сначала выйти своими ощущениями за рамки нашего мира, в более общий мир.

Кто этого удостаивается, становится каббалистом, т.е. получающим общую, высшую информацию, и тогда он видит и понимает все общие законы природы и к чему она ведет все существующее. А кто не вошел в общий объем мироздания, тот не в состоянии понимать, о каких целях вообще идет речь, он рождается, живет, рожает себе подобных и умирает совершенно неосознанно.

Поэтому Каббала как наука сразу же отказывается от ложной возможности объяснить людям, что такое истинное мироздание и наша цель, а ставит целью вывести человека в ощущение, видение общего мироздания. Кто последует этому, тот увидит то, что вы спрашиваете, увидит, что «Каббала точно указывает на цель творения».

Роль одного человека подобна роли всего мироздания, потому что каждый человек включает в себя все элементы всего мироздания. Это изучается в Каббале в «Разбиении душ (сосудов)», произошедшем до нашего создания. В итоге разбиения все части всех душ перемешались, и поэтому все души содержат части всех душ. Отсюда коллективная ответственность и связь всех людей и пр., о чем так много говорит Каббала.

Один человек не в состоянии выйти в духовный мир. Это подобно тому, как если бы вы сегодня пожелали сами начать разрабатывать физику, химию и прочие науки, а только потом их использовать. Т.е. все, чего до вас достигло человечество, вы бы не использовали, а жили как первобытный человек, пока сами бы не получили знания и пр.

Поэтому начинающему необходим Учитель, который уже находится в ощущении, постижении высшего мира и может точно указать, как его достичь на каждом этапе развития ученика. Связь между Учителем и учеником духовная, но ученик это обнаружит только после того, как сам достигнет высшего мира.

Единение с Учителем возможно даже на начальном этапе, потому что их тела находятся на одном уровне этого мира. А вот единение с Творцом возможно, только когда человек выходит в высший мир. Поэтому связь с Учителем ведет к связи с Творцом. Учитель выступает как поводырь.

Каббала объясняет переселение душ как постоянное облачение душ, освободившихся от тел, т.е. душ предыдущего поколения, в новые тела. Таким образом, появляется следующее поколение на Земле. То есть каждое новое поколение – это те же души с новорожденными телами. Тела рождаются, живут и умирают, после смерти переходят из живого в неживое состояние – и все! Более с телами ничего не происходит.

Никогда ничто от прошлого белкового тела не становится вновь живым человеческим телом или его частью. Под телом в Каббале подразумевается тело души, т.е. желание наполниться высшим светом. Об этом свете нам рассказывают перенесшие клиническую смерть. Тело их совершенно не принимает участия в ощущении высшего мира. Наоборот, отрыв от него, вернее, от его желаний, способствует ощущению высшего мира.

Поэтому слова Торы о том, что душа выходит из тела, надо понимать как выход света из тела души. Как вы пишете, «душа вернулась к тому самому телу», – свет вновь заполняет душу после того, как ее эгоистическое желание умерло, исправилось на альтруистическое и свет вновь возвращается в тело, которое прошло воскрешение из мертвых, из мертвого, эгоистического, антидуховного состояния.

Каббала учит, что переселение касается только душ, но не наших физиологических тел. А то, что мы с почтением относимся к умершему телу – это потому, что в нашем мире мы должны относиться ко всему по аналогии с высшим миром. Но мой Учитель говорил, что ему совершенно неважно, где и как закопают мешок с его костями...

Придет время прозрения человечества, когда оно обнаружит вокруг себя не только ту сферу, которую видит сегодня, а более широкую, называемую каббалистами «высший мир». Такое состояние называется «Явление Машиаха». Тогда все исправят свои эгоистические желания, т.е. свои тела, на природу внешней сферы, альтруизм – этот процесс называется в Каббале «Воскрешение мертвых тел».

Как человек может прийти к Творцу? Человек на протяжении своих жизней на этой Земле (гильгулим) собирает в своей душе опыт и развивается до уровня, когда уже может начать духовно развиваться сознательно, а не неосознанно, как его вели до сих пор, в прошлых перевоплощениях. Когда человек достигает такого определенного уровня, в нем начинает ощущаться особое желание.

Все желания человека – насладиться от этого мира. А это новое желание требует насладиться светом, высшим наслаждением, которого в нашем мире нет. Это желание и толкает человека искать Источник наслаждения, т.е. искать и найти Творца. Душа ведет человека к Творцу.

– Как высший свет доходит до человека, проходя через три линии?

Высший свет доходит до нас настолько ослабленным, что мы воспринимаем даже не сам этот свет, а его одеяния в различные объекты, притягивающие нас именно потому, что в них этот свет облачен. В таком виде высший свет можно эгоистически принимать, т.е. наслаждаться. Но не большую его меру. Чтобы воспринимать его даже как, например, вошедшие в клиническую смерть, для этого необходимо быть в отключении от эгоизма, что и происходит у них, и потому они уже ощущают высший свет в несколько более явном виде.

Но даже вообще оторвавшиеся от своего тела, перешедшие в иное состояние, испытывают гораздо меньшее ощущение высшего, вечного, совершенного, чем это может испытать человек еще при жизни в этом мире: именно потому, что он еще находится в этом мире своим телом, душой он может оторваться и взлететь до самых вершин.

Получение высшего света происходит по особой методике, называемой «Гимель кавим». Левая линия – это эгоистические желания человека. Правая – свойства Творца. Человек, естественно, не сразу начинает их ощущать. Изучая особые каббалистические книги и по особой системе, человек вызывает на себя окружающий свет. Это тот свет, который он затем сможет ощущать, получать в виде наслаждения.

Но до тех пор, пока человек не подготовлен к нему, этот свет невидимо кружится вокруг него и ждет, пока человек будет готов его принять. Поскольку каббалисты – это люди, которые уже получают этот свет в себя явно, то при написании ими книг в тексте остается связь со светом, который в момент написания каббалист ощущает.

Поэтому правильно изучая текст книги истинного каббалиста, можно вызвать на себя более интенсивное излучение окружающего света, который в меру своей интенсивности очистит человека и подготовит его к приему этого света в себя. Т.о. человек наполнится высшим светом и ощутит себя совершенным и вечным. Но исправление под действием окружающего света происходит постепенно, порционно.

По мере того как человек впитывает в себя свойства света, Творца, он исправляет себя, свою левую линию, и становится способным получать свет. Эти порции исправления называются «ступени» духовной лестницы подъема от нашего мира до ощущения себя, до будущего мира, до ощущения Творца.

Средняя линия – это то оптимальное соотношение личного эгоизма и силы высшего света, которые можно совместить так, чтобы максимально исправиться, стать подобным свету, но в то же время и остаться самостоятельно действующим созданием.

– Прочитав немного о Каббале, я зашел в магазин и увидел там множество книг на эту тему. Как в них ориентироваться? Что Вы посоветуете в качестве «первой книжки»? С чего начать и как читать?

Проблема в том, что иногда за каббалистов выдают себя люди, которые ни у какого признанного каббалиста не учились, которые по ошибке считают свои занятия каббалой. Поэтому еще в 1984 году я написал свои первые три книги. Тогда еще жил мой великий Учитель, и, спрашивая у него, я на этих книгах научился в меру своих способностей излагать тайный материал.

Затем, уже после большой алии, в 1994 году, через десять лет после первых книг, я сел и за две недели написал свою следующую книгу. Потому что почувствовал боль последней алии, их безответный зов в никуда. Люди даже не знают, почему и за что они страдают... Затем уже из новоприезжих создалась новая группа учеников, поначалу изучавших Каббалу на русском, а затем перешедших на иврит.

Я чувствовал их запросы, в соответствии с этим предлагал им для изучения материал. Из этого я и составил свои очередные книги. Затем все больше русскоязычных начали спрашивать, а что же такое книга «Зоар». Тогда я сел и написал то, что изучал еще со своим равом по книге «Зоар».

– *Как Каббала рассматривает древние цивилизации, их культуру, как она относится к мифам об Атлантиде, племени майя?*

Каббала изучает высший мир, откуда нисходит в наш мир все. Материя нашего мира зародилась как следствие последней ступени высшего мира. Затем эта материя упорядочилась по подобию четырех уровней высшего мира и подразделилась на неживую, растительную, животную, человека. Неживая разделилась на твердую, жидкую, газообразную, плазменную. И так же прочие.

Эти тривиальности я перечисляю, чтобы просто показать, что все в нашем мире, как и в высших мирах, устроено по одной системе – в соответствии с пятиступенчатым нисхождением света, или, как говорится в Каббале, с корнем-Творцом и Его четырехбуквенным именем АВА"Я.

Зарождение нашего мира происходило постепенно, в течение миллионов лет. Именно так говорит об этом Каббала в противоположность иным трактовкам умников. Потому что годы в Торе не имеют к нашим годам никакого отношения.

Человечество развивается постепенно, причем каждый этап его развития строится на отрицании предыдущего. А время существования каждой общественной системы определяется достижением ею той стадии, когда раскроются ее недостатки в необходимой для отрицания степени.

И по мере осознания отрицательного намечается поворот для перемещения в новое состояние, свободное от недостатков прежнего. И эти раскрывающиеся в каждой формации недостатки, умертвляющие ее, суть причины развития человечества.

Этот закон постепенного развития – общий для всей природы и на всех ее уровнях: от горького и невзрачного плода, гадкого утенка, беспомощного детеныша, мировых войн – к созревшему, устойчивому состоянию.

Возьмем для примера нашу планету. В первоначальном состоянии появился газовый шар, в котором под действием сил тяготения произошло уплотнение атомов до их воспламенения. Затем действием позитивной и негативной сил снизилась температура, что привело к образованию тонкой, плотной оболочки.

Но не прекратилась на этом борьба сил – и снова воспламенился жидкий газ, и вырвался наружу, взорвав всю оболочку, и вернулось состояние к первоначальному, пока в результате борьбы двух сил опять не стала преобладать тенденция к охлаждению и снова не появилась тонкая оболочка – но уже более прочная, способная выдержать большее давление изнутри и в течение более длительного периода. Пока снова не повторился процесс.

И так чередовались периоды в 30 млн. лет, и каждый раз появлялась более прочная оболочка в результате все большего преобладания позитивной силы, что привело систему к абсолютной гармонии. И залили жидкости внутренние пустоты Земли, а оболочка уплотнилась настолько, что появилась возможность зарождения органической жизни.

Но в отличие от всего остального – неорганического, органического и животного миров, заканчивающих свое развитие автоматически, под действием внутренних материальных сил, – человек обязан пройти дополнительный, постепенный путь развития общественного мышления.

Несомненно, в различных местах Земли появлялись и исчезали цивилизации. Вполне возможно, были среди них и такие, которые погибли по причине климатических катаклизмов. Каббала согласна со всеми этими предположениями. Она даже согласна с тем, что возможна жизнь в иных местах. Даже можно говорить о том, в каких видах...

Каббала знает больше, чем наука и фантасты предполагают, но поскольку эти знания не имеют отношения к предназначению человека, она этим просто не занимается и не считает нужным эти данные распространять.

Дело в том, что душа человека нисходит свыше, из высшего мира, облачается в тело нашего мира с определенным предназначением. В течение земной жизни душа, облаченная в тело, обязана пройти определенные этапы своего развития.

Нет времени отвлекаться на пустые изыскания, которые, кроме того, не под силу обычным человеческим возможностям... А каббалисты не желают заниматься пустыми делами.

Могу сказать, что, изучая Каббалу, вы начнете понимать все, что произошло не только на нашей Земле, но и в нашей вселенной вообще, потому что изучаете высшие корни, которые нисходят в наш мир и все порождают в нем. Но эти знания Вам раскроются тогда и в той мере, в которой вы сможете их использовать для цели духовного восхождения, а не ради удовлетворения любознательности.

— *Вы советуете отдавать детей в религиозную школу. Не лишаю ли я этим сына свободы выбора своего пути в жизни?*

Свобода выбора не зависит от воспитания, потому что она проявляется относительно Творца, чего никакое воспитание вообще не касается. Свобода выбора начинается только с определенной духовной ступени, когда человек обретает экран — силу владеть всеми своими желаниями и оперировать ими не ради себя. Только тогда он становится свободным и выходит из клетки своего тела, природных желаний. И только тогда может царить во всем мироздании.

Но это выбор самого человека. А пока Вы, как отец, обязаны все же его как-то воспитывать. Поэтому, вследствие угрозы разложения ребенка в плохом обществе (наркотики, половые заболевания, разболтанность), предпочтительнее религиозное воспитание типа «кипа сруга», т.е. идущих в армию, лояльных к стране. Такое воспитание не ограничивает человека. Удачи вам в этом!

— *Что такое Маген Давид с точки зрения Каббалы?*

Точного описания этого знака в книгах нет, но в общем он изображает силы трех линий, воздействующих на душу, овладевая которыми, человек сам начинает управлять силами природы.

Практически этот знак символизирует равновесие основных сил центрального парцуфа, «блока управления» природой, называемого Зэир Анпин». Каббала обучает человека, как овладеть свойствами Маген Давида, чтобы действительно обрести Маген Давид – Щит Давида.

Давидовым он называется потому, что все поднимающиеся души, чтобы получить свыше высший свет, восходят на определенную ступень, называемую малхут, или Давид. Поэтому Давид и смог написать псалмы (теилим), которые всеми душами принимаются как ими сказанные. Внешне же сам символ применяем у многих народов.

– *Пройдет ли пора страданий с началом эпохи Водолея?*

Никакие эры не изменят закона природы, согласно которому евреи обязаны обучиться управлять природой и научить затем этому все остальные народы. Незнание законов природы приводит нас к постоянным страданиям, неуверенности, болезням, войнам. И это все потому, что мы получаем от природы плохие сигналы, мысли, погоду, случаи. Каждый и все вместе. А причина в том, что не можем своими мыслями правильно запускать все мироздание, как надо. Мир создан так, чтобы человек им управлял. Как – описано в Каббале. Благо снизойдет только вследствие наших разумных действий.

– *В чем же смысл страданий?*

Я приведу вам слова моего великого Учителя рабби Ашлага из предисловия к его шеститомнику «Талмуд Десяти Сфирот» – слова, объясняющие, почему он написал эту книгу:

«...зададим себе вопрос, который часто возникает у нас, но несмотря на это, поражает нас и всегда застает врасплох, застает неподготовленными к нему, – вопрос, от которого абсолютно все возражения против изучения науки Каббала исчезают, как дым, вопрос, встающий перед каждым, посетившим сей мир: «Для чего я живу? Что дают эти, так тяжело проходящие годы моего существования, за которые так дорого мне приходится платить, где множество страданий никак не перекрываются немногими радостями, пока не заканчивает человек в полном изнеможении свое существование!» Над этим вопросом задумывается каждый, посещающий этот мир.

И конечно же, великие умы в течение всех поколений поневоле и искренне задумывались над ним, страстно желая найти ответ. *Но так или иначе, этот вопрос, как и прежде, встает перед каждым во всей своей горечи, зачастую настигает нас врасплох, унижая отсутствием в человеке ответа на него, пока удается нам найти всем известное «решение» – закрыв на него глаза, забыться, продолжать влачить свое существование, как вчера».*

А затем автор объясняет, что только в обучении человека управлять своей судьбой и есть ответ на этот вопрос.

– ***Что означает истинное совершенство? Достижимо ли оно?***

Совершенство необъяснимо! Но достижимо! Можно объяснить, чем оно характеризуется. Совершенство может быть только одно. Если возможны два, то одно из них или ни одно из них не совершенно. Поскольку Творец Один и наивысший, то совершенство – это состояние Творца. Достичь его – в этом задача человека. Достижение совершенства – в этом и есть предназначение человека. Методика достижения совершенства – Каббала. Начинайте! С самого начала вас ждут захватывающие ощущения!

Все, что отличает человека от животного, – это то, что человек имеет свободу воли, как сказано: «И выбери жизнь», – где под жизнью понимается слияние свойствами с Творцом. Более того, в «Предисловии к ТЭ"С» сказано, что выбор заключается не в выборе пути, – это за человека делает Творец, потому что нет к цели творения нескольких путей, а только один – исправление эгоистического свойства на альтруистическое с помощью Торы, как сказано: «Я создал Зло (эгоизм) и Я дал вам Тору для его исправления». А свобода воли человека, т.е. единственное, что он может делать свободно, а не под диктатом своего животного эгоизма, – в том, чтобы правильно выбрать себе общество, в котором он будет находиться.

– ***Говорят, что нет более несчастного дня для евреев, чем день 9-го Ава. Почему?***

Основа всех страданий человечества, как повествуется об этом в Торе: посылка разведчиков в землю Израиля с целью проверить, хороша ли страна, которую предлагает Творец Израилю. В истинном виде трактовка выглядит так: человеку Творец предлагает высший мир, все миры.

Если человек не принимает предлагаемое ему Творцом верой – верой в то, что это самое наилучшее для него, а желает проверить подарок Творца заранее, в своих эгоистических понятиях, – в итоге это кончается катастрофой. Так и мы сегодня: получив эту Землю, не имеем права отказаться от предлагаемого нам свыше, а обязаны морально, духовно быть подстать этой земле.

Вообще же в истории, насколько я могу вспомнить в данный момент, этот день многократно возвращался во всей горечи к нам, на наши головы:

- 9 Ава 2449 года (1312 год до н.э.) – посланцы Моше убедили народ не входить в Эрэц Исраэль. Кроме Йеошуа и Калева, остальные посланцы страшили народ. Поэтому весь народ погиб в пустыне, и только эти двое вошли в Эрэц Исраэль.
- 9 Ава 3338 года (422 год до н.э.) – Навуходоносор разрушил 1-й Храм и началось 70-летнее изгнание в Вавилон.
- 9 Ава 3828 года (70 год до н.э.) – римляне перепахали Иерусалим.
- 9 Ава 3831 года (67 год до н.э.) – пала крепость Бейтар, изгнание из Эрэц Исраэль.
- 9 Ава 5050 года (1290 год н.э.) – изгнание евреев из Англии.
- 9 Ава 5066 года (1306 год н.э.) – изгнание евреев из Франции.
- 9 Ава 5252 года (1492 год н.э.) – изгнание евреев из Испании.
- 9 Ава 5702 года (1942 год н.э.) – указ Гитлера об окончательном решении еврейского вопроса.

Надеюсь, на этом список заканчивается!

– Почему для того чтобы прийти к цели творения, мы должны пройти какой-то путь страданий (гильгулим)? Почему Творец заставляет Свои творения мучиться, даже если хочет дать потом «вечный рай»?

Этот вопрос возникает у человека со дня его зарождения на Земле и на протяжении всех веков. Прямого ответа на него нет. Рабби Й.Ашлаг в своей популярной книге по Каббале «Матан Тора» отвечает на это в статье «Суть религии», что никогда нельзя, будучи в начале процесса, понять его результат или оценить весь путь. Но только пройдя его, уже будучи в конце пути, можно правильно отнестись ко всему произошедшему с тобой.

И не зря говорят в мире, что дураку полработы не показывают, ведь только прошедший весь путь обретает разум, чтобы правильно оценить происходящее. Потому что прохождение самого пути создает в человеке те ощущения, которые необходимы для получения конечного результата, ощущения вечности и совершенства. А иначе и быть не может.

Почему Творец не сделал так, чтобы мы сразу же оказались в совершенстве и вечности? Потому что мы бы этого не ощутили. Проходя путь свободы выбора между нашим состоянием и духовным, мы постепенно правильно оцениваем духовное и выбираем его – тогда-то духовное совершенство и вечность становятся для нас желанными и мы действительно получаем полное наслаждение, «вечный рай».

– Вы упоминали о женщинах-пророчицах. Какие вообще есть возможности для тех, кто пришел в этот мир в женском обличье? Вы отводите нам только вспомогательную роль? Но возможно, есть исключения?

Вопрос ваш очень деликатный! Все ли люди, народы, личности достигают цели творения? Или есть отличие по расе, национальности, полу, возрасту и пр.? Творец создал Свое творение в виде неживой, растительной, животной и человеческой природы – по высоте: от неживой, низшей, до человеческой, наивысшей. Вся природа помимо этого вдоль, сверху вниз, делится на два пола.

Отличие человека от остальной природы в том, что на него возложена задача самостоятельно достичь цели творения. Остальные части природы поднимаются к цели творения, вечности и совершенству вслед за человеком, т.е. зависят от человека. Но цели творения достигают все. Среди людей также есть разделение по уровням на внешнюю и внутреннюю части. (Подробнее см. об этом в «Предисловии к книге «Зоар», пп. 66-80).

Все мироздание сверху вниз рассечено на женскую и мужскую части творения, и они, соответственно, параллельны и противоположны друг другу. Они дополняют друг друга, но ни в коем случае не дублируют свои функции. Женщины же обычно претендуют на мужские роли. В чем заключаются женские функции в творении?

До нашего времени в Каббалу допускались только избранные мужчины. В наше время, как уже давно указывали великие каббалисты прошлого и как пишет наш великий современник рабби Йегуда Ашлаг, все могут изучать Каббалу. Все без исключения. И конечно же и женщины. Проблема только в том, что различие в полах в нашем мире исходит из различия в духовных корнях. Поэтому методика изучения и применения каббалистических знаний у мужчин и женщин различна и обучать их необходимо раздельно. Как известно, наша группа «Бней Барух», названная так по имени моего Учителя, состоит примерно из сотни семей. Я занимаюсь с мужчинами с 3 до 6 утра и вечером, после того, как они возвращаются с работы. Женщины, наши жены, изучают материал, который мой рав специально написал для них. Раз в неделю я преподаю им.

Кроме того, мы совместно ведем большую работу по подготовке и выпуску книг, ведем десятки групп по стране. Женщины переводят статьи на другие языки. Ведь мы работаем (см. наш сайт в Интернете) на 22 языках мира. Я принимаю и консультирую их, я всегда открыт для них. Мы – очень тесная община. Мы вместе еженедельно на пикниках, встрече субботы и пр.

Мужья дома ежедневно по полчаса, как завещал мой Рав, занимаются с женами. А потом женщины вместе все обсуждают. Кроме того, большинство жен слушают (хотя бы частично) наши занятия с 3 до 6 утра по Интернету. Все наши занятия транслируются по Интернету и по нашей телефонной системе. Вход бесплатный, как и все наши услуги. Женщина так же входит в Каббалу и в высшие миры, как и мужчина.

— *Исследования генома привели к открытию того факта, что характер человека заложен в наших генах. Как же в таком случае винить человека в его грехах? Значит нет свободы выбора?*

Естественно, что характер человека задан ему природой и ни в коем случае не относится к сути человека. У животных также проявляется в каждом виде и особи свой характер. Поговорите с теми, кто общается с животными, и они вам расскажут, какие сложные характеры у животных, не менее сложные, чем у людей.

Дело в том, что характер – это постоянная составляющая человека. Можно стать кем угодно, но характер останется тем же. Он не меняется, только становится менее выпуклым в зависимости от ограничений сил, возможностей и пр.

Грехи человека происходят не от его характера, а от незнания истины. Если бы знал, не согрешил. Вообще же, нет такого понятия – «грех». Человек всегда поступает в соответствии с тем состоянием, в котором находится: если Творец скрыт от человека, то человек совершает поступки, которые ему диктует только его эгоистическая природа. А что же еще он может принять во внимание?

Если Творец открывается человеку, то по мере ощущения Творца, Его силы, человек исправляет свои поступки, т.е. поступает исходя из новых данных. Т.о. раскрытие Творца – единственная возможность не грешить. Это то, что и делает Каббала: раскрывает человеку Творца, и тогда человек видит, как правильно поступать. Все поступки до раскрытия Творца называются «грех», а наказание за них – ощущение неправильности поступка, осознание отрицательного состояния, которое помогает человеку выйти из него. Теперь о свободе воли: можно ли говорить о свободе воли у животного? А у человека?

Если мы будем знать все параметры человека, его характер, состояние здоровья, настроение и пр., его окружение и как оно воздействует на человека, то мы сможем точно предсказать любую реакцию человека на любую ситуацию. Где же свобода воли? А для чего она? Почему мы не ищем ее у животных?

Свобода воли возможна только в том случае, если у человека есть возможность поступать против своей природы. Для этого он должен быть совершенно свободен от нее, т.е. от себя. Быть как бы вне себя, со стороны иметь возможность себя оценить и независимо решить и поступить.

А что значит быть вне своей природы? Кроме человека, в творении есть только Творец. Если человек приобретет свойства Творца, кроме своих собственных, и причем настолько, что может быть независим от обеих природ в себе, то сможет быть действительно свободен в своем выборе – быть как он сам или как Творец. А третьего не дано. Отсюда ясно: чтобы стать обладателем свободы воли, нужно стать каббалистом – получающим свойства Творца.

– Будет ли клонирование штамповкой «человеков»? А где же Творец? Где же душа?

Я каббалист, а не рав, занимающийся применением Торы на уровне нашего мира. Поэтому допускается ли клонирование Торой, в каких случаях и кого клонировать – это не моя область. Скажу в общем. Каббалисты веками скрывали Каббалу и только в наше время раскрыли ее и обязывают каждого изучать ее. Потому что во многих кругооборотах наши души созрели для этого. А до нашего времени нельзя было ее раскрывать, потому что было много желающих употребить ее во вред. Теперь таких нет, настолько люди окунуты в мелкий эгоизм.

Такой же запрет на раскрытие людям знаний существовал и в других науках. Аристотель и Платон указывают в своих сочинениях, что нельзя передавать науку и брать в ученики тех, кто может затем обменять научные знания на деньги, наслаждения и таким образом продать силу тому, кто может использовать ее во вред другим. А только тех, кто морально готов стеречь знания, как тайну, только их можно принимать в ученики.

К сожалению, этот принцип нарушается уже веками, и последствия этого мы ощущаем на себе. Ничего, кроме страданий, мы не получаем от того, что технический прогресс обгоняет моральный. (Подробнее об этом в предисловии рава Й.Ашлага к книге «Эц Хаим» великого Ари).

Теперь насчет души. Вы спрашиваете, где же душа будет у клонированного человека? Позвольте вас спросить, а где она у неклонированного? У искусственно зачатого? И вообще, что такое душа, и есть ли она просто так у живого человека? А у животного? А у дикого человека, аборигена? Где граница развития тела, начиная с которой, душа вселяется в тело, или иначе, телу полагается душа? И почему клонированному не положена?

Душа – это особый орган ощущения. Я его обычно называю шестое чувство. Это особый орган ощущения, в котором ощущается высший мир, то, что вне нашего мира, т.е. что невозможно ощутить природными нашими органами ощущений.

Развить его в себе можно только методикой Каббалы. Поэтому Каббала так и называется – от глагола «получать» – получать высшее ощущение, знание, что выше обычного ощущения.

– *Будет ли использовано клонирование во вред человечеству?*

Ну, тут уж совершенно не надо быть пророком, чтобы изречь простую истину: все, что делает человек, пока он не видит всей картины мироздания, которую только Каббала может открыть ему, он делает себе во зло.

– *Я ощущаю в своей жизни действие некоего закона, который жестко правит природой и человеком, от букашки и до самой глубокой мысли человека. Я совершенно уверен, что за этим законом стоит огромная сила, называемая «Творец». В трудные минуты я обращаюсь иногда к этой Высшей Силе. Но меня не покидает мысль, что этим своим обращением, этой своей так называемой молитвой я преступаю закон.*

Ведь каждый мой крик о помощи, в конечном итоге, требует отменить одно из условий этого закона. Ведь, требуя изменить что-либо в своей жизни, я тем самым отрицаю совершенство управления Творца или допускаю, что оно несовершенно. Тем более, что в молитвеннике говорится о благодарности, восхвалении. Так что же такое настоящий крик души, который слышит Творец и на который отвечает?

Вы правы: единый закон всего мироздания и есть то, что мы называем Творцом. С этим согласны и ученые. Только отличие каббалиста от просто ученого состоит в том, что каббалист, изучая все мироздание и ту его часть, которая не воспринимается нами, ощущает ее, потому что развил в себе дополнительный орган ощущения. И тогда он ощущает, что единая сила, которая всем управляет, имеет чувства, а не как нам кажется – будто природа лишена ощущений.

Но хотя эта сила и имеет чувства, она неизменна в своем намерении довести все мироздание до совершенства. Т.е. она относится ко всему существующему так, как будто все существующее уже находится в самом совершенном окончательном состоянии.

Получается, что на того, кто не находится в этом совершенном состоянии, соответственно действует та же сила, толкающая его к совершенству. (Это подобно любому иному закону мироздания). Нами же воздействие этой силы ощущается как страдание.

Или это можно уподобить давлению родителей на ребенка: пока не станет таким, как они желают, будет ощущать их давление и страдать от него. Но как только станет «каким надо», немедленно прекратится давление (страдания), и он ощутит комфорт.

Ясно, что наше первоначальное, неисправленное состояние создано свыше, не нами, создано умышленно самим Творцом. Смысл этого — дать нам возможность самим выбрать совершенство как самое желанное состояние и самим достичь его. Как? Методика «получения» совершенства называется Каббала (получение).

Обращение к высшей силе за помощью — это в принципе единственный метод движения вперед. Потому что от природы мы не наделены такой силой. Поэтому, если вы обращаетесь к высшей силе, вы не только не нарушаете закон, а в принципе делаете единственно возможное правильное действие.

Но крик о помощи должен исходить из осознания того, что вы просите: что-то для себя в этом мире или духовного восхождения. Кроме того, этот крик ведь вы возносите к Тому, Кто дал вам страдания, чтобы вызвать этот крик. Для чего Он вам их дал? Чтобы вы вынужденно обратились к Нему.

Заявляете ли вы своим криком, что управление Творца несовершенно? Конечно! А разве в своем сердце вы ощущаете иначе? Какое имеет значение — вы молчите или кричите вслух, ведь Творец ощущает ваше сердце еще до того, как оно ощущается вами! И конечно же, Его управление воспринимается нами как несовершенное, но именно потому, что мы несовершенны, как в примере с высшей силой.

Значит, мы должны Его просить не изменить управление, а изменить нас, чтобы мы Его управление восприняли как совершенное.

И еще: если мы просим об этом потому, что нам плохо, то это эгоистично. А вот если мы просим изменить нас не потому, что нам плохо, а потому что страдаем от того, что в своем сердце проклинаем Творца, – вот это уже не эгоистическая просьба. И на нее отвечает Творец! После этого и стоит открыть молитвенник...

– *Если смысл жизни в духовном возвышении, то в чем смысл жизни тех миллиардов людей, которым не досталось ни одной из 600000 душ?*

Смысл жизни каждого творения, даже букашки – в приближении к совершенному конечному состоянию. Но достижение его зависит не от неживой, растительной, животной природы, а от человека, а среди людей – зависит от евреев. Все построено по пирамиде. Смотрите об этом в «Предисловии к книге «Зоар», пп. 60-80.

Все существующие имеют душу. В каждом из живущих на Земле есть душа. Душа животная, как у животных, и, кроме того, зачаток (зародыш) духовной души. От человека зависит – развить ли в себе духовную душу и стать бессмертным или нет...

Число 600000 – это условное число осколков, на которые раскололась общая созданная душа, называемая «Адам». Но затем каждый из этих осколков делится еще на множество. Так что не беспокойтесь, всем хватит, были бы желающие их получить и вознестись.

– *Когда Вы говорите, что Создатель ожидает от Израиля, чтобы это была святая страна, другими словами, что каждый человек должен любить другого как себя самого, как в этом случае можете Вы относиться к израильтянам, желающим мира с палестинцами, – как к преступникам? Мне кажется непоследовательным и противоречивым – говорить, что у них руки в крови, только потому что они поддерживают мир, ведь это, как кажется мне, подобно декларации ненависти, и удивляет меня Ваше мнение, человека, обладающего тайнами Каббалы. Прошу Вас объяснить Вашу позицию.*

Желающие мира всегда желанны, если только их желания ведут к миру. Ваш совет ждать и сдерживаться, когда к тебе лезут убивать, исходит из того, что это еще не происходит в вашем доме и вы можете себе позволить ждать, авось противник пошумит, одумается, успокоится.

Мы находимся под угрозой уничтожения. Вы этого не в состоянии осознать и поэтому ошибаетесь, а мы не имеем права ошибаться. По воспитанию детей, пропаганде, идеологии видно, что цель наших соседей – уничтожить нас. Откупиться невозможно! Отдали Синай – нет войны, но нет и мира, нет дружбы; египетские газеты – самые антиизраильские во всем арабском мире.

Идеология ислама – покорить весь мир (видно в Косово, на юге России, в Чечне, в крупных городах Европы) бьется об Израиль как об стену. Каббала запрещает воевать? Разве возможно исправить мир, давая себя убить? Я надеюсь, вы просмотрите еще наши материалы и убедитесь, что видеть объективно – непросто!

Я не вижу ни в ком врага, а только орудие Творца. Но именно правильное отношение к тактике исправления мира говорит о том, что пока человек не исправлен, он обязан платить за это, компенсируя свое отсутствие в Высшем управлении своим присутствием на поле брани идеологически и физически в этом мире. Ничего не поделаешь. Я надеюсь, время раскроет глаза и люди изучат Высшее управление и станут делать действительно то, что во благо им.

– Израиль был создан резолюцией ООН. Палестину разделили на две части, и арабы имеют право жить там так же, как евреи. Можете посмотреть, как в США ливанские дети играют с еврейскими детьми. Я буду продолжать изучать Каббалу в надежде, что смогу найти способ сосуществования Палестины и Израиля.

Я занимаюсь Каббалой, а не пропагандой, но мой вам совет: почитайте и сравните газеты арабских стран и Израиля за последние 50 лет. Вы увидите, что происходит с идеей мирного существования в этих странах, как каждая страна готовится к будущему «сосуществованию», как воспитываются граждане этих стран в ненависти к Израилю!

– Вы раньше выступали по радио Аруц-7. Где сегодня Вас можно услышать? Почему именно массы приведут к решению проблем, а не великие каббалисты, как в прошлые века? Что можно ждать от масс?

Я тоже очень сожалею, что у меня отняли возможность вести беседы по радио Аруц-7. Все дело в том, что я выступал против отрицания религиозными ортодоксами изучения Каббалы. Я понимаю причины их ненависти, но не могу с ними согласиться, потому что именно это и есть причина сегодняшнего нашего положения. С одной стороны, неоценим вклад ортодоксального иудаизма в сохранение традиций, рамок, народа. Я чту их верность правилам религиозной жизни, сам соблюдаю. Но ненависть к Каббале и отрицание призыва каббалистов изучать Каббалу ничем не могут быть оправданы, потому что от приобщения масс к Каббале зависит наша судьба. Смотрите, что пишет об этом мой учитель рабби Й.Ашлаг:

Все мироздание делится на внутреннее и внешнее. Народ Израиля — внутренняя часть мира. Сам народ Израиля тоже делится на внутреннюю часть — признающих духовное и наружную часть — отрицающих духовное.

Среди признающих духовное есть внутренняя часть — стремящиеся к Творцу, к Его раскрытию, к связи с Ним, и наружная часть — занимающиеся лишь исполнительной частью в Торе.

А также в каждом из народа Израиля есть внутренняя его сущность — стремление к Творцу — «Исраэль» и внешняя сущность — стремление к жизни народов мира, «народы мира».

В народах мира также есть внутренняя их часть — праведники народов мира и внешняя их часть — вредные элементы общества.

И если человек из Израиля возвышает свой внутренний уровень «Исраэль» в себе над внешним своим уровнем «народов мира», то вызывает этим то, что во внешнем и во внутреннем слоях всего мира внутреннее, «народ Израиля», поднимается все выше, а внешнее, «народы мира», осознает ценность народа Израиля.

Но если любой из народа Израиля усиливает и ценит внешнюю сущность в себе, т.е. уровень «народов мира» в себе, больше, чем уровень «Исраэль» в себе, т.е. внешняя сущность в нем возвышается над внутренней, он способствует своими действиями тому, что и внешний совокупный уровень мира, то есть народы мира, поднимается и усиливается над Израилем и унижает его.

И не удивляйся, что отдельно взятый человек может своими действиями вызвать возвышение или падение всего мира. Ибо закон мироздания гласит, что частное и общее подобны, и все, что характерно для всего мира в целом, происходит и в его любой части, и отдельные части совершают то же, что совершает все целое вместе, и исправиться общее может только после исправления его частей.

Таким образом, качество и уровень частей возвышают или понижают общее. Отсюда ясно сказанное в книге «Зоар», что только массовым изучением книги «Зоар» и Каббалы избавится весь мир от страданий и опустятся на него свыше благо, покой и совершенство.

– *Но какова связь между изучением книги «Зоар», избавлением Израиля и народами мира?*

Книга «Зоар» говорит, что как в мире, так и в Торе есть внутренняя и внешняя части. Поэтому, занимаясь Торой, можно развивать или внутреннюю, или внешнюю часть. Изучая внутреннюю часть Торы и ее Тайны, человек вызывает возвышение внутренней части мироздания, Израиля, над внешней частью, народами мира. Вследствие этого народы мира осознают ценность Израиля, вплоть до сказанного пророком: «И возьмут его народы и принесут его на его место и поставят Дом Израиля на Земле Творца». «Вот, – сказал Творец, – вот протяну Я руку Свою к народам, и над народами подниму Свое чудо, и приведут сынов твоих, и дочерей твоих понесут на плечах».

Но если человек из Израиля принижает важность внутренней Торы и ее Тайн, подобно вещи, в которой нет потребности, относительно внешней части Торы, изучающей только механическое исполнение, он способствует этим принижению внутренней сути мира, народа Израиля, относительно внешней части, народов мира, которые в таком случае унижают народ Израиля, подобно вещи, в которой нет потребности.

И более того, предпочитающий внешнюю Тору внутренней способствует этим тому, что внешний слой народов мира усиливается над их внутренним слоем, и худшие из народов мира, вредители и разрушители мира, усиливаются и поднимаются над их внутренним слоем, над праведниками народов мира, что приводит к разрушениям и погромам.

Таким образом, ясно, что избавление Израиля и его ценность в мире зависят от изучения книги «Зоар» и внутренней части Торы. И наоборот, все разрушения и унижения Израиля происходят вследствие того, что народ Израиля оставил внутреннюю часть Торы, принизив этим свою ценность до уровня никчемной вещи в мире.

Невозможно поднять величие Творца, ибо люди в своих желаниях подобны животным. А религиозные исполняют заповеди без знания, неосознанно. И в заповедях, которые совершают, нет намерения доставить этим радость Творцу, а исполняют лишь на пользу себе.

Они обращают Тору в сухую учебу, без разума и знания, ибо ограничиваются только исполнительной частью Торы. И не стараются понять сущность Каббалы, познать и прозреть в тайнах Торы и смысле Заповедей! Своими поступками они вызывают нищету, разруху, насилия, разбои, убийства и уничтожения в мире».

Если занимающиеся Торой пренебрегают внутренним уровнем, относятся к внутренней части Торы как к никчемной, то они этим усиливают свой внешний уровень, внешнюю часть Торы. Так говорит книга «Зоар».

Но необходимо понять, что косность религиозных вызвана их страхом перед исчезновением традиции выполнения механических заповедей, что в итоге может привести к исчезновению народа. Ведь не секрет, что именно такое «косное» отношение к своему образу жизни и спасло народ от исчезновения. Человек может заниматься только тем, чего желает. Если человек еще не созрел для занятия Каббалой, то нельзя его заставлять. В духовном нет места насилию.

Рабби Й.Ашлаг в «Предисловии к ТЭ"С», п. 2 говорит, что он пишет не для тех, кто против Каббалы, а для тех, кто спрашивает себя: «Каков смысл моей жизни, зачем живу, зачем страдаю?»

Если у человека, религиозного или нерелигиозного, этих вопросов нет, ему Каббала будет абсолютно безразлична. В таком случае, конечно, лучше, если он будет просто выполнять заповеди, как все религиозные. Пока его душа не созреет в одном из кругооборотов для занятия истинной Торой.

Но если человек ощущает эти вопросы, он просто обязан взять в руки книгу по Каббале. Вот здесь сопротивление к занятиям со стороны религиозного еврейства необходимо пресекать и рассматривать, согласно мнению книги «Зоар», как самое ужасное преступление против человечества и Творца.

КТО ПОВИНЕН В НАШИХ СТРАДАНИЯХ И ПОЧЕМУ НАС НЕНАВИДЯТ

В «Предисловии к книге «Зоар» сказано:

п. 66. И знай, что во всем есть внутреннее и внешнее содержание. В общем взгляде на мир в целом потомки Авраама-Ицхака-Яакова считаются внутренней сущностью мира. А также внутри сам этот народ делится на внутреннюю свою часть – преданных и совершенных Служителей Творца и внешнюю свою часть, к которой относятся не отдающие себя служению Творцу.

И далее, в самих народах мира выделяется внутренняя их часть, представителями которой являются «Праведники народов мира», и внешняя их часть, представители которой относятся к аморальным и вредным элементам общества.

А также внутри группы Служителей Творца существует внутренняя часть – те, кто удостаивается принять внутреннюю душу Торы и ее Тайны. И внешний слой Служителей Творца, занимающихся лишь исполнительной частью в Торе.

А также в каждом из народа Израиля есть внутренняя его сущность, определяемая уровнем «Исраэль» в нем, суть которой заложена в «Точке, что в сердце» (некуда ше ба лев), и внешняя сущность, «народы мира» в нем – и это само его «тело» (желание получать наслаждения). Но даже уровень «народов мира» в нем подобен прозелитам (возвращающимся к Творцу) народов мира, которые пришли и слились с народом Израиля.

п. 67. И если человек из Израиля усиливает и возносит внутренний уровень «Исраэль» в себе над внешним уровнем, т.е. уровнем «народов мира», что в нем, т.е. отдает большую часть усилий, чтобы возвысить внутреннюю свою сущность ради его души, и незначительные усилия, только в необходимой мере, он отдает на существование уровня «народов мира» в себе, т.е. на нужды «тела», – то способствует своими действиями и во внешнем, и во внутреннем слое всего мира, чтобы «народ Израиля» поднимался все выше, а народы мира, являющиеся внешней сущностью мира, осознали ценность народа Израиля.

Но если любой из народа Израиля усиливает и ценит внешнюю сущность в себе, т.е. уровень «народов мира» в себе, больше, чем уровень «Исраэль», т.е. внешняя сущность в нем возвышается над внутренней, уровнем Израиля в нем, – он способствует своими действиями тому, что и внешний совокупный уровень мира, то есть народы мира, поднимаются и усиливаются над Израилем и унижают его. А сыны Израиля, то есть внутреннее ядро мира, спускаются ниже.

п. 68. И не удивляйся, что отдельно взятый человек может своими действиями вызвать возвышение или падение всего мира. Ибо это абсолютный закон мироздания, что частное и общее подобны, как две капли воды. И все, что характерно для всего мира в целом, происходит и в его любой части. И отдельные части совершают то же, что совершает все целое вместе. И исправится и раскроется общее, целое, только после исправления и раскрытия его частей. Т.е. качество и уровень частей возвышают или понижают общее. Отсюда ясно сказанное в книге «Зоар», что только массовым изучением книги «Зоар» и Каббалы можно выйти из изгнания к полному освобождению.

Но какова связь между изучением книги «Зоар», избавлением Израиля и народами мира?

п. 69. Из сказанного следует, что как в мире в целом, так и в Торе есть внутренняя и внешняя части. И поэтому, занимаясь Торой, можно развивать или внутреннюю, или внешнюю части. Своими усилиями во внутренней части Торы и ее Тайнах человек способствует подъему внутренней сущности Израиля над внешней сущностью мира, т.е. над народами мира. Этим народы мира сознают и познают ценность Израиля над ними, вплоть до того, что сбудется сказанное: «И возьмут его народы, и принесут его на его место, и поставят Дом Израиля на Земле Творца». «Вот, – сказал Творец, – вот протяну Я руку Свою к народам, и над народами подниму Свое чудо, и приведут сынов твоих на руках и дочерей твоих понесут на плечах».

Но если человек из Израиля принижает важность внутренней Торы и ее Тайн, содержащих пути исправления наших душ и смысл заповедей, относительно внешней части Торы, выясняющей только исполнение, и даже если занимается иногда внутренней частью Торы, то считанные часы, подобно вещи, в которой нет потребности, он способствует этим принижению внутренней сущность мира, т.е. народа Израиля, и усилению внешней его части, народов мира. И унижают тогда народы мира народ Израиля, будто он лишняя часть в мире.

И более того, предпочитающий внешнюю Тору внутренней способствует этим тому, что внешний слой народов мира усиливается над их внутренним слоем, и худшие из народов мира, вредители и разрушители мира, усиливаются и поднимаются над их внутренним слоем, над праведниками народов мира, и производят разрушения и погромы.

Таким образом ясно, что избавление Израиля и его ценность в мире зависят от изучения книги «Зоар» и внутренней части Торы. И наоборот, все разрушения и унижения Израиля происходят вследствие того, что «народ Израиля» оставил внутреннюю часть Торы, принизив этим свою ценность до уровня никчемной вещи в мире.

Народы мира в человеке – это те свойства, желания (келим), которыми до конца исправления пользоваться нельзя. Можно работать только с желаниями «Исраэль». «Исраэль» – альтруистические келим, свойства. «Гои» – получающие келим, эгоистические свойства. После исправления всех свойств в человеке все келим Исраэль и Гоим обязаны соединиться вместе и ощутить Творца в полном совершенстве. А до тех пор исправление возложено на народ Израиля, представители которого обязаны, прежде всего, исправить самих себя. И по мере того, как исправляем себя, мы приближаем народы мира также к их исправлению.

Каким способом определить внутреннюю и внешнюю часть внутри человека, народа, мира? В зависимости от того, чем человек занимается, что изучает. Если занят развитием желаний с целью наполнения их разными наслаждениями – называется «гой». Если человек желает улучшить свои свойства, чтобы стать более подобным Творцу, – называется «йехуди», или «Исраэль» от сочетания слов «яшар-леэль» – прямо к Творцу.

«Конец Исправления», или «Конечное действие», – это когда кли, душа (малхут де эйн соф), желает только слияния с Творцом, что означает желание отдавать, подобно Ему. Человек рождается с желанием наполнить себя, а должен достичь обратного – желания стать подобным своими свойствами Творцу.

Это совершенно противоречит его природе, и потому желание необходимо строить в себе не просто с нуля, а из ему противоположного. Но именно на первоначальной основе оно и растет. Природный недостаток, желание наполнить себя, которое есть в человеке, – это необходимый элемент и, видимо, самый лучший, чтобы прийти к Цели, и именно самому прийти к Цели, самому желать ее, стать активным участником, получателем, но в ином смысле – получать, потому что этим только и можешь доставить радость Дающему.

Поэтому человек должен пройти такие состояния, которые рождают желание отдавать, рождают истинное кли для получения высшего света, потребность к подобию свойству Творца.

Общий Закон – привести каждое создание к исправленному состоянию, к подобию Творцу, – этот Закон властвует над всеми: на неживом, растительном, животном, человеческом уровне. Но чем больше развито творение, тем большую вынуждающую силу, требование стать подобным Творцу оно испытывает.

Поэтому более всех творений страдает человек. А среди человеческого уровня более всего страдает народ Израиля, а внутри «Израиля» – те, кто стоит на более внутренней ступени. Ведь притягивающая к себе жизненная сила начинает свое распространение с внутренней точки всего творения, с самых близких к сути Закона – свойству отдавать – желаний, а затем уменьшает постепенно свое воздействие, по мере удаления от центра, «Конца исправления», к внешним «оболочкам».

Из центра излучается свет исправления. Реакция кли на него зависит от состояния кли. Если исправления желанны – это означает, что человек идет путем Торы. Если исправления вынужденные, не по желанию Творца и не по желанию творения, то страдания не уменьшаются, а накапливаются и возрастают, чтобы вынудить человека возненавидеть источник страданий – зло в себе.

Поскольку человек – это только желание насладиться, то на него можно подействовать только ощущением недостатка, отсутствием желаемого в эгоизме – тем, что зовется у нас «страданиями».

Но если кли более внутреннее, т.е. более исправленное, то почему оно испытывает большее страдание? Ведь оно менее эгоистично, чем внешнее? Внутреннее кли находится близко к исправлению, внешнее кли находится дальше от исправления, причем ни внутреннее, ни внешнее еще не исправлены, но внутреннее кли, желание, имеет меньший эгоизм – и это определяет и малочисленность народа Израиля.

А гои – остальные народы – ощущают меньшее желание, чем Израиль, потому что еще не раскрылось в них кли. Кли раскрывается по мере возможности исправления. Хотя в действительности их кли намного больше, чем кли Исраэль.

Но в той мере, в которой в них возникает желание, они сразу же становятся ненавистниками Израиля. Как, например, народы, которые вроде бы не ощущали Израиль и не сталкивались с ним, «заочно» начинают ненавидеть его – ведь гои должны обязать Израиль заняться своим исправлением. Ведь только после исправления уровня «Израиль» в мире можно присоединить к исправлению и народы мира и таким образом способствовать общему исправлению в целом.

И в этом вся особенность отношений Израиля с народами мира: их необходимо остерегаться, ведь когда Израиль не производит необходимых исправлений, тогда народы мира жаждут уничтожить Израиль, т.к. нет нужды в таких келим, желаниях, если они не способствуют их наполнению.

Отсюда явно следует, как предупреждает рабби Й.Ашлаг, что нам скорее следует начать выполнять то, что на нас возложено. Посредством чего выполнять? Бааль Сулам говорит: посредством изучения науки Каббала. Каббала – это способ исправления, и нет иного способа привести все к исправлению, как только изучением Каббалы. И нет убежища от этого...

Исправление начинается с самых «легких душ», наименее эгоистичных, поддающихся скорейшему исправлению. А это – Израиль. Исправление относится только к человеку, никакого другого счета нет ни с кем. Только с этой целью человек нисходит в этот мир, только этим он обязан заниматься, для этого он рожден, сотворен, а все остальные его занятия – не в счет.

Если Израиль занимается своими исправлениями, ненависть народов мира к нему увеличивается или уменьшается? Если каждый из народа Израиля справляется со своими внутренними врагами, то и на внешнем уровне, внешние враги, как следствие того, что внутреннее рождает и определяет внешнее, попросту исчезают.

Все внешнее полностью зависит от внутреннего, как низшая ступень от высшей. Низшая порождается и существует благодаря высшей. Поведение народов мира является следствием нашего поведения. Измени в себе дух – и в этой мере ты увидишь, как все внешнее приходит в движение свыше, как ты решаешь и определяешь будущие события. Это ли не обязывает?!

Какая критическая масса должна быть у каббалистической группы, чтобы явно влиять на улучшение мира? Или хотя бы изменить отношение народа Израиля к своей миссии?

На неживом уровне необходимо следовать за массами, и насколько массы могут устоять, в соответствии с этим и устанавливать границы требований к ним, границы возможного воздействия на них. Массы естественно держат внешнюю границу выполнения заповедей, обычаев. А в духовном надо следовать за индивидуумом. В духовном развитии индивидуум своей душой решает, что и как делать, определяет связь между собой и Творцом, отношение к остальной жизни.

А мы обязаны пробудить себя не только для того, чтобы несколько изменить положение в мире, чтобы было больше дождя, немного больше «мира», «счастья». Мы желаем действовать целенаправленно и привести все к Концу Исправления.

– Как же надо идти к Концу Исправления – силой, работой индивидуумов, когда каждый работает в силу своей души, или посредством привлечения к этому масс народа?

Из книг Бааль Сулама, из того, что мы изучаем, следует, что это должны быть массы. Он говорит о множестве душ, которые обязаны участвовать в исправлении, о массовом процессе исправления.

Не случайно уже пару сотен лет назад Творец разделил народ Израиля на две части – религиозную и светскую: часть, продолжающую соблюдать Тору и заповеди вследствие воспитания, и часть, ставшую свободной от этого. Перед каждой из них, очевидно, стоит своя задача... Все нисходит свыше, от Высшего управления. Но естественно, эти две части должны существовать вместе, и не осталось бы ничего от светской части, если бы рядом с ней не существовала религиозная, хранящая традиции. Но и цели творения, видно, не достичь, продолжая действовать только в рамках традиционного образа мышления...

Практически мы видим, что только тем, кто не подвергался никакому религиозному воспитанию, подходит методика исправления по Торе, только они считают себя несовершенными и потому годятся для получения Торы. Они поведут всех вперед к исправлению, а традиционная часть останется, очевидно, на неподвижном уровне «домэм де кдуша».

– Если Исраэль продвигается в работе, то приходят «помехи», вернее, приходит «помощь» в виде помех. Таким образом, если продвигаться дальше к исправлениям, то давление гоев должно возрастать, становиться более агрессивным?

Подъемы и спуски происходят лишь в частном исправлении, т.е. у индивидуумов, в их душах. Связь с Творцом личная, хотя свобода выбора человека, как следует из статьи «Свобода выбора», состоит только в выборе группы, общества, которое затем определяет его путь в жизни. Но выбор индивидуален.

Вообще, уже исправленные души, желания, проходящие исправление, присоединяют к себе неисправленные души-желания в том объеме – в той степени, в которой могут вызвать общее исправление, что называется «Свет народам», присоединяют «народы» и поднимаются вместе путем присоединения – «иткалелут».

В любом случае, духовное продвижение индивидуума иное, чем продвижение совокупности масс. У индивидуума исправление происходит индивидуальным подъемом-спуском, а в массах – посредством присоединения к индивидууму (иткалелут). Массы, народы мира ощущают недостаток продвижения, они чувствуют зависимость от Израиля, но после первых последующие исправления зависят и от них самих.

п. 70. Сказано в «Тикуней Зоар»: «Встаньте и пробудитесь ради Святой Шхины, ибо в вас пустое сердце, без бины, чтобы познать и постигнуть Ее, несмотря на то, что оно обитает внутри вас! Преклонитесь и взмолитесь к величию Святой Шхины, ибо она – совокупность душ всего Израиля. Преклонитесь – означает Молитву. Но Шхина говорит: Для чего преклонитесь? Т.е. нет сил поднять себя из праха, ибо все подобны животным, питающимся сеном. Т.е. исполняют заповеди без знания, неосознанно, подобно животным. И все их милосердие, вся милость, которую совершают, совершают для себя. Таким образом в заповедях, которые совершают, нет намерения доставить радость Творцу, а лишь на пользу себе самим они исполняют заповеди. И даже лучшие среди них, которые уделяют время занятиям Торой, делают это лишь ради себя, без желаемого намерения «радовать Творца». В таком случае сказано о поколении: «Дух уходит и не вернется в мир», т.е. дух Машиаха, который должен избавить Израиль от всех их бед, до полного Избавления, чтобы осуществить написанное: «И наполнилась земля познанием Всевышнего». Этот дух исчез и ушел. И не светит в мире. Горе им, всем тем, которые привели к тому, что дух Машиаха исчезает из мира! И не сможет вернуться в мир. Они обращают Тору в сухую учебу, без разума и знания, ибо ограничиваются только исполнительной частью Торы. И не стараются понять сущность Каббалы, познать и прозреть в тайнах Торы и смысле Заповедей! Горе им, ибо своими поступками они вызывают нищету, разруху, насилия, разбои, убийства и уничтожения в мире!»

п. 71. А смысл в том, что занимающиеся Торой пренебрегают внутренним уровнем, относятся к внутренней части Торы как к никчемной вещи, а сведущи в ней, как слепые, и этим усиливают свой внешний уровень, т.е. пользу тела и внешнюю часть Торы.

Важно, ради чего учат. Ведь можно учить Каббалу ради удачи, чтобы успокоить себя, обрести уверенность, спокойствие, либо учиться потому, что ты обязан исправить келим, свое состояние. Это громадная разница в подходе. Здесь невозможно идти в одиночку. Необходимо руководство.

Написано, что каждый должен достичь ступени «Моше Рабейну». Каждый обязан вернуться к корню своей души. (См. письмо Бааль Сулама из «При хахам», стр. 63). Это требование ко всем.

Мы находимся в состоянии, когда обязаны совершать исправление в действии, в нашем обществе. До нашего поколения исправление было уделом отдельных душ, индивидуумов, тайных каббалистов, не было обязательным относительно людей, наций, мира.

Бааль Сулам пишет, что пока народ Израиля не вернулся вновь в Землю Израиля, не было у него обязательства соответствовать этой земле, т.е. исправлять себя до достижения всем народом духовного уровня Земли Израиля. Земля Израиля – Эрэц Исраэль. Эрэц от слова «рацон» – желание. Желание Исраэль – прямо к Творцу.

Только после того как Творец перенес нас добровольно и вынужденно в эту землю, мы обязаны всем народом подогнать себя под свойства этой земли. Сегодня, когда мы находимся на Земле Израиля на внешнем уровне, мы обязаны постичь «Землю Израиля» духовную, на внутреннем уровне, иначе нет у нас права жить на Земле Израиля, так как наш внутренний и внешний уровень не уравновешены.

В прошлом уже было такое и неоднократно: всякий раз, когда народ Израиля переставал соответствовать духовному понятию народа Израиля, т.е. живущего, питающегося от Земли Израиля, Эрэц Исраэль – желания к Творцу, он изгонялся из этой земли.

Мы вновь пришли сюда, нам вручена свыше Земля Израиля. Но мы ее не получили, мы не соответствуем ей. Если мы добровольно не получим ее, как говорит Бааль Сулам в статье «Дарование Торы» («Матан Тора»), т.е. не станем подобными ей на внутреннем уровне, то эта Земля уже не «изрыгнет» нас, как было в прошлом, но вынудит ужасными страданиями все-таки исправиться и соответствовать ей.

Задача каббалистов сегодня – всеми способами довести необходимость исправления до масс, до всего народа Израиля: создать подходящую для масс методику, выпустить доступные пособия, разработать рекламу, подготовить учителей. Работы много. Но уже одна мысль о ней, даже самое начало ее, производит огромные положительные изменения в нашей стране и предотвращает большие страдания.

СИЛА ПРИТЯЖЕНИЯ ТВОРЦА

Действительность, данная нам в ощущениях, сама по себе неизменна. Она состоит из двух слагаемых: Творец и творение. Творение ощущает Творца. Ощущение Творца творением называет миром, мирозданием. Творение может ощущать Творца явно, полу-явно, скрыто или не ощущать вообще. Меры ощущения Творца зависят только от самого творения. Творец, как солнце, светит всегда.

- Если свойства творения подобны свойству Творца – а у Творца есть одно-единственное свойство – «отдавать», то творение полностью ощущает Его.
- Если свойства творения только в определенной мере подобны свойствам Творца, в той же мере – не более и не менее – творение ощущает Его.
- Если свойства творения совсем не подобны свойствам Творца, то оно ощущает Его скрытым, скрывающимся.
- Если свойства творения противоположны свойствам Творца, то творение вообще не ощущает наличия Творца.

Творец всегда ощущается творением как наслаждение, знание, покой, совершенство. Поэтому частично ощутить Творца – означает частично ощутить вышеперечисленное. Потому что Творец создал творение желающим ощутить Его. Свет Творца создал кли, желание на Себя. Ощущение Творца определяется в творении как наслаждение. Творение создано желающим наслаждения, где под наслаждением подразумевается только ощущение Творца, Его света – что одно и то же.

Итак, что же такое творение? Желание насладиться Творцом. Если я ощущаю его более близко – я больше наслаждаюсь, более далеко – наслаждение меньше, вплоть до перехода в страдания. Кто решает, насколько я должен ощутить Творца? Я решаю. Решаю изменением своих свойств: чем больше я уподоблю их Творцу, Его свойству отдавать, тем буду ближе к Нему и буду ощущать себя в наилучшем состоянии.

Таким образом я изменяю свою судьбу, я участвую в управлении миром. Миром называются все условия, определяющие меру моего слияния с Творцом. Каким образом творение решает? Творение решает посредством своего желания, посредством своего намерения, посредством своей молитвы, поднятия МА"Н, посредством того, что исходит из его желания. Это единственное, чем может творение подействовать на свои отношения с Творцом, т.е. на свое будущее, свою судьбу, на то, что получит свыше, от Творца.

Изначально человек рождается в этом мире в состоянии, когда на его орган ощущения Творца наброшен полностью скрывающий Творца экран. Поэтому человек вообще не ощущает Творца, Его наличия в мире. Ведь миром называется все, что входит в ощущения человека, а то, что не входит, – воспринимается им как не существующее в мире.

Правильное начальное ориентирование: не Творец скрывается от меня, а я своими свойствами не ощущаю, скрываю Его. Все, что я ощущаю, – я ощущаю не Его, а скрывающие Его экраны... Но и через эти экраны я могу влиять на наши отношения.

Когда начали заселять пустыню Негев, спросили у Бааль Сулама, откуда будет там необходимая для жизни вода. Он ответил, что люди будут молиться, и появится вода. «Но как же будут молиться эти люди, ведь они поголовно неверующие и даже отрицающие религию»? «Это совершенно неважно, – ответил Бааль Сулам, – любое желание человека с просьбой о жизни ощущается Творцом – источником жизни человека, и поэтому Он отвечает даже на такие неосознанные просьбы».

То есть, в любом случае желание человека возносится к Творцу, действует, независимо от того, знает ли человек о наличии Творца, ощущает ли Его, отрицает ли Его, недопонимает или во всем и полностью оправдывает Творца.

Любой человек своим намерением, желанием действует в мироздании. В чем отличие между желанием и намерением? Желание всегда постоянно, оно таким создано, оно только в большей или меньшей степени проявляется в человеке, «поднимается» снизу, изнутри. Намерение же меняется от природного «ради себя» к исправленному «ради Творца».

Но даже простой человек своим намерением, мыслью, желанием поднимает МА"Н – тем, что желает чего-то от Творца, даже не подозревая о Нем. Если это желание к жизненно важному – это желание работает. Действует даже и желание одного во зло другому, что называется в обиходе «дурной глаз».

У человека нет выбора, кем родиться. Если он – йехуди (еврей), то в соответствии с этим словом обязан достичь слияния («ихуд») с Творцом. И нет выбора – должен выполнять возложенное на него, и никуда не спрятаться от этой обязанности.

Вспомните Йону, который захотел удрать от поручения Творца! Весь народ обязан выполнить возложенное на него. Поэтому он и называется «святым» («кадош» от слова выделенный). Как выполнять? Посредством мысли, намерения, желания. Обязан к этому абсолютно каждый из народа – от последнего невежды до великого ученого – все должны знать, что судьбу можно изменить только внутренними действиями, желаниями.

Мы должны обратиться к высшей силе с тем, что мы действительно желаем приблизиться к Ней, приблизиться и только, вне связи с выполнением заповедей. Только этого требует Творец сначала от нас, а потом от всего человечества. Мы виноваты в том, что все человечество не сближается с Творцом. Мы виноваты вдвойне: что сами ничего не делаем и что все человечество не продвигается из-за нас.

Сила притяжения Творца относительно творений – это единая, единственная сила, единственный закон мироздания: притянуть все сотворенное к Творцу. Это притяжение действует прежде всего на нас, затем на народы мира. Это притяжение возбуждает в нас беспокойство, дискомфорт, приносит нам всевозможные страдания – с целью приблизить нас к Творцу. Если мы не стремимся сами, то притягиваемся к Творцу посредством страданий.

Если мы предупреждаем эту силу, обгоняем ее притяжение своим стремлением к Творцу, опережаем ее – только тогда мы можем ощущать себя комфортно. Тогда, считается, мы продвигаемся дорогой Торы, а не путем страданий, и вместо страданий ощущаем наслаждения.

Это означает, что мы выполняем возложенное на нас и народы мира тянутся за нами, они поддерживают нас, а не наоборот. Они видят нашу пользу для мира, они готовы во всем помогать нам, ведь наша цель и наше существование определяют движение всего мира к Творцу.

В таком случае исчезают враги, все народы помогают нам строить государственность, Храм. Это и имели в виду пророки. Этой верой живут и некоторые представители народов мира даже сегодня. Они считают, что наш народ должен жить на этой земле и строить Третий Храм.

Все зависит от нашего отношения к высшей силе, притягивающей нас к себе. Это не зависит от выполнения механических заповедей, от партий, политики, угодничества нашим врагам. Творец требует сердец, а не механического выполнения заповедей. Ритуалы мертвы. Мы должны достичь такого состояния, такого духовного уровня, когда сможем выполнять заповеди, т.е. законы мироздания, духовно, ведь именно в этом и состоит их выполнение (и одновременно механически). Ведь невозможно духовный закон выполнять, соблюдать механически. Его выполнение означает стать самому, внутри себя, как этот закон.

Что значит духовное? Если ты тянешься к Творцу сильнее, чем сила Его притяжения, значит, ты находишься в духовном, у тебя духовное намерение, духовная сила. У тебя существует экран на твой эгоизм, и ты притягиваешься к Творцу желанием отдачи сильнее, чем твой эгоизм отбрасывает тебя назад. Это называется, что ты находишься в духовном пространстве.

Человек должен все время напрягать свои силы против своей природы, чтобы оставаться в духовном. В духовном нет понятия «остановиться и ничего не делать». В духовном человек старается постоянно добавить усилия. Это вызывается желанием «отдать».

Если желание не увеличивается, считается, что человек падает в нечистые силы. Другого выбора ему не дано. Выбор (свобода воли) имеет место только в этом. Как только человек не может в данное мгновение приложить усилий больше, чем в прошедшее мгновение, – исчезает свобода, и тут же начинает возрастать жесткость по отношению к человеку. Скрывается Творец, и человек начинает чувствовать жесткость природы, общества, врагов – облачений Творца.

Закон возвращения всего творения к Центру, к Творцу, действует тем сильнее, чем больше отклонение человека от стремления к Центру.

Кроме того, поскольку человечество развивается, Общий закон природы – привести все к Центру – требует у развитого большего усилия, осознания: не сделал сейчас – через минуту это будет стоить тебе больших усилий и больших страданий, еще минута – еще больше усилий и страданий и т. д.

Если в начале XX-го века человечество думало, что пришло хорошее время – человек сможет насладиться результатами открытий, то в конце его мы видим, сколько страданий оно вынесло в этом веке. А в настоящем веке не будет ни одного человека, который мог бы сказать, что он хотя бы в чем-нибудь счастлив.

Но все равно будут жить и страдать. Страдания будут настолько велики, что человек ничем не сможет их перекрыть, никакими наслаждениями. Воистину, поневоле будет он существовать, настолько поневоле, что будет желать и не сможет умереть, расстаться с такой жизнью.

Американцы пишут на долларе: «С нами Б-г». Арабы пишут на ноже: «С нами Б-г». Америка молится, чтобы благодаря Творцу у них были доллары. Арабы молятся, чтобы благодаря Творцу у них была власть во всем мире. Все используют Творца ради себя. Мы обязаны показать пример изменения направления желания с себя на Творца.

Что значит связь с Творцом? Народ должен понять, что благодаря своему желанию, направленному к высшей силе, он может изменить свою судьбу, что надо просить у высшей силы изменить эту ситуацию. Когда падает «катюша», надо понимать, что это Творец обращает внимание на Себя.

В этом работа – против страха, против моего животного начала. Именно когда я нахожусь под влиянием страданий или наслаждений, именно тогда необходимо удерживать мысль, что они пришли от Него.

Кибуцники в пустыне Негев просили дождь и получили его, хотя они не кричали к Творцу. Но если бы они обращались к Нему, то получили бы целое озеро в пустыне. Но прошли времена благосклонности, мы выросли, и закон возвращения к Цели требует осознанного и целенаправленного обращения к Творцу.

Это начало «ло ли шма» – «ради себя». Человек начинает с того, что говорит: «Я хочу жить и потому должен обращаться к высшей силе!» Но затем тот же закон уже требует от человека знать, к кому он обращает свое: «Я хочу жить и потому должен обращаться к высшей силе, и я должен знать, как обращаться». Возникает потребность в Каббале. А свет уже возвратит его к своему Источнику – даст желание к «ли шма» – «ради Творца».

К нерелигиозным необходимо обращаться так, чтобы они поняли, что от них не требуется ничего изменять в своей жизни. Творец желает только связи с творениями – и чуть большей, чем у киббуцников, желающих дождя, более осознанной, направленной к Нему.

Следующая стадия – достижение взаимной связи: «Я не только жду от Тебя чего-то, но я ищу Тебя и потому в каждом явлении, происходящем со мной, я желаю разглядеть Тебя. Я знаю, что это Ты прячешься в каждой картине мира, раскрывающейся предо мной. Не скрываю: я хочу быть хорошим с Тобой, чтобы Ты был хорошим со мной», – если народ захочет быть в такой связи с Творцом, больше ничего и не нужно, потому что намерения «ради Творца» присоединят к этим желаниям те, кто находится на вершине пирамиды – каббалисты.

Знание об этой работе необходимо довести до народа. В наше время нельзя без этого. Мы достигли такого развития, когда необходимо каждому раскрыть, как Творец облачается в творение...

МЫСЛЬ – ЭТО УЖЕ НАЧАЛО ТВОЕГО ПУТИ

Любовь к Творцу подобна земной любви, когда устремляются к объекту любви и чувствуют в этом наслаждение; это устремление, тяга, притяжение, когда даже еще нет соединения и слияния (зивуг), это состояние наполняет человека наслаждением. Но здесь Творец дает иное чувство человеку, чтобы почувствовал не только наслаждение от стремления, а ощутил бы «холодное прикосновение» ощущения «порчи», ущерба в отношениях с Творцом: «Почему до сих пор нет слияния?» И это спасение для человека, иначе он был бы ограничен только «тягой» к Творцу. А ощущая ущербность своего состояния даже в стремлении к Творцу, вынужден подниматься к слиянию (духовному соитию).

Но в состоянии ли человек достичь этого сам? На это сказано: «То, что не совершит «разум», совершит «время». По определению, данному в первой части ТЭ"С в ответах на смысл слов (ответ 16): «Время – это определенная сумма определенных состояний, исходящих одно из другого и определяющих одно другое в причинно-следственном порядке как дни, месяцы, годы».

Так вот, Творец считает и соединяет вместе все Свои обращения к человеку, когда Он «встряхивал» его всевозможными неприятными ситуациями, и соединяет их все вместе, чтобы получилась полная мера страдания, стремления к любимому и степень напряжения, необходимая для духовного соития, слияния человека с Творцом, окончание которого – зачатие, отмечено как трубление в рог, когда «как стреляет из лука в то место, в ту женщину...»

Ведь для этого нисходит душа «сверху вниз» и облачается в тело, в круговороты в этом мире – чтобы затем вернуться к своему корню, откуда низошла, и слиться с Ним. Но не за один раз приходит душа к полному постоянному слиянию, а делает это постепенно.

Было соединение души с Творцом до облачения души в тело, и должно быть соединение души с Творцом во время пребывания в теле, несмотря на помехи тела. «Тело» – это всевозможные земные, материальные, духовные помехи. Необходимо исправить тело, т.е. чтобы помехи не ощущались как помехи, а как помощь, необходимая для связи с Творцом.

Именно вследствие ощущения помех и противодействия им, в борьбе с ними человек увеличивает в себе стремление к Творцу, чтобы соединиться с той же мощью, интенсивностью и силой, как было до облачения души в тело. И именно число соединений и разрывов между человеком и Творцом, когда человек в усилиях и в поту стремится к связи с Творцом, вызывает глубину и мощь их слияния.

Можно сказать, что есть постоянное соединение между Творцом и человеком, но для того чтобы дать человеку возможность проявить любовь, Творец вводит между ними помеху, называемую «тело», желания ко всему, кроме Творца, и человек должен постепенно эту помеху мысль за мыслью удалить, осознав как зло каждое иное наслаждение, отвлекающее от устремления к Творцу. В итоге борьбы с помехами каждая помеха рождает новое, дополнительное чувство к объекту любви.

Все свои воздействия на человека Творец соединяет в общую меру, и когда она достигает своей полноты, т.е. когда человек неотступно, всеми своими силами в непрерывном желании устремляется только к слиянию с Творцом, наступает это мгновение слияния.

Только тогда человек оправдывает все, посылаемое ему Творцом, от самых низких своих состояний и до самых высоких духовных действий. Только тогда он ощущает, что все, происходящее с ним, было только из любви Творца и желания Творца соединиться с ним – вследствие этого его любовь становится воистину неограниченной.

Но пока его душа не наполнится светом, весь период сближения увеличивает в человеке ощущение тоски, ибо в невосполняемом стремлении ощущается горькая тоска и мука – в меру этого стремления.

В каждом новом состояния человек обязан правильно сориентировать себя относительно происходящего с ним. Вначале достичь ощущения, что есть ты и есть окружающее тебя. Затем определить, что в давлении на тебя окружающих ситуаций есть определенная цель. Затем решить, что окружение – это высшая сила, все совершающая преднамеренно, с желанием, чувством, целью, по своей программе и что Он-то знает, для чего Он это делает, а ты – не знаешь. Но на тебя возложено осознать, что это делается ради тебя.

Цель всех усилий обеих сторон – Творца и человека – в восстановлении связи посредством того, что ты стараешься в каждом состоянии видеть, что оно исходит от Него.

Ради этого Творец постоянно посылает человеку новые мысли, в основном, мешающие. И из каждой приходящей мысли человек обязан сделать вывод о том, что получил ее от Творца, для восстановления связи с Творцом, для достижения цели – слияния с Творцом.

В слиянии с Творцом человек должен искать обретения всего лучшего, вечного, совершенного. Почему именно в Творце? Потому что душа человека оттуда, из Творца, и поэтому, только будучи там, она наполняется. Надо анализировать все происходящее следующим образом: есть я и Он; «случай», «ситуация» между нами; Он создает мне ситуации с целью привести к связи с Ним.

Поначалу это только в мыслях. Затем из мыслей это пройдет в чувства, в ощущения, раскроется настолько, что все «тело», т.е. все желания, мысли, вся духовная и материальная системы, все миры – уже не будут в «сокрытии», не будут в виде «препятствий», «перегородок» между человеком и Творцом, а ты ощутишь, что эти «препятствия», «сокрытия», вся эта система, называемая «тело», станет твоей внутренней системой – не для разобщения, а для усиления связи. Все миры находятся внутри человека. Но сейчас, соответственно твоему ощущению, они якобы находятся «вне» человека. Это и есть форма неисправленных келим.

Так мы учим: самая внутренняя часть парцуфа (души) – ее корень, затем – душа, тело, одеяние, дом. Или: человек, одеяние, дом, двор, пустыня. Видно, что постижение всегда постепенно. Наше настоящее представление – это следствие второго сокращения (Ц"Б), когда часть келим, желаний души, вышли из употребления – из внутренних келим стали внешними, пользоваться которыми нельзя.

Эти внешние келим и образовали то, что мы ощущаем как существующее вне нас, внешний мир: «дом», «двор», «пустыня».

Когда человек исправляет эти желания в Конце Исправления, все внешние уровни, желания входят внутрь. Мир, его привычная нам картина, исчезает.

Весь внешний мир входит внутрь человека – материал мира становится внутренним материалом человека, на котором он ощущает присутствие Творца. Бааль Сулам пишет в предисловии к «Птиха ле Хохмат аКаббала» о том, что все миры находятся внутри человека.

Самая главная задача человека – во всем и всегда не обрывать связь с Творцом, неважно на каком, даже самом слабом уровне. Бааль Сулам пишет в письме, что самое большое наказание, какое может быть в действительности, – это разрыв мысли о Творце на самое короткое мгновение. Ведь этим человек отрывается от источника жизни.

Почему только на помехах можно усилить связь с Творцом? Потому что ощущая хорошее, человек «продается» этому хорошему ощущению и не думает о его источнике, а ощущая плохое, мгновенно ищет источник плохого, чтобы аннулировать его.

Творец намеренно посылает чувство страха, недостатка, нехватки, неуверенности. Но только вначале. Это первый фрагмент «вынужденного» приближения, когда человек приближается по принуждению, чтобы подавить в себе отрицательные ощущения.

А затем человек начинает стремиться к Творцу до состояния «больной любовью», «не дает мне сна» (См. письмо из «При хахам», стр. 70), «земная» любовь, «ради себя». К этому мы должны прийти. И это состояние «ло ли шма».

Весь путь, по которому мы сейчас идем, весь этот его фрагмент, названный «зман ахана», время подготовки до махсома, – необходим для того, чтобы вырастить в келим (желаниях) эгоистическую тягу к Творцу. И только потом есть обратное действие от «ло ли шма» к «ли шма», от эгоизма к альтруизму.

А если еще нет ясного чувства к Творцу? Но ведь есть мысль! А уж если и ее нет, то ты уже не ответственен за происходящее. Это значит, что ты еще находишься на такой предварительной ступени развития, что Творец тебя еще не возбуждает к связи с Ним.

Но если есть мысль – это уже начало твоего пути. Тогда – начни работать с этой мыслью. Главная точка преткновения – научиться не терять конец нити. Это большая работа, это усилие, которое мы должны дать, внутреннее усилие. Кроме этого нет ничего, беспокоиться нужно только об этом.

А потом человеку начинает становиться ясно, что вообще кроме этого ничего нет. Как пишет Бааль Сулам, все ситуации, все происходящее вокруг него и внутри него, вообще все, что ты можешь сказать о своих внутренних свойствах и мыслях, и то, что происходит вокруг, с тобой и не с тобой, что ты ощущаешь в мозгу и в сердце, об окружении и о самом себе, начиная с гена, атома и до галактик, с самого малого и до глобального — это все приходит только для того, чтобы усилить связь человека с Творцом.

«Это тайна трубления в рог (шофар), тайна зачатия. А если не совершишь зачатия в Святой Шхине, совершишь злодеяние, — то ты причиняешь муку, которой нет подобной».

В чем разница между «неживым» уровнем и стремящимися к явной связи с Творцом? Тот говорит: «слава Б-гу» на все, — потому что он «неживой» и не может способствовать усилению связи с Творцом. Он, как неживая природа, не ощущает Творца, а только имеет связь с внешним выполнением заповедей, но не с Давшим их.

Ищущие связи с Творцом (такие, как мы) должны понять, что своими усилиями они двигают не только себя, но и все мироздание к цели. Бааль Сулам объясняет это в «Предисловии к книге «Зоар» (пп. 65-80).

Как можно представить себе, что от такой внутренней работы человека действительность изменяется? Действительность меняется, потому что если человек сам усиливает связь с Творцом, то нет необходимости в бедах свыше. Ведь беды приходят, чтобы вынудить человека усилить связь. Поэтому внешние события меняются. А не этого ли изменения внешних событий люди ищут, когда приходят ко мне за благословением?

Если индивидуума Творец «выжимает», чтобы достиг связи с Ним, и в этом Его помощь и призыв, то к массам отношение иное — Творец желает от них вначале эгоистической, медленной ориентации на Него. Можно себе представить, что индивидуум стоит на острие пирамиды, а массы — внизу, и поэтому к ним столь разное отношение. Кроме того, намерение исходит от индивидуума, а общее желание к нему добавляют массы. Поэтому работа их столь различна. Но они связаны в общем замысле.

Люди не понимают, как происходят изменения в мире, но исходя из этих больших страданий, неосознанно ищут связь с высшей силой, ибо не на кого больше положиться, как только на Него. Эта молитва – животная, народная, неживая – действует. Получили Эрец Исраэль, потому что искали, молились неосознанно. Так же и сегодня, Творец страданиями загонит нас в угол, настолько, что мы будем искать место, подобное земному шару, но его не будет нигде... Только у Творца.

Но почему Творец не приблизил народ к духовному, а приблизил к земному – к земной, а не духовной стране Израиля? Возвращение в Эрец Исраэль произошло вследствие неосознанной молитвы, вследствие ощущения страданий. Просили о месте для себя.

Но если мы сегодня внесем в молитву хотя бы некоторое понимание того, что все приходит целенаправленно, – это даст направление молитве, огромному недовольству жизнью масс, молитва станет направленной, и произойдет иное решение на нее – ответ будет на ином уровне, духовном. А поскольку духовное определяет материальное, оттуда уже низойдут соответствующие следствия в наш мир и изменят его и явления в нем.

Как Творец может убить шесть миллионов и еще каждый день убивает, калечит, пытает? Люди умирают от старости, болезней, в родах – все это происходит по тому же закону возвращения всего к Цели.

Творец – это общий закон, это – отношение к нам, абсолютное отношение, которое стоит над всеми остальными чувствами, отношение, соответствующее нашему состоянию.

Скажем так: Единственный Закон – это закон подобия свойств до полного слияния. В нем соединяются все состояния, которые находятся и в начале, и в конце творения. Это окончательное состояние властвует над всеми частными. Поэтому можно сказать, что только оно и существует. Остальные состояния, меньшие этого состояния, существуют только в нашем настоящем, временном ощущении, они соответствуют мерам нашей исправленности.

Представьте: самый высокий уровень там, где душа слита с Творцом. Если человек находится на какой-либо низшей ступени в духовных мирах или даже в этом мире, этот Закон Единения, подобия свойств, тянет его вернуться к корню с вынуждающей силой, пропорциональной степени удаления человека от Цели творения.

Это подобно металлу в магнитном поле или электрическому заряду в электрическом потенциальном поле, предмету в гравитационном поле – если нет равновесия между полем и объектом, закон возвращает (или стремится вернуть) объект силой к равновесию, т.е. к подобию полю, к источнику поля.

Когда душа выходит из связи с Творцом, с корнем, и нисходит в тело, в эгоистические желания, в наш мир, она отрывается от корня и ощущает этот отрыв как «помеху», «одеяние», называемое «тело».

Это не белковое тело, а сумма желаний – все наши внутренние желания, они-то и отделяют нас от корня. Помехи эти, по сути, создались по мере удаления души от корня. Т.е. это ступени нисхождения души, по которым она низошла, приобретя огрубленные свойства.

Нейтрализация этих помех, свойств и есть возвращение к корню. А нейтрализовать эгоизм можно лишь одним способом: если мы почувствуем, что он – помеха.

Как можно это почувствовать? Именно воздействием болезней, уничтожения, страха смерти, без милосердия и «протекций». Это – Закон, Единственный Закон. Если Эйнштейн и желал создать формулу единой вселенской зависимости всего мироздания, всех миров, то именно этот закон, именно эта формула притяжения к центру подобием свойств является таковой.

Мы должны не только стремиться к исполнению этого Закона подобия свойств, ведь все равно мы сами изменить ни одно свойство в себе не в состоянии. Но мы должны стремиться изменить в себе все, в соответствии с этим законом. Иными словами, мы должны желать, чтобы этот Закон существовал; даже если бы я мог его отменить или даже если бы его не было, я бы приложил все усилия, чтобы он был именно таким, как есть. Это называется согласие с Законом.

Продвижение наверх всегда происходит по принципу «выше нашего разума», ибо только так можно освоить более высокое свойство, которого у тебя еще нет. В нашем мире мы этого нигде не наблюдаем, потому что не можем нашим разумом постичь разум Творца, а только развиваем, увеличиваем свой.

В духовном же мире происходит замена разума человека на разум Творца, и происходит это постепенно, поступенчато. Но на каждой ступени человек принимает еще одну порцию разума Творца вместо собственного, и поэтому нет ни одной ступени, где бы он не должен был освободиться от своего разума, чтобы заменить его разумом Творца.

Чтобы помочь человеку в этом, Творец посылает ему картину мира, не объяснимую разумом человека, которую он не в состоянии принять и оправдать как исходящую от Творца и устремленную к добру. А Творец посылает человеку картину мира, созданную в соответствии с Его разумом следующей ступени, на которую человек должен взойти.

То есть несоответствие картины мира и собственного разума дает человеку возможность понять, что видимое является приемлемым для Творца и неприемлемым для человека. Отсюда человеку понятно, что он должен каким-то образом заменить свой разум – так, чтобы согласиться с представляемой ему картиной мира.

Продвигающийся таким образом называется праведником, потому что средство его продвижения в том, чтобы в каждом случае, ситуации, событии исправить себя так, чтобы оправдать Творца. Праведник – оправдывающий.

Но если человек осознает, что проклинает Творца в сердце своем – ведь недовольство своей жизнью и есть недовольство ее источником – и ему больно от того, что проклинает Творца, то он просит силы не ради чего иного, как только для того, чтобы смог во всем оправдать своего Создателя.

РАЗЛИЧИЕ МЕЖДУ ПУТЕМ ТОРЫ И ПУТЕМ СТРАДАНИЙ

Люди верят экстрасенсам и тому, что они обладают большими сверхъестественными силами, что могут влиять на огромные массы людей, определять их будущее, управлять им. Люди готовы платить экстрасенсам большие деньги за защиту от сглаза, за хорошее завтра, излечение, знание будущего.

Люди верят в то, что один человек своими плохими мыслями может нанести вред другому, причем, такой вред, наговор, сглаз, от которого невозможно избавиться, который может преследовать человека всю жизнь, вызывая отрицательные последствия в самых разных жизненных ситуациях: служебных, семейных, любовных и пр.

Приходит ко мне человек и говорит: «Меня сглазили». Этим он как бы говорит мне, что кто-то думал о нем плохо и силой своей мысли произвел такое действие, что ему теперь плохо, а у меня есть силы нейтрализовать эту чью-то злую мысль о нем силой моей мысли.

Выходит, что люди верят в силу мысли человека! Верят, что мысли работают в мире, коль человек приходит и просит помощи, чтобы мысли одного помогли против мыслей другого. И потому человек обращается ко мне. Все, конечно, началось с экстрасенсов, с веры в их возможности, а затем перешло на каббалистов. Человек приходит и говорит: «Ты каббалист. Я слышал, что у каббалистов есть какие-то силы. Так помоги мне своей силой...»

— *Если не просто просить, а просить у Творца, целенаправленно обращаясь к Нему, это работает по-другому?*

Обращение к Творцу работает не просто по-другому, а целенаправленно. Ты спрашиваешь: «Какова разница между киббуцниками, просящими дождь, не понимая, у кого они просят, и человеком, просящим дождь у Творца?»

Отличие уже в обращении: просто от сердца в пустое пространство или к Творцу, хотя человек Его не знает, не ощущает, даже не желает вроде бы знать, но в настоящий момент вынужден, как говорится, «прижало», – уже в этом подходе заложено различие между путем Торы и путем страданий.

Ведь крик сердца о дожде никак не связан с Дающим дождь, и поэтому человек находится с этой просьбой на духовно неживом уровне. Это можно сравнить с младенцем, который еще не осознает мать и просто кричит, и ребенком, который уже ощущает, что есть некто, называемый «Мать», которая любит его и заботится о нем.

Творцу важно, чтобы человек просил Его лично, потому что таким образом человек восстанавливает свою связь с Творцом, сближается и восходит на ступень Творца, т.е. достигает вечности и совершенства.

Если человек кричит к Творцу – это значит, что он работает над собой, над связью с Творцом, несмотря на то, что не ощущает еще Его. Следующий этап прозрения в том, что человек ощущает боль и получает мысль, что это Творец сделал ему больно, дав этим повод кричать к Нему, т.к. плохое пришло от Него. Человек начинает понимать, что все, происходящее с ним, – все это только ради того, чтобы он обратился к Творцу и нашел Его.

Все плохое и хорошее приходит от Него, чтобы ты установил с Ним связь. Связь эта очень важна, только она и важна, а все остальное в своей жизни, все события, все происходящее, ты должен начать принимать как посредников в создании этой связи.

Эта связь становится настолько важна тебе, больше всего на свете, больше этой жизни, что ты благодаришь Его за этих посредников – и за плохих, и за хороших одинаково.

Это называется – «Обращение к Творцу». Вместо того, чтобы кричать о дожде, ты просишь о сближении с Ним! Вообще, иные просьбы воспринимаются только как вспомогательные.

Для восстановления связи человека с Творцом – связи, существовавшей между Творцом и душой до ее нисхождения в этот мир, до облачения в тело, – создана и существует система, которая должна постепенно привести нас из самой удаленной от Творца точки к самой близкой, вплоть до полного слияния с Ним.

Различие между путем Торы и путем страданий

В этой системе запрограммирована цель, и система приводит все существующее к этой цели. Программа (общий закон) такова: привести человека, прежде всего народ Израиля, затем остальные народы, а затем весь мир – животный, растительный, неживой – к совершенному состоянию.

Этот закон работает, как сила притяжения: из центра, называемого «абсолютно доброе, совершенное состояние», Он притягивает к Себе все мироздание, все творения. Но мы являемся первыми, кого Он притягивает к Себе. Мы находимся буквально против Него, поэтому ощущаем самую большую вынуждающую силу притяжения, которая нами ощущается как страдание.

Если мы сами не будем стремиться к Центру сильнее, чем эта притягивающая сила, мы постоянно будем ощущать страдания, соответственно различию, существующему между нашим желанием приблизиться и силой, с которой Он притягивает нас. В той мере, в которой наше желание продвинуться будет сильнее притягивающей силы, в этой мере мы почувствуем себя положительно, спокойно.

Но киббуцники, поселившиеся в пустыне Негев, думают о дожде, от этого зависит их животная жизнь. Если бы они молились не бессознательно, как всякое животное, ощущая недостаток чего-либо, а осознанно обращались бы к Творцу, чтобы Он, Дающий дождь, дал им дождь – это уже было бы осознание, что дождь зависит от Него.

А если бы они обратились к Творцу: «Спасибо, что Ты не дал нам дождя, ведь его отсутствие вынудило нас, против нашей животной природы, вспомнить о Тебе, дало возможность обратиться к Тебе, благодаря этому мы можем думать о сближении с Тобой, о том, что Ты действительно зовешь нас к Себе, и не о дожде взываем к Тебе – о возвращении нас к истинной Цели, а не к различным ее облачениям»... Есть много ступеней обращения к Творцу.

Мы стоим перед народом, который, как киббуцники в Негеве, готов кричать, но сам не выйдет на связь с Творцом. Принося народу знание о том, что все несчастья необходимы нам для того, чтобы подтолкнуть нас самостоятельно идти к Цели, мы аннулируем страдания, которые посылаются свыше; если человек запаздывает в своем устремлении к Цели, то страдания догоняют его сзади прежде, чем он усиливает свое стремление к Цели.

Ведь если человек молится Творцу о дожде – это только половина его пути к Нему, это только осознание существования Творца на уровне «домэм де кдуша» (святой неживой уровень), ведь он не знаком с Целью и не молится о продвижении к ней.

Религиозный человек в своей молитве как бы говорит Творцу, что выполняет Его указания и ожидает вознаграждения, т.е. желаемого им. Я слушаюсь Тебя, а Ты даешь желаемое мне. В этом мире никто не может мне помочь так, как Ты сверху, поэтому я молюсь Тебе. Кроме того, мои учителя воспитали меня так, что я должен обращаться к Тебе. Воспитание создает в подростке необходимость обращаться с молитвой к Творцу, даже если у него нет в этом совершенно никакой потребности. Это как приобретенный инстинкт. Мы отличаемся от обычных верующих тем, что учим обращаться к Причине всей действительности осознанно, именно в этом и состоит затем переход от «ло ли шма» к «ли шма».

Необходимо объяснить людям, что относиться правильно к действительности означает осознавать, что все ощущаемое мною дает мне Творец, чтобы установить со мной контакт, вызвать меня на связь с Ним.

Этим человек относится к причине, вызвавшей его обращение к Творцу, как к результату, относится к своему желанию, как к действию Творца, ощущает, что все в нем от Творца, кроме решения обратиться к Нему. Обращение к Творцу, т.е. связь с Творцом, становится целью, а не средством достичь чего-то.

Разница между верующим и постигающим – в цели его действий: цель находится в человеке или в Творце. Что значит – в Творце? Это значит, что я должен возвратиться туда, где был до нисхождения моей души в этот мир, что я должен, находясь в теле, слиться с Ним. Если я прошу дождя, денег – это называется «ло ли шма», это – религия, неживой уровень. Если я прошу у Него достичь Его, моя цель не во мне, а в Нем, как сказано: «в Нем возрадуется наше сердце» – это и есть истинная Цель.

Когда человек молит о дожде – это тоже молитва, хотя и не направленная на истинную цель, но и за ней находится высшая сила. Человек поневоле связан с Творцом, как через пуповину.

Молясь неосознанно, человек не избавляет себя от страданий в будущем. Ведь причина, по которой Творец посылает

Различие между путем Торы и путем страданий

ему страдания, в том, чтобы понял, что у его страданий есть причина. Что неэффективно просить об отмене причины. Ее не отменишь, ведь без нее человек никогда не встрепенется, не устремится к достижению цели творения.

Смысл страданий именно в осознании того, что они целенаправленны, приходят из определенного источника, с определенной целью – приходят от Творца.

Если человек в ответ на ощущение страданий решает: «Значит, надо молиться Творцу, чтобы забрал эти страдания и дал добро, а для этого надо изучать Тору, потому что это любит Творец, любит, когда мы молимся, потому что мы избранный Им народ», – этот подход к страданиям, к жизни, называется «религия».

Такое отношение к страданиям называется «неживое», а человек называется «духовно неживой» («домэм де кдуша»), потому что заповедь без намерения – как тело без души – мертва. Человек, находящийся на «неживом уровне» своей реакцией на страдания не продвигается к Творцу.

Наше продвижение к Творцу начинается с того, что человек предпочитает связь с Творцом любым ощущениям – как самым положительным, так и отрицательным. Это подобно совершению «цимцума» – сокращения на свое желание наслаждаться. После того как человек достигает такой возможности контроля над собой, он далее обретает возможность даже получать с намерением – намерением доставить радость Творцу, что вообще против нашей природы.

Человек, желающий продвигаться к Творцу, не обращающий Творца в источник самоублажения, принимает все исходящее от Творца как добро. Даже ощущаемое им зло мгновенно осознается как индикация неисправленных келим-желаний, которые одни только дают восприятие идущего от Творца как зла. Ощущение зла, страдания моментально пропадает. Вначале, в ощущениях, страдание ощущается как зло, но затем осознается как самое насущное для духовного продвижения.

Для объяснения каббалистических понятий мы должны использовать технический язык. В общем-то, язык Каббалы именно таков: сфирот, оламот, парцуфим, бхинот, графики – все это очень близко современному человеку.

Хотя для нас, уже находящихся внутри Учения, неважно, каким языком, словами, звуками обозначить духовный уровень, состояние: языком Торы, Танаха, Каббалы, Заповедей. Но для начинающих язык имеет первостепенное значение, он путает, вызывает ненужные ассоциации.

Мы должны использовать такие слова, как «система», «силы природы», «действительность», объяснять, что изучаем систему, которая работает в нашем теле, в нашей вселенной, что существуют всевозможные подсистемы.

Любой закон в естествознании говорит о возвращении какого-либо объекта природы (атома, молекулы, неживого тела, живого органа) к своему центру, к физическому или биологическому равновесию — это по сути содержание любого закона природы. Мы не открываем здесь ничего нового, противного человеческой логике. Мы объясняем людям общий закон мироздания, отмечаем, что он распространяется также и на человеческую природу.

Мы объясняем, что ты, человек, подчиняешься ему, хочешь ты этого или не хочешь, это не зависит от тебя так же, как то, что ты находишься в этом мире. Ты существуешь в системе природы, хочешь ты этого или не хочешь, и ты обязан подчиняться законам природы. И я объясняю тебе естественный закон природы: если ты соблюдаешь его — тебе будет хорошо, не будешь соблюдать — тебе будет плохо.

Что ты должен выполнять? Общий закон природы возвращает тебя в определенное состояние, к своему центру, к равновесию. Если ты хочешь возвращаться к этому центру согласно закону возвращения, весь твой путь с этого мгновения будет ощущаться тобой, как комфортный, т.к. ты в согласии с этой силой, выполняешь ее законы.

Если же ты не знаком с этим законом и поступаешь, как понимаешь, то, как при нарушении любого естественного закона природы — поскольку человек является ее интегральной частью, — получаешь наказание.

Кроме человека, кстати, никто законы природы не нарушает. Потому что все действуют исходя из своих инстинктов, и только человеку, если не приобретет разум и знания — как надо вести себя с природой, — не помогут инстинкты, и он погибнет. Поэтому нам лучше побыстрее понять, что правильнее принять цель природы и идти вместе с ней.

Цель природы — возвратить все уровни творения (неживой, растительный, животный и человеческий уровни творения, а

Различие между путем Торы и путем страданий

внутри человеческого уровня, в первую очередь, уровень «Исраэль») к совершенному состоянию, к тому, что природой определяется как совершенное.

Что конкретно человек должен делать? Каждое мгновение стараться удержать мысль, что все, что он ощущает, приходит целенаправленным образом от высшей силы, Творца, Закона природы. Этот закон вызывает движение к равновесию на физическом и биологическом уровнях. И тот же закон вызывает движение к равновесию на духовном уровне.

Равновесие означает возвращение к центру, откуда ты появился. Поэтому удерживать мысль о том, что все ощущаемое тобой исходит из центра, для того чтобы притянуть тебя туда, – и есть первоначальное условие выполнения закона равновесия. Далее этот закон трактуется как закон совпадения свойств, совпадения свойств центра, т.е. Творца, со свойствами творения, т.е. человека.

Когда человек стремится постоянно быть в связи с высшей силой, в нем раскрывается новый орган ощущения, он постепенно начинает ощущать связь с Творцом, Творец раскрывает человеку устройство системы связи между ними: как она устроена, что она работает во всей окружающей человека действительности как сеть сил, стремящихся возвратить его к Творцу, пронизывает весь мир, вне и внутри человека.

Эта сеть движет тобой и всем миром вокруг тебя. Ты начнешь это чувствовать. Эту силу ты можешь называть «высшая сила», «Творец», неважно как. Вследствие того, что ты ощутишь эту общую силу всего мироздания, ты сможешь понять, как правильно действовать. Это называется: «сама душа человека учит его идти к цели, возвращает к своему истоку».

Возьмем для примера компьютерную программу: пока она не облачена в материал – это мысль, идея определенных связей между определенными событиями, находящимися в различных взаимных состояниях.

По этому примеру можно объяснить, что такое высшая сила: Творец – это желание. Желание насладить Свои творения. Он создал систему, подобно компьютерной программе. Если человек обучится этой программе, он сможет организовать все в самом оптимальном для себя и всего окружающего виде.

Эта программа не оторвана от чувств, она живет в человеке. Но программа – это что-то неживое. У кого же человек просит милосердия, кого он просит открыться ему? Но если человек будет просить милосердия к себе, будет просить изменить программу, Творец изменит ее?

Нет! Сама программа не изменяется. Но мысль и молитва, т.е. желания человека изменяют его самого, меняется человек! Человек вследствие страданий становится более подходящим для этой программы, и тогда сама программа ощущается им как более подходящая ему, будто относится к нему с большим милосердием.

В Каббале это объясняется как то, что высший свет (программа Творца) находится в постоянном покое, а все изменения происходят только в келим, все зависит от их изменения, но не от света.

Свет же действует с беспощадной жестокостью, строгостью, программа неизменна, потому что свет исходит, действует на все мироздание из своего Источника, из точки Окончательного Исправления. А там, в этой точке, творение равно Творцу. Так вот, исходя из этого условия, и воздействует свет на нас, вынуждая прийти к тому состоянию. Естественно, что мы, если не стремимся к тому же, попадаем под жесткую силу давления к центру.

«Сравнение свойств» – это твое согласие с программой. Я привожу сравнение программы творения с компьютерной программой, потому что обе неизменны: ты можешь кричать в компьютер, но он на это не отзовется, пока ты не уберешь неисправность. Так и здесь: пока человек не устранит неисправность в себе, правильного, хорошего воздействия на себя от системы управления он не дождется.

Когда мы обращаемся к кому-то, если есть надежда, что он изменится? То есть мы обращаемся к тому, кто может измениться, но относительно Творца это – поголовно общепринятая ошибка. Ведь ясно сказано: «Я – Творец, Своего Имени не меняю» (ани АВА"Я ло шинити). Воистину, ты изменишься, и покажется тебе, что Он изменился.

Мы не осознаем, насколько весь мир, т.е. вся совокупность наших ощущений, зависит от наших келим. Если они изменяются на самую незначительную меру, сразу мир становиться иным. Но пока мы не перейдем махсом и не ощутим явно высший мир, Творца, нам всегда будет казаться, что меняется Он, а не мы.

Различие между путем Торы и путем страданий

Я желаю научить тебя тому, чтобы ты на своем «компьютере» с помощью особой программы мог сотворить все, что угодно. Вся система, имеющаяся в компьютере, – это природа. Ты тоже относишься к ней, но ты – единственная действующая в этой системе часть.

Поэтому вся природа находится в ящике, внутри компьютера, а ты – снаружи. Ты можешь работать с ней, получаешь данные, влияешь на них, получаешь реакцию на свои действия на экране. Я желаю обучить тебя, как работать с этой программой. Потому что научился этому от своего Учителя и убедился, насколько это полезно.

Науку правильного обращения с природой, управления ею передают нам из поколения в поколение каббалисты, те, кто владеет этой программой, пользуется ею. Как управлять миром, они изложили в своих книгах.

Учение это называется тайным, потому что обучиться этому может только тот, кто станет достойным его. А для остальных это Учение – эта программа – засекречено, и никак невозможно его понять человеку, не исправившему свои свойства, как того требует природа.

Но начинать свой путь, начинать изучение программы можно и в таком состоянии, в котором ты находишься сейчас. Начинай изучать эту программу и использовать ее эгоистически с мыслью, что тебе от этого будет хорошо.

...Когда я пошел на свою первую лекцию, я спросил ребе: «Что я им скажу?» «Ты должен объяснить им все, кроме «ли шма». Что же касается изменения эгоизма на альтруизм – об этом нельзя произносить ни единого слова. Человеку можно говорить только то, что он готов слушать: Каббала – это хорошо, это полезно для тебя, для тела, для здоровья, ты сможешь получить все что угодно».

Творец желает привести нас к совершенному состоянию, я тоже желаю находиться в совершенстве, но для этого я должен изучить программу, по которой Он продвигает меня. Насколько я желаю познать Творца, настолько система открывается мне.

Уровень глубины объяснения должен быть, как в статье «Нет никого, кроме Творца»: в начале статьи Учитель пишет, что человек должен понять, что он зависит только от Творца, чтобы видел, что он погибнет, если не найдет связь с Творцом.

Но не надо объяснять, что означает сближение с Творцом, что это обращение эгоизма в альтруизм, получения в отдачу.

Только в последней трети статьи «Нет никого, кроме Творца» говорится о том, как надо делать расчет «не ради себя». Но этого новенькому говорить нельзя. Мы не осознаем, насколько мы находимся полностью внутри желания получать. Поэтому все наши объяснения, если мы желаем строить их логично, научно, должны исходить из того уровня, на котором человек может нас воспринять.

В начале пути человек способен понять, что хорошо – это то, что входит в эгоистические желания насладиться. И говорить против этого – все равно, что убеждать его, что прыгнуть в пропасть полезно для здоровья. Поэтому мудрецы издавна советуют говорить о «ради себя», а не о «ради Творца».

У нас нет никакой проблемы объяснить человеку, что эта система для его блага. После того как я объяснил человеку, что существует такая система, он спрашивает: «Что теперь делать?» Здесь необходимо объяснить человеку, что уже одна его мысль о том, что он хочет продвигаться к чему-то, к Цели, к высшей силе, эта мысль уже работает намного сильнее, чем молитвы духовно неживых или желания людей типа «киббуцники в Негеве».

Далее, если он действительно желает усилить свою мысль, он должен как можно больше времени посвятить принципу «Нет никого, кроме Творца», изучению этого принципа и ознакомлению с системой строения мироздания. Этим он просто вносит в себя свет. Этим он приходит к просьбе о раскрытии Творца.

Мы желаем нести Каббалу в массы. Мы не можем указывать человеку вместо футбола читать книгу «Зоар». Но необходимо дать ему минимальную связь с принципом творения, Творцом, управлением, чтобы этой связью он жил. Минимальная связь в том, что все время надо возвращаться к формуле «Нет никого, кроме Творца», к тому, что все, что есть у него сейчас, – это от Творца.

Сколько бы ни было методов быть здоровым, счастливым – ни один метод не помогает! Почему же эти методы все-таки существуют? Потому что есть люди, которые верят в них. Ни у одной идеи, которая приходит в наш мир, нет такого признанного статуса великого и тайного учения, как у Каббалы.

Различие между путем Торы и путем страданий

Каждый верит в то, что с помощью Каббалы можно всего добиться, все изменить. Значит, проблема распространения Каббалы в массах – не в самих массах, а в подаче материала. Или он непонятен, или его боятся.

«Я голоден!» – кричит человек. Я отвечаю: «Ты желаешь хлеба, но в готовом виде его в мире не существует. Посей зерно, собери много зерен, обработай, испеки – получишь хлеб. Я могу обучить тебя, как это сделать от начала до конца. И ты обретешь все, чего желаешь».

Мы должны показать человеку, что без духовного хлеба он умрет, что у него нет выбора – он обязан учиться, как получить этот духовный хлеб.

Если человек не желает, то продолжаются страдания. Человек обязан приложить усилия. Человек не обязан изменять себя. Он должен думать о том, что находится под влиянием высшей силы. Уже такой связью с Творцом он изменяет действительность.

Я не навязываю человеку выполнение заповедей, не призываю его утомлять свое тело, я понимаю, что он от природы ленив. Бааль Сулам пишет, что все зависит от изучения Каббалы. Свет ведет к Источнику. Необходимо дать человеку четкое простое объяснение, укрепить его в мысли, что все, что приходит, – «свыше», и все приходит к нему целенаправленно, чтобы привести его к цели, все состояния приходят с намерением приблизить его к Творцу, а за ним – все человечество и все мироздание.

СОСТОЯНИЕ, НАЗЫВАЕМОЕ «ХРАМ»

Когда существовал Храм, человек из любого народа, т.е. и «неевреи», являлись в Храм, могли присоединиться к совершающим там жертвоприношения, принять участие в работе Храма. Их участие являлось необходимым элементом существования Храма, это интегральная часть состояния, называемого «Храм». Ведь изначально свет должен наполнить «получающие келим», АХА"П, называемые «народы мира», а Исраэль – это Г"Э, отдающие келим, которые только несут свет народам мира, как сказано «ор ле гоим».

Народ Израиля не упраздняется, а его свойство, намерение «отдавать», распространяется на все народы – на желание получать, и возникает исправленное творение: желание гоев с намерением Израиля. Израиль и остальные народы не существуют один за счет другого, а именно дополняют один другого.

Так и повествует нам исторический рассказ: Творец вначале обращался к каждому из народов, желая дать им Тору, но ни один из народов не согласился принять Ее. После обращения ко всем народам – всем созданным Им желаниям получать – Он предложил Тору народу Израиля.

Тем самым Он как бы соединил качество Исраэль с остальными 70 народами: ни одно из 70 «желаний получить» не создано готовым получать с намерением «отдавать», а только совмещением своего «желания получить» с намерением Израиля «отдавать», можно достичь такого желания – «получать ради отдачи».

Для того, чтобы смешать желание «получать» с противоположным ему намерением «отдавать», необходимо собрать все 70 желаний «получать» и намерение «отдавать» вместе. Поскольку желание невозможно поднять до уровня «отдавать», то необходимо низвести до его уровня намерение «отдавать», т.е. обратить его в намерение «отдавать», но ради себя.

Состояние, называемое «Храм»

Тогда испорченное свойство Исраэль смешивается с 70 эгоистическими желаниями.

Падение с уровня Исраэль на уровень желания 70 народов называется изгнанием и рассеянием Израиля между народами мира. Поскольку есть четыре стадии «авиют» в каждом кли, то должно быть четыре изгнания.

Качества Израиля, которые смешиваются с эгоистическими желаниями 70 народов, становятся хуже качеств этих народов, потому что Израиль знает, как, используя эгоизм, вместе со своим испорченным намерением уже «ради себя», максимально выиграть, получая от всего мира, кооперируясь с народами мира. Поэтому сказано, что когда Израиль падает, он падает ниже всех гоев.

Становится понятным, почему «неевреи» менее эгоистичны, лучше Израиля, во время его рассеяния между ними, – ведь у Израиля сосуд получения больше, чем у них, они умеют использовать свое свойство «отдавать» в испорченном виде. А используя это свойство и для получения, они могут «заработать» намного больше.

Если ты действуешь, следуя только желанию получать, – это действие одностороннее, именно таково желание народов мира. Но если дополнительно к желанию получить (которое Израиль, упав духовно, обрел у других народов) он присоединяет свое исконное свойство – «отдавать», но уже использует его с целью – «отдавать, чтобы приобрести», то эффективность его желания не просто в два раза больше эффективности любого из 70 желаний «получать», а во много раз больше. Поэтому «Израиль» в рассеянии хуже других народов.

Но Исраэль упал до уровня свойства народов мира не для себя. Поэтому Творец и дал Исраэлю Тору. Только после того, как все остальные желания отказались, не желали получать Тору, он вручил ее Исраэлю. Т.е. сам Исраэль не нуждается в Торе. Его назначение – только исправить посредством Торы остальные народы мира, быть их светочем. Поэтому их «светлое будущее» зависит только от Исраэля.

Смешивание и влияние Исраэля на мир огромно. И это естественно, учитывая вышеизложенное: Исраэль обязан довести мир до необходимости исправления. Поэтому народ Исраэля самый динамичный и наиболее результативный во всех областях развития человечества. И это его влияние в испорченном виде. Но мы гордимся тем, что суем нос везде, мы не понимаем, что это форма нашей испорченности. Ведь вместо того, чтобы выполнять наше предназначение – обучать все народы, как раскрыть высший мир, управлять своим будущим, достичь слияния с Творцом, быть «народом священнослужителей», мы погрязаем в желаниях, которые переняли от других народов.

Когда Исраэль покидает остальные народы, он оставляет в них свои испорченные намерения в том же виде, в каком они находятся в нем самом. Народы учатся от этих Г"Э, которые получили от Исраэля. Эти «гальгальта-ве-эйнаим», «желания отдавать», хотя в настоящий момент они испорченные, но они «приклеены» теперь к 70 желаниям получать.

Так народы учатся от нас. Любая форма человеческой деятельности развивается таким образом: народы сами не могут развиваться, у них самих нет в этом потребности. Потому что развитие вообще происходит не от желаний получить «в себя», а от желаний отдать – «от себя».

Я ни в коем случае не намерен возвысить Исраэль, а наоборот, – указать, что он ниже остальных. И только, если выполняет свою миссию, он заслуживает поощрения – но отнюдь не в том состоянии, когда проявляет свой ум и сообразительность в испорченных желаниях и действиях.

Ни у одного народа, как и ни у одного человека, нет повода гордиться своими свойствами, полученными от Творца, а надлежит гордиться тем, что он сам совершил. В конце же исправления все народы, в том числе и Исраэль, одинаково соединены с Творцом и абсолютно неотличимы ни по каким признакам. Все отличие только в период исправления: на ком лежит большая ответственность.

Бней-Исраэль выходят из рассеяния, получают Эрец Исраэль. Часть «гальгальта-ве-эйнаим», их келим, остались у «неевреев» – народ Исраэля своим присутствием духовно передал им эти части келим. Мы можем сегодня увидеть, какой народ больше способен понять духовные категории, более развит душевно. Несомненно, что из всех народов мира это, в первую очередь, те страны, где столетиями селились евреи, – страны Восточной Европы.

Покинув остальные народы, Исраэль оставил в них Г"Э. И поэтому, даже будучи на своей земле, он уже имеет связь с

Состояние, называемое «Храм»

ними. Поэтому всему миру небезразлично, что у нас здесь происходит. Участие Израиля в жизни и развитии «неевреев» достаточно. Теперь ему надо исправить себя, и этим он исправит оставшуюся часть себя в остальных народах.

Если Исраэль исправляет себя, свою часть – «гальгальта-ве-эйнаим», оставшуюся в 70 народах мира, – то начинают исправляться их АХА"П, начинается процесс исправления и этой части. Именно для исправления АХА"П и было разбиение души Адама, и весь круг развития человечества, разбиение его на два народа – Израиль и остальные.

Начало духовного исправления происходит, когда Исраэль физически уже находится в своей стране. Это уже дано. Если бней-Исраэль исправляются, это дает возможность исправляться и «неевреям». Они чувствуют, что зависят от нас. И в этом причина их ненависти к нам. Хотя эта причина ими в основном и не осознается.

Не думайте, что я оправдываю наших ненавистников, но еще больше я не оправдываю тех представителей народа Израиля, которые задерживают наше исправление и избавление. В рамках нашего мира мы должны действовать и на земном, и на духовном уровне одинаково: самое желательное состояние – как человек поступает в духовном мире, так он поступает и в материальном мире. Это конечное, исправленное наше состояние. А до того, как мы его достигнем, мы обязаны максимально возможно исправлять себя, но желающих лишить нас жизни здесь, в Эрец Исраэль, и жизни вообще, мы должны опережать и уничтожать.

Какой народ самый далекий от Исраэля? Конечно же, Египет. Да, и сегодня – это наш самый ярый идеологический противник. Остальные хотят только нашей гибели, а Египет – еще и нашего унижения.

В своем теле я должен производить действия, соответствующие еврею, потому что я таков по определению этого мира. Внутри себя, т.е. духовно, я – гой, и снаружи мне хочется действовать в соответствии с этим. Но тогда я смешиваю два мира. Внешние действия необходимо выполнять, как положено по еврейскому закону, а внутренние – по духовному закону. Вплоть до состояния, когда оба уровня в человеке совместятся.

ЭТАПЫ ВОСХОЖДЕНИЯ

Наша суть – это желание получить наслаждение и это – недостаток наслаждения (рацон лекабель, хисарон). После грехопадения Адама его душа раздробилась на 600000 отдельных душ, и они упали в самый низ духовного мира. С этого места они нисходят в наш мир и одеваются в тела нашего мира.

Но человек может прожить свою земную жизнь и не ощутить, что у него есть душа – часть от чего-то духовного. Дело в том, что душа должна пройти в теле определенный этап развития. Это развитие она проходит не за одну жизнь, а за много жизней, многократно переодеваясь в различные тела (гильгулим).

Развитие души создает в человеке различные потребности. Само по себе тело мертво, и только душа определяет его качества, запросы, особенности. Душа – это желание насладиться, и она, развиваясь, изменяет типы своих желаний:

- от желания насладиться только животными наслаждениями, теми, которые есть и у животных, – такие, как пища, семья, секс,
- к желанию насладиться богатством, знатностью, силой, славой, знаниями,
- до желания возвратиться в свое первоначальное состояние, откуда она низошла. И оно называется духовным.

Эти желания не развиваются строго одно за другим, а смешиваются. Поэтому возможно, что человек начал ощущать влечение к наукам, но еще в какой-то степени чувствует влечение к деньгам, славе, сексу. И так в каждом человеке все эти желания находятся в какой-то характерной для него пропорции.

И так же с желанием к духовному: оно может проявиться совместно с другими, более низкими, желаниями. Характерно это последнее желание тем, что наполнить его посредством объектов нашего мира человек не может. Источник наполнения этого желания находится вне этого мира. Но его появление говорит об определенном созревании души.

Итак, души нисходят в тела этого мира, развиваются в течение жизней до того момента, когда человек начинает ощущать стремление к чему-то вне этого мира. В процессе существования человечество проходит этапы своего развития, и именно в наше время происходит раскрытие в душах желания к духовному. Ранее такие желания пробуждались в единицах, а сегодня – в миллионах.

Для чего происходит развитие желаний в душах? И почему именно в душах, облаченных в тела, т.е. в нашем мире? Дело в том, что первозданная душа, называемая Адам, хотя и находилась в совершенном и вечном состоянии, но не могла его оценить, ощутить и насладиться им. Поскольку не имела к этому состоянию никакого желания, голода.

Именно для того, чтобы дать душе неограниченное наслаждение, совершенство, познание и вечность, необходимо создать в ней ее собственное желание к этому. Поэтому первоначальная душа, хотя и создана на совершенном уровне, но не ощущает его и должна низойти до самого низкого уровня – нашего мира, чтобы с самой низкой точки оценить совершенство.

И нет ни одного человека в мире, который бы не был обязан в этом кругообороте его души, т.е. в этой жизни, или в одной из следующих своих жизней, развиться настолько, чтобы начать ощущать желание к высшему, к своему первоначальному состоянию, в которое должна вернуться его душа.

Но достичь этого первоначального состояния человек обязан, будучи в этом мире. Тогда как ранее его душа находилась на своем месте, не будучи облаченной в тело. Разница между пребыванием души на своем месте, когда она вне тела, и пребыванием в теле – в том, что, будучи облаченной в тело, она ощущает высший свет, наслаждение, совершенство во много раз больше, чем в изначальном состоянии.

Но даже после того, как человек начинает ощущать желание вернуться к своему духовному корню, он ощущает это совершенно неосознанно. Должно пройти много различных процессов в человеке, прежде чем это начальное желание превратится в истинное, страстное стремление, действительно готовое принять и оценить высшее наслаждение, совершенство, познание.

Души есть не только в человеке, но и в любом творении: неживом, растительном, животном. Но не зря сказано, что человек создан последним, т.е. самым последним по ступеням нисхождения свыше, т.е. самым худшим, с самым большим желанием насладиться. По своему происхождению человек – наиболее удаленное от духовного мира творение. Но именно потому, что в человеке есть большие желания, он может обратить их в возможность духовного возвышения, постижения.

Желание к духовному, которое появляется в нас, – небольшое. И нам необходимо увеличить его до такой степени, когда оно станет достойным наполниться высшим наслаждением. То есть, вся наша работа – это работа над нашим желанием: чтобы желание к духовному наслаждению было больше всех остальных желаний.

Чтобы помочь человеку развить нужные для ощущения совершенного наслаждения и вечности желания, свыше (из того корня, где находилась душа) к ней, находящейся сейчас в теле, нисходит невидимый, неощущаемый ею высший свет. Он возбуждает в нас непонятные нам желания.

Кроме того, этот высший свет создает вокруг нас и в нас определенную среду, создает условия, внешние и внутренние, которые вызывают в нас необходимость развить нужное желание. Допустим, враждебное окружение снаружи и ощущение страха перед врагом – внутри. Но если человека захватит только такое ощущение, он будет просто трястись от страха. И тогда он получает осознание или объяснение через посредника, что как внешние условия, так и его внутреннее ощущение специально созданы такими, чтобы вызвать в нем потребность устремиться к высшему, а не трепетать перед «кукольными» врагами.

И так постоянно посылаются человеку всевозможные неприятные обстоятельства, чтобы в конце концов он понял, что они посылаются свыше, чтобы понял, что не внешних вещей надо опасаться, а бояться отсутствия духовного.

Мир, который высший свет строит вокруг человека, – это и есть разница между нынешним уровнем человека и тем духовным уровнем, которого необходимо достичь, чтобы жить не по телу, а по душе.

Полное желание к высшему создается в человеке постепенно, чередованием падений в желания этого мира и подъемов, возвращением к желаниям высшего.

Не ощущая высший мир, человек принимает наш мир как самостоятельно существующий и не видит, насколько этот мир и он сам управляемы свыше. И потому он воспринимает все окружающее враждебно, а не как посылаемое свыше напоминание о необходимости возвращения в корень.

До нисхождения в тело душа в виде маленькой точки находится в своем корне. Затем душа нисходит в этот мир и одевается в тело. Этим нисхождением душа теряет связь с корнем. Вернуться к прежней связи с корнем душа может, если нейтрализует желания тела к этому миру. В теле есть 620 желаний. Исправляя их, душа возвращается в корень, где получает наслаждения в 620 раз большие, чем до нисхождения в тело.

Каббалисты уже прошли этот путь. Они живут в нашем мире и одновременно находятся в своем духовном корне. Они описывают нам, как проходить ступени подъема из нашего мира к своему корню. Читая их описания, мы вызываем на себя излучение высшего света, который быстрее тянет нас вперед.

Во все века, вплоть до нашего времени, каббалисты помогали человечеству идти к цели творения. Но хотя помощь эта ускоряла развитие человечества, она была пассивной. Сейчас же, поскольку в миллионах людей желание развилось через все предыдущие стадии до уровня желания к духовному, каббалисты заявляют, что они нуждаются в поддержке широких масс. И первыми заявили об этом рабби Й.Ашлаг и рав Кук. Причем они явно предупреждают, что если Каббалу не начнут осваивать массы, весь мир окажется под угрозой разрушения, а мы в первую очередь.

– Что предпочтительнее: молящийся каббалист или молящаяся масса?

Достигший связи с Творцом способен производить исправления в мире во много раз большие, чем массы. Выполняя исправления, он все равно проводит их через народ, и поэтому народ должен заботиться о такой личности.

Работа личности в духовном более важна, чем работа масс. Точное сравнение невозможно, потому что работа личности – в «линии», а работа масс – в «игулим». Это два разных типа духовной работы. И оба нужны. Каббалисты сегодня нуждаются в массах, иначе они не могут исправлять мир.

Массы обязаны их поддержать, хоть бы отчасти, иногда, немного интересуясь Каббалой, слушая беседы о ней. Этого достаточно каббалистам, чтобы поднять массы.

Хотя каббалисты находятся в прямой связи с духовным, но работают с духовным через общество, поднимая в духовный мир желания общества. Собирая в себе страдания общества, каббалист готовит общество к будущему исправлению.

– Как может каббалист вынести такое большое страдание, как сумма страданий массы народа?

Дело в том, что массы ощущают страдания и не подозревают, насколько каждое страдание целевое. Если бы человек видел, как каббалист, что меняет в нем ощущение страдания, он не желал бы от него просто так отделаться, а только исправить. Так вот, каббалист действительно ощущает страдания всех, но совмещает их с осознанием цели этих страданий и поэтому исправляет эти страдания в их корне.

Страдания – это ведь, в принципе, нехватка духовного – это причина всех болезней и страданий. Массы ощущают страдания в облачениях нашего мира: болезни, бедность и пр., но каббалист переводит эти страдания в страдания недостатка духовного совершенства.

Мы не знакомы с системой мироздания. Представьте себе, если человек должен овладеть управлением сложной машиной, содержащей множество систем: электронную, механическую, гормональную, нервную и другие, а еще и множество ему неизвестных, подсознательных, неощущаемых, невидимых. Еще не изучив, не зная ее, он уже нажимает на кнопки, не понимая, что делает...

Каббалисты призывают человека узнать, как надо управлять. Мы обязаны по замыслу Создателя управлять машиной мироздания. В этом цель сотворения человека. Именно поэтому и создан человек не как все прочие создания, а единственный, наделенный свободой воли – чтобы самому исследовать и оправдать управление Творца и заменить Творца в этом управлении всем мирозданием.

Поэтому Творец сотворил человека со злым, эгоистическим началом, а не как ангелов, не как неживую, растительную, животную природу. Ангелы – это силы, не имеющие свободы воли, как животные в нашем мире. Управлять творением можно только своим свободным выбором. Если же человек в этом управлении не участвует, не реализует возможность использовать свою свободу воли, а желает жить, как животное, то природа, мироздание, управляется законом, автоматически приводящим все человечество и все мироздание к Цели.

В законе, приводящем все живое к цели творения, оптимально комфортному состоянию, действуют две силы: жесткая – вынуждающая и мягкая – поощряющая, суд и милосердие. Как сказано: «Вначале Творец создал мир свойством суда, а затем увидел, что мир не может так существовать, и добавил свойство милосердия».

Таким образом, выбор – самим двигаться к цели творения или предоставить это воле природы – сводится к выбору: будем ли мы двигаться под жесткой силой «Суда» или под мягкой силой «Милосердия». Только в этом наш выбор, наша свобода воли. В итоге это решение сводится к выводу: изучать ли Каббалу и таким образом двигаться разумно и легко или не изучать и двигаться не прогнозируя, по принципу «будь, как будет».

Этот выбор касается всего народа, потому что все общество подобно пирамиде, и все дополняют друг друга своим усилием понять управление. Находящиеся внизу и вверху пирамиды взаимно дополняют друг друга. Несмотря на то, что исправление начинается сверху, подготовка к нему начинается снизу, и если не будет снизу готовности к исправлению, высший не сможет ничего делать.

Многие возражают: чтобы достичь возможности влиять на мир, необходимо этому обучаться много лет. Да! Если говорить об осознанном управлении мирозданием. О знании входа и выхода системы управления. Но это удел единиц. А народ в целом начинает влиять на управление именно своей массой, тем, что большое количество людей, просто начинает интересоваться Каббалой. Уже с первого же вопроса о мироздании и его цели, немедленно, любой человек уже влияет на управление миром в лучшую сторону.

Народ не должен достигать индивидуального уровня, именно массовое правильное отношение к управлению и цели творения вносит необходимую лепту в усилия каббалистов. Совершенно достаточно хотя бы немного слушать, читать, говорить о том, что есть высшая сила, что она управляет, что мы зависим от нее, что на нас возложена особая миссия – перенять управление миром, самим программировать свое завтра, для каждого и для всех вместе. Это и есть обязанность масс – возвысить знание о высшем над этим миром.

Вся суть Торы – инструкция по исправлению мира – получена нами от рабби Акивы. «Тора, – сказал он, – это всего лишь одно правило: «Возлюби ближнего как себя». Двадцать четыре тысячи его учеников, т.е. воспитанных в этом духе, пришли к состоянию беспричинной ненависти друг к другу. Вследствие этой порчи в них все они погибли, кроме пятерых, среди которых был и рабби Шимон. Остались в живых, очевидно, те, кто не упал в беспричинную ненависть к ближнему.

Когда эти ученики были вместе в любви – это называлось Храм. Испортились до беспричинной ненависти, т.е. до желания получить ради себя, – это называется разрушением Храма: Храма духовного и, как следствие, Храма физического. Все в мироздании зарождается в высшем мире и нисходит в наш мир. Каббалисты заранее предсказывали крушение Храма.

Так и сегодня: каббалисты уговаривают народ «выбрать жизнь», потому что в духовном видится катастрофа, но народ внизу не внемлет!..

А ведь люди верят в то, что мысль убивает! Это сегодня известно и в науке: если человек подходит с плохим намерением к цветку, то хотя он поливает его, дает ему питание, т.е. внешнее действие человека – действие отдачи, но если в отношении человека к цветку – не любовь, а неприязнь, то цветок на это реагирует. Эту реакцию сегодня можно измерить и увидеть, насколько цветок реагирует отрицательно, он боится, не желает этого человека.

Во всех явлениях науки и техники мы обнаруживаем, что чем сильнее энергии, силы, тем они более скрытые, неявные. То есть наука начинает понимать, что самое сильное влияние на мир оказывают мысли человека, а не его физические действия. Мы уже слышим заявления ученых о том, что в особо точных опытах имеет значение, кто проводит эксперимент, потому что реакция материи – результат эксперимента – зависит от морального уровня ученого-экспериментатора.

Я верю в то, что в будущем мы создадим университеты, воспитывающие людей мыслить правильно. Ведь верим же мы, что есть добрый и дурной глаз! Все «сверхъестественные» силы находятся вокруг человека, и ими человек может влиять на благо всем. Как мысленно управлять миром – обучает Каббала.

ПРЕДПОЧТЕНИЕ ВНУТРЕННЕГО ВНЕШНЕМУ

Человек начинает изучать Каббалу и обнаруживает, что не понимает, о чем пишется в книгах. Мы привыкли много учиться и понимаем, что учеба – это процесс, требующий времени и усилий. Но в то же время мы знаем, что самые сложные понятия в пределах нашего мира можно объяснить упрощенно и школьнику, и домохозяйке. Книги же по Каббале зачастую кажутся написанными, ну, допустим, по-китайски.

Однако каббалисты говорят, что если человек будет следить пальцем, как первоклассник, за каждым словом в книге, которую читает его учитель, то, поскольку за каждым словом стоит духовный корень, который светит какими-то особенными волнами свыше, то человек как бы подставляет себя под воздействие этих волн.

Эти волны светят мне в то время, когда я вожу пальцем по книжным строчкам. Это значит, что моя связь с источником слов проходит не через разум, а через мое желание получить оттуда силу двигаться вперед. Что я могу понять из слов «мецах», А"Б, СА"Г? Все равно я не понимаю, что это.

Я стремлюсь достичь какой-то цели. Я не знаю, как эта цель связана со словами, которые я читаю, но мне сказали, что якобы это связано с тем, чего я хочу достичь, и связь проходит через сердце, через желание.

Это означает, что этот текст – это «сгула», т.е. он обладает чудесным свойством, которое работает, несмотря на то, что человек не понимает ни самого текста, ни того, как это чудесное свойство работает. Но если бы не оно (и в этом состоит чудо), я никогда не смог бы получить то, чего желаю, потому что желаемое мною находится по ту сторону нашего мира, за его пределами.

Вот это особое чудесное свойство истинных каббалистических книг мы и обязаны донести до масс. Мы должны объяснять им, ориентируясь на два способа восприятия:

- Если ты будешь учить, ты узнаешь, как устроен высший мир, как он работает, как ты можешь влиять на его работу, как обратить все его силы на благо себе – это для тех, кто ощущает в себе силы достичь и управлять.
- А тем, кто заранее говорит: «Это слишком сложно для меня...» – им надо предложить: «Ты не учи, ты читай. Благодаря чтению ты получаешь сверху энергию, которая толкает тебя в правильном направлении. Это не просто энергия, а энергия, направленная на нечто хорошее. Она уже ведет тебя. Ты просто каждый день должен читать один лист из ТЭ"С, статью из «Шамати» и в течение дня прослушать кассету – это твоя норма. Если массы примут это как необходимое ежедневное действие – это большое исправление в мироздании.

В любом случае человек действует, исходя из тех решимот (побуждений, информации), которые в каждый момент просыпаются в нем. Но если человек заставляет себя, не зная точно, как развиваться, сами решимот поведут, определят ему нужное направление. Целенаправленное усилие приходит постепенно, как сказано: из «ло ли шма» придет «ли шма».

Тем, кто кроме футбола, ничем не интересуется, мы говорим: «Ты читай, и этим ты улучшишь свое будущее». Мы не обманываем его, а говоря только это и не более, даем возможность приложить столько усилий, сколько он в состоянии. Но каждый в таком случае прилагает усилия, а больше ничего и не нужно, от человека больше ничего не зависит.

Я говорю о целом народе, который отнесется к Каббале – методу раскрытия Творца созданиям в этом мире – целенаправленным, действенным образом, используя правильный подход: «Я хочу, чтобы Творец открылся мне! Я хочу Его!» Намерение «ради отдачи» придет потом. Потом приходит ощущение прелести стремления к высшему (хэн ми мромим), обаяние святости (хэн дэ кдуша).

Свет проявляется, приходит, работает в келим. Я не могу сказать себе: «Ты должен сейчас думать об отдаче, о том, как отдавать всему миру». Это невозможно. Но постепенно приходит. Как – вот это-то и непонятно. Так действует свет. Ведь со времен Ари уже можно начинать изучать Каббалу с массами, с находящимися на уровнях «дети», «женщины», «рабы» – «ло ли шма», и как сказано, пока не умудрятся дополнительной мудростью, чтобы услышать «ли шма», надо объяснять им так, как они могут слушать.

Бааль Сулам пишет в «Предисловии к книге «Зоар», в пп. 65-70, что только благодаря предпочтению науки Каббала перед открытой Торой, только благодаря изменению акцентов и пониманию, что Каббала важнее: и думать о Творце и заниматься внутренним миром важнее, чем думать о футболе, – именно осознание важности этого постепенно перестроит воздействие Высшего управления.

Если на вершине общества будет тысяча людей, занимающихся действительно внутренним миром, Каббалой, все определится находящимися на вершине этой пирамиды. Мы-то обращаемся ко всему народу, но кто действительно придет? Религиозные люди не могут прийти – они «совершенны» – они ничего не ищут. Таковы плоды их воспитания. Массы, которых вообще ничего не касается, кроме повседневной рутины: утром – на работу, возвращаются – телевизор и футбол – они пока еще ничего не могут услышать.

Только небольшой процент людей, которые, действительно ощущая страдания, как и все люди, звери, растения, кроме страданий ощущает еще и их Источник, – эти услышат нас, когда мы объясняем Причину их страданий. Именно к ним мы и обращаемся. Сколько таких среди народа? Даже в нашем народе, самом развитом, таких может быть несколько сот тысяч, триста тысяч, полмиллиона (скажем, 600000 – красивая цифра, равная количеству разбитых душ от единой души – Адама). В любом случае, даже если сеять по всему миру, приблизятся один, два миллиона. И этого достаточно.

Если идею исправления управления поймут, примут активным, действенным образом несколько сот тысяч человек, считающих Каббалу важнее всего, и если вокруг образуется еще слой из нескольких тысяч поддерживающих нас, – это огромная сила.

Рабби Й.Ашлаг пишет в книге «Матан Тора», что даже один, имеющий связь с духовным, по своей силе находится против целого мира стоящих под его уровнем. Это подобно тому как один пастух в состоянии управлять целым стадом животных.

Акцент – только на важность, значимость высшего относительно низшего. Если это уважение и эта важность будут приняты всеми, нет необходимости что-то изучать – ощущение высшего само заполнит нас.

Поскольку светские не могут услышать, а ортодоксальные евреи считают, что они совершенны, т.е. тоже не могут услышать, не надо ни тех, ни других трогать, писать о них. Также – находящихся на животной стадии, которые еще не в состоянии услышать. Речь только об очень определенной прослойке, у которой есть «ухо» услышать, о тех, которые развились, повзрослели настолько, что готовы услышать.

Мы не можем рассчитывать на огромный интерес к нам в мире, даже если завалим весь мир нашими книгами, статьями, кассетами. Это подобно тому, как стоишь перед толпой и кричишь им, и потом кто-то один из ста миллионов соглашается с тобой, – и такой результат и должен быть.

– Многие не только у нас, но во всем мире читают «Псалмы», считают, что есть в этом особенная сила, «сгула». Как их убедить, что статьи книги «Шамати» важнее?

Бааль Сулам объясняет, что все святые тексты (святые, потому что их авторы были каббалистами и писали об ощущении высшего мира, Творца) отличаются интенсивностью свечения. Причем свечение каждого текста отличается не только интенсивностью, но и характером свечения.

Теилим (псалмы) – это действительно огромная сила. Весь мир уважает их, читает, сочиняет на них музыку, поет. Вопрос в том, относимся ли мы к ТЭ"С и к книге «Шамати», которые мы хотим представить людям, как к книге новых «Псалмов»? Вопрос в том, как объяснить, что и книга «Псалмов», и Тора, и наши книги – это все одно и то же описание высшего мира.

Не важно, кто написал их, – Моше, или Давид, или Бааль Сулам. Но в каждом произведении сила, заложенная в нем, помогающая направить человека к цели, разная. Бааль Сулам пишет в «Предисловии к ТЭ"С» в п. 155: «Почему обязали каббалисты каждого человека изучать (не каждого из Израиля, не умного, не 40-летнего мужчину и т.д., а именно каждого) книги по Каббале (именно по Каббале, а не прочие святые книги) – так как есть в них чудесное свойство, достойное распространения...» – это мы должны делать, кроме того, что сами учим, – распространять информацию об этом чудесном свойстве, находящемся в каббалистических книгах. И это годно, как сказано, для всех!

«Теилим» – общая книга, помощь псалмов не целенаправленна. Давид аМелех – это Малхут, он писал свои молитвы относительно Конца Исправления. Естественно, это помогает в нашем мире. Все святые писания помогают. Ты можешь учить Талмуд, читать «Шульхан Арух». Но все эти книги не повлекут тебя к Цели Творения, к исправлению, так как у людей, писавших их, была цель не привести человека к Концу Исправления, а дать ему «окружающий свет», хранящий его.

Кроме книг Каббалы, все остальные святые книги были написаны для уровня «домэм де кдуша» (духовно неживой), хотя внутри каждого текста заложен огромный каббалистический пласт. Только книги Бааль Сулама работают на то, чтобы вытащить человека из духовно неживого уровня к растительному и вести его дальше целенаправленно. Другие книги изначально направлены только на сохранение народа.

Наша личная связь с Целью возможна только при помощи книг Ари, Бааль Сулама, РАБА"Ша. Мы должны дать понять человеку важность этих писаний. Когда он начнет читать, он поймет, что кроме книг, он нуждается в группе, захочет послушать кассеты, возможно, у него появится мысль, что ему нужен Учитель. В конце концов возникнет необходимость открыть книгу, послушать кассету.

Мы поднимем важность внутреннего над внешним, и во всем мире поднимется важность внутреннего над внешним – от этого все в мире изменится. У меня есть пациент из Америки, я лечу его сына. Он – профессор экономики. Работает в правительстве. Был у меня как раз во время падения биржи в Азии (я в этом ничего не понимаю и не слышал). Спрашиваю у него, что он думает об этом? Отвечает, что они собираются уменьшить процент на что-то на десятую долю в каком-то бюджете. Десятую долю процента!

Я спросил у него: «Действительно это может помочь?» Он ответил, что в такой огромной системе изменение десятой доли процента изменит всю ситуацию. Я тогда был очень удивлен, услышав это. Но у нас то же самое – небольшое изменение в огромной системе меняет кардинально все. Достаточно, чтобы в мире несколько миллионов начали немного

Предпочтение внутреннего внешнему

возвышать высшее над земным — и это изменит характер управления нами.

Бааль Сулам в «Предисловии к книге «Зоар» (п. 66) говорит, что если бы те, кто занимается Торой на уровне «духовно неживой», занимались внутренней частью Торы — Каббалой, это бы самым положительным образом повлияло на изменение управления миром. Если бы верующие, занимающиеся только внешним выполнением заповедей, перешли к внутреннему — к необходимости не внешне выполнять, а исправляться, отдали бы предпочтение внутреннему относительно внешнего — это сильнейшим образом изменило бы управление миром. Тем самым Бааль Сулам обвиняет их.

На вершине пирамиды — внутренняя Тора, ниже нее — внешняя Тора, ниже — народ Израиля, занимающийся Каббалой, ниже — народ Израиля, занимающийся внешней Торой, ниже — народ Израиля простой (массы), ниже — преклоняющиеся перед культурой гоев (наши внутренние гоим), ниже — праведники народов мира, ниже — грешники народов мира.

Так жестко создана сверху вниз пирамида мира, и эту структуру не изменить. Изменение в нее вносит человек — своим отношением к этому строению. Если человек со своим мерилом ценностей в мире соответственно так же относится к миру, как он устроен, он соответствует миру и мирозданию — в таком случае, в меру соответствия, управление более или менее хорошее.

Но если человек оценивает важность внешнего, низшего, то, естественно, он ставит себя в противоположность структуре и управлению мирозданием — в меру этого он испытывает страдание от управления, потому что управление по своему строению обратно его ценностям. И поэтому управление жестко давит на человека, стремясь вернуть его к равновесию с устройством мироздания.

— *Почему мы не должны ждать изменения приоритета высшего над низшим у верующих?*

Во-первых, ваш вопрос, может быть, происходит просто от желания немного спихнуть с себя ответственность. Во-вторых, наша проблема в том, что мы не понимаем, насколько внешнее, религиозное, сохраняет человека.

Смотрите, как религиозный мир держится за «свое» — только свои газеты и радио, ничего чужого. Всем известно, насколько любит своих детей еврейская мама, но, тем не менее, в религиозной семье мальчика в возрасте 10-11 лет отправляют из дома в интернат. Используется то, что мы учим из статьи «Свобода воли», – влияние среды на человека.

Все религиозное воспитание создано верующими так, чтобы человек не попал ни под какие внешние влияния. Его создавали специально для духовно неживого уровня. Там, где есть хоть какое-то влияние, связь с внешним, – отрезать! Что может быть плохого в том, чтобы заниматься спортивными упражнениями? Но тому, что уважаемо снаружи, – у нас место! Как бы ни было полезно телу – это плохо для души.

Почему ортодоксальная молодежь не идет в армию? Не потому, что они боятся смерти, а только из-за воспитания: лишь бы не быть в контакте с этим внешним миром. Все построено с единственным намерением: каким я был десять поколений назад, таким я должен оставаться и сейчас. То, что через десять поколений помешает оставаться таким же, я должен уничтожить сегодня.

В возрасте 20 лет человек уже вынужден продолжать жить так, как его воспитывали, это уже его природа, он так сделан. Из всего высказанного ясно: это не та прослойка населения, на которую надо воздействовать. Не надо вообще никак к ним относиться. Там, где видим человека, получившего религиозное воспитание, даже «вязанные кипы», просто не приближаться к ним.

И не находиться в их обществе – это вредит и им, и нам, приводит только к ненависти. Если ты им особенно не мешаешь, все в порядке. В тот момент, когда ты как-то начинаешь приближаться, связываться с ними, приглашать на урок, агитировать учить Каббалу, начнет действовать сохраняющая сила, которая заставит их уничтожить тебя.

ЧТО ЯВЛЯЕТСЯ ПРОГРЕССОМ

Прогресс ли то, что сто лет тому назад человек не знал, что такое электричество, а сегодня ребенок понимает стереосистему, играет в игры на компьютере, просит: «Купи мне конфету и компьютер»? Он чувствует тот же вкус.

Влиять на мир возможно только мыслями, улучшенными посредством масаха (аль менат леашпиа), т.е. своими усилиями. А если соединить мысли многих людей в одну мысль, чтобы они думали, как избавиться от их общего врага, – конечно же, это поведет к изменениям. Но отменить свой путь страданий они таким образом не смогут.

Невозможно поступать против общего закона, толкающего все мироздание и нас, в том числе, к определенной цели. Если все мироздание, кроме человека, движется по этому закону, не сопротивляясь, то человек обязан сам, осознанно, своим желанием двигаться к той же цели и с той же скоростью.

В той мере, в которой человек отстает от своей миссии, он вместо того, чтобы двигаться самому, движется вынужденно, ощущая страдания. А поскольку человек – венец творения, то в этой степени и остальные – неживая, растительная, животная природа – тоже страдают, хотя сами-то в этом совершенно не виноваты.

Если человек выпадает из общего русла течения к цели, к которой он должен осознанно двигаться сам, закон возвращает его со всей строгостью на этот путь, к той же цели. Зачастую человеку кажется, что он борется с препятствиями на пути к цели, а он борется с помехами. Тебе кажется, что ты справляешься с чем-то, но ты справляешься с помехами, которые тебе кажутся препятствиями, это закон хочет вернуть тебя на путь.

Например, я нахожусь сейчас в очень неприятном для меня состоянии. Есть враги, требующие моей смерти. Есть обстоятельства неприятные, неудобные в мире, в обществе, вокруг меня, даже внутри меня. Если я не беру свою внутреннюю точку и не исправляю ее, а обращаю внимание на все это внешнее, на что-то вне ее, я как будто схожу с пути, на который меня направляет этот закон, и начинаю сопротивляться всяким препятствиям. А сопротивление препятствиям означает, что я ликвидирую исправления, которые давят на меня, чтобы я двигался прямо.

То есть, вместо того, чтобы двигаться прямо к цели, я начинаю избавляться от этих посторонних жизненных препятствий. И получается, что эти жизненные препятствия должны усилиться, ведь я борюсь с ветряными мельницами, с посторонними, боковыми препятствиями, а не с основным – не с собой.

Человечество еще не пришло к осознанию того, что наши мысли влияют на мир, хотя именно в XXI веке люди вновь начинают верить в шаманов, колдунов, «бабушкины» средства, в заговор. Приходит ко мне человек и говорит, что нет у него удачи в жизни, нет средств к существованию, не могу, говорит, жениться, нет смысла в жизни. Но он приходит потому, что во всей жизни своей и во всех средствах не нашел решения своих проблем. Человек верит, что его жизнь я могу изменить своим желанием, мыслью, каваной (намерением).

И на самом деле, когда мы открываем книги каббалистов, мы видим, что человек влияет на все мироздание своим намерением. Открой молитвенник каббалиста. Что ты там увидишь? Какие-то знаки, на которые он смотрит, делает внутри себя какие-то усилия, расчеты – не расчеты ума, а внутренние расчеты желаний, чувств. В конечном счете, это желания.

Киббуцникам в пустыне Негев по их желанию дают дождь. А один каббалист – по своему желанию – может двигать мирами. Большие каббалисты написали книгу инструкций, как изменять к лучшему всю систему миров. Я не просто так привел пример из молитвенника Рашаш. Там указано: притянуть свет из парцуфа к парцуфу, подняться, далее много букв, снова указание и снова всякие буквы, опускаться, подниматься, притягивать и т. д. Это внутренние действия, выполняя которые своим желанием, человек может продвигаться самым оптимальным образом, не вредя никому и с максимальной пользой для себя, – к самому лучшему состоянию.

Идти прямо возможно только в том случае, если постоянно получаешь обратный сигнал о том, что продвинулся именно прямо. А как можно двигаться только прямо? Выполнять действия, ведущие только к цели. Кроме того, если реализовывать только то, что уже есть в человеке, это не значит продвигаться, осваивать все более высшие ступени. Продвигаться – значит постоянно выполнять нечто все более трудное, новое. А если это новое, то как знать, как правильно двигаться? Ведь если это новое, то нет в нем ничего от старого?

Поэтому необходимо сравнивающее устройство, которое бы выдавало сигнал погрешности, отклонения от истинного пути. И если ты в чем-то неточен, система сообщает тебе об этом сигналом, страданием, производит исправление в тебе и исправляется сама. Посредством чего она исправляет себя? Тем, что давит на тебя, чтобы ты почувствовал, что ты не совсем точно выбрал направление.

Под этим давлением я делаю шаг вперед, я постарался, и этот шаг на 90% правильный, но на 10% я сделал его неправильно, потому что я не чувствовал, что он неправилен.

Это как если я хочу выстрелить по цели, я могу попасть примерно – в пределах круга – но не в центр. Тогда система возвращает мне эти 10% в увеличенном виде, чтобы я мог их исправить, чтобы внутри них я не уже ошибался. И я стараюсь и попадаю уже из 10% – в 9%, а в 1% я все равно не попадаю, потому что не вижу с такой точностью. Тогда система увеличивает мне страдания, и я вижу все более четко.

И так она снова меня возвращает ко все более точному попаданию в цель. И каждый раз возвращает мне картину мира со все большим увеличением зла – так, чтобы это зло было мне все отчетливее видно, во все более увеличенном виде.

Возвращает мне 10%, но я чувствую их как 100%. Поэтому беды в мире все время увеличиваются. Но до того, как все человечество начнет осознавать это, мы первыми должны это осознать, и потому ощущение бед нами должно быть многократно больше, чем у любого иного народа. И поэтому никому из нас не помогут попытки убежать от своего народа, от Израиля – ведь душа, которая в нем, определяет – придут ли к нему подталкивающие к цели силы, страдания, или нет, – а не его географическое положение, страна, где он проживает. Воистину спасти человека может только его внутренняя перестройка с материи на дух.

Это – расчет с нами. Мы первые, кто начинает изучать эту машину, эту систему, ее управление и управление управлением. Мы должны работать над ней, а затем научить других. Давление на нас раньше, больше – и в этом наша миссия, особенность, богоизбранность!

Если же мы ведем себя с природой, как все народы, мы получаем обратно корректирующую силу – намного более резкую и сильную, ведь мы должны скорректировать не только наши шаги, но и всего мира, который идет за нами, поскольку мы должны передать и им эту методику. Т.е. нам недостаточно научиться только для себя, мы должны еще и обучить других. Поэтому нас обучают во много раз строже.

Народы мира не хотят, чтобы евреи шли в соответствии с их желаниями. И вообще не хотят, чтобы евреи были связаны с ними. В природе миров заложен закон, по которому евреи должны быть одинокими. Это в природе мира, что ты должен идти один, смотреть вперед. Это часть главного закона природы. Единение и стремление должно быть только ввысь. И к этому – и свыше, и извне – все направят нас.

О ЧЕМ МОЛИТЬСЯ?

– *Почему можно просить Творца только об исправлении, а не о том, чего действительно желает человек?*

Мы должны понять, что никакая молитва, кроме просьбы о духовном исправлении, не принимается наверху. Другие просьбы (например, о дожде, как у киббуцников в пустыне Негев), хотя и принимаются, но они принимаются на материальном уровне, не на уровне «человек», а на уровне «животное», потому что это – просьба о своем теле.

Подобные просьбы любого просящего, соединяясь с просьбами всех уровней творения: неживой, растительный, животный, говорящий, поднимаются к общей душе (Шхина). Во всех случаях страдания влияют на Высшее управление. Но отличие просьб – о животном существовании или о духовном исправлении – в том, что приходит соответствующий ответ свыше – на материальном уровне или на духовном.

На материальном уровне ответ может быть и противоположный, потому что он – целенаправленный, чтобы направить к цели творения, к исправлению. Поэтому в ответ на просьбу об облегчении может быть еще большее давление, чтобы довести воздействие до желательного результата, чтобы творение поняло, что необходимо просить не об облегчении, а о «поумнении».

Однако просьба изучающего Каббалу, даже если она еще не о духовном исправлении, все равно исходит как следствие учебы, а потому, по принципу «от ло ли шма к ли шма», вызывает духовный ответ, т.е. вызывает нисхождение света, исправляющего человека.

Происходит это потому, что молитва, желание, вызванное в результате учебы, достигает корня, откуда низошла душа человека, и эта молитва, т.е. ощущение недостатка высшего света, включается в корень и вызывает свечение света из этого корня в душу, облаченную в тело в нашем мире. Это свечение, достигая души в нашем мире, вызывает ее стремление к сближению с корнем.

Человек идет или дорогой страданий – по цепочке решимот от сломанных келим, или дорогой Торы – по цепочке решимот светов, когда он просит исправления.

В любом случае, необходимо понять, что просьба, даже исходящая из сердца, но о материальном – даже если это молитва о жизни – несравнимо слабее «искусственной», не из глубины сердца, просьбы о духовном исправлении. Хотя первая просьба исходит из настоящей боли, а вторая исходит от впечатления от каббалистической статьи, например.

– Решимот от материальных страданий возникают в человеке, даже если человек идет путем Торы?

Нет. Если человек идет путем Торы, он идет по цепочке решимот светов, а не келим. Это тоже решимо. Когда-то, до разбиения, существовало кли со светом. Вследствие разбиения они разделились на решимо де итлабшут – решимо света и решимо де авиют – решимо разбитых экранов.

Решимо света находится вверху, в мире Ацилут над парсой и светит оттуда. Это воспоминание о заполненном когда-то кли. Человек стремится к тому свету, к той мере отдачи, к тому отношению Творца, хотя и не может в точности представить, что это такое.

Решимо келим вызывает жалобы, человеку плохо, он обвиняет Творца, не старается думать об исправлении, а думает об избавлении от страданий. Если бы даже искусственно человек стремился быть причастным к пути Торы, исправления, он бы резко изменил свое восприятие мира: я слышал, что есть царь, и кто находится возле него, хорошо зарабатывает, удачлив, а я себя ощущаю загнанным в угол, поэтому, вместо того, чтобы плакать о моем сегодняшнем состоянии, я – ради получения хорошего – буду просить быть рядом с царем. Это хорошая молитва, это уже продвижение.

Четыре изгнания соответствуют четырем качествам, уровням в творении. В изгнании Исраэль перемешивается с народами мира, те начинают у него учиться. Исраэль развивает народы мира, которые перенимают его желания – возникает намерение «отдавать ради получения». Исраэль в свою очередь перенимает «методы народов мира».

Выходит, что бней-Исраэль более удачливые, чем народы мира, так как они знают, как использовать отдачу, чтобы получить: берут келим получения, принадлежащие народам мира, и вместо того, чтобы их исправить, начинают их использовать «гойским» методом и добиваются успеха.

Почему они добиваются успеха? Потому что умеют отдавать, у них есть большая связь со свойством отдачи и, хотя используют его ради получения, но за счет этого преуспевают. Имеется в виду торговля, науки, искусство, развитие всех потребностей, которые должны распространиться наружу, которые в нашем мире относятся как бы к отдаче. Если ты используешь их в развитии наружу, чтобы притянуть внутрь, то ты более удачлив, чем те, которые работают только ради получения, в одну сторону, в то время как ты используешь обе стороны.

Ты спрашиваешь: «Почему я не могу отдавать всему миру, чтобы благодаря этому получать удовольствие? Почему это кли ограничено?» Потому что каждое кли получения внутрь ограничено, а не потому что отдача ограничена. Это кли не может получить больше, чем свет нэфеш дэ-нэфеш, – даже свет Бесконечности ощущается как нэфеш дэ-нэфеш. А после Цимцум Алеф (Первого Сокращения) у сосудов получения ради себя – т.е. «в себя» – вообще нет никакой возможности ничего получить.

У нас, находящихся под духовным уровнем, действуют законы, как в мире Бесконечности. Наш мир похож на мир Бесконечности до Сокращения, так как наш мир – это та же часть мира Бесконечности, на который не действует Сокращение, наша область «нечувствительна» к Ц"А, поэтому говорится, что она находится внизу, под «махсомом».

От мира Бесконечности до «махсома», до нашего мира, не включая его, действуют духовные законы, а в нашем мире нет – можно получать ради получения. Так же, как в мире Бесконечности получен всего лишь свет нэфеш дэ-нэфеш и нет возможности ощутить больше: это только внутреннее получение – это не ощущение Создателя, это только наслаждение, приходящее от Него. Но это наслаждение в любом случае является только средством, благодаря которому можно развить связь с Создателем. Такое наслаждение – это всего лишь нэфеш дэ-нэфеш.

Получающее кли не может получить больше, чем нэфеш дэ-нэфеш. Это природа кли. Оно не почувствует, что ограничено, но относительно духовного – это ограниченность. Только неживой святой уровень может наслаждаться этим микросветом или альтруисты от природы.

Весь смысл исправления – чтобы Израиль смешался с гоями и, перемешавшись, оставил там, среди народов мира, отдающие келим Г"Э, хотя и испорченные. Но теперь они могут выйти из народов мира и находиться в физической, материальной земле Израиля. Если же у них возникнет желание быть и в духовной Эрец-Исраэль, тогда пробудятся их испорченные Г"Э, находящиеся в гоях, и те почувствуют это и тоже потянутся в направлении к духовному.

Если бы мы продолжали находиться среди гоев, у нас не было бы обязанности учить Тору и посредством ее достичь Конца Исправления. Раз нам дали землю Израиля материальную, мы должны стараться достичь духовной земли Эрец-Исраэль, иначе мы не соответствуем силам, которые на нас действуют, и это несоответствие вызывает в нас страдание.

Мы оставили в народах мира свои Г"Э. Теперь мы находимся отдельно в материальной земле Израиля и обязаны также находиться в духовной Эрец Исраэль.

Кто из народов мира более способен на духовное возвышение вслед за нами? Те, среди которых Израиль находился в большем рассеянии, смешивании, там народы мира более готовы к духовному. В России это ощущается очень сильно и в Восточной Европе – там, где было больше евреев. И это – Ирак, Персия и Восточная Европа. Антисемитизм Польши – это внешний знак связи, ведь ненавидишь того, с кем ты связан. На самом деле они не являются нашими ненавистниками.

Кто ненавидит нас – так это Египет. Египет – это наш идеологический враг. Вся идеологическая война – оттуда, как вся война оружием – от Сирии. Это не важно, что сегодняшние египтяне – это не те египтяне, которые были раньше. Это проявляется и сегодня, от народа, находящегося на той же земле.

Ни один народ мира не сидит на своей земле. У народов мира вообще нет никакой духовной связи с землей. Как бы на Руси ни пели о земле, ведь земли-то не русские, а самых разных народностей. Только у нас четко определено, где должно разместиться каждое колено, в соответствии со своим духовным корнем, в каком месте на материальной земле находится Храмовая гора, Святая Святых, каждая деталь в земле Израиля.

В каждом месте Земли высшая духовная сила управляет этим местом по-другому. В странах мира это проявляется не столь явно, и связь народа с землей не является духовной. После того, как все будут исправлены, после того, как духовная сила упорядочит народы в пирамиду, они расположатся в мире по-другому. Ведь духовная сила управляет материальным миром, и она же переместит народы и личности согласно их душам, иначе высший и низший миры не будут соответствовать друг другу.

Я не могу сказать, где каждая нация, где каждый народ осядет, и вообще, что такое эти 70 народов сегодня, ведь существует полная путаница, но духовная сила все это устроит, мы только не можем себе представить, как это произойдет. Но это произойдет, подобно тому, как магнитное поле мгновенно располагает все металлические предметы строго по направлению силовых линий и в соответствии с величиной заряда. Так будет и с каждой душой, как только проявятся в нашем мире высшие силы.

Когда будет соответствие духовного и материального миров в конце исправления, одновременно с временем суток, с духовным выполнением заповеди, человек будет одновременно выполнять внешне это же действие. Таким образом будет полное совмещение на всех уровнях – и духовном, и физическом – по времени, месту, душе, полное соответствие человека его душе, его месту, его намерению и его физическому действию. Такое состояние и есть конечное нисхождение высшего мира до нашего мира.

Заповеди, изложенные в «Шульхан Арух», обязывают еврея (йегуди – достигшего «ихуд» – слияния с Творцом) в определенное время суток (внешнее, высшее духовное условие, свечение) в определенном состоянии (мужчина, женщина, вдовец, жених и пр.) выполнять определенные механические действия – заповеди.

И так же, как мы выполним наши заповеди в духовном и материальном одинаково и одновременно, будет и соответствие между двумя мирами – внешним и внутренним. И не будет относительно Творца различия между народами и вообще разными частями творения.

Тогда должно быть и соответствие между каждым народом, каждым человеком и землей, на которой он живет. Он будет вынужден селиться в соответствии со своим духовным корнем, соответственно «высшей земле», к которой он относится. Только там он ощутит свое покойное состояние.

В соответствии со своим духовным корнем человек свяжется с другими людьми, в соответствии со своим духовным корнем он женится, и будут у него дети. Были времена, когда женитьба между израильскими коленами была запрещена – вследствие связей между духовными корнями. Но после того как духовно упали, этот запрет был снят.

Даже специальность, профессия каждого, каждая вещь будет установлена в точности с духовным корнем во всех деталях. Сейчас это тоже так, но не в соответствии с корнем, а соответственно испорченным одеяниям, в которые облачен корень души, поэтому все так и выглядят. Таким образом, если ты желаешь изменить свой внешний мир, то ты должен изменить сначала свой внутренний мир. Тогда только изменится все внешнее, но человек должен это делать целенаправленно. А если не делаешь, то свыше это сделают за тебя.

Творец все устраивает, и в любом случае духовная сила приведет мир к состоянию полнейшего совершенства, т.е. полнейшего соответствия высшему миру. Разница: ты решаешь это сам или за тебя это делает духовная сила.

Духовная сила уже совершила над тобой все предварительные действия: ты приехал из России, пришел сюда, устроился на работу, тебя уволили, устроился снова, женился – тебе кажется, что ты сам все решаешь и делаешь. Но быть действительным участником этого процесса ты можешь, только войдя в высший мир. Именно этого Творец от нас требует – чтобы наша материальная и духовная жизнь совпадали.

Исправленный мир – это не коммунизм, который нам хотели преподнести. Вообще, нельзя себе представить общество более скотское, животное, чем тот советский коммунизм. Когда человек управляет миром, используя свое знание высших законов, – это исправленный мир. Это самое большое наслаждение, которое только может быть, ведь это работа подстать Творцу. Когда ты включаешься в такую работу, ты в точности постигаешь Его Суть. Нет более этого!

О чем молиться?

Наша проблема с другими народами не исчезнет сама собой, а из года в год будет становиться все более острой. Мы должны донести это до людей, чтобы они знали об этом. Если они узнают – это уже хорошо. Если человек услышал о существовании связи между изучением Каббалы, осознанием Цели Творения, антисемитизмом, его материальным состоянием, его уверенностью, удачей – если есть у него это знание, то я бы сказал, что большая часть работы проделана. Остальное уже Творец сделает – создаст необходимые внешние условия, страдания, которые вынудят человека реализовать полученную от нас информацию.

Мы должны передать эту информацию. Природа такова, что необходимое все равно придет и потребует своего претворения. Ты не сможешь скрыться от нее, она все равно вернется в каком-либо виде и потребует своего воплощения.

Проблема наша, прежде всего, в том, что мы «продаем товар», нуждающийся в весьма особом подходе. Необходимо обернуть его в красивую обертку. Надо убедить людей, что им будет от этого хорошо. Найти к каждому подход и объяснить ему, что это не обязывает его ни к чему.

Человек готов заплатить за свое здоровье, наслаждение, покой. Если он знает, что затем насладится, он готов учиться, делать усилия, да еще и платить за это. Все определяет цель и расчет. Но ты призываешь его к усилиям – открыть книгу, задуматься вместо футбола – это не только портит ему удовольствие в эти часы, это вообще ломает ему всю жизнь!

Он уже по-другому думает о жизни, исчезают недавние удовольствия. Ты должен дать ему возможность понять, почувствовать, что ты «продаешь» ему нечто вечное. Как найти этот путь к человеку и быть проводниками «слова Б-жьего» – это нам сегодня еще неизвестно.

Но это и не моя проблема. Я должен дать сумму усилий в поиске методики, и тогда сверху раскроются такие идеи преподнесения Творца людям, которые нам сегодня никак не сфантазировать. Секундой раньше мы еще не будем знать, как это будет развиваться. Мы должны стараться, а благодаря нашим усилиям появятся идеи претворения в жизнь нашей миссии.

ПОЧЕМУ МЫ НУЖДАЕМСЯ В НАУКЕ КАББАЛА?

Мы сейчас читаем учебник Каббалы ТЭ"С, и... никто ничего не понимает – не понимает потому, что воздействие изучения Каббалы работает в нас, в тех уровнях души, свойствах желания получить, которых мы еще не ощущаем.

Это подобно тому, как ты наполняешь стакан. Ты можешь сказать: «Для чего мне наполнять нижнюю часть, я наполню верхнюю и напьюсь, ведь я пью из верхней части стакана, зачем мне заботиться о других частях?»

Желание получить, которое исправляется благодаря учебе, неощутимо, потому что ты имеешь дело с уровнями души, кли, желаниями, находящимися на дне твоего «стакана», ты не ощущаешь их, ты их не касаешься, ты не пьешь их, не ощущаешь их настоящий вкус, пока они не достигают верха, той части, которую ты ощущаешь.

Затем ты начинаешь ощущать какое-то новое явление. Но прежде чем возникло в тебе это новое ощущение, должны были прокрутиться внутри тебя миллионы колесиков, систем, произойти различные исправления, пока эти изменения не достигнут порога чувствительности, чтобы ты смог уже их ощутить.

Наши ощущения очень грубые. Разве мы ощущаем происходящее внутри нашего организма, столкновения молекул, рождение новых клеток? Поэтому должно произойти в нас множество изменений, пока мы не начнем что-либо ощущать.

Ты сейчас читаешь, но ничего не понимаешь, не ощущаешь никакого вкуса в своей учебе, потому что это работает именно в тех свойствах, которые находятся ниже границы наших ощущений. Постепенно ты начнешь ощущать.

Это происходит постепенно, потому что желание получить, наш эгоизм – очень-очень глубокий и сложный. Он соответствует свету: сколько свойств существует в свете, столько же в эгоизме. Поэтому необходимо учить, даже если не понимаем, продолжать, естественно, с намерением постичь, а не просто узнать.

Без этого намерения, без этого стремления ничего не выйдет, так как сила учебы, сила света, действует в зависимости от силы намерения человека, от его желания. Но раскрытие – оно очень постепенное, ступенчатое. Если то, что ты ощущаешь, ты связываешь с вопросом: «В чем смысл моей жизни?» – то все остальные свойства, находящиеся под этим вопросом, выясняются даже безо всякой связи с главным вопросом.

Когда человек исправляет свое желание, намерение, вся часть творения – животная, растительная, неживая, которая под ним, неосознанно также становится причастной к его возвышению. Конечно, это для них неощутимо, потому что только на уровне «человек» возможно ощутить духовные изменения, но общее влияние света, конечно же, ощущается во всех уровнях творения.

Они не ощущают в себе вопроса «в чем смысл моей жизни?» Но ты – тем, что задаешь такой вопрос и изучаешь ТЭ"С, с намерением связать себя с высшим, – ты присоединяешь их к этому вопросу, и они включаются и исправляются внутри тебя. (А вообще, пролетая над горами, особенно явно ощущается их грозное молчание и великое ожидание проявления Творца даже в них! А мой рав, помню, вдруг, глядя на коня, воскликнул: «Ну, каков ангел!»)

Человек поднимает всю природу, все ее проявления поднимаются с ним, без всякого личного расчета. «Расчетом» называется работа с экраном, намерение «ради отдачи», Цель. У остальных нет Цели. Но у тебя есть расчет, ты спрашиваешь: «Для чего я живу?»

Весь мир изменяется в соответствии с человеком: изменился, стал чуть лучше человек – изменился, стал чуть лучше мир. Только это такие маленькие изменения, которые мы не можем разглядеть, но они обязательно и немедленно происходят, как к добру, так и наоборот.

Есть определенная эволюция во всем творении в зависимости от изменений человека. Во всем существует желание самосохранения, жизни. Разве в каждой частичке, атоме нет потребности сохранить себя, свое строение? Это и есть их эгоизм! Что значит сила? Сила – это внешнее проявление желания.

Я желаю чего-то, я стою на этом, я притягиваю, отталкиваю, что-то делаю – это желание.

Когда мы говорим о силе притяжения, электрической, химической, то все говорится о притяжении – получать или об отталкивании – отдавать. Только эти две силы и существуют, все остальное можно разложить до этого уровня.

В духовном мире обитает только человек, желание отдать Творцу. И Творец – желание дать человеку. Все остальные творения, желания, кроме желания «человек», не имеют свободы выбора, поэтому они называются «ангелами».

Любое желание получить, не имеющее выбора, не достигшее возможности проверять и очищать самого себя, должен присоединить к себе тот, кто обладает свободой выбора, очистить его и исправить. Эта работа возложена на человека.

В общем виде мы говорим о двух ангелах: добром и злом начале человека. В исходном человеке, душе, Адаме, находящемся в мире Ацилут, содержатся в исправленном виде все остальные создания. Если бы он не разбился, то присоединил бы к себе «ради отдачи» так же «Древо Познания» – и немедленно достиг бы Окончательного Исправления. И все остальные ступени творения вместе с ним получили бы Окончательное Исправление.

Что из себя представляют все ступени, кроме человека? Это бхина шореш, алеф, бет, гимел, кроме далет. Бхина далет – это «человек», уровень «говорящий». Предшествующие ему стадии: неживой, растительный, животный – это промежуточные стадии развития творения, не имеющие возможности самостоятельного внутреннего, духовного движения.

Бхина далет – это желание, которое само решает, что и как получить. В других стадиях нет этого ощущения, нет этой возможности, поэтому они и называются «ангелами». Однако кто исправляет эти стадии? Бхина далет. Она рождается из них, как сказано, человек рожден последним, в шестой день. Поэтому, исправляясь, он исправляет все остальные стадии, которые включены в него.

Наука постепенно раскрывает, что мысли человека влияют на всю природу, что это влияние распространяется на неживую, растительную и животную природу.

Если сила желания – это такая большая сила, то почему каббалист, выполняющий все исправления, не может управлять всей природой? Каббалист – это человек, постигший высшие ступени мироздания. Он видит, какими законами мироздание управляется. Он соглашается с этими законами, поскольку исправил себя. А потому способен присоединиться к выполнению этих законов своей волей, получает на это разрешение.

Что это означает? И природа, и мы существуем благодаря силе, мы управляемы силой, называемой «Единая природа». Назовем ее Творец. Человек, достигший определенной ступени исправления, достигший желания «отдавать» в той или иной степени, благодаря этому желанию и в его мере может присоединиться к природе, добавить к природе свое желание.

Вся природа – это неживое, растительное, животное, а он включается в нее как «говорящий» и действует в том добром направлении, которое присутствует в природе. Поэтому каждый возвышающийся добавляет остальной природе огромное благо. Этим он меняет законы, делает добро, улучшает природу, и она становится более мягкой.

Каббалист, исправляясь, не только перемещает себя от зла к добру, благодаря чему общая сила зла становится менее жесткой, но от включения его души в другие души, а также включения всех душ в него, своим улучшением он все души перемещает вверх, в той мере, в которой он исправился относительно их всех.

Мера влияния исправления каждого определяется величиной и особенностью его души: из какой части Души Адама душа человека – головы, туловища, конечностей и пр. Это не зависит от человека. Но все равно, по мере своего исправления он влияет на все души, их возвышение, их готовность исправиться. Этим (и не только!) каббалисты помогают миру.

Отличить добро от зла человек способен только в той мере, в какой светит ему свет. Подобно свету фонаря, до какой границы достигает луч света, до того места можно видеть. И до какой глубины светит высший свет в эгоизм человека – до той глубины человек может отличить добро от зла. Поэтому только в меру раскрытия Творца, Его света, человек может видеть свою истинную гадкую природу и стремиться исправить ее.

И если мы просим Творца открыться нам для того, чтобы мы смогли увидеть себя и исправиться, а не для личного наслаждения, то на такую молитву Он отвечает.

Почему мы нуждаемся в науке Каббала? Возьмем молитвеник, псалмы и будем плакать возле Стены плача с утра до вечера: «Спасите!» Но кому ты кричишь? Тому, Кто сделал тебе это зло? Тот, Кто тебя бьет сознательно, разве прекратит бить, если ты будешь кричать Ему? Ведь Он специально бьет тебя!

Но почему Он не слышит наши крики? Потому что есть причина этих страданий! Он желает, чтобы результатом ударов было исправление. Мы должны понять и ответить: «Ты правильно делаешь, что бьешь меня. Благодаря Твоим ударам я понимаю, что я плох. Дай мне возможность увидеть, в чем я плох, и исправить это». Эту молитву Он жаждет услышать. Именно об этом должны все молиться. Вы видите разницу? Этому мы должны научить людей. Наше обращение к Нему должно быть целенаправленное – к исправлению.

Существует только одно желание: «Желание насладить творения». Существует одна цель: «Привести создания к наслаждению». Существует только одна сила: «Сила, приводящая все творение к состоянию, в котором возможно получить наслаждение». Все в мире – это одна Его мысль, и только об одном, и только к этому.

Всем управляет один закон: возвратить все творение к наслаждению (к Творцу, к свету). Ты просишь наслаждений, но проблема в том, что они могут прийти только посредством исправления. Ты просишь от Него благ, а мы должны просить исправления, через которое придет наслаждение.

Тот, кто понимает, что удары падают для того, чтобы он исправился, тот начинает исправляться. Постепенно приходит мудрость, и тогда мы изменяем себя. Т.е. выполняем то, чего желает посылающий удары. Т.е. я не обращаю внимания на удары, а я смотрю на Дающего эти удары. Страдания я воспринимаю как средство. Ведь иначе я не отреагирую, иначе я не обращусь к Нему.

Ты должен приподняться над своим плохим ощущением и начать работать разумом. Почему мне плохо, почему Он бьет меня? Наверно, существует некто, кто посылает мне эти удары, с какой целью?

Возмутись: «И это называется желанием насладить творения? Нет ничего хуже того, что Он дает нам!» Когда ты начинаешь спрашивать, это означает, что ты уже не обращаешься к ударам, у тебя уже есть разум разглядеть, что в них существует некая целенаправленность, причина.

Это то, что мы и стремимся объяснить всем людям. Люди, здесь есть Цель! Смысл! Не виноваты арабы или гои, виноваты мы сами! Мы получаем удары свыше, потому что мы неисправны в первую очередь. Давайте улучшим себя – все удары исчезнут!

Но необходимо осознание, находящееся выше ощущений, кроме ощущений должен быть разум. Необходим разум отнестись к плохому и хорошему критически. Если мне плохо – наверное, за что-то, наверное, существует в этом какая-то цель (причина). Это необходимо объяснить народу. Массы погружены в ощущение «плохо – хорошо». Пока они начнут спрашивать: «Почему?» – пройдут сотни лет развития.

Наша задача – объяснить целенаправленность нашего состояния. Бааль Сулам в статье «Суть религии и ее цель» пишет: «Знание существует не ради блага творений и не для блага Творца, а для блага работающего, исправляющегося».

Все творение возникло ради Цели. Но если ты относишься только с точки зрения «плохо – хорошо», то ты находишься на уровнях неживом, растительном, животном, но не говорящем. Уровень «говорящий» отсутствует у очень многих.

Как человек может постоянно обновлять в себе вопрос: «В чем смысл моей жизни?» Этот вопрос возобновляется благодаря страданиям. Творец нас не забывает – Он ежедневно добавляет нам страданий. Проблема в том, сколько мы должны страдать, пока не усвоим тот принцип, что страдания приходят только ради того, чтобы разбудить в нас нечто, находящееся выше ощущения страданий.

Чем мы пока что занимаемся? Мы принимаем «успокаивающие таблетки»: убили вчера еще одного солдата – не страшно, каждый день убивают, это уже нормально. Я не вижу, чтобы народ проснулся из-за этого. Отговорка: «Это плата за наше существование, ничего не поделаешь. Ведь гибнут на дорогах – так же гибнут солдаты». Видите, есть постоянный уход от осознания причины страданий.

Вместо того чтобы начать задаваться вопросом: «Почему так происходит? Возможно, все-таки есть в этом какая-то цель?» – вместо этого мы успокаиваем себя. Т.е. даже если я буду получать больше ударов, я буду стараться ощутить, как будто их меньше. Даже если будут убивать по десять человек в день, я буду это ощущать, как будто убивают одного в месяц. Это то, что происходит сегодня в обществе.

Своим «геройством» – не ощущать страдания – мы вызываем еще большие удары, чтобы все-таки довести чувствительность и боль до такой степени, чтобы уже встряхнуться и сказать: «Хватит, есть причина, давайте найдем ее, она в нас!» Такое «геройство» я бы назвал «глупым эгоизмом». Это подобно тому, как птица от страха, чтобы не видеть его источник, прячет голову под крыло. По меньшей мере, неумно.

А у нас в стране еще и возвысили в ранг великой стратегии подобные шаги, и похваляются политики своей ничтожностью и недальновидностью, и соревнуются в степени отупения. Как бы не начали преследовать за желание раскрыть глаза на истинную причину страданий народа.

Мы отличаемся от остальных более зрелыми душами и поэтому должны объяснить всем, что существует причина всех страданий, что страдания – вещь целенаправленная и требуют от нас соединения с высшей силой.

Достаточно того, чтобы весь народ думал не об ударах и не о своем состоянии, а о Посылающем эти удары, о том, что Он нас этим приближает к хорошему. Если мы так изменим свою мысль, переключимся от ударов, от эгоизма к Цели, мы решим все проблемы.

Это изменение сути, в этом отличие человека от животного: вместо, того чтобы вглядываться в себя, ты обращаешься к Творцу. Не важно, что ты, возможно, проклинаешь Его, но ты обращаешься к Нему – это уже уровень «говорящий». Ощутить, что за ударами Кто-то стоит, – это уже раскрытие.

Когда приходит большое страдание, то чувство отключает разум, забываешь всю учебу; то же самое бывает и с наслаждением – ты полностью погружен в него и не можешь думать ни о чем другом – ощущение подавляет. Свыше специально посылают такие ощущения.

Мы сейчас говорим не о таких состояниях, а о более уравновешенном, которое приходит вслед за этим, когда дают человеку возможность присоединить к ощущению также и разум. Здесь человек уже хозяин. Наша задача – показать целенаправленность состояния.

Почему мы нуждаемся в науке Каббала?

Если мы не направим внимание общества на себя как на причину страданий своих и всего мира, мы еще увидим, как очутимся в центре ненависти всего мира.

Будут большие удары, если эта небольшая горстка арабов не пробудит нас...

СВОБОДА ВЫБОРА В УСКОРЕНИИ РАСКРЫТИЯ «РЕШИМОТ»

Человек создан так, что везде и всегда ищет удовольствий и использует оптимальные возможности их для получения. Но откуда возникают в человеке желания, которые затем он стремится реализовать? В соответствии с чем он ищет методы их реализации?

Каждое мгновение в человеке появляются новые желания. На всех уровнях его существования: физиологическом, телесном, человеческом, духовном. Физиологические желания включают в себя, в том числе, и совершенно неосознаваемые нами желания: желания клеток нашего тела развиваться, желание организма существовать, желания органов нашего тела функционировать.

Есть желания неосознанные, есть осознаваемые нами, но реализуемые автоматически, а есть такие желания, что реализация их зависит от нас. Вообще, все наши желания можно разделить на три вида:

- Животные желания (или телесные) — это такие желания, которые в определенной степени присущи и животным.
- Человеческие желания — это такие, которые у животных уже напрочь отсутствуют: желания к богатству, славе, знаниям. К человеческим духовным желаниям можно отнести также желания к высшему, к тому, что не находится явно в объектах нашего мира. Это может быть выражено в интересе к таинственным явлениям, религиозным обрядам, восточным техникам работы над телом и человеческим духом.
- Духовные желания — это желания, направленные только к одному-единственному в мире — к Творцу и ориентированные только на Него.

Каббала отделяет желание к Творцу от всех остальных желаний. Все желания человека к наслаждениям этого мира Каббала называет «сердцем» человека. Желание к Творцу называется «точка в сердце».

Желания возникают изнутри нас под воздействием проявления решимот. Решимот – это наши внутренние информационные данные. Решимот (ед.ч. – решимо) представляют собой наши духовные гены. Они пробуждаются в человеке и заставляют его выполнять свои требования. В человеке изначально заложена цепочка решимот, которые, «раскручиваясь», проявляются в нем, и человек ощущает желания, вызываемые решимот.

При этом у человека нет выхода, он обязан подчиниться решимот. Он даже не ощущает, что он обязан, он просто чувствует, что сам желает. Т.е. решимот появляются как из небытия, неощутимо всплывают в нас, в подсознании, еще до нашего осознания, затем попадают в наше сознание и ощущаются как наши собственные желания. А желаем мы одного – наслаждения.

Наслаждение, которое Творец желает дать творению, определяется одним свойством – совершенство. Т.е. состояние Творца – это и есть то самое, что Он желает нам дать. Творец – единственный и совершенный. Кроме Его состояния ничего совершенного быть не может. В силу Своего совершенства Он желает дать творениям совершенство, Свое состояние. Поэтому задача творения – в достижении совершенства Творца.

Поскольку цель творения – развить «точку в сердце» до уровня Творца, то все желания в человеке должны пройти процесс своего развития, как по величине, так и по качеству. Как желания этого мира, называемые «сердце», так и желания к высшему, называемые «точка в сердце».

Творец создал одно-единственное творение – желание. Это желание называется «душа», или Адам. Чтобы это желание ощутило совершенство и абсолютное наслаждение в состоянии Творца, оно должно оценить это состояние из ему противоположного. Поэтому душа разбивается на множество (600000) частей, и они духовно падают до уровня «точки в сердце» – желание к Творцу (точка) внутри желаний к наслаждениям нашего мира (сердце).

Поэтому в каждой «точке в сердце» существует цепочка решимот – информационных данных о тех последовательных духовных состояниях, которые она должна пройти, чтобы из своего наинизшего состояния достичь наивысшего – уровня Творца. И только достигнув уровня Творца из противоположного ему наинизшего состояния, создается истинное желание (кли) для ощущения покоя, совершенства, единства, вечности.

Точка в сердце развивается под воздействием свечения на нее высшего света. Она ощущает этот высший свет, потому что она сама низошла свыше, из Творца. Ведь точка в сердце – это единственное, что есть в человеке свыше. Все остальное в человеке – из материала нашего мира.

Подобно тому, как под воздействием солнечного света распускаются растения, так под воздействием неощущаемого человеком высшего света в его точке в сердце раскрывается очередное решимо, т.е. человек начинает ощущать новое духовное желание. И это желание вызывает в нем требование его реализовать, наполнить. Вся наша жизнь – это реализация нами требований решимот.

Душа нисходит от Творца, наивысшего состояния, до нашего мира, наинизшего состояния, по 6000 ступеням миров. Каждая ступень оставляет решимо. Таким образом создается цепочка решимот. Эта цепочка в свернутом состоянии находится в точке в сердце.

Вначале в человеке развиваются только желания сердца, желания нашего мира, желания к животным наслаждениям (семья, секс, еда), богатству, власти, знаниям. Затем, исторически уже в наше время, в человеке начинает проявляться «точка в сердце», желание к чему-то высшему, неопределенному. Человек начинает искать наполнение... и не находит его в окружающих его объектах.

Постепенно человек понимает, что свое сердце, земные желания, он наполняет через естественные пять органов чувств. Они, как через пять труб, наполняют его сердце всевозможными наслаждениями.

Но новое решимо, духовное, не может наполниться от окружающего мира посредством пяти органов чувств. Это решимо толкает человека к постижению высшего света, Творца, потому что только свет, Творец является его наполнением.

Но есть условие, при котором высший свет может наполнять желание точки в сердце: желание должно быть подобно свету. Природа света – отдавать, наслаждать. Если таково будет и желание точки – только в меру этого желания свет может заполнить ее. Т.е. желание может быть наполнено, если оно направлено к отдаче, а не к получению. Иными словами, наслаждение может быть ощутимо, только если оно – наслаждение от отдачи.

Подобие (иштавут) свойств желания и света приводит к их полному сближению, слиянию (двекут). Потому что расстояние между желаниями определяется мерой их подобия между собой.

До сих пор мы говорили о естественном развитии решимот в человеке. Но можно ускорить их развитие, их выход, реализацию. Каббала указывает на средство ускорения духовного развития: обучение по истинным книгам, под руководством истинного Учителя, в группе желающих достигнуть цели творения.

Отсюда видно, что нет свободы выбора решимот, желаний, сил, разума, нет свободы ни в чем, кроме ускорения своего развития посредством правильного внешнего воздействия.

Творец влияет на человека изнутри (характер, природные данные, решимот) и снаружи (семья, общество), но Он оставил один параметр свободным – выбор общества, с помощью которого человек может ускорить свое развитие и достижение цели.

В любом случае человек будет развиваться и достигнет цели, но он может ускорить свой путь, если найдет единомышленников, создаст группу, среду. Поэтому желающие продвигаться должны стремиться к объединению в кружки и объединению в один общий «кружок» размером во все человечество.

Невозможно перескочить ни одну из 6000 ступеней развития снизу вверх, по которым душа нисходила сверху вниз, невозможно пропустить – не ощутить – ни одно ощущение. Мы должны пройти все эти состояния, прочувствовать каждое из них. Но духовно направленное общество вызывает в человеке большую возможность ощутить желание самонасладиться как зло и стремление освободиться от него.

Этим человек ускоряет осознание ощущений. Это и есть его «выбор». Устремление вперед со скоростью большей, чем естественное проявление решимот, выводит человека с пути страданий на путь Торы.

Но неужели выбор сводится только к опережению естественного выхода решимот? Не подобно ли это просто бегству от страданий? Используя свободу воли, человек обнаруживает, что самостоятельное ускорение пути приводит к поразительному результату: если человек желает реализовать свои желания к Творцу самостоятельно, обгоняя возникновение в нем страданий, решимот, получается, что он действует самостоятельно, свободно от решимот. Вроде бы как он убегает от страданий.

Но получается, что человек не просто опережает возникновение решимот, не просто обгоняет страдания, как лошадь, стремящаяся бежать быстрее, чем кнут, готовый опуститься на нее. Нет, самостоятельно вызывая появление решимот, прежде чем они естественно пробудятся в нем, человек становится свободным от какого бы то ни было давления, действия, указания извне.

Получается, что он действует не под влиянием решимот, а своим желанием. Поэтому говорится, что «Исраэль выше звезд и знаков удачи», так как на человека, самостоятельно идущего прямо к Творцу, называемого Исраэль (исра – прямо, Эль – Творец), не действует управление свыше. Он сам управляет, он опережает указания Творца.

Отсюда видно, что, обгоняя решимот, человек не просто ускоряет процесс движения, а принимает на себя все управление. Обгоняя Высшее управление, человек, не зная, каково оно, еще до появления решимот, сам его создает, сам приводит в действие, т.е. действительно становится абсолютно свободным. Он ощущает себя выше всего мироздания, подстать и равным Творцу.

О ВОСПИТАНИИ ПОДРАСТАЮЩЕГО ПОКОЛЕНИЯ

В вопросе воспитания детей каббалисты категорически против навязывания всяких штампов и принципов любому человеку, тем более ребенку, потому что каббалистическое развитие заключается в развитии человеком самого себя, когда, меняя себя и только себя внутренне, мы меняемся и внешне, влияем таким образом и на внешний мир.

Но оставить детей полностью предоставленными самим себе невозможно, потому что они ведь не находятся в группе, в правильной среде, как мы, изучающие Каббалу.

Наши дети или дети, которых нам поручают воспитывать, находятся в определенной общественной атмосфере, которая их формирует. И лучше всего, если эта атмосфера будет либерально-религиозной.

Так пишет Рабаш в письме, что человек должен держаться подальше от ортодоксально-верующих, иначе получит от них соответствующее воспитание. Он также должен держаться подальше от совершенно светских, нерелигиозных, иначе приобретет их вкусы, взгляды, мировоззрение.

Поскольку от какого-то влияния не убежишь, необходимо начинать воспитывать детей с начального возраста. Поэтому нужно предпочесть такое традиционное воспитание, которое:

- ограждало бы человека от абсолютно светского влияния и образа мышления;
- давало бы человеку знание в выполнении традиционных заповедей;
- не навязывало ему ни светскую, ни религиозную идеологию;
- давало бы возможность усвоить отношение к жизни, мотивацию выполнения заповедей, к действиям человека, к цели жизни, которое мы обязаны донести до ребенка из Каббалы.

Обращающиеся ко мне за помощью – люди, далекие от религии, плачут, не зная, что делать с детьми. Первая проблема – это наркотики. В общеобразовательных школах это проблема номер один для детей 12-13 лет и старше. И она все время усугубляется. Говорят, что 50-60 процентов детей в школах употребляют наркотики.

Мы не можем пока предложить наше воспитание, нашу образовательную сеть, и поэтому решить этот вопрос возможно так:

- отдавать детей в религиозные школы;
- школа должна быть средне-религиозная (кипа сруга) с хорошим аттестатом зрелости;
- главное, избежать проблем с наркотиками, сексуальных проблем, плохих воздействий окружающей среды;
- ребенок должен ощущать свободу выбора, но с другой стороны, он должен знать, что существуют мнения и сила родителей.

Для взрослых, начинающих изучение Каббалы: если члены вашей семьи – неверующие, изучение Каббалы не должно смущать ни вас, ни их, так как вы занимаетесь не религией, а наукой об устройстве мира, вы изучаете устройство мироздания, пока теоретически, но затем и практически сможете менять мир к добру для вас и окружающих.

Здесь не может быть противоречия между вами и неверующими, вашими близкими. Тем более что вы не применяете никаких диктаторских методов к ним, не навязываете им выполнение заповедей, не ограничиваете их в чем бы то ни было. А ваше изучение Каббалы даст вам более глубокое понимание того, что происходит вокруг вас, даст вам возможность выбрать правильный образ поведения, воспитания, правильно поступать в жизни.

Изучение Каббалы – это не изучение формальных действий и методов их выполнения, оно не втягивает вас и окружающих против их воли в религиозную жизнь, а дает большее понимание природы всего мироздания, философии жизни.

На окружающих нельзя «давить», а необходимо пытаться выбрать среднюю линию поведения между ними и собой, основанную на обоюдных компромиссах, чтобы они поняли и уважали то, чем вы сейчас занимаетесь.

Пускай ваша жена, например, посмотрит, что делается в обычных школах, тогда она сама захочет для своего ребенка выбрать наиболее оптимальный метод обучения и воспитания.

Желание – это единственное, что создал Творец. Если желание духовно, то не облачено ни в какую оболочку. По мере приобретения эгоизма желание одевается в материальную оболочку: неживой природы, либо растительной, либо животной, либо человеческой.

Только само желание определяет все остальное: как саму природу, так и ее взаимодействия, все внутренние процессы, все физико-химические природные законы, которые есть в материи. Поэтому от изучения желаний мы постепенно переходим к их следствиям – к изучению неживой, растительной, животной и человеческой природы. Мы видим, как желание облачается в свою оболочку, в материю.

Само желание на каждой ступени разное и определяет собой ступень. На лестнице от нас до Творца проградуировано 125 ступеней-желаний. Наш мир – это отрицательное желание, которое не входит в общее количество, затем от первой ступени духовного мира до вершины лестницы есть 125 ступеней, каждая последующая из которых характеризуется более альтруистическим желанием.

На этом промежутке есть пять миров: А"К, Ацилут, Брия, Ецира, Асия. В каждом из миров пять парцуфим, где парцуф в свою очередь делится на пять сфирот. Таким образом: 5х5х5=125 ступеням.

Миры, парцуфим, сфирот определяют степень желания и определяют его духовный уровень при подъеме снизу вверх. Задачей человека является добраться до самой высокой духовной ступеньки в своем продвижении к Творцу.

Это является целью всего творения. В нашем мире с каждым в отдельности и со всеми вместе происходят только такие события, которые подталкивают человека в своем развитии подойти к махсому, перейти через него и начать духовно подниматься.

Каждая духовная ступень определяет все мысли, желания человека, всю его духовную внутренность. Все меняется в человеке при переходе от одной ступени к другой. Каждая новая ступень командует человеком, он находится под полным ее влиянием. Нельзя перейти на новую ступень, не постигнув абсолютно предыдущую.

Кроме желания, существует только Творец, т.е. свет. Для чего необходимо воздействие света на человека? Свет, ощущение Творца – это ощущение жизни как в нашем мире, так и в духовном. Но свет еще и обладает силой, способной поднимать человека на новую ступень. Есть определенные действия, которые обязан выполнять человек, вызывая на себя влияние света, который и приподнимает его со ступеньки на ступень.

В «Предисловии к ТЭ"С», п. 155 рабби Йегуда Ашлаг пишет о том, что дает Каббала людям, еще не находящимся в духовном мире: «Необходимо спросить, почему каббалисты обязали каждого человека учить Каббалу. Потому что есть особое свойство в ней для тех, кто занимается ею. И, несмотря на то, что не понимают того, что учат, благодаря огромному желанию к этому они возбуждают окружающий их души свет.

Каждому человеку, стремящемуся прямо к Творцу, обещано, что он достигнет всего, что задумано Творцом для него и для каждого творения еще в замысле творения. И тот, кто не достиг этого в данной жизни, достигнет в следующей. И пока человек не пришел к совершенству, свет, который впоследствии должен наполнить его, пока светит ему снаружи, ожидая того момента, когда человек очистит свои желания от эгоизма и даст возможность свету войти в них, чтобы ощутить Творца.

Когда человек занимается Каббалой и произносит имена светов и намерений, которые имеют отношение к его душе, окружающий свет тут же начинает светить ему снаружи и незаметно для него очищает его желания, давая ему все большее и большее желание возвыситься, влияя на него своей святостью и чистотой и приближая таким образом к духовному», – так пишет Бааль Сулам о важности изучения Каббалы.

В самой Каббале есть две части: тайны Торы – «Ситрей Тора» и вкус Торы – «Таамей Тора». Каждый парцуф состоит из 10-ти частей: кэтэр, хохма, бина, хэсэд, гвура, тифэрэт, нэцах, ход, есод и малхут. В любом парцуфе любого мира есть эта градация на 10 сфирот. Кэтэр, хохма, бина относятся к тайнам – содот Тора, ситрей Тора, даже если они находятся в нижайшей ступени духовного мира. Их запрещено изучать, раскрывать и познавать.

Хэсэд, гвура, тифэрэт, нэцах, ход, есод и малхут относятся к вкусам, таамей Тора, их необходимо изучать, раскрывать и познавать, и от степени раскрытия зависит общее состояние человечества и степень его приближения к духовному. Таамей Тора – это смысл Заповедей.

Большой ошибкой невежд является то, что они считают, что Каббалой нельзя заниматься, думая, что вся она состоит из тайн (ситрей Тора). А кто как не каббалисты, которые сами на себе постигли духовные миры, занимаясь Каббалой, могут сказать истину!

Кэтэр, хохма, бина (тайны Торы, мысли Творца) Творец может раскрыть как подарок избранным, дошедшим до высочайшего уровня.

Уровень постижения зависит не от количества занятий, а от их качества, чтобы не ждать от занятий каких-то мелких выгод, а лишь того, что они могут исправить ваши желания для выхода в духовный мир. Можно заниматься в день всего час, но если остальное время это живет в вас, все подчинено одной цели, то результат будет. Если человек не дошел до перехода в духовный мир, это не пропадает, и в следующем кругообороте его душа начнет с того уровня, на котором она остановилась в нашем мире.

Что же происходит с душой, когда она проходит путь снизу вверх, начиная с малхут, есод, ход, нэцах, тифэрэт, хэсэд, гвура, и доходит до ситрей Тора – бина, хохма, кэтэр? Она их просто обходит, перескакивает и идет дальше, постигая следующие семь низших. А три верхние сфирот – это силы Творца, которые помогают душе постичь семь нижних.

Все, что ни делает человек, продвигает его к цели творения. Даже человеческие страдания не проходят просто так, а накапливаются и потом учитываются. Но чтобы сократить этот длинный путь страданий и медленного неосознанного продвижения вперед, Творец и дал нам Тору, которая направляет нас по правильному и менее болезненному пути.

Только в последние несколько десятилетий в наш мир начали нисходить особые души, стремящиеся к Каббале, и в большом количестве. Это значит, что предыдущие состояния накопились и проявляются в таком виде, как сейчас. Ничего не пропадает, и постепенно все находит свое выражение.

До этого шли методом страданий, которые вылились в желание заниматься Каббалой. В следующий раз эти же души будут более интенсивно заниматься Каббалой и в течение месяца-двух смогут добиться огромных результатов, чего раньше не могли сделать за годы. Предыдущая жизнь накопила уже определенный запас желаний.

Если у человека есть уже большие желания заниматься только Каббалой и с одной целью, то трех-пяти лет совершенно достаточно, чтобы выйти в духовный мир.

До разрушения Храма организованные молитвы не практиковались, а каждый молился самостоятельно – о том, что накопилось в его сердце. Молитва, как она выглядит сегодня с точки зрения заповеди, нужна для того, чтобы подготовить свое сердце к стремлению к Творцу и ощущению Его. Любое желание человека – это его молитва.

Вообще-то, настоящей молитвой называется работа человека в сердце. А желание – уже результат подготовительной работы сердца. С желанием ничего нельзя сделать, можно лишь особой работой, изучением, обдумыванием подготовить себя к тому, чтобы возникло нужное желание.

Ни от каких наслаждений человек не должен отказываться, хотите вы этого или не хотите, вы уже желаете и приказать своему сердцу не можете. Только интенсивная работа над собой, различные вспомогательные средства помогут изменить желания сердца в сторону духовного. Даже сегодня мы должны говорить, что хотим ощутить Творца, хотя и для самонаслаждения. Желание должно быть цельным, тогда оно дает результат.

Творец посылает нам душевные и физические страдания. Зачем же, с другой стороны, создана такая возможность облегчать, смягчать душевные страдания с помощью психологов, социальных работников и пр., а физические страдания – с помощью врачей? Это делается для того, чтобы между людьми возникли взаимодействие и взаимопомощь, чтобы один помогал другому, что приведет к слиянию душ в одну.

Ни в коем случае нельзя трактовать страдания как наказание за прошлое, а лишь как определенное, жесткое влияние Творца, с целью направить тебя в необходимую для выполнения замысла творения сторону. Если человек понимает эти страдания, он может в дальнейшем устремляться к ним сам, мысленно, своими стремлениями, а не ждать, пока его подтолкнут сверху. Как только степень стремления уменьшается, страдания увеличиваются, но это чисто условно.

Отсутствие страданий тоже не означает, что вы на правильном пути. Просто существует определенный период, когда Творец не требует от вас чего-то определенного, не подгоняет вас, т.е. ваше время еще не пришло.

Человек приходит на занятия, потому что обстоятельства его вынудили это сделать. Остаться на занятиях, продолжать их – тоже в первый период не зависит от него, он находится еще под тем толчком, который ему дали. А вот дальше зависит от усилий самого человека, когда он осознает и понимает, зачем его сюда привели, и вкладывает в это свое постоянное усилие.

У каждой души есть своя миссия в этом мире. Есть души, которые спускаются для какой-то определенной цели, осуществив которую, они рано покидают этот мир. Ари, например, умер в 36 лет, оставив огромное количество записей.

Я не советую изучать Каббалу и остальную Тору параллельно. Дело в том, что в Торе существует четыре языка: язык Танаха, описательный; юридический, как в Талмуде; язык сказаний, как в сказках, повествованиях; и язык Каббалы. Все языки говорят об одном и том же, об одних и тех же духовных процессах – как приблизиться к Творцу и достигнуть цели Творения.

Но когда человек только начинает заниматься, он, как ему кажется, вроде бы понимает описательный и юридический языки. Язык сказаний уже труднее понять, потому что он аллегоричен. Ну, а язык Каббалы он вообще не понимает.

Важно за всеми этими языками видеть духовное действие, а если вы читаете, как описание жизни какой-то бедуинской семьи Авраама и понимаете это дословно, то стоит отложить все описания, оставить только физические заповеди – до тех пор, пока не изучите язык Каббалы, чтобы с его помощью понять и видеть за всеми описаниями те же духовные действия, о которых говорит Каббала.

Тогда, читая Тору, вы не будете ее снижать до уровня нашего мира, а будете возвышать, понимая, что она говорит только о духовном. Чтобы легче было изучать заповеди, Йосеф Каро написал «Шульхан Арух» – он хотел, чтобы у каббалистов оставалось больше времени для духовной работы. Ведь он был учеником Ари.

Над своими желаниями мы не властны. Властны ли мы противостоять им? Если мы находимся на какой-то ступени своего духовного развития, и она определяет все наши внутренние процессы, то мы можем сделать все, что эта ступень определяет.

А практически, что это значит для меня? Я ведь не знаю, что запрограммировано для меня на этой ступени. Бороться ли мне с этим или нет? Да, бороться, для того, чтобы увидеть, что я не в состоянии ничего сделать, — и таким образом изучить себя. Мне даны, кроме желания, еще и мозги.

В духовном мире есть только наслаждение или его отсутствие, т.е. либо сладкое и правда, либо горькое и ложь. Правда всегда сладкая, а ложь горькая, что всегда совпадает. В нашем же мире эти показатели, как правило, не совпадают, т.е. ложь сладкая, а правда оказывается горькой.

Поэтому в нашем мире мы всегда находимся в тяжелом положении перед выбором. Выбрать ли внешне сладкое и обманчивое, либо идти по пути горькой, но истины. Тело различает только горькое и сладкое, а разум — правду и ложь.

Мы не имеем возможности сопротивляться тем желаниям, которые возникают в нас. Можно только всякими подсобными путями пытаться осознать, что сладкое в нашем мире — это зло. Тогда в этом сладком можно почувствовать горечь. В этом нам помогает умственный выбор, он может изменить выбор тела.

Например, я курю с раннего возраста, и мне это доставляет наслаждение. Когда я смогу убедиться в том, какой вред это мне наносит, я брошу курение, оно станет для меня горьким. Такая путаница родилась в нас с грехопадением Адама.

В мире Ацилут существовала прямая зависимость между горьким и сладким, ложью и правдой. Если я пробую что-то, и оно сладкое, значит это правда, альтруизм, приближение к Творцу. После греха Адама, разбиения его души и нисхождения осколков вниз, под мир Ацилут, произошла путаница между всеми определениями настолько, что сладкое стало ложью, а горькое — правдой.

Человек поднимается в духовное пространство по трем линиям: правой, левой и средней. От правой линии получает свет, а от левой желания, кли. Человек постоянно должен двигаться между ними до мира Ацилут, где все сливается вместе: духовное — сладко, эгоистическое — горько.

Все, что создано сверху — все миры, парцуфим, Адам, — все это создано Творцом и еще не называется творением. Творением называется то, что начинает проявлять самостоятельное желание.

Все люди, которые живут на Земле, выполняя те или иные действия, поступают так потому, что Творец их так запрограммировал, они еще не творения в полном смысле. А творением называется тот, в ком появляется независимое желание к Творцу.

Вот ученики пришли в группу заниматься Каббалой, потому что их направили свыше. А когда у них появится первое самостоятельное желание к духовному, они будут называться творением. А возникнет оно тогда, когда человек перейдет махсом и будет на самой низшей точке духовного мира. Такое состояние называется зарождением души в теле матери – зародыш. И только каббалисты являются самостоятельно существующими, каждый в своей мере.

...А все остальные – роботы Творца. Для них не существует ни вознаграждения, ни наказания, у них нет никакой воли, они полностью направляются Творцом. Творец их подталкивает постепенно к накоплению страданий от эгоизма, с которым они созданы, и тогда весь предыдущий опыт страданий заставит их понять, что эгоизм – зло, и сделать выбор духовного с помощью Творца.

Характер человека не имеет никакого отношения к духовному уровню. Любое действие человека может быть одухотворенным или чисто эгоистическим, в зависимости от того, куда он направляет свои желания. Важно не само действие, а намерение при этом.

Если бы можно было самое большое в нашем мире наслаждение получить с намерением ради Творца, то оно бы называлось духовным, несмотря на то, что по своей природе оно чисто животное.

Но так как человек создан с очень сложным животным организмом, и наши действия влияют на нас, то даны человеку заповеди, чтобы над каждой из них думать, зачем и для чего она дана...

ИСТОРИЯ КАББАЛЫ

История Каббалы идет вровень с историей человечества, она уходит корнями в те времена, когда человек только появился на этой Земле. Это был Адам, на иврите – Адам аРишон – Первый Человек, который положил начало роду человеческому. Каббалистам он интересен тем, что с него начинается история Каббалы, а не только история человечества.

Он и есть автор первой книги по Каббале, то есть первый на Земле каббалист. Что это значит? Человек живет в нашем мире, ощущая его природу, и одновременно он ощущает и природу высшего мира (если сумел открыть для себя этот высший мир). Всегда были и есть такие люди, которые чувствует оба мира в себе.

Адам аРишон ощущал природу обоих миров и изложил это в своей книге, которую назвал «Разиэль аМалах» («Ангел Разиель» – «Ангел Божественной тайны», «Ангел, раскрывающий тайны мироздания»). Эта книжка продается в каждом магазине, в ней есть очень интересные рисунки с пояснениями, со схемами – она дошла до нас в своем первоначальном виде.

Когда мы раскрываем эту книгу, мы видим, что ее автор не был примитивным, дремучим человеком, гонявшимся за мамонтами, он был очень высоким, сильным каббалистом, который поведал нам об основных тайнах мироздания. Он исследовал высший мир – все находящееся выше нашего мира, там, где путешествует наша душа до нашего рождения, до снисхождения в этот мир, и куда она поднимается после того, как человек заканчивает свой земной жизненный путь.

Поскольку он является первой душой, снизошедшей в наш мир, он рассказывает нам о тех перспективах развития, о нисхождении всех остальных душ – душ всех своих детей, внуков, правнуков, всего рода человеческого, который произойдет от него.

Он не говорит нам о телах, которые народятся в этом мире. Он рассказывает нам о душах, которые произойдут от его души, о том, каким образом эти души должны будут пройти свой земной путь, спускаясь для облачения в тела, и что будет с ними происходить, когда они снова поднимутся к своему источнику, покидая земные тела.

Он говорит о том, как они все вместе собираются в общую душу, уже на другом, высшем уровне и снова образуют то, что мы называем «Адам», – душу, сотворенную Творцом. Мы – лишь его маленькие частички. Вот об этом рассказывается в первой книге по Каббале «Разиэль аМалах».

Что значит писать книги по Каббале? Человек живет в этом мире, он получает из него всевозможные картины, рисуемые его ощущениями. Каждый из нас мог бы описать то, что он воспринимает. Каббалистические книги – это такие книги, которые описывают наблюдения человека, живущего в нашем мире, но обладающего еще и восприятием высшего, духовного мира, не ощущаемого пока большинством людей.

Вот в этом особенность каббалистических книг: они повествуют о том, чего обычный человек не ощущает, но может ощутить. Каббалист – это не только человек, который начал ощущать высший мир, а тот, который может описать свои ощущения на таком языке, в таком виде, чтобы мы могли эти ощущения правильно понять. Более того, чтобы, занимаясь по его книгам, мы могли бы в себе развить недостающий орган чувств, который даст нам возможность самим ощутить этот высший мир. И тогда мы сможем видеть наши прошлые и будущие состояния (в духовном мире нет времени) и таком образом войти в ощущение высшего, вечного мира и существовать по нашему желанию одновременно в обоих мирах.

В каббалистических книгах содержится специальная методика, они обладают такой силой, что если человек занимается по этой методике под правильным руководством, то он приходит к тому, что сам достигает уровня автора. Поэтому очень важно знать, какие книги изучать.

Есть различные авторы, за всю историю человечества были большие и меньшие каббалисты, и есть книги, написанные разными методами и стилями. У нас есть информация о том, какие книги больше помогают выйти в духовный мир и какие книги помогают ориентироваться в нем. Это подобно тому, как человек попадающий в незнакомую страну, ищет информацию в справочнике и по нему путешествует. И справочник этот должен быть таким, чтобы по нему легче было ориентироваться.

После Адама – первого человека – прошло очень много лет. Его потомки размножались, заселяли Землю, среди них в каждом поколении было много каббалистов, но их книги не дошли до нас.

Следующую, основополагающую книгу по Каббале, сравнимую с книгой Адама, написал наш праотец Авраам. Эта книга называется «Сефер Ецира» («Книга Создания»). Хотя она написана много тысячелетий назад, она дошла до нас, и ее можно просто купить в магазине.

Авраам также использует графики, чертежи, таблицы для изображения всех связей между нашим миром и духовными мирами, дабы показать нам, каким образом существует духовный мир, откуда нисходят в него все воздействия, как они облачаются в различные тела нашего мира, как эти тела начинают между собой взаимодействовать.

А взаимодействуют они именно потому, что каждое получает определенную силу свыше и что в соответствии с ней происходят определенные события в нашем мире, и мы можем увидеть, к чему это все ведет, т.е. к чему движется человечество под воздействием нисходящих свыше сигналов.

Книга «Сефер Ецира», написанная праотцем Авраамом, уже совсем другого вида, она состоит из глав, так называемых «мишнает», язык в ней более систематизированный.

Авраам пишет о строении духовного мира: десять сфирот, парцуфим, блоки управления; он объясняет, каким образом нисходит высшая сила – свет, как она регулируется, концентрируется, как общая душа делится на отдельные души, каков порядок их нисхождения в наш мир.

Он пишет о взаимодействии тел в нашем мире под воздействием душ, находящихся в них. Книга интересная, но далекая от нас. Для душ, нисходящих сегодня, она служит интересным пособием, она излучает очень большую силу, тепло, я бы сказал.

Свойство Авраама – это свойство «хэсэд» – милосердие. Он был известен тем, что приглашал к себе в шатер всех проходивших мимо путников. Так иносказательно отражается его свойство в реалиях нашего мира. Из этой книги нисходит на человечество его сила – милосердие, которое дало возможность всем последующим поколениям развиваться с ее помощью, стремиться к постижению вслед за Авраамом.

Но для последующих поколений, новых душ, необходимо новое раскрытие. И появляются новые каббалисты.

В истории Каббалы есть несколько вершин, определивших не только ее развитие, но основное направление духовного пути человечества. Книги «Разиэль аМалах» и «Сефер Ецира», с которых начинается история Каббалы, стоят на полках любого магазина религиозной литературы, но книга, написанная автором-каббалистом Моше (Моисеем), остается бестселлером уже много веков и стоит на полке практически в каждом доме.

Тора (Пятикнижие) рассказывает якобы о нашем мире, а на самом деле описывает тайные силы, происшествия, информационные воздействия, силовые входы и выходы, катаклизмы – и обо всем этом повествует, как об историческом развитии человечества.

Человечество и на самом деле развивалось согласно этому тексту, который описывает определенный этап в его развитии, подразумевая при этом духовные корни. Если мы правильно видим сквозь этот исторический рассказ духовные силы, то, что нисходит в наш мир свыше, то вместо Моше и Фараона, вместо народов и животных мы видим духовные силы.

В отличие от всех остальных каббалистов Моше получил не только для себя раскрытие тайны творения, но и указание раскрыть ее в определенном виде всему человечеству, описать ее, создать вокруг себя целую школу, чего не было ранее ни у одного каббалиста.

Начиная с Моше, уже все остальные каббалисты организовывают группы учеников. Моше собрал вокруг себя 70 учеников, у него был последователь – Иошуа бен Нун.

Кроме того что Моше занимался исследованием высшего мира, он также занимался практическим приложением своего высшего постижения в нашем мире – оно стало применимо для выхода массы народа из Египта.

Руководствуясь полученными высшими силами, благодаря знанию духовного мира, Моше был в состоянии вывести свой народ из изгнания. Он довел его до границы с Иорданом: далее он не мог идти вместе со своим народом, потому что его душа не была предназначена для практического овладения землей Израиля.

Ей было уготовано выйти из Египта и создать книгу, по которой в дальнейшем каждый человек и, в конечном итоге, все человечество сможет прийти к тому, чтобы завоевать духовный мир, выйти из так называемого «духовного Египта» – из нашего мира, который преклоняется перед мумиями, перед телами, перед солнцем, лжебогами – к состоянию вхождения в Эрец Исраэль – духовную Землю Израиля, так называемый *Мир Ацилут*, где человечество своим внутренним постижением находится вне времени, вне пространства, в абсолютном совершенстве и бессмертии.

Методика, которую Моше изложил в своей книге, называется «Тора» (на других языках «Библия») – от слов «ор» – свет и «ораа» – инструкция, т.е. указание как с помощью света выйти в духовный мир, жить во имя своей вечной жизни, своего вечного предназначения, а не во имя того маленького периода, который мы проходим в этом мире.

Человек с помощью этой книги может раскрыть всю картину мироздания, видеть, что сейчас он переживает лишь его короткий фрагмент, и делать выводы и расчеты, строить свою жизнь в соответствии с полной перспективой. Это то, чего желал достичь Моше, и занимающиеся по его методике постепенно к этому приходят.

Методика, содержащаяся в Торе, гарантирует любому из живущих на Земле людей достичь уровня Моше, т.е. выйти из ощущений только нашего мира в ощущение всего мироздания.

Тора – это самая популярная книга в мире. Чем она интересна? Она в виде исторического повествования рассказывает о выходе народа из Египта, а в итоге она рассказывает о том, как человек выходит из своего ничтожного, животного состояния, называемого «Египет» в духовное состояние, называемое «Земля Израиля».

В Торе Моше развивает науку о постижении высшего мира, но нам при чтении очень сложно и практически невозможно за различными семейными, историческими рассказами увидеть нечто более глубокое, ощутить то, что в ней скрыто, то, что раскрывается каббалистами.

История Каббалы

Люди ищут в Торе коды, находят в ней всевозможные зависимости. Есть миллионы видов связей между любыми частями Торы, потому что каждая часть связана со всеми остальными. Подсчитано количество букв, слов, выражений, блоков...

В последнее время с помощью компьютеров произведена огромная работа по изучению внутренней структуры Торы, видов букв, их составных частей. В итоге это ничего не дает человеку, потому что он не знает, что стоит за каждым символом, за каждой точкой, за каждым наклоном буквы, за каждым сочетанием, за определенным перемещением слов.

Тора изначально написана как одно, единое слово без разрывов, а затем это слово разделили на слова, а те, в свою очередь, — на буквы, буквы делятся на элементы, и в итоге мы приходим к анализу буквы: точка и выходящая из нее черточка.

Черная точка на белом фоне обозначает источник света, исходящий из нее свет. Если он исходит сверху вниз от высшей силы — Творца к творению, то обозначается вертикальной черточкой, если это сила, относящаяся ко всему мирозданию, то она обозначается горизонтальной черточкой.

В принципе, это вся информация, исходящая к нам от Творца: всевозможные сочетания черточек, точек — они все зависят только от этих двух посылаемых к нам сигналов:

- личный сигнал, посылаемый Творцом человеку, — прямая линия;
- общий сигнал от Творца к человечеству — горизонтальная линия;
- всевозможные состояния между ними.

Все они создают таким образом код, соотношение человечества с Творцом, причем, в каждый момент времени это может выглядеть по-другому, потому что в каждый момент состояние каждой души выглядит по-другому.

Человек, смотрящий в Тору, через эти черточки и линии в каждом своем состоянии, если он обучен правильно воспринимать Тору, видит свое прошлое, настоящее и будущее состояние. Но для того, чтобы видеть это, недостаточно просто читать текст.

Ключом, с помощью которого можно правильно читать Тору как инструкцию выхода в духовный мир, является книга «Зоар». Зоар — в переводе означает «сияние». Она комментирует пять частей Торы, объясняет нам то, что мы должны подразумевать под текстом Моше.

Когда человек изучает «Пятикнижие» сквозь «Зоар», он видит совершенно не наш мир, он видит высшее, духовное управление и нашим миром, и всем мирозданием, поэтому каббалисты читают обе эти книги вместе. Но для того, чтобы разобрать более подробно, что же нам передал Моше и его ученики и последователи, в течение многих сотен лет, прошедших со времени Моше до книги «Зоар», кабалисты выпустили еще несколько основополагающих комментариев, раскрывающих нам частные случаи, позволяющие более подробно понять, что же дал нам Моше.

Первый из таких комментариев на Тору называется «Мишна» («мишна» от слова «повторение»), там описываются все законы мироздания в виде земных законов, т.е. объясняется человеку в нашем мире, что ему следует делать, а что нет — то есть всем известные, так называемые «заповеди».

Но, выполняя в нашем мире заповеди, человек не видит в них никакого проку, он не видит никаких следствий этих заповедей, почему он должен кошерным способом забивать скотину, кошерно приготавливать пищу, должен определенным образом относиться к жене, детям и т.д., тысячу всяких своих житейских проблем решать с помощью этих законов, которые в нашем мире совершенно не оправданы.

Кроме того, он должен в нашем мире выполнять еще множество всяких условий, правил, законов, не имеющих реального, логического объяснения. Он должен надевать на руку и лоб черные коробочки, покрывать себя покрывалом, произносить определенные выражения, выполнять определенные движения, должен выполнять огромное количество действий телом, голосом.

Что это за действия, может объяснить только Каббала, она говорит о том, что когда человек делает что-то в нашем мире — это не самое главное. То, что он может с помощью внутренних действий (каванот – намерений) произвести в высших мирах, об этом именно Моше и желает нам рассказать. Об этом нам желают рассказать мудрецы, его ученики, его потомки, написавшие нам Мишну.

Следующее поколение – это мудрецы Талмуда, объяснившие нам каждую заповедь и то, каким образом точно надо ее выполнять. Они подразумевали не чисто механическое выполнение заповедей в нашем мире, а понимали, что эти законы даны человеку, чтобы с их помощью он смог стать Человеком — разумным исследователем природы нашего и высшего миров. Чтобы смог исследовать природу в правильном для себя виде, т.е. не только для того, чтобы прожить здесь эти 70 лет.

Все, что мы выполняем и нравственно, и физически, – это все накапливается в нашей душе. Плоды этого мы пожинаем только в том случае, если начинаем ощущать духовный мир, в нашем мире нет никаких следствий этих законов.

Мишна и Талмуд объясняют нам более подробно каждый из высших законов мироздания. Но написаны они нашим земным языком, и если человек читает, не имея ключа к книге «Зоар», каким образом правильно понимать Мишну и Талмуд, то он видит рекомендации по правильному жизненному религиозному укладу.

На самом деле, все великие каббалисты объясняли нам устройство мироздания, объясняли, как мы самым оптимальным образом можем использовать его законы, почему на нас нисходят сверху именно такие силы, каким образом мы можем преобразовать их так, чтобы всегда получать правильный отклик, т.е. быть активными элементами всей системы мироздания.

Если сверху мы получаем определенные воздействия и даем на них правильные реакции, то эти реакции уходят обратно, и в наш мир нисходят следствия, благостные для всех. Это, в принципе, и есть задача Каббалы – научить нас правильно получать высший свет, знать, как получить все то благо, которое исходит от высших сил.

Тот, кто начинает изучать Каббалу, начинает явно видеть, что причина всех несчастий в нашем мире, всех страданий, которые испытывает каждый из нас и все человечество в целом на протяжении всего своего пути, заключается в том, что мы неправильно трактуем происходящее вокруг нас и неправильно реагируем на него и еще более усугубляем наше положение, когда к нам возвращаются наши неправильные реакции на наше же неразумное поведение.

Каббала – это самая практическая наука, которая дает человеку ключ к управлению всем мирозданием, но для того, чтобы им управлять, надо его сначала изучить. Необходимо знать общую схему мироздания, блок управления и то, каким образом человек может разумно вмешиваться в него.

Мы видим, изучая Каббалу, насколько все течение реки человечества в продолжение тысяч лет могло бы быть другим, и сегодня, если мы возьмем этот ключ, эту книгу в руки, мы можем все изменить и наша судьба будет выглядеть совершенно иначе.

Автор книги «Зоар» рабби Шимон бар Йохай (Рашби) одновременно был мудрецом Талмуда. В Талмуде есть около 4000 упоминаний и ссылок на него. Одновременно он был автором книги «Зоар». Т.е. он владел двумя языками описания высшего управления, выражения того, что скрывается за этим внешним слоем — какие духовные миры, какие силы, прошлые и будущие явления.

Рабби Шимон жил на пороге между Талмудом и книгой «Зоар», т.е. и там, и там одновременно был великим ученым, великим исследователем нашей и высшей природы.

Кроме этого, он создал вокруг себя группу учеников, которую организовал таким образом, что душа каждого ученика находилась в четком соответствии со структурой высшего мира: вокруг него было девять учеников, он — десятый.

Их собрание, объединение в одну душу, полностью соответствовало конструкции духовного мира — десяти сфирот, и поэтому книга «Зоар», хотя и написана им, но в ней повествуется о каждом из учеников, о каждом из свойств духовного мира, проходящего через определенную душу каждого ученика. Рашби сделал как бы призму, в которой простой, высший свет, нисходящий на наш мир, разлагается на десять составляющих, и каждая из этих десяти составляющих раскрывается нам в десяти свойствах высшего света. Он описал, каким образом десять сил управляют нашим миром, каким образом каждый человек может использовать эти десять сил во благо себе и другим.

Духовные силы невозможно использовать во благо себе и во вред другим или во благо другим и во вред себе, в природе все устроено абсолютно гармонично, и если нам кажется, что возможны какие-то эгоистические поступки, то это только потому, что мы не видим всего объема информации, нисходящего сверху.

Силы, которые благотворно действуют на всех и на каждого лично, связаны между собой, исходят из одного источника, поэтому никогда невозможно благо одного за счет другого. Как правильно использовать все духовные силы – этому учит нас книга «Зоар».

Рабби Шимон, как он рассказывает, не мог сам написать эту книгу. Поскольку его душа была наивысшей из этих душ, он не мог скрыть ту информацию, которую надо было изложить для последних поколений, а передать ее нужно было в сокрытом виде через промежуточные поколения через 16 веков.

Чтобы написать эту книгу скрыто, чтобы промежуточные поколения пронесли ее, он привлек своего ученика, рабби Аба. Мудрец Аба, слушая изложение книги «Зоар» от своего учителя, начал ее записывать, но записывать уже именно в таком виде, что мы, читая эту книгу, воспринимаем из нее только самый верхний слой.

Чем больше человек работает над собой, тем больше он себя очищает и духовно возвышается, и в той же мере он способен глубже проникать в написанное в книге «Зоар» и ощущать его и соответственно этому получать высшие силы и активно взаимодействовать с ними во имя доброго развития масс.

Рав Аба написал книгу не на иврите, как писали Авраам и Моше, он написал эту книгу на арамейском языке, который использовался как разговорный. В книге «Зоар» используется много греческих и римских слов, обиходных выражений того времени, но это никоим образом не принижает достоинства книги. Авторы таким образом хотели скрыть внутреннюю часть книги за ее внешним, непритязательным видом.

Рабби Шимон для того, чтобы написать книгу «Зоар», скрылся в пещере на севере Израиля вместе со своим сыном рабби Эльазаром. Они сидели в этой пещере 13 лет, они питались, по преданию, плодами рожкового дерева и пили воду из находящегося рядом источника.

Платье их изорвалось и истлело, и для того, чтобы быть покрытыми во время учебы, они зарывались в песок и в течение дня находились в песке, для того, чтобы обсуждать все, что они затем изложили в книге «Зоар» – «Сияние».

По истечении 13 лет рабби Шимон с сыном вышли из пещеры, он собрал вокруг себя десять учеников, поднял их духовно, в соответствии с душой каждого ученика, сделав так, чтобы получился общий духовный сосуд, в котором они все вместе смогли бы ощутить и понять устройство высшего мира, самого наивысшего, духовного источника нашего существования.

Книга была написана. По окончании написания книги «Зоар» рабби Шимон умер. Он был похоронен на горе Мирон, в том районе, где писал эту книгу, рядом с ним похоронен его сын, недалеко вокруг похоронены его ученики.

Книга после написания, еще при его жизни, была скрыта, потому что общее развитие человечества и еврейского народа еще находилось не на таком уровне, чтобы они могли воспользоваться ею правильно, во имя духовного развития, во благо себе и всему миру.

Только Моше, написав свою книгу, создал вокруг себя общество мудрецов, и его книга начала распространяться. Хотя она и была написана о духовных мирах, но в таком виде, что весь народ мог ее читать и на чисто земном уровне выполнять то, что там сказано.

Моше Рабейну подразумевал выполнение, в основном, духовных законов, чтобы человек, выполняя их, мог правильно ориентировать во благо себе источники света всего мироздания. Но даже чисто механическое выполнение заповедей человеком, не знающим Каббалы, не контактирующим с духовным миром, все равно благотворно влияет на развитие человека и человечества.

В таком простом, закодированном виде (он называется простой, потому что когда человек читает, ему все кажется ясно и понятно), Тора могла раскрыться и существовать, не скрываясь, не переходя тайно из рук в руки только каббалистов.

Книга «Зоар» рабби Шимона была скрыта при его жизни по его указанию. Она раскрылась через несколько сотен лет известным каббалистом Моше де Лионом. Она была найдена через 500-600 лет после того, как была написана рабби Шимоном, найдена случайно: мудрец заказал себе простую, непритязательную пищу, и его ученик принес ее с рынка, завернутую в какой-то пергамент. Мудрец развернул покупку и обнаружил, что обертка представляет собой какую-то древнюю истертую рукопись.

Он стал ее изучать и обнаружил, что эта рукопись содержит скрытые тайны мира. Его ученики немедленно были посланы на рынок, они начали копаться во всех отбросах, вылавливать эти листочки, их было много. Они собрали около 2700 обрывков книги, которую какой-то араб случайно нашел, идя с караваном верблюдов из Междуречья в район Израиля.

Он привез ее с собой, намереваясь использовать для упаковки при продаже пряностей. Таким образом были собраны отрывки из какой-то древней книги. Моше де Лион издал ее, и поэтому многие ошибочно считали его автором книги «Зоар», но он был только ее первым издателем.

Книга «Зоар» состояла из огромного количества книг. Она была не только комментарием, ключом к Торе, но в ней были также комментарии к Пророкам, каббалистические пояснения Мишны и Талмуда.

До нас из этих отрывков практически ничего не дошло, кроме комментария на «Пятикнижие» Моисея. На все остальные книги в «Зоар» есть только маленькие отрывки. Но это нисколько не умаляет значения книги «Зоар», потому что и в таком виде, в котором он дошла до нас, она является ключом, с помощью которого мы можем открыть для себя высший мир.

После рабби Моше де Лиона книга опять была скрыта на много столетий, вплоть до позднего средневековья, до Ари, который в 16-м веке получил книгу «Зоар», но кроме нее в то время было уже много других каббалистических источников, написанных за прошедшие столетия.

Ари, будучи великим каббалистом, на основании всех этих источников, включающих всю каббалистическую литературу, существовавшую до него, преподавал своим ученикам материал, изданный впоследствии как единый учебник Каббалы, учебник выхода в духовный мир, называемый «Эц хаим» – «Древо жизни».

Ари объясняет нам, каким образом мы можем вознести себя так, чтобы достичь вечности, совершенства. В наш мир в каждом поколении нисходят те же души, которые были и в предыдущих поколениях, они только одеваются в новые тела, т.е. все поколения человечества – это одни и те же души.

Из поколения в поколение эти души облачаются в тела, развиваются, становятся более восприимчивыми к поглощению более сложной и более высокой духовной информации. В людях, живших несколько тысяч лет назад, были те же души, что и в нас, только у нас они уже более развитые, благодаря чему и происходит в нашем мире технический и духовный прогресс.

Если в предыдущих поколениях среди душ, нисходящих свыше, были только единицы желающих постигать высшие миры, то сегодня их миллионы. Человечество развивается благодаря тому, что душа становится на ступеньку выше, после того как обогащается опытом прошлой жизни, нисходит с этим опытом в следующую жизнь, т.е. процесс этот – кумулятивный: накапливается информация, духовные постижения, ощущения нашего мира дают свои решимот (воспоминания). Все это откладывается в памяти.

Сегодняшний пятилетний ребенок намного умнее, чем были мы в прошлом поколении, ему намного легче воспринять новую информацию, чем нам, ведь он уже родился с готовностью ее принять и жить с ней, для него это естественно.

Так вот, каббалистические книги то появляются, то исчезают, притом они могут исчезнуть на несколько веков, а потом снова показаться на поверхности и опять исчезнуть на несколько веков только лишь для того, чтобы каким-то образом подкорректировать человечество, а вообще, они существуют в течение всей истории человечества для того, чтобы корректировать его развитие, но затем всплыть наверх, раскрыться уже всему человечеству, действительно для всех. Говорится в книге «Зоар» и в Пророках, что в конце концов человечество возьмет эти книги как инструкцию постижения мироздания и с ее помощью достигнет своего вечного счастливого существования.

Каббалистические души проходят особые кругообращения – не из поколения в поколение: души, как книги, снова всплывают вдруг, нисходят в наш мир в определенных поколениях. Душа Адама низошла затем в виде Авраама, затем – Моше, затем – рабби Шимона, затем – Ари, затем – уже в нашем современнике рабби Й.Ашлаге. Она нисходит в определенных поколениях, когда должна корректировать и влиять на правильное развитие человечества.

Эпоха Ари характеризуется тем, что в ней закончилась первая стадия развития душ – их неосознанное развитие, когда они просто животно существовали. Напомним, что это было время средневековья в Европе, время дикости и варварства.

С появлением Ари начался новый период в развитии человечества: в наш мир начинают нисходить души, которые вызывают в телах, в которые они облачаются, стремление к духовному, стремление к постижению высшего, стремление к познанию. Поэтому кончается средневековье и начинается эпоха Возрождения, эпоха развития, приводящая к технической и промышленной революции.

Ари дано было разрешение свыше воссоздать методику, существовавшую со времени Адама, в таком виде, чтобы она была приспособлена для масс, т.е. не для единичных, особых душ с заданными каббалистическими свойствами, а для масс, для огромного количества душ, подготовленных предыдущим развитием к духовному восхождению.

Все книги Ари написаны на совершенно другом уровне и с другим подходом. Он руководствуется общим развитием душ на тот момент, в котором он находится. Появляется огромное количество каббалистов, опирающихся на его труды, сотни каббалистов в разных странах мира, особенно в восточной Европе: в России, Белоруссии, Польше, на Украине.

Массы людей устремляются к Каббале, в результате возникает не каббалистическое, но массовое движение Хасидут – люди стремятся к контакту с духовным, высшим. Они начинают видеть в своей жизни присутствие высшей цели.

Изучение книг Ари возвышает каждого человека над уровнем нашего мира, как сказано самим Ари в предисловиях к его книгам: начиная с его времени, каждый, чувствующий в себе стремление к высшему миру, может изучать его книги.

Индикация возможности изучения каббалистических книг отличается от той, которая существовала до Ари, когда свыше спускалась каббалистическая, особая душа, и перед ней волею обстоятельств оказывалась книга: начиная с Ари, достаточно стремления человека к высшему миру для изучения его книг, достаточно изучения книг Ари для выхода в высший мир.

Итак, в XVI веке, во времена средневековья и варварства, родился в Иерусалиме мальчик, который впоследствии получил имя Ари аКадош – Святой Ари. Он вобрал в себя все каббалистические знания, начиная с Адама, и переварив их, выразил в таком виде, что все последующие поколения начали питаться духовным только через его книги.

Ари родился в Иерусалиме, затем вместе с матерью переехал в Египет, в раннем возрасте потерял отца, воспитывался у дяди, приехал в 35 лет в Цфат, городок на севере Израиля, и в течение полутора лет преподавал в организованной им ешиве своим ученикам.

Всего полтора года. Его первый ученик, тогда совсем еще молодой, 28-летний Хаим Виталь, записал все, что услышал от Ари в течение полутора лет, и из того, что он написал, было издано около 20-ти томов сочинений Ари. Ари умер в 36 лет и завещал только своему ученику Хаиму Виталю продолжать его работу. Тот изучает Каббалу, сортирует и издает его произведения.

Особенность Ари не в том, что его душа являлась следствием, перевоплощением великих каббалистических душ, а в том, что она снизошла в то время, когда общее развитие всех душ человечества подошло к такому периоду, когда человечество требовало духовного развития.

Мы говорили о том, что из поколения в поколение те же души облачаются в новые тела, но нисходящие души сохраняют весь опыт предыдущих жизней, и поэтому каждое поколение мудрее предыдущего и поэтому тянется к более возвышенному.

Во времена Ари общее развитие душ подошло к такому периоду, когда они начинают желать не только нормального развития в рамках и на уровне этого мира, но и желают приподняться духовно. Этим объясняется, в частности, начало эпохи Возрождения, а также эпохи революций – промышленной, буржуазной и т.д.

В духовном это выражается в стремлении найти источник жизни, ответить на вопрос: для чего я живу? В душах, нисходящих со времени Ари и далее, этот вопрос начинает вызревать, начинает мешать существовать, начинает заставлять человека заниматься исследованием источника жизни, сводящимся к исследованию высшего мира, откуда мы появляемся, не понимая и не ощущая этого.

Поэтому Ари, взяв всю предыдущую Каббалу, написанную до него, начиная с Адама, создал совершенно новую методику для тех душ, которые сами желают подниматься.

Души, которые нисходили до Ари в наш мир, состояли всего лишь из двух типов душ: это были души животного типа, т.е. дававшие человеку желания жить, размножаться, сохранять свой вид в рамках этого мира, или это были единичные души каббалистов, которые самостоятельно занимались высшим исследованием духовного мира.

Со времени каббалиста Ари и далее в наш мир начинают сходить души, которые уже не могут удовлетвориться животным существованием в нашем мире и которые в массе своей достигли уже такого уровня развития, что сами желают приподняться навстречу духовному.

До Ари вообще не было такого, что душа, находясь в животных желаниях нашего мира, вдруг желает духовно развиваться: была или душа каббалиста, или душа простолюдина. Со времени Ари и далее закончился период развития животных душ простолюдинов, эти души также начинают получать желания самостоятельного духовного подъема, поэтому им требуется методика выхода в духовный мир. Ари первый – поэтому он самый важный для нас каббалист – создал эту методику выхода в духовный мир для любого человека.

Он пишет в предисловии к своей книге, что каждый, начиная с этого времени (после того, как он создал свою методику), – каждый, кто желает, а желание – это проверка, билет для входа в духовный мир, – каждый, кто желает, независимо от возраста, пола и национальности, может заниматься Каббалой и с помощью этой науки достичь цели своего создания.

Действительно, после Ари начался этап бурного развития Каббалы, сотни людей – душ начали сами подниматься, прорываться в духовный мир. От Ари и далее начинается последний этап в развитии человечества, когда все души в течение столетий должны пройти духовное возрождение и достичь полного расцвета, полного выхода в духовный мир, одновременно существуя в физическом теле.

До 20-х годов XX века продолжался расцвет Каббалы; многие души, не имея методики Ари, не смогли бы подняться в духовный мир. В восточной Европе появилось множество каббалистов, представителей всех ветвей иудаизма, первые адморим; там было большое количество групп, каббалистических и не каббалистических. У самого Ари была группа учеников, но только Хаиму Виталю он завещал продолжать заниматься.

Хаим Виталь был молодым, когда начал заниматься у Ари, он учился у него всего полтора года, но наследство, оставленное ему Ари, заполнило несколько сундуков: записи Ари, – записи, которые сделал Хаим Виталь. Часть из этих записей была закопана в могилу вместе с Ари, часть – заперта в сундуке, хранившемся у его родственника, часть взял Хаим Виталь и начал обрабатывать. Из этого начали потихоньку выходить книги.

После него продолжил эту работу Шмуэль Виталь, затем внук – все они выпускали книги Ари, вплоть до того, что в третьем поколении разрыли могилу и вытащили записи Ари и из них начали составлять «Восемь ворот» – основные книги Ари.

Мы видим, что ни у кого из последователей Ари в течение поколений не было полностью его сочинений, и даже Хаим Виталь, хотя он сделал максимум для того, чтобы сохранить для нас записи, достижения Ари, все равно не обладал всем объемом информации, чтобы составить четкую, общую методику для любой нисходящей души.

Эту методику смог создать великий каббалист нашего времени, собственно, наш современник, рав Йегуда Ашлаг. Он родился в Варшаве в конце прошлого века, в 1920 году приехал в Иерусалим. Находясь в Иерусалиме, работая раввином одного из районов города, начал писать трактат под названием «Талмуд Эсер аСфирот» – «Талмуд Десяти Сфирот». Все мироздание состоит из десяти сфирот.

«Талмуд» состоит из шести томов, свыше 2000 страниц, он включает в себя все, что было создано всеми каббалистами всех времен, все, что написали Адам, Авраам, Моше, рабби Шимон бар Йохай, Ари. С помощью этого шеститомника, правильно изучая его, под правильным руководством, – есть определенные условия, определенные ключи к нему, есть определенный подход к материалу, как правильно изучать его, – открывается высший мир человеку. Человек начинает ощущать мироздание, видеть, во всех своих органах ощущать то, что на самом деле существует вне наших органов чувств и ввиду их грубости, ввиду их ограниченности нами не ощущается.

Бааль Сулам пишет в предисловии к этому труду, что благодаря тому, что свыше дано ему было написать «Талмуд Десяти Сфирот», каждый из существующих, из нисходящих в этот мир, может достичь наивысшей точки развития души человечества, может уподобиться высшей силе, Творцу. Каждый может постичь, находясь в своем теле, самые великие духовные состояния, такие, когда тело его не представляет никакой

История Каббалы

преграды между его душой и сегодняшним существованием и нет для него никакого различия: живет он в этом теле или нет. Он может свободно переходить из мира в мир, существовать во всех мирах одновременно, т.е. выйти во вневременность, внепространственность, в совершенство.

Это, пишет Бааль Сулам, возможно с помощью его методики, причем методика его годится абсолютно для всех. Кроме ТЭ"С, Бааль Сулам написал комментарии на сочинения Ари и комментарии на книгу «Зоар», потому что, как он пишет сам, он являлся следующим нисхождением, воплощением той же души, которая от Адама тянулась через Авраама, Моше, рабби Шимона, Ари и к нему – рабби Йегуде Ашлагу. Поэтому он смог взять все сочинения, обработать, изложить и преподнести нам в том виде, который пригоден именно для нас – его современников.

Что интересно: несмотря на то, что Бааль Сулам жил в наше время, с его рукописями происходило совершенно то же самое, что произошло с книгой «Зоар», с книгами Ари. Часть его рукописей была спрятана в подвалах, часть собрана, часть сожжена, и все они всплывали и восходят в наше время, в том числе и у меня есть много его рукописей, которые не изданы, которые готовятся мною и моими учениками к изданию, рукописи, которые я получил в духовное наследство от своего Рава.

О нем я тоже должен сейчас рассказать – о следующем этапе развития Каббалы, следующем за рабби Йегудой Ашлагом. Барух Ашлаг был старшим сыном Йегуды Ашлага. Он родился в 1906 году, еще юношей переехал со своим отцом из Польши в Иерусалим, работал все время на очень простых работах: сапожником, строителем – не чурался никакой работы.

С самого начала он понял, что работа нужна для того, чтобы существовать в нашем мире, не занимал, хотя его и приглашали, никаких больших должностей. Несмотря на то, что был большим знатоком Торы, никогда не занимал должность рава. Всю жизнь тихонько, вслед за своим отцом, шел в изучении Каббалы.

Умер отец, великий рабби Йегуда Ашлаг. Мой рав – рабби Барух Ашлаг – наследовал его место, его учеников, продолжил дело своего отца, издал книгу «Зоар» с его комментариями, остальные его книги. Я пришел к рабби Баруху Ашлагу в 1979 году, четыре долгих года до этого я искал Учителя, учился сам, занимался у различных «каббалистов», пока не пришел к раву Баруху.

С первого занятия мне стало ясно – ведь я прошел долгий путь, я знал, что мне нужна Каббала, только я не знал, кто бы мог меня ей обучить, – с первого же урока я понял, что это то место, которое я искал, и все 12 лет, до самой его смерти – он умер у меня на руках, – я оставался рядом с ним.

Рав Барух продолжил путь своего отца еще и в том, что написал пятитомник статей, в которых отобразил все возможные состояния человека на пути к постижению высшего мира. Он взял прототип человека и каждое его возможное состояние, каждый его возможный шаг, каждое его возможное действие описал в процессе постижения духовного мира: как выйти в духовный мир, каким образом начать его ощущать, каким образом его осваивать.

Все это он отобразил в своих статьях, т.е. он создал личную методику постижения высшего мира, чего не сделал ни один каббалист до него. Его статьи уникальны именно для желающих постичь духовный мир, без этих статей сегодня невозможно себе представить, чтобы можно было каким-то образом начать выходить в высший мир.

Кроме того, рав Барух Ашлаг оставил нам записи своего отца, которые он назвал «Услышанное». Это основа состояния всех духовных миров в их всевозможных сочетаниях относительно души человека, относительно души, которая постигает. В любом состоянии, если человек ощущает духовный мир, если он каким-то образом вдруг, непонятно для себя, неважно как, оказался в каком-либо состоянии слияния, ощущения контакта с высшим, с непонятными ему силами, то он может благодаря этим статьям найти, определить свое состояние, знать, чем оно характеризуется, и знать, каким образом продолжать свое духовное возвышение.

То есть, труды Баруха Ашлага являются самыми необходимыми лично для нас, желающих раскрыть духовный мир. После смерти моего Рава организовалась группа, которая называется «Бней-Барух» по имени рава Баруха Ашлага. Мы в ней продолжаем заниматься; любой желающий освоить духовный мир, ощутить все мироздание, понять, ради чего он живет, в чем смысл его жизни, имеет право прийти к нам – для него эта группа и существует, – сесть среди нас и продолжить вместе с нами наш путь.

КАББАЛА – НАУКА, НЕОБХОДИМАЯ ТЕБЕ ИМЕННО СЕЙЧАС

Кто из нас не задавался хотя бы раз в жизни вопросом о смысле жизни, смысле наших страданий, какова цель природы в ее существовании и развитии. Мы видим мудрость и логику в каждой живой клетке, целенаправленность в каждом действии внутри нее, но не наблюдаем совершенно ничего логического, целенаправленного в существовании целого живого организма.

Мы – это самый совершенный организм природы, по крайней мере, из открытых нами. И вот мы-то и задаемся вечным вопросом о смысле существования. Он встает перед каждым из нас, в каждом столетии.

Сколько великих умов во все века пытались узнать, для чего же живет человек, но не нашли ответа. И с каждым поколением этот вопрос встает все острее, потому что страдания не убывают, а борьба за существование не утихает. Может быть, этот вопрос о смысле жизни вообще находится вне рамок возможностей нашего понимания, возможно, его разгадка неподвластна науке.

Но не только смысл существования творения, живых существ и нас – цель нашей жизни непонятна нам. Нам также непонятен процесс развития живой природы, живых организмов. Он поражает нас своей парадоксальностью: детеныш животного в считанные недели или месяцы становится взрослым, в то время как человек нуждается в необычайно длительном периоде развития. И только наблюдая окончательно сформировавшегося человека, можно видеть, что именно он хозяин природы. Но на всех промежуточных стадиях своего развития человек во много раз слабее животного.

Это противоречие в развитии животного и человеческого уровней природы настолько разительно, что незнакомый с окончательным результатом развития животного и человека пришел бы к выводу, что детеныш животного станет хозяином природы, а детеныш человека будет влачить жалкое существование или вообще погибнет. Таким образом, видно, что мы не только не понимаем смысла существования, но не понимаем даже логики его развития.

Мы воспринимаем наш мир в свои пять органов чувств: то, что мы улавливаем нашими зрением, слухом, вкусом, обонянием, осязанием соединяется внутри нас и образует картину окружающего мира. Несомненно, что если бы мы имели иные органы ощущений, мир бы ощущался нами иным. Нам известно, что собаки видят мир в запахах, а пчелы – состоящим из миллиардов ячеек и т.п.

Получается, что из существующего вокруг мы улавливаем нашими органами чувств лишь небольшую часть и в очень ограниченном диапазоне. Но возможно ли почувствовать все, что вокруг нас? Ведь, возможно, там и кроется загадка нашего существования, его цель, наши судьбы?

Если наша догадка верна, то нам недостает органа ощущения того, что не ощущается в наших пяти органах чувств. Как его можно обрести? Почему природа не создала в нас этот орган чувств? Почему он не дан нам от рождения?

Логический вывод: человек обязан развить его в себе сам. Как человек, в отличие от животного, развивается, что свойственно из всей природы только человеку, так же и этот орган ощущений он должен развить в себе сам, своим особым моральным, именно человеческим усилием.

Именно этот дополнительный орган ощущения отличит человека от животного, которое также создано с пятью органами чувств. Из всей природы только человек создан способным к развитию, и только он в состоянии раскрыть в себе этот скрытый орган чувств и развить его.

Человек развивается из поколения в поколение постепенно. В течение поколений он развивается технически, научно, культурно, но не морально. На определенном этапе развития человечество должно ощутить потребность в духовном развитии, его необходимость, потому что без этого нам не выжить, должна появиться внутренняя потребность раскрыть в себе этот дополнительный орган.

Все развитие человечества подобно развитию одного человека, который проходит этапы детства, юности, зрелости – когда он уже действительно использует свой потенциал.

Человечеству уже дана методика раскрытия в себе дополнительного органа – Каббала. Когда человек раскрывает в себе этот орган, он начинает ощущать больший мир вокруг себя, видит смысл жизни, причины страданий, цель существования. Но кроме того, что он это видит, ощущения дают силы руководить миром, идти к цели, искоренить источник страданий, достичь цель и обрести смысл жизни.

Управление нисходит в наш мир свыше – из той области, которая ранее была скрыта, и поэтому теперь человек может управлять своим существованием, вплоть до того, что теперь он видит его вечным, не ограниченным только рамками ощущений пяти органов, а поэтому смертью, – а видит в общем все, и потому видит, что нет смерти, а только бесконечное постижение.

«И ВОЗОПИЛИ СЫНЫ ИЗРАИЛЯ К ТВОРЦУ»

Закончилось наше изгнание. Закончилось физически. Физически вернул нас Творец в Землю Израиля. Духовно мы обязаны вернуться в нее сами, своими усилиями. Что значит – вернуться в Землю Израиля духовно? Что значит, что духовно мы еще не вышли из изгнания? Мы не только не вышли из изгнания, мы еще даже не осознаем себя в Египте, под властью Фараона и египтян – под властью современной цивилизации, не осознаем, насколько она диктует нам желания, мысли, модель поведения, образ мыслей, свои жизненные цели.

Из «Агада шель Песах» (пасхального сказания) мы видим, что сыны Израиля заслужили выход из египетского изгнания только после того, как осознали свое состояние как изгнание. Ведь поначалу были в Египте как правители, сидели у горшков с мясом. Но затем встал новый царь в Египте, который заставил их осознать, что они в изгнании, вынудил по-иному смотреть на свою жизнь и искать пути избавиться от страданий.

Выход из Египта, из стран рассеяния, был совершен физически. Сегодня мы должны выйти из нашего состояния как духовно, так и физически, теперь мы должны вернуться в духовную Землю Израиля. Каббалисты всех поколений пишут о том, что только изучение Каббалы выведет человечество из этого изгнания к цели Творения. Всего есть четыре изгнания, все они прошли, мы сейчас физически вышли из последнего.

Только после осознания своего состояния как «изгнания из высшего» возникает желание пытаться выйти из этого состояния изгнания.

Но должно быть много попыток выйти из него самому, чтобы человек убедился, что своими силами он этого не в состоянии совершить. Должно возникнуть настолько большое разочарование в себе, в своих силах и одновременно такое большое желание к высшему, чтобы это осознание вынудило обратиться к Творцу, как сказано: «Вэ иянху Бней Исраэль мин авода...» – «И возопили сыны Израиля к Творцу». Этого состояния необходимо достичь в ощущении масс, как и сказано, что сыны Израиля возопили. Только такой вопль о высшем, об исправлении и вызовет свыше на нас свет исправления, который и выведет нас из Египта – нашего мира, раскроет нам высший мир.

Бааль Сулам в «Статье к окончанию книги «Зоар» пишет, что во всех поколениях только единицы достигали Творца, а в нашем поколении это должны сделать массы. Поэтому мы, организация «Бней-Барух», видим свою основную миссию в мире в каббалистическом просвещении мира и, в первую очередь, нашего народа.

Как пишет рабби Й.Ашлаг в «Предисловии к книге «Зоар», пп. 65-80, только переоценка ценностей, предпочтение внутреннего, духовного, наружному, земному, и устремление к внутреннему от наружного, к Каббале от остальной Торы, к высшему от нашего мира, создаст предпосылки для духовного освобождения человечества от своего низменного состояния, ввергающего каждого в животное, никчемное, полное страданий существование.

В конце дней

К читателю: *Приступая к чтению этой главы, читатель должен вооружиться правильными определениями всех духовных понятий. В противном случае, в его представлении будут возникать материалистические овеществленные образы, взятые из представлений нашего мира, совершенно не имеющие никакого отношения к высшему миру, истинному смыслу текстов. Запрет на распространение Каббалы исходит именно из естественного побуждения человека представить себе излагаемое в привычных понятиях, в рамках времени, места, передвижения, образов, соотношений нашего мира. В то время как в высшем мире существуют только качественные категории. Каббала рассматривает все творение как одного человека, состоящего из всех сотворенных свойств, называемых «народы мира». Все описываемое происходит в каждом возвышающемся к Творцу, в его свойствах. О нашем мире речи не идет. Текст – как всякий каббалистический текст – написан языком ветвей (см. ТЭ"С, ч.1 «Внутреннее созерцание»). Поэтому великий каббалист нашего времени Бааль Сулам в своем монументальном труде «Талмуд Десяти Сфирот» приводит строгое определение каждого духовного понятия. Совет читателю: постоянно возвращаться к этим определениям и, только исходя из них, понимать приводимый текст. Это касается всех книг по Каббале, а этой – в особенности!*

ЗАМЕТКИ О КРУГООБОРОТАХ ДУШ
АР"И – рабби Ицхак Ашкенази
Шаар аГильгулим (Врата кругооборотов)

Предисловие

Человек в своем духовном развитии обязан пройти от первоначального, противоположного свойствам Творца состояния и до полного слияния свойствами с Творцом. Установленное заранее конечное состояние человека – состояние Творца.

В течение сотен поколений человек рождается, живет, умирает. Душа нисходит, сопутствует телу, возвращается к Источнику и снова нисходит в этот мир, чтобы облачиться в тело. Нет никакого расчета с телом, а только с душой. Сама душа состоит из двух частей: тела (желания) и души (света). Поэтому во всех каббалистических книгах под словом тело следует понимать «желание».

В какой-то из своих жизней в этом мире человек получает вдруг некое неясное желание к чему-то «не от мира сего». Это, действительно, желание к тому, что находится вне нашего мира, – к Творцу, к Источнику света. Это желание намного больше всех желаний нашего мира, и поэтому, получив его, человек тут же перестает интересоваться чем бы то ни было в этом мире, а все его желание устремлено к чему-то высшему. Он еще не в состоянии его сформулировать, не понимает, что же ему точно хочется, но уже ясно, что это «не здесь».

Постепенно – если это желание уже созревшей для возвышения души – человек подсознательно отыскивает место, где занимаются Каббалой. Его свыше ведут к такому месту. Поместившись в него, человек должен приложить много усилий, дабы ощутить то, к чему неосознанно тянется, – ощутить Творца.

Ощутить Творца – означает стать в какой-то мере таким, как Он, и в мере исправления, подобия, ощутить Его. Ощутить

Творца – означает исправиться в своих свойствах, изменить свою природу с эгоистической на альтруистическую. Ощутить Творца – означает стать в этой мере Им. Ощутить Творца – означает не думать о себе, а только о Нем. Ощутить Творца – означает стать бессмертным, выше времени, пространства, материи.

Исправиться, чтобы уподобиться Творцу, человек в состоянии, только получив свыше, от Творца свет исправления, называемый «Машиах», от слова «лимшох» – вытаскивать (из эгоистических свойств в духовные).

Врата Кругооборотов

Приводимый ниже текст ни в коем случае не следует принимать в его буквальном смысле, а только как объяснение системы равновесия двух противоположных и взаимоуравновешивающих мироздание сил.

Прежде чем мы начнем говорить о душах, пойми, что человек – это внутренняя, духовная часть, находящаяся внутри тела, а тело – это только одежда для души и ни в коем случае не сам человек.

Человек связывает в себе все четыре мира – Ацилут, Брия, Ецира, Асия, и поэтому они находятся в нем. Итак, все миры находятся внутри человека. Миры – это картины ощущения человеком своего Создателя, восприятие Творца. Каждое постижение окружающего душой, т.е. каждая воспринимаемая часть Творца, имеет свое имя: нэфеш, руах, нэшама, хая, ехида.

У большинства людей нет всех этих пяти частей, а только часть, называемая нэфеш, принадлежащая миру Асия.

Часть души, называемая нэфеш, принадлежащая миру Асия, также делится на многочисленные ступени. Поэтому, чтобы получить более высокую часть, более высокую ступень своей души, часть, называемую руах, человек должен пройти, постичь все ступени, относящиеся к части нэфеш.

Так же на всех последующих ступенях: чтобы постичь следующую ступень, человек должен полностью пройти все подступени предыдущей.

Человек обязан постичь все пять частей своей души – нэфеш, руах, нэшама, хая, ехида. Поэтому каждый человек, когда он достигает своего развития настолько, что начинает исправлять свою душу, т.е. становится «егуди» (еврей), т.е. стремящийся к Творцу, должен совершать кругообороты, последовательные порционные исправления своей души и наполнения ее светом, пока не постигнет наивысшую ступень, называемую ехида.

На вопрос, для чего происходят кругообороты душ, существует несколько ответов:
- Так как нарушил какую-нибудь запретительную заповедь Торы, и теперь спустилась душа исправлять нарушение.
- Чтобы дополнить какую-нибудь недостающую для полного исправления души заповедь.
- Для помощи другим — показать им путь и помочь в их исправлении:
  взять себе в жены ту, которую в первом кругообороте никто не взял. Но, случается, что, взяв себе жену, совершает какой-нибудь грех. Тогда вынужден сделать еще один кругооборот, чтобы исправить этот грех. Но нисходит в этот мир уже не один, и хотя его жена не нуждается в этом, возвращают также и ее;
  если не смог найти себе жену, но была у него возможность — встретил женщину, и не было среди всех душ в мире кого-нибудь ближе той женщины, то возвращается исправлять свой грех вместе с этой женщиной;
  есть некоторые души, которые могут вырваться из нашего мира, но только без своих жен, а эти женщины смогут подняться только с приходом Машиаха.

Кругооборот относится только к мужчинам, а не к женщинам. Мужчины, выполняя Тору и заповеди, не могут попасть в ад. Так как свет ада не властен над ними. Поэтому вынуждены они совершать кругообороты, исправлять грехи, вместо наказаний ада (исправления наказанием ада).

Мужчины, не занимающиеся Торой и заповедями, попадают в ад исправлять грехи и не нуждаются в дальнейших кругооборотах. Но не возвращаясь таким образом, они могут вернуться в виде искр новых женских душ. И если такая женщина очистится, забеременеет и родит дочь, есть возможность, что душа совершит полный кругооборот, вселяясь в родившуюся дочь.

Мужская душа вселяется в тело женщины вследствие совершения какого-нибудь греха. Эта женщина не может забеременеть и родить, так как в ней нет женских свойств, и нуждается в большом снисхождении свыше, чтобы родить. И нет ей другого совета, только чтобы вселилась в нее душа другой женщины, как партнера.

Родить сыновей она не сможет по двум причинам:
- Первая причина – в данном случае женщина здесь как мужчина и может родить только дочерей.
- Вторая причина – душа второй женщины (партнерши), что вселилась в ту женщину, находится там только для помощи в родах, и когда женщина рожает, то второй душе нет надобности оставаться там более.

Теперь поговорим о сыновьях, рождающихся у человека. Сыновья могут родиться как от жены, так и от другой женщины, так как сыновья рождаются от искр его души или от искр других душ.

Знай, что отец дает часть свой души сыну, и эта часть становится одеждой для души сына, помогая и направляя на хорошие поступки. Именно по этой причине первый сын должен иметь отца.

Если нет различия между душами отца и сына, то часть души отца остается с душой сына до времен Машиаха. Но с наступлением времен оживления мертвых или в будущем мире каждая вещь должна вернуться в свой корень, и тогда эти души расстанутся.

Как узнать, чья сила властвует в человеке: сила матери или отца? Если человек легок, как орел, бежит, как лань, и быстр в делах – тогда свет души отца в нем. Но если он ленив и тяжел в движении – то сила матери в нем преобладающая. Теперь понятно, почему есть маленькие дети юркие, которые не могут быть спокойными, и есть дети ленивые и тяжелые в движении.

Тот, у кого новая душа, должен выполнить все 613 заповедей. Существуют несколько корней, основных свойств, разделивших все души в мире на несколько групп. И каждый корень делится на бесчисленное количество искр душ, к нему относящихся. Каждая новая искра должна выполнить все 613 заповедей. Но тот, кто уже сделал кругообороты и вернулся в этот мир, должен выполнить только заповеди, недостающие ему от первого кругооборота.

Если была у человека возможность выполнить заповедь, но не выполнил, обязан совершить кругооборот и выполнить ее.

Заповеди, выполнение которых не зависит от человека, такие как выкуп первенца, отказ от левиратного брака, левиратный брак, развод и т.д. – если не была дана Творцом возможность это выполнить, то из-за них человек должен совершить кругооборот, чтобы выполнить их.

Существуют также заповеди, которые невозможно выполнить в наше время, например, заповеди жертвоприношения и т.п.

Но поскольку, как уже было сказано, человек должен выполнить все 613 заповедей, то во времена прихода Машиаха все совершат кругооборот, чтобы выполнить все заповеди.

И еще важная деталь: человек должен выполнить все 613 заповедей в действии, в разговоре, в мыслях. И если не выполнит каждую из них полностью, будет возвращаться, пока не завершит.

Существуют четыре основы: огонь, ветер, вода, прах. И души людей состоят из этих четырех основ во всевозможных сочетаниях.

Когда человек впервые появляется в этом мире, его партнерша также рождается вместе с ним. Приходит время, и он берет ее в жены без усилий и тревог. Если человек совершил какой-то грех и по этой причине вынужден совершить еще кругооборот, то вместе с ним совершает кругооборот и его партнерша. Но когда придет время брать ее в жены, приложит много усилий, так как жалуются на него наверху и хотят уберечь ее от него.

После грехопадения Адама все души, хорошие и плохие, перемешались. Поэтому иногда получается, что часть от души праведника находится в грешнике, и немного души грешника находится в праведнике.

Есть много праведников, совершающих какой-нибудь грех и ломающихся там, где ни один грешник не сломался. И наоборот, есть абсолютные грешники, выполняющие немного заповедей.

Нужно понять, что значит абсолютный праведник, абсолютный грешник и нейтральный: все зависит от количества хороших искр внутри него. Есть разница между праведником и грешником. Грешник делает три или четыре кругооборота, а праведник – до тысячи.

Дело в том, что когда душа человека появляется в первый раз в этом мире и грешит, затем возвращается в другом теле для исправления – это называется «первый кругооборот». Но если не исправляется, возвращается во втором кругообороте, и так до третьего кругооборота.

Если в этих трех кругооборотах душа ничего не исправила, нет у нее больше возможности вернуться и исправить. Такая душа «уничтожается из своего народа».

Но если в этих трех кругооборотах сделано хотя бы малейшее исправление, то будет возвращаться и исправлять даже до тысячи раз. Тот, кто ничего не исправил, называется «грешник», а тот, кто исправил чуть-чуть, называется «праведник».

Есть еще одно небольшое отличие грешника от праведника: праведника, занимающегося Торой, судят в раю, а не в аду. Чтобы попасть в рай, он должен очиститься от всех грехов. Единственная возможность для этого – только с помощью кругооборотов.

Поговорим на тему о душах грешников, их кругооборотах и о том, в какие вещи вселяются их души. Почти нет на Земле человека, который избежит этих кругообращений. Грешники после своей смерти попадают в ад, где получают наказание и прощение. Суд длится 12 месяцев.

Существуют грешники, которые не могут попасть в ад и смыть с себя грех. Их души совершают различные кругообороты, пока не очистятся от грехов, после которых они смогут войти в ад, где в течение двенадцати месяцев искупаются их грехи окончательно. Эти кругообороты проходят в течение 20, 100 или 1000 лет – все зависит от размера греха, совершенного в этом мире.

Над праведниками же не властен свет ада, так как они занимаются Торой, поэтому, чтобы исправлять грех, вынуждены совершать кругообороты в этом мире, как сказано: «Нет на свете праведника, который сделал хорошее и не согрешил при этом».

Праведник после своего ухода из этого мира готов подняться по ступеням в будущий мир. Сразу же после смерти его наказывают, чтобы смыл свои наиболее тяжелые грехи, и только тогда он поднимается на одну ступень своего подъема.

Когда приходит время подняться на вторую ступень, наказывают его снова, но уже за более легкие грехи. И только после подъема на эту ступень наказывается он за неточности в выполнении заповедей.

Праведник, из-за какого-нибудь одного греха, который совершил в жизни, может сделать кругооборот и вселиться в камень, растение, животное, человека. И почти никому из людей не избежать этих кругооборотов, потому что иначе не может получить наказание, пока не материализуется в тело и душу. И только когда в этих кругооборотах страдает и сожалеет, прощаются ему его грехи.

Характер кругооборота определяется тяжестью греха: кругооборот в цветок, в животное и т.д. Поэтому даже те немногие праведники, совершающие кругообороты описанным путем, судятся по законам этих кругооборотов, а затем поднимаются наверх, на положенное им место. Ведь законы Творца незыблемы, и, конечно же, грех должен быть стерт.

Однако грешник своими деяниями приводит к тому, что опускают его. Есть разные грехи, по причине которых часть, называемая человек, опускается до ступени «неживой уровень» или «растительный». Поэтому существует грешник, который после своей смерти совершает кругооборот в камень или в растение, или в животное. И все те, которые совершают эти кругообороты, находятся там строго определенное время, пока не смоется грех, по причине которого был совершен кругооборот: кто находится в растениях положенное ему время, совершает кругооборот в животное, и после положенного времени совершает кругооборот в человека.

Когда рождается человек, отец и мать называют его именем, пришедшим им в голову. Также есть святое имя и у души человека – это имя, которым его называют во время обрезания. Получается, что у человека есть два имени, одно – со стороны святости, другое – со стороны неисправленного эгоизма.

Если бы человек, живя в этом мире, смог постичь и узнать свое имя со стороны эгоизма, т.е. смог разузнать, откуда оно ему дано и в каком свойстве оно проявляется в человеке, то с помощью этого смог бы определить пострадавшее место и то, в каком исправлении оно нуждается. Тогда с легкостью смог бы исправить это пострадавшее место. И не нужно было бы отделять эгоизм с помощью адских мук.

Когда умирает праведник, не спрашивают его, какое у него имя со стороны эгоизма, так как в жизни он трудился и страдал, пытаясь отделиться от эгоизма. Поэтому очень легко заканчивается отделение от эгоизма с помощью адских мук. Но грешник, наоборот, еще сильнее скрепляется с эгоизмом, и необходимы сильные удары и большие наказания, чтобы разделить их. Так как он не знает имени со стороны эгоизма, то бьют его непрекращающимися ударами.

Тот, кто сделал кругооборот в неживой уровень и пробыл там определенное ему время, когда приходит время подняться из неживого уровня на уровень растительный, может это сделать только в течение четырех месяцев: Ав, Элуль, Тишрей, Хешван.

Время перехода из растительного уровня на животный определяется четырьмя первыми месяцами: Нисан, Йяр, Сиван, Тамуз.

Переход из животного уровня на человеческий происходит в четырех последних месяцах: Кислев, Тевет, Шват, Адар.

Иногда совершающий кругооборот поднимается на две ступени сразу, как тот, кто совершает кругооборот вначале в неживой уровень, хотя сам – пепел (прах, пыль – составляющая часть земли, которая не в состоянии дать жизнь). Так, подойдет какая-то скотина и съест пшеницу, а она немного смешана с пеплом, в котором находится душа, и он сейчас совершает кругооборот в скотину и поднимается таким образом сразу на две ступеньки.

Но бывает, что поднимается совершающий кругообороты за один раз из неживого уровня в человеческий. Это случается, когда скушает человек немного пепла, случайно примешавшегося в его еду, а в тот самый пепел была помещена душа.

Совершившие кругооборот в воду и в соль не относятся к неживому уровню, а к растительному, так как вода – это жизнь, она движется, течет. Соль же произошла из воды, поэтому она также относится к растительному уровню.

Тот, кто злословит, совершит кругооборот в камень. Тот, кто с пренебрежением относится к омовению рук, совершит кругооборот в воду, а также тот, кто не произносит молитву, обворовывает отца и мать.

Но есть те, которые совершают кругооборот в животных. Так, дающий возможность заработать и хвастающийся этим перед народом, совершит кругооборот в пчел. Также тот, кто говорит неправду, совершает кругооборот в пчелу.

Совершивший половой акт со скотиной сделает кругооборот в летучую мышь. Совершивший сношение с нечистой женщиной сделает кругооборот в мертвое тело. Переспавший с замужней женщиной совершит кругооборот в осла. Переспавший со своей матерью совершит кругооборот в ослицу.

Занимающийся мужеложством совершит кругооборот в кролика или крольчиху, в зависимости от того, кем он был во время греха, активным или пассивным.

Переспавший со своей снохой совершит кругооборот в ослицу. Совершивший сношение с мертвым телом сделает кругооборот в «кдеша еудит» (еврейская продажная женщина). Переспавший с женой отца совершит кругооборот в верблюда. Переспавший с женой брата совершит кругооборот в мула. Переспавший со своей сестрой, дочерью отца своего и матери своей, совершит кругооборот в аиста, так же как и переспавший с матерью жены своей.

Легший с животным, птицей, совершит кругооборот в ворона. Тот, кто всегда смотрит на голых людей и следит за ними, совершит кругооборот в птицу, которая видит дальше всех птиц. И все это – если не совершит раскаяния.

А теперь поговорим о наказании через «Муки Ада». После смерти человека, когда его закапывают в могилу, в пепел земли, мгновенно появляются четыре ангела и опускают дно могилы до величины размера человека. Затем возвращают душу в тело, как и было при жизни.

Делается это ими потому, что эгоизм еще связан с душой и телом, и чтобы отделить его, четыре ангела хватают человека за руки и за ноги и начинают его трясти, избивая при этом огненными палками. Именно для этой цели возникла необходимость в увеличении размеров могилы – чтобы было место для избиения.

Однако не все люди одинаковы. Например, праведники, которые еще при жизни отдалились от плохого начала, что внутри них, т.е. перебарывали себя и истязали страданиями, настигающими их, – а также с помощью Торы и Заповедей, которые, как известно, истощают силы человека, – когда приходило время оставить этот мир и получить «Муки Ада», уже не нуждались в больших страданиях. Таким образом, достаточно было для них по одному удару, чтобы отделился от них эгоизм.

Но грешники – наоборот: наслаждениями этого мира еще сильнее связываются с эгоизмом и телом, и душой. Поэтому ни один человек не спасется от «Мук Ада». У тех, которые умирают от укуса змеи, нет другой возможности отсоединиться от эгоизма, как только с помощью какой-нибудь необыкновенной заповеди. А все остальные люди нуждаются в «Муках Ада».

Но, конечно же, есть разница в наказании: каждый страдает в зависимости от величины его желания самонаслаждаться. И только тот, которого хоронят в пятничный день после пятого часа, избегает «Мук Ада», так как святая Суббота отделяет от него эгоизм без боли и страданий.

С самого начала необходимо понять, что человек – это духовность, которая находится внутри тела, а само тело – это только одеяние, и оно ни в коем случае не называется «человеком». Человек связывает все четыре мира – Ацилут, Брия, Ецира, Асия. Поэтому в нем находятся части от всех четырех миров.

Если человек удостоился уровней нэфеш, руах, нэшама, но нанес ущерб им тем, что согрешил, он вынужден совершить кругооборот для исправления. При совершении кругооборота ему возвращается принадлежащая ему нэфеш.

Приложив усилия и исправив ее, он все равно не сможет получить руах, так как руах еще не исправлен. Поэтому руах присоединится к кругообороту другого человека, соединяясь с нэфеш гера (принявшего иудаизм).

К полностью исправленной нэфеш присоединится руах какого-нибудь праведника, проявляясь в хороших делах, – и этот руах будет для человека вместо его собственного. Точно таким же путем и нэшама. Только когда покинет человек этот мир, смогут нэфеш и руах получить весь принадлежащий им свет.

Когда рождается тело человека на свет, вселяется в него принадлежащая ему нэфеш. Если будут его поступки чисты, удостоится по исполнении тринадцати лет получить руах – и только после этого можно назвать его «мужчина».

Продолжает совершать добрые дела – и в двадцать лет вселится в него нэшама. И это при условии, если руах полностью исправлен. Может случиться, что не сможет полностью исправить нэфеш с одного раза – тогда будет вынужден совершать кругообороты, пока не исправит всю нэфеш. Исправив последовательно нэфеш, руах, нэшама, человек не нуждается больше в кругооборотах.

Очень часто бывает, что человек настолько исправляет свою нэфеш, что постигает нэфеш какого-нибудь праведника. А после этого – руах праведника, а затем – нэшама. Даже может постичь руах праотца Авраама.

Поэтому сказано в Мидраше: «Нет поколения, в котором бы не было таких, как Авраам, как Ицхак, как Яаков». Теперь понятно, что от качества исправления зависит, постигнет ли человек самые первые души. И это возможно даже в наше время.

Душа праведника, присоединяясь к душе человека, помогает ему в добрых делах. Поэтому она также получает часть вознаграждения. Но если согрешит человек, то душа праведника не пострадает от этого, так как она соединилась только для того, чтобы сделать хорошо человеку.

Душа праведника соединяется с человеком по собственному желанию и покидает человека по самостоятельному решению. Если человек приложит усилия стать праведником, то и душа праведника будет во всем содействовать этому человеку, пока тот не покинет мир. Но если человек согрешит, то душа праведника сожалеет о своей связи с таким человеком и покидает его.

В основном нэфеш человека совершает кругообороты только той частью, которой совершила какое-нибудь прегрешение, а остальные части, уже исправленные, появляются в других телах для дальнейшего подъема.

Если согрешившая часть нэфеш сумеет исправить себя и выполнить какую-нибудь заповедь, то остальные части соединяются с ней для помощи в постижении новой ступени. Таким образом, получается, что та часть нэфеш, которая согрешила, именно она сейчас испытывает страдания и получает наказания, обрушивающиеся на тело человека в жизни – и так искупаются ее грехи.

Однако тот, кто умер бездетным, вернется в этот мир, как будто вообще ничего не смог исправить или как будто вообще его не было на свете. Поэтому этой нэфеш нужно вернуться и начать с самого начала.

Бывают случаи, когда человеку удается постичь все три ступени души сразу. Тем самым он избегает многочисленных кругооборотов. Это происходит, когда человек спит ночью: нэфеш поднимается и сливается с Творцом, а когда он просыпается утром, то в него входит уже не нэфеш, а руах. И считается, как будто был совершен полный кругооборот в другое тело.

Исправив руах, человек заслуживает, чтобы нэфеш также вернулась к нему. И таким же путем он может получить нэшама. Т.е. ночью, когда он засыпает, нэфеш и руах покидают его, освобождая место для нэшама. Проснувшись утром, человек незамедлительно получает ее. Но как уже было сказано, большинство людей постигают только нэфеш.

Душа, не сумевшая совершить малейшее исправление в течение трех кругооборотов, уничтожается.

Но, исправив хоть немного, будет возвращаться, пока не завершит все исправления. Даже если для этого потребуются тысячи кругооборотов. Так как для того, чтобы душа попала в Рай, она должна очиститься от всех своих грехов. А это возможно только с помощью страданий, испытываемых при совершении кругооборотов.

А грешная душа попадает в Ад, где смываются все ее грехи сразу, и нет больше необходимости совершать кругооборот.

Самое удивительное то, что души делятся на новые и старые. С самого начала, когда только родился Адам, все души были соединены в нем в единый сосуд. Но совершив грехопадение, Адам стал причиной падения практически всех душ в самые глубины нечистых сил.

И осталось в нем немного самых тонких, чистых душ. Эти души не появляются в мире и не совершают кругооборотов.

За ними следует ступенька более грубых душ, которые при совершении греха упали вниз. Эти души, появляясь в мире для совершения кругооборотов, также не называются новыми.

Только души, спускающиеся с четвертой ступени, называются «старые души». Они также считаются грубыми, так как их корень от самого Адама. Уже при первом появлении в мире для совершения кругооборота эти души называются «старые».

Души, спускающиеся вниз с пятой ступеньки, самые грубые. Эти души появляются в мире и совершают кругооборот в телах «героев» (гер – принимающий иудаизм).

То есть все четыре ступени душ спустились в нечистые силы, и это единственное что сейчас объединяет их, а души, принадлежащие первой ступени, остались наверху, и только они называются «истинно новые».

Несмотря на то что все души находятся внизу, между ними существует различие:
- души, упавшие со второй ступени, имеют только один недостаток;
- души, упавшие с третьей ступени, имеют два недостатка.

Когда приходит время душам подниматься из нечистых сил и появиться в этом мире, они проходят очищение с помощью высшей силы. Время очищения определяется временем, проведенном в клипот, и свойством самой души.

Этот подъем к святости возможен только с помощью молитв народа Израиля. Подъем возможен также с помощью какого-нибудь праведника, совершившего специальное единение, слияние с Творцом. Выполнение заповеди, совершенное в этом мире, также приводит к поднятию душ.

Если какая-нибудь душа, находившаяся в клипот по причине собственного прегрешения в момент нахождения в этом мире, вырывается из них и поднимается к святости, то, пройдя время очищения и став чистой, в состоянии помочь остальным душам, находящимся там.

Случается, что одна душа своим влиянием удержала другую душу от падения в клипот. В таком случае объединенная сила этих двух душ сможет помочь удержаться третьей душе от падения в клипот. Этим путем возможно единение до десяти душ. Самая первая душа будет для остальных девяти душ как отец.

Эта душа сопровождает и помогает в исправлении остальным душам. Самая верхняя душа обязана сопровождать остальные души только в их правильном пути. И так же второй душе подчинены остальные восемь душ и т. д.

Если какая-то душа совершила кругооборот в кого-то, затем еще в кого-то и т.д., знай, что все эти кругообороты совершает одна и та же душа. Но проблема в том, что на основании высших законов душа, так же как и ее корень, разбилась на бесчисленное количество искр. И в каждом кругообороте исправляется некоторое число из этих искр, а искры, которые не исправились, возвращаются и совершают новый кругооборот.

Исправленные искры уже больше не возвращаются для облачения в новые тела. Они поднимаются вверх на ступени, положенные им, соответствующие достигнутому уровню исправления, и находятся там.

На основании этого можно понять, как могут быть великие праведники сыновьями самых последних грешников. Например, Авраам был сыном Тераха, который был идолопоклонником, изготовлял статуи божеств и продавал их. Таким образом влияют темные силы, приводя к разрушению Священного Храма и рассеянию избранного народа между другими народами.

Поскольку Творец – Он Царь всего мира и жизни, нечистые силы находятся в постоянной погоне за Его святостью, чтобы получить хоть немного жизненной силы.

Поскольку Святость в настоящее время находится в плену темных сил, им удается питаться от нее и существовать. Если же Святость отрывается от нечистых сил, исчезает источник их света и жизни.

По этой причине темные силы соблазняют душу человека к греху и тем самым удерживают ее и Святость у себя, получая таким образом питание, жизненные силы. Ведь душа постоянно находится в вечной связи со своим корнем, как и до разрушения Святости, а так как Творец непреклонен в Своем решении довести все творение до совершенного и вечного в слиянии с Собой, то даже самой маленькой искре души Творец посылает свет и наполняет душу, находящуюся между темными силами. От этого света и питаются также темные силы.

После разрушения Святого Храма души, находящиеся среди темных сил, уже не могут самостоятельно подняться, так как погрязли в грехах. По этой причине свет Творца светит каждой душе, чтобы помочь освободиться от влияния клипот и подняться вверх. Наверху эти души обновляются и опять спускаются в этот мир присоединить к себе оставшиеся искры душ.

Отсюда поймем необходимость изгнания народа Израиля и пребывания между народами мира. Исправление и выход из изгнания происходит с помощью молитв праведников и их хороших поступков. Если бы весь народ Израиля начал заниматься своим духовным развитием, Творец смог бы в одно мгновение поднять все души.

В день выхода всех душ из темных сил свет Творца перестанет светить этим силам и иссякнет источник их жизни. Только по этой причине темные силы стремятся удержать души среди них.

В зависимости от важности души ей светит соответствующий свет. Но, как уже было сказано, Творец непреклонен в Своих решениях и, несмотря на жалобы и попытки темных сил еще больше испортить какую-нибудь душу, Творец помогает ей подняться из пепла и очиститься в своих поступках. Но этим уже освятится не только эта душа, а и ее родители (парцуф, состояние, породившее данное). Как в примере с Авраамом, вера в Творца помогла его отцу вернуться к правде.

Если появятся в этом мире две души, принадлежащие к одному корню – в двух братьях или в двух друзьях, – то они будут ненавидеть друг друга, так как каждый подсознательно желает получить больше света из общего корня, и зависть будет властвовать над ними. Но если с помощью определенных исправлений постигнут свой Святой Источник, Творца, то будут, естественно, любить друг друга.

Все это возможно при условии, что души находятся в этом мире. А души праведников, покинувших этот мир, переполнены нетерпением и желанием помочь совершить исправление душам, оставшимся в этом мире, но принадлежащим корню их души. Важно отметить, что порядок нисхождения и исправления души не зависит ни от места ее происхождения, ни от ее важности, а только от необходимости помощи в исправлении какой-нибудь души, находящейся в этом мире.

По этой причине часто бывает, что очень высокие души находятся среди клипот и не в состоянии вырваться оттуда своими силами, так как еще не пришло их время, чтобы помогли им свыше. А более грубые души могут раньше вырваться из власти клипот и появиться в этом мире: поскольку пришло время их исправления, то находятся в центре внимания.

Если человек совершает грех в этом мире и клипот хотят заполучить этого человека, то посылается ему душа, которая долгое время находилась в самой гуще клипот. И эта душа, к которой прилепились клипот, заставляет этого человека совершить еще больший грех.

Но иногда происходит обратное: душа, посылаемая к совершившему грех человеку, оказывается сильнее клипот, прилепившихся к ней, так как Сам Творец помогает ей сейчас и освобождает от клипот. Такая душа владеет святой силой и вместо греха помогает человеку совершить добрые дела. В таком случае и эта душа сможет появиться в этом мире, потому что сбросила с себя клипот и очистилась.

Новая душа не может появиться сразу же в теле в нашем мире, ведь она только покинула клипот. Поэтому ей необходимо три раза быть наружным свечением над головой трех людей, принадлежащих ее корню. И только затем сможет получить новорожденное тело.

Через определенное время эта душа сможет стать уже постоянным внутренним светом. И только это становление будет называться «Первый кругооборот».

Тот, кто совершил так называемый «первый кругооборот», не имеет большой возможности подчинить себе свое злое начало, несмотря на то, что его душа довольно высока и чиста по своему происхождению. Обычно такой человек бывает печален и беспричинно обеспокоен все дни своей жизни.

Мы уже говорили, что душа может вырваться из-под власти клипот, чтобы появиться в этом мире, если:
- к ней присоединится душа праведника;
- ей посветит свет Творца;
- с помощью молитв людей, относящихся к свойству Исраэль;
- определенным единением, что совершает праведник.

Есть души, которые сразу же после зарождения могут появиться в этом мире. А есть души, которые останавливаются в мире Брия, или в мире Ецира, или в мире Асия. Но все эти души происходят из единой души, принадлежащей миру Ацилут.

Место, где остановится душа, зависит от человека, находящегося в этом мире, вернее, от его добрых дел и молитв. Есть молитвы, сила которых настолько мощна, что сразу принимаются Творцом. И такая молитва способна повлиять на появление души сразу в этом мире. Если молитвы не столь сильные или целенаправленные, то они притягивают души только или до мира Брия, или до мира Ецира, или до мира Асия. От самой души не зависит, в каком из миров она остановится. Душа, которая сразу появилась в этом мире, естественно, обладает преимуществом в том, что ей уже не нужно останавливаться в каждом мире, т.е. терять свои силы, свой свет.

Каждый, кто называется «человек», должен стремиться, чтобы его товарищи совершали добрые дела, так как часть его духа находится в крепкой связи с душой других товарищей. Об этом говорит книга «Зоар» в недельной главе «Ноах»: Ноах Ноах, Моше Моше, Шмуэль Шмуэль.

Другими словами, есть два вида души:
- одна – в виде внутреннего чувства;
- другая – над головой человека, как бы объясняющая человеку его путь наверх.

Если внутренняя душа совершила грех, то она медленно-медленно опускается в клипот. В момент, когда она полностью вся опустилась, наружная душа занимает ее место. Таким образом получается, что сейчас они обе находятся внизу, а у человека осталась только одна душа.

В отличие от грешника у праведника есть две души, и именно через верхнюю душу проходит свет, предназначенный для его товарищей. И только таким путем внутренняя душа человека может получить свою часть света. По этой причине человек должен стремиться, чтобы с его помощью его товарищи исправлялись и учились. Но с его внутренней душой они не имеют никакой связи.

АД – ЧИСТИЛИЩЕ – РАЙ

Нижеприведенный текст явно показывает, насколько условно можно выразить явления высшего мира земным языком (его ни в коем случае нельзя понимать буквально). Хуже и ниже нашего мира нет в мироздании ничего. Каббала говорит лишь об уровнях исправления души. Причем самое непереносимое страдание – ощущение стыда за свои земные деяния, если они до смерти тела не были исправлены изучением Каббалы.

Сказал рабби Йоси: «Когда приближаются дни человека к смерти, объявляют ему за тридцать дней, что пришло его время умереть. Даже птица в небе объявляет ему. Если он праведник, определяют для него тридцать дней находиться между праведниками в Райском Саду».

(«Зоар», Ваихи, стр. 217, п. 2)

Все эти тридцать дней выходит душа из него каждую ночь, и поднимается, и видит свое место в будущем мире, и человек не может контролировать это, и не властвует над своей душой все эти тридцать дней, как и с самого начала.

(«Зоар», Ваихи, стр. 217, п. 2)

До тех пор пока не зайдет солнце, эта святая душа, которой лишают человека за тридцать дней до ухода из мира, – это тень, которой лишился и не находит. А почему тень исчезла от него? Потому что святая душа исчезла и покинула его.

(«Зоар», Ваихи, стр. 227, п. 1)

Сказал рабби Йегуда: «Когда начинаются эти тридцать дней, тень человека темнеет, а форма тени, находящейся на земле, становится неразличима».

(«Зоар», Ваихи, стр. 217, п. 2)

Есть тело очень тонкое. На него надевается душа, прежде чем появится в этом мире, и в том же духе собирают все части человека, но они тоньше тонких.

(«Нешмат Хаим», статья 1, стр. 13)

Все души, что были со дня сотворения мира, все стоят перед Творцом, прежде чем спустятся в мир. Точно так же они стоят затем в этом мире. И как выглядит тело в этом мире, так же выглядит и наверху. В час, когда душу приглашают спуститься в этот мир, она предстает перед Творцом и дает клятву, что будет выполнять Заповеди и Тору.

(«Зоар», Ваихи)

Когда человек покидает этот мир, все его действия с каждой подробностью предстают перед ним и говорят: «Так ты поступил в такой-то день...» А он отвечает: «Эх, эх».

(«Зоар», Аазину)

Когда человек начинает умирать, начинается суд в небесах. Поэтому показывают ему – и предстают пред ним все действия, совершенные им в жизни.

(«Зоар», Ваихи, стр. 218)

Вообще-то, суд и счет за каждое действие производится еще до ухода человека из этого мира, когда душа и тело соединены и находятся вместе.

(«Зоар», Ноах, стр. 65)

В эти мгновения человек видит двух ангелов напротив себя. Эти ангелы пишут перед ним все его действия, совершенные им в жизни, и все, что говорил в течение всех дней жизни.

(«Зоар», Насо, стр. 126)

Каждое действие, написанное двумя ангелами, подходит и стоит пред ним, свидетельствует и произносит: «Я, такое-то действие, совершенное в такой-то день. Я, произнесенное так-то и так-то в такой-то день».

(«Зоар», Ваихи)

После этого просят у него эти ангелы подписаться под отчетом за действия, представленные перед ним.

(«Зоар», Ваихи)

Сказал рабби Эльазар: «Счастливы праведники, изучающие пути Творца, чтобы идти по ним и страшиться дня суда – дня, когда предстоит человеку предстать перед Творцом».

Открыл и сказал: «Каждый человек обязывается знать все свои действия. В день, когда придет время человеку покинуть этот мир, в день этот, когда тело разбито, а душа должна покинуть его, тогда дается ему право видеть то, что не мог видеть.

...стоят три посланника возле него и подсчитывают его дни, и грехи, и все, что сделал в этом мире, а он соглашается со всем и затем подписывает своей рукой, как сказано: «Рукой каждый человек подпишет». И на основании всех подписей под действиями и грехами, судят его в этом мире за первые и за последние, за новые и за старые, никто не будет забыт.

А так как во всех этих действиях, что сделал в этом мире, тело и душа были вместе, то и отчитывается за них человек, когда тело и дух вместе, то есть прежде, чем покинет этот мир».

«В этот час, когда он лежит, связанный канатами Царя, подняв свои глаза, видит, как приближаются к нему двое, становятся рядом с ним и записывают перед ним все его деяния, совершенные в этом мире, и все слова, вышедшие из его рта.

И он дает отчет за все написанное перед ним, как сказано: «...Он строит горы, и создает ветер, и показывает человеку его прошлое, и человек соглашается с этим».

А почему соглашается отвечать за все свои деяния? Потому что то действие, которое совершил в прошлом, сейчас стоит перед ним и свидетельствует. И все действия стоят сейчас наверху и свидетельствуют, затем спускаются все, и записываются перед ним, и не уходят, пока не обсудят их в будущем мире».

(«Зоар», Ваихи, стр. 218)

«Дух его проходит по всем частям тела и отделяется от них, как человек, покидающий товарища, дабы перейти в иное место, говорит: «Ой, что я наделал».

И ничто не поможет ему, а только, если сможет вылечить себя «возвратом», прежде чем наступит этот час... А дух идет, и буйствует в каждом органе, и бьется обо все стороны, и все части тела вздрагивают. И когда появляется дух в каждой части тела, чтобы расстаться с ней, падает капля пота на тот орган, дух исчезает, и мгновенно умирает тот орган.

И так с каждым органом... Так как пришло время для духа выйти из тела, Шхина стоит над ним, и мгновенно дух вылетает из тела.

(«Зоар», Ваихи)

В час, когда человек умирает и суд заставляет его покинуть мир, присоединяется к нему еще больше, чем когда-либо ранее, высший дух. И поскольку находится над ним и слит с ним, то заслуживает видеть то, чего не видел раньше.

(«Зоар», Ваихи)

Перед смертью, когда душа выходит из тела, дается ей право посмотреть и увидеть высшую ступень, как и было у нее право видеть до того, как она вошла внутрь тела. В тот час святой дух властвует над ней и показывают ей ее будущее.

(Рабби Ш. из Шанц)

Человек, увидев свечение Шхины, наполняется желанием слиться со святой Шхиной. В силу этого желания слиться со святой Шхиной выходит его душа из тела навстречу Шхине.

(«Зоар», Мецора, стр. 53, п. 1)

Все вознаграждение праведникам уготовано в будущем, но еще в этом мире Творец показывает им их будущее вознаграждение – то, что Он даст им в будущем.

(«Мидраш Раба», Хаей Сара, стр. 82, п. 2)

Перед смертью человек видит Шхину. И если заслуживает, то Шхина не покидает его, пока не проводит его до места, положенного ему, как сказано: «Праведник перед ним пойдет и проложит путь перед ним».

(Гаон ми Вильно, «Адрат Элияу», Берейшит, стр. 18, п. 1)

Рабби Йоханан сказал: «Только праведник и грешник удостаиваются права узреть лик Шхины, но грешникам, отвернувшимся от Творца, в час их смерти раскрывают лик Шхины и говорят: «Приди и смотри в лицо Царя, от которого ты отвернулся и которое покинет тебя в будущем».

(«Мидраш Шохар Тов», Песнь 22)

Смотри, какая сила есть у искры праведности, благодаря которой человек заслуживает узреть лик Шхины, как сказано: «Я вправду узнаю лицо Твое, наполню себя видом Твоим. Ты

научил меня, что даже грешники силой одной справедливости заслуживают право видеть лик Шхины, как сказано: «И раскрылось величие Творца, и видят все, праведник и грешник».
(«Мидраш Шохар Тов», Песнь 17, Ишая, стр. 40, п. 5)

Если, не дай Б-г, он грешник, несмотря на то, что должен увидеть Шхину, Шхина исчезает сразу, и ангел смерти причиняет ему страдания, и выходит, как выброс изо рта и пищевода.
(Гаон ми Вильно, «Адрат Элияу», Берейшит, стр. 18, п. 1)

И даже маленькие видят лицо Шхины, как сказано: «Удостоимся потомства и воспоем Творца в поколениях».
(«Мидраш Шохар Тов», Песнь 22)

Отец и близкие его находятся там, и он видит их, и присоединяется к ним, и они идут, провожают его душу до места, где она обретет жилище.
(«Зоар», Берейшит, стр. 218)

Накинул рабби Шимон на себя одежду, сел, открыл и изрек: «Не мертвые восхвалят Творца. Вот Рав Амнуна Саба находится здесь, а вокруг него семьдесят праведников, увенчанные коронами. И сияет каждая из них». Продолжая сидеть, сказал: «Вот рабби Пинхас бен Яир здесь, приготовьте ему место. Встрепенулись присутствующие товарищи, встали со своих мест и разместились в задней части дома».
(«Зоар», Идра Зута)

В час, когда праведник покинул этот мир, прислуживающие ангелы говорят пред Творцом: «Владыка мира, такой-то праведник идет». Отвечает им: «Идите, праведники, и выйдите ему навстречу». Отвечают Ему: «Придут с миром, отдохнут в жилище своем». Сказал рабби Эльазар: «В час, когда праведник расстался с миром, три группы прислуживающих ангелов выходят ему навстречу. Первая говорит ему: «Приди с миром». Вторая говорит: «Идет его присутствие». Третья говорит: «Придут с миром, отдохнут в жилище своем».
(«Талмуд», Ктувот, стр. 104, п. 1)

В час, когда человек умирает, дано ему право видеть. Видеть возле себя родственников и друзей из мира Истины. И всех он узнает. И все они подобны той форме, что была у них в этом мире. Если этот человек праведник, все радуются перед ним и спешат приветствовать его. Но если не праведник он, никто из близких его не является встретить и приветствовать его, не видит он их. И только грешники, ежедневно получающие побои в Аду, только они выходят ему навстречу.

(«Зоар», Ваихи, стр. 218, п. 2)

В час, когда грешник исчезает из мира, три группы ангелов разрушения выходят ему навстречу. Одна группа говорит ему: «Нет мира грешникам, сказал Творец». Другая группа говорит ему: «Спустись и ляг рядом с необрезанными».

(«Талмуд», Ктувот, стр. 104, 1)

Когда провожают человека из дома к его могиле, открываются все его чувства и начинает видеть то, чего не мог видеть во время жизни, видятся ему наказания Ада и наслаждения Райского Сада. И видит все дни своей жизни траурными, все деньги и золото, ради которых трудился, пустыми и лишенными цены в его глазах, ведь из-за них заслужил наказания Ада для своей души, а также проиграл наслаждения Райского Сада.

Понимает тогда он своим слабым разумом, сколько наслаждений проиграл в этом мире, ведь один час добрых дел и стремления к Творцу в этом мире лучше, чем вся жизнь в будущем мире, а сколько таких часов было у него в жизни, что ушли впустую, ведь мог за каждый час и час приобрести Райский Сад, полный прекрасных наслаждений, которых глаза его не видели.

Но вследствие огромного стремления попасть в этот Сад и от бессилия и невозможности войти туда по причине того, что весь он запачкан грехами, он доволен и рад тяжелым и горьким наказаниям Ада, так как затем благодаря им он может взойти к райским наслаждениям.

Не в силах человека представить величину горести разбитого сердца и раскаяния. Если бы человек в этом мире ощутил хотя бы одну стотысячную долю того сожаления, которое он ощущает в будущем мире, он бы немедленно умер от невозможности вынести такую горесть. Только в будущем мире Творец дает душе силу выдержать такие страдания. Вследствие этого растет в нем желание, чтобы дали ему право вернуться домой, заниматься Торой и работой все дни жизни, и рвет он волосы на своей голове и разрывает свое мясо, говоря: «Горе мне, как я мог поменять мир с вечными наслаждениями на мир темноты». И для него эта боль тяжелее всех наказаний Ада.

(Гаон ми Вильно)

Все поступки, совершенные человеком в этом мире, все находятся перед ним и не покидают его. И в час, когда выносят его, чтобы похоронить, все его деяния собираются вместе и идут перед ним. Три группы деяний человека окружают его: одна спереди, одна справа и одна слева. И все говорят: «Это такой-то, отвернулся от Творца. Отвернулся сверху, отвернулся снизу, отвернулся от Торы и Заповедей. Смотрите, какими были его действия! Смотрите, какими были его слова! Уж лучше было бы ему вовсе не родиться».

И так до тех пор, пока не дойдут до его могилы. Когда приходят на кладбище и мертвые видят, какие прошлые деяния человека сопровождают его, все мертвые злятся на него, и каждый со своего места говорит: «Горе, и этот будет похоронен между нами!?»

Поступки и слова его прошлые обгоняют его, входят в могилу, становятся на тело. Так как человека начинают закапывать, то ангел по имени Домэ спешит выйти. В его власти находятся три Дома Суда, разбирающие судебные тяжбы умерших. Три жезла в их руках. Судят они душу и тело вместе. «Горе этому суду или его делам».

(«Зоар», Ваихи, стр. 218, п. 2)

После того как положили его в могилу, приходят ангелы разрушения и начинают мучить его страшными мучениями, избивая и сжигая, как жжет яд от укуса змеи каждый орган.

(АГР"А, «Пояснения к Мишлей», ч. 7, 22)

Приходит к нему ангел смерти... мгновенно возвращает ему дух и душу в тело.

(Ари, «Шаар аГильгулим»)

После этого бьют его железными цепями, колют огненными стрелами, отделяют органы от тела.

(Масехет, «Могильные наказания»)

Стоит против него и говорит: «Горе этому телу, что покинуло мир пустым от заслуг, но полным грехов». Смотрит на его ноги и говорит: «Горе этим ногам, что не ходили прямо.

Горе рукам, занимавшимся лживыми делами. Горе внутренностям, что наслаждались от ворованного. Горе глазам, что не верили. Горе ушам, что не приняли назиданий. Горе рту, не занимавшемуся Торой. Горе мясу, что не приложило усилия обрести страх. Горе злому началу, что не склонилось перед своим Создателем. Горе мне, сердцу, что не работало на своего Создателя, в будущем получая упреки».

Говорит ему: «Пройди суд и признай свои проступки. Знай, куда ты попал и перед кем ты будешь давать отчет. Если ты не можешь слушать, то кто может? И кто может выдержать страдания за твои грехи, которые как огонь на одежде, как меч у горла, как стрела у сердца, как веревка на ногах, как темнота в глазах, как горечь во рту, как яма для ноги, как скрежет в ушах, как препятствие силе, как горестные дни в старости, как страдания для тела, как отсечение для корня, как горечь смерти, как прегрешение в день суда».

(«Решит Хохма», ч. 12, б. 36)

После того как каждый орган и косточка разбиты на мелкие части, появляются прислуживающие ангелы, которые вновь собирают и соединяют их.

(Масехет, «Могильные наказания»)

Могильные наказания меняются от человека к человеку. Наказания для человека согрешившего – одни из самых тяжелых. И не начинают лечить его, пока не отделят все плохие части, прилипшие к его душе.

Противоположно этому праведникам достаточно легкого наказания, так как Тора и Заповеди, которыми занимались всю жизнь, выстроили разделительную перегородку, почти абсолютную, между душой и плохими частями.

(Ари, «Шаар аГильгулим», ч. 23)

Но кто поступал только для наслаждения своего тела, для наполнения его страстей, уничтожает самого себя. Они покрыты коркой страстей, за которые получат наказания. И это будут могильные наказания.

(АГР"А, «Пояснения к Мишлей», ч. 11, 17)

Тело человека состоит из четырех составляющих: кожа, мясо, жилы, кости. Кожа – самая внешняя составляющая. Глубже ее – мясо. Еще глубже – жилы. Глубже них – кости. В могиле вначале разлагается кожа, затем разлагается мясо, затем разрушаются жилы, затем рассыпаются кости.

(АГР"А, «Пояснения к Мишлей», ч. 11, 22)

Три дня и три ночи – трое суток, что человек в могиле, разлагаются внутренности. После трех дней эта мерзкая смесь добирается до лица и говорит ему: «Возьми то, что давал мне. Пил и кушал ты каждый день, но мне не давал, каждый день твоей жизни был как праздник и выходной, глаза твои были голодными, не кормились от тебя, возьми то, что давал мне». Как сказано: «И выплесну помет на лица ваши».

(«Зоар», Ваикаэль, стр. 199, п. 1)

Как известно, теми же страданиями, которыми душа мучается в Аду, тело мучается и плачет в могиле.

(АГР"А, «Пояснения к Мишлей», ч. 11, 22)

Сказал рабби Авиу: «Все, что говорят перед мертвым, узнает до того, как закончатся похороны. Пришли рабби Хийя и рабби Шимон. Один сказал: «До того, как закончатся похороны». Другой сказал: «До того, как разложится мясо».

(«Талмуд», Трактат Шаббат, стр. 152, п. 2)

Через сколько Домов Суда проходит человек, когда покидает этот мир?:
- Один – это тот Высший суд, когда дух выходит из тела.
- Один – это суд, когда действия и слова идут перед ним и объявляют о себе.
- Один суд – когда входит в могилу.
- Один суд – это суд самой могилы.
- Еще один суд – это суд, когда черви поедают его мясо.
- Еще один суд – это суд Ада.
- Еще один суд – это суд, когда дух ходит по миру и не может найти место доделать свои дела.

Именно эти семь времен, проходящие над ним.

(«Зоар», Ваихи, стр. 218, 2)

Все три дня душа летает над телом.

(«Талмуд Йерушалми», ч. 16, Алаха 3)

Сказал рабби Хисда: «Душа человека скорбит по нему все семь дней, как сказано: «И душа его скорбит по нему».

(«Талмуд Бавли», Масехет Шаббат)

Душа умершего видит безобразие тела и очень сожалеет об этом.

(«Талмуд», Масехет Авот, ч. 2, Мишна 7)

Сказал рабби Йуда: «Все семь дней траура душа ходит из дома на могилу, с могилы возвращается домой и скорбит о теле, как сказано: «Мясу больно за него, и душа скорбит по нему». Душа является домом, садится, видит всех опечаленными и начинает грустить вместе с ними».

(«Зоар», Ваихи, стр. 218-б, 2)

Полное разложение тела происходит в течение двенадцати месяцев после смерти. Поэтому все двенадцать месяцев есть связь между телом и душой.

(«Зоар», Ваихи, стр. 218-б, 2)

«Все двенадцать месяцев существует связь тела и души, поднимаются и спускаются. После двенадцати месяцев тело исчезает, душа поднимается, но больше не опускается».

(«Талмуд», Масехет Шаббат)

После двенадцати месяцев тело исчезает, душа поднимается и больше не возвращается. Но если захочет, может спуститься, несмотря на то, что была в своем подъеме слита с «Престолом Величия» (место явного раскрытия всей силы и величия Творца).

(«Талмуд», Масехет Шаббат; тосфот)

Так говорят мудрецы: «Эти двенадцать месяцев после смерти тела, они считаются только после того, как отмучаются грешники и получат наказания вне Ада. Только после этого они попадают в Ад, там очищают их и отбеливают, выводят все пятна на душе, чтобы были готовы к приглашению войти в Райский Сад».

(«Нешмат Хаим», статья 4, ч. 20)

Страдания перед Адом намного тяжелее страданий самого Ада.

(АГР"А, «Пояснения к Мишлей», 7, п. 23)

Страдания в Аду не составляют и трети от страданий и боли, что душа терпит, прежде чем попадет в Рай.

(«Решит Хохма», Врата Страха, ч. 13)

Бросают его из стороны в сторону, и ангелы разрушения стреляют в него стрелами.

(АГР"А, «Пояснения к Мишлей», 7, п. 22)

Видя душу, Высший Дом Суда, который судил душу за все совершенное ею в этом мире, постановляет заключить ее в невыносимое состояние. Избавиться от этого наказания душа может, только попав в Ад.

(«Зоар», Ваихи, Поощрение и наказание)

Исполнитель Высшего Дома Суда не должен выводить душу из Ада, так как грешники, находящиеся в Аду, видя душу, попавшую не в свое место, выходят к ней навстречу с криками: «Уйди, грешник, ты еще не заслужил войти в Ад».

(«Зоар», Ваихи, Поощрение и наказание)

Хватают эту душу три ангела разрушения, каждый из которых беспредельно громаден и ужасен. Настолько, что невозможно осознать того беспредельного ужасного воздействия на душу. ...Один подходит справа, один подходит слева, один подходит спереди, и объявляют обо всех нарушениях, которые человек совершил. Бьют его железными палками, мучают его различными пытками, тяжелыми и горькими, ставят его в невыносимое положение. Один ангел становится в одном конце мира, другой ангел становится в противоположном конце мира, и швыряют его из конца мира в конец, по числу совершенных грехов и запрещенных речей. Эти мучения, именно они, тяжелее и горше всех мучений Ада.

(«Шомер Эмуним»)

Несмотря на то, что наказание невыносимым положением более тяжелое и болезненное, чем все другие наказания Ада, есть перерывы в наказании. Во время перерывов залечивают душу от наказаний. Но после перерывов в наказании душа получает еще более невыносимые наказания, чем все наказания Ада.

(«Минхат Йуда», б. 88)

Наказание за вожделения в прошлом состоит в том, что после смерти ставят человека в невыносимое положение, по примеру того, как стремился за вожделением, так же будут преследовать его страдания, и простят только после смерти.

(АГР"А, «Пояснения к Мишлей», ч. 5, стр. 23)

После смерти человек должен погасить свой долг за все совершенные им грехи наказаниями кругооборотами.

(Ари, «Шаар аГильгулим», Предисловие, 22)

Наказание кругооборотом, в любой его форме и качестве, относится только к тем, кто не достиг должного слияния с Творцом в этом мире. Но тот, кто «вернулся» полностью, заслужил освобождения от всех наказаний, существующих после смерти человека.

(Ари, «Шаар аГильгулим")

Из этого вытекает, что стремление к Творцу должно соответствовать нескольким условиям:
- первое – чтобы стремился или из страха, или из любви, но не по причине обрушившихся на него страданий;
- второе – чтобы исправил каждый грех свой и именно исправлением, описанным Ари в книге «Шаар Руах аКодеш» («Врата Святого Духа»);
- третье – после завершения «возвращения» заниматься Торой и Заповедями не ради вознаграждения;
- четвертое – если совершен грех по отношению к себе подобным, обязан приложить все усилия, чтобы его простили.

Если выполняет эти четыре условия, может быть уверен, что грех исправлен полностью.

Если есть грех, который может исправить Йом Кипур (День Искупления), то и для этого греха наступит день, и только тогда может быть уверен, что не вернется вновь совершать кругообороты по причине собственного греха. Но если совершил другие прегрешения и не исправил их, обязан из-за них совершать кругообороты.

(Рав Йегуда Петия, «Мегилат Старим»)

Мы благословляем Творца, что освободил заключенных из кругооборотов.

(Гаон ми Вильно, «Пояснения к Мишлей», ч. 21, стр. 16)

Ад – Чистилище – Рай

Два с половиной года спорили мудрецы школы Шамая с мудрецами школы Гилеля. Одни говорят: «Лучше неродившемуся, чем родившемуся». Другие говорят: «Лучше родившемуся, чем неродившемуся». Воздержались и сказали: «Лучше неродившемуся, чем родившемуся, ведь родившийся согрешит».

(«Масехет Эрувин», стр. 13, б. 2)

Кругообороты, совершаемые душой человека, проходят одним из двух путей:
- первый – души грешников, которые после смерти не заслужили попасть в Ад, входят в тела человеческие в этом мире, объясняют и рассказывают обо всем, происходящем с ними там;
- второй – присоединяются к человеку в виде «зародыша», но присоединяются очень скрытно. И как только человек согрешит, начинает властвовать эта душа над ним, заставляя совершать грехи, и уводит на плохую дорогу ...пока не исчезнет из мира, не дай Б-г.

Когда душа совершила один из перечисленных кругооборотов, заканчивается время, отведенное для нее, прощаются ее грехи, и может затем появиться в этом мире в настоящем кругообороте, родиться с телом, как остальные люди.

(«Минхат Йегуда»)

Душа не может получить наказание, пока не материализуется в тело и душу. Только совершив кругооборот, испытывает страдания, и вследствие этого исправляются ее грехи.

(Ари, «Шаар аГильгулим», ч. 38)

Две причины для кругооборота:
- одна – незавершенная заповедь. Поэтому должен вернуться и завершить как положено. Для этого надо совершить кругооборот, так как нет Ада, а только очищение;
- еще одна – чтобы появиться для исправления и очищения того, что в Аду нельзя очистить, так как есть грехи, что Ад очищает, и есть грехи, что Ад не может очистить. Поэтому должен появиться и завершить.

(«Решит Хохма», Врата страха, ч. 13)

Есть душа, которая совершает кругооборот сразу же после захоронения, и есть душа, которая совершает кругооборот через несколько лет.

(Рамак, «Мера ступени», стр. 87.1, п. 84)

Все зависит от действий человека и его поступков в прошлом кругообороте.

(Ари, «Шаар аГильгулим», ч. 22)

Дают тело человеку во втором кругообороте – в зависимости от поступков в первом кругообороте.

(АГР"А, «Тикуним», стр. 31, 1)

В зависимости от степени совершенного греха определяется разновидность будущего кругооборота – в растение или в животное. Поэтому даже некоторые праведники и мудрецы перевоплощаются этим путем. Так как в прошлом перевоплощении выпало им совершить определенный грех, судятся по законам этого кругооборота, затем начинают подниматься достойным их путем, так как грех должен быть стерт, а Творец не отступает, ведь Он постоянен в Своем действии и пути Его – суд. Поэтому, несмотря на то, что он полный праведник, не получит от Него никакого снисхождения в выполнении Заповеди.

(Ари, «Шаар аГильгулим», ч. 22, стр. 21)

Перед нисхождением души для исправления греха кругооборотом, выходит постановление в Высшем мире: «...такая-то душа спускается в Низший мир и совершает кругооборот, облачаясь в того-то, пока не совершит исправление такого-то греха».

(АГР"А, «Тикуним», стр. 31, 1)

Чтобы произвести исправление, душа нисходит пустой, в отличие от тела, появляющегося со всем принадлежащим ему, т.е. оживляющей силой нэфеш и животным духом, которые совершают кругообороты для постоянной работы.

(АГР"А, «Пояснения к Книге Йова», ч. 1, п. 6)

Душа человека, выполнившего определенные Заповеди, после его смерти возвращается в этот мир выполнить новые Заповеди, которые не выполнила в прошлом кругообороте. Но если в этом, новом круговороте не выполнит Заповеди, которые уже выполнила в прошлом круговороте, то уже не возвращается для их выполнения.

(Ари, «Шаар аГильгулим», стр. 98)

Для души, совершающей круговорот в этот мир, самое главное – это ее личная пострадавшая часть, относящаяся непосредственно к телу. Остальные же части души, получившие другие тела и прошедшие таким образом исправления, присоединяются к ней в виде «зародыша».

Если часть души, относящаяся непосредственно к телу, выполняет какую-нибудь Заповедь в этом мире, все остальные части души приобретают часть от этой выполненной Заповеди, так как они, эти части, также принимают участие и помогают в выполнении этой Заповеди с помощью присоединения к ней в виде души праведника.

Но если согрешит человек, то не положено наказание всем остальным частям, так как их участие только в совершении хорошего, а не плохого.

Таким образом, получается, что когда рождается человек, вся душа в общем и ее частички в частности совершают круговорот в нем. Но основной круговорот принадлежит части души, относящейся непосредственно к телу, – она появляется, чтобы исправить то, что пострадало от прошлого тела. И именно от исправления этой части зависит поощрение и наказание. А все остальные части получают заслуженную долю награды, но не наказания.

Так как эта душа испытывает страдания и наказания, обрушившиеся на тело во время жизни, а также страдания ее остальных частей в других телах, а также муки после смерти – то с помощью всего этого исправляются ее первые грехи.

Заповеди, выполненные в прошлых круговоротах, и Заповеди, выполненные в этом круговороте, с помощью частички души, принадлежащей также и к другим частям, соединяются вместе. Вследствие этого взаимно дополняется и завершается ее исправление.

Но если бы душа имела сейчас причастность ко всем совершенным грехам, никогда бы не смогла закончить свое исправление за все свои круговороты.

(Ари, «Шаар аГильгулим»)

В третьем кругообороте необходимо изменение от поступка к большому действию, чтобы душа, находящаяся в мире клипот и нечистых сил, набралась больше сил. Ведь такое состояние очень близко к совершению греха, и нечистые силы сбивают человека с пути, и если не укрепит себя здесь, в этом состоянии, то упадет в нечистые силы.

(АГР"А, «Тикуней Зоар», стр. 107,1)

Человек, не исправивший в четвертый раз тех прегрешений, которые совершил в трех прежних кругооборотах, умрет вечной смертью, как сказано: «А на четвертый не вернемся».

(АГР"А, «Пояснения к Мишлей», ч.21, стр. 16)

Есть утверждающие, что все сказанное относится только к душе, спускающейся в этот мир, чтобы исправить определенные прегрешения. Поэтому сказано, что если душа спускается исправить уже в четвертый раз и не исправляет, больше нет для нее возможности исправиться.

Но если душа перед спуском в этот мир решает низойти не для того, чтобы исправлять, а чтобы приобрести большее совершенство или завершить недостающие Заповеди, то она возвращается совершать кругообороты даже тысячу поколений.

(«Нешмат Хаим», статья 4, ч. 14)

Как узнает человек, что испорчено им в прошлом кругообороте? К каким прегрешениям особенно стремилась его душа? Это то, что стало привычкой и превратилось в инстинкт. По этой причине есть люди, стремящиеся больше к одному прегрешению, а есть стремящиеся к другому прегрешению.

(АГР"А, «Пояснения к Йона», стр. 4, п. 3)

Человек должен знать корень своей души: откуда она нисходит, для чего появилась, что исправить и дополнить, как сказано в книге «Зоар»: «Скажи мне, что любила моя душа».

Чтобы это стало понятно, необходимо увидеть, в какой Заповеди просыпается его плохое начало, а затем приложить усилия в ее выполнении. Потому как именно из-за этой Заповеди совершил сейчас кругооборот. И чтобы не закончил ее выполнение, сопротивляется его злое начало, заставляя покинуть этот мир с пустыми руками.

Поэтому среди мудрецов Талмуда можно найти таких, которые постигли, из-за какой именно Заповеди они совершают кругооборот, и которые поэтому при выполнении именно этой Заповеди прилагают особое усердие, большее, чем в остальных.

И будет Господь с тобою в этой молитве твоей: проси возможность понять, что испортил ты в прошлом кругообороте и пришел исправлять.

Знай, что той Заповеди из всех Заповедей, в которую потянется твоя душа больше, чем в другие, именно ей ты нанес ущерб в начале, в прошлом. И Творец послал тебя еще раз в этот мир завершить ее, эту Заповедь, исправить ее в общем и в частности, в каждой ее форме и ограничении.

Пусть это напутствие никогда не выходит из поля твоего внимания. Знай, что есть много противников в ее выполнении. Это посланники ангела Прегрешения, чтобы помешать тебе в завершении этой Заповеди. Из-за нее получишь наказание в момент смерти и вернешься в этот мир в другой раз. И раз за разом будешь испытывать вкус смерти.

Посмотри на мудрецов Талмуда. Учись их мудрости. Спросили их: «В чем ты был осторожен?» Один ответил: «Остерегался в Заповеди цицит». Другой ответил: «Остерегался не опоздать в бейт кнесет (молитвенный дом)».

Что же получается: в Заповеди цицит был усерден, а в других Заповедях — нет, не дай Б-г? Конечно же, нет! Просто они постигли в своей мудрости знание Заповеди, которую им нужно исправить, и были заняты постоянным контролем за ее выполнением. Хотя и остальные заповеди выполняли в совершенстве.

(«Шевет Мусар»)

...Человек отправился в долгий путь, в какое-то место, со своим товаром, надеясь заработать на продаже товара. Прибыв туда, услышал сказанное ему: «Все твое усилие было впустую, так как твой товар ничего здесь не стоит». Вернулся человек нищим с опечаленной душой. Как он сожалел о том, что не сообразил заранее разузнать, какой товар необходим в том месте, где он хотел заработать.

Смысл примера понятен: человек, зная, что большинство душ нашего поколения совершают кругообороты, появился сейчас, чтобы исправить то, что не исправил вначале, и если покинет мир без исправления, получается, что все его усердие и усилия в этом мире прошли впустую, должен будет вернуться третий и четвертый раз, пока не исправит, и наказание его будет велико.

(«Решит Хохма», Врата Страха, ч. 13)

Почти никому из людей не избежать этих кругооборотов.

(Ари, «Шаар аГильгулим», ч. 22, стр. 21)

Если в первом теле человек был грешником, а сейчас он праведник, то он «праведник, которому плохо», так как оплачивают его первый кругооборот, или наоборот – «грешник, которому хорошо».

(АГР"А, «Тикуней Зоар», ч. 24)

Поэтому, посмотри, если человек «праведник, которому плохо», это, возможно, потому что он уже был в прошлый раз в мире, но не был праведником и умер не «вернувшись», т.е. не исправившись. Поэтому сейчас, когда появился в этом мире, очищают его от грехов, и поэтому он «праведник, которому плохо».

(«Зоар», Ки Тыцэ)

На высказывание Торы – «Пролившего кровь человека в человеке» – возникает вопрос: но ведь видели мы некоторых людей, которые убивали, но разве умерли они за свои убийства? Ответ на этот вопрос – кругооборот душ.

(«Мишнат Авот», Мидраш Шмуэль)

Желание Творца – насладить творения. Поэтому Творец в выполнении Заповедей дает выбор в руки человека: выполнит человек заповеданное ему Творцом, приобретет хорошую оплату за усердие в выполнении желания своего Создателя. Но если пойдет против желания Творца, соответственно этому своему действию человек получит оплату.

Выполнит желание Творца, получит оплату. Согрешит – умертвит его Творец. Создаст его второй раз. И так два-три раза. Если возмужал – пока не исправит свои прегрешения, отдаст его в Ад, покуда не очистится и не сойдет с него грязь.

Есть отличие между прегрешившим и исправившимся и тем, кто был праведным с самого начала. Тело праведного с самого начала также находится в будущем мире и получает вознаграждение, а тот, кто исправил себя после смерти, – его первые плохие тела разрушены и утеряны.

(АГР"А, «Пояснения к Мишлей», ч. 14, стр. 1)

Ад – Чистилище – Рай

Если с первого раза не заслужил исправить всю душу и умер – во время воскрешения мертвых нет у него первого тела, а только та часть души, которую исправил во время жизни.

(Ари, «Шаар аГильгулим», ч. 4)

Дух грешника скитается внутри «невыносимого положения». Он убегает от Сатаны... и когда дух возвращается в тело человека, Сатана уже не может властвовать и удержаться в нем.

(«Мидраш Тальпиот», ч. 3: глава «Гильгулим», ч. 8)

Дух грешного человека может войти в женщину, но не в мужчину, так как не может быть, чтобы не было у него «греха семявыделения». Ангелы и черти, получившиеся от выделенной капли, жалуются и окружают человека – так как же может дух войти в него, если он находится в блокаде?

(Рабби Элияу аКоэн, «Минхат Элияу», ч. 5)

Дибук иногда кричал благим матом со страшным испугом, так, что все слышащие были перепуганы и потрясены. Он говорил, что ангелы разрушения ждут, когда же он выйдет из тела женщины, чтобы разорвать его на кусочки. ...Через какое-то время начинал насмешничать особенно мерзко, так, что все слышащие его закрывали уши, чтобы не слышать эту мерзость. Спросили его: «Как это может быть: всего несколько секунд назад со страшным испугом кричал «спасите!», а сейчас изрыгаешь издевательства и мерзкие слова!?»

И ответ в сказанном: «Знайте, что если не сделаете «возвращение» (т.е. исправление) и не очиститесь от греха, то высшая нэфеш обращается в плохую, как и та, что была внизу».

(«Сердце Элияу», стр. 23)

Знай, что духи ведают о прегрешениях человеческих, но только через прегрешения, совершенные самими духами еще при жизни. И так как они знают свои пороки, поэтому они знают живущих сейчас духов с похожими пороками. Также знают, сколько раз согрешил человек в этом грехе.

Например, если этот дух прелюбодействовал в своей жизни, то сейчас, глядя на человека, знает, прелюбодействовал тот или нет. И с кем был в связи, с девственницей или нет, разведенной или одинокой, обрученной или замужней, сохраняющей левиратный брак или освобожденной, еврейкой или христианкой. И сколько раз согрешил. А также совершивший мужеложство: каким он был при совершении греха и сколько раз грешил.

Каждое прегрешение оставляет след в душе и проявляется на ней как пятна ржавчины или грязные пятна, или делает в ней многочисленные дырки, похожие на дырки, проеденные молью. Только если заслужат «вернуться», т.е. сделать исправление на свои грехи, то начинают эти дырки затягиваться, а грязные пятна очищаться. С помощью занятий Торой и молитвами освободятся их души от болезней своих, и выздоровеют полностью, и будут новым созданием, как младенец. И не увидим мы в них никакого недостатка.

(«Минхат Йегуда», ч. 88)

Также знай, что духи не ведают о тех вещах, которых не касались. Например, если спросишь их об Аде, то они ведь не из его владений. Или о Райском Саде. А тем более, о будущем мире. Даже о круговом движении солнца и луны, об их воздействии – об этом духи вообще ничего не знают, так как не могут взлететь в высоты бездны, а только до определенной меры, ведь они сгорают в разреженном воздухе. А то, что они находятся в печали – это из-за того, что ангелы разрушения всегда преследуют и избивают их, поэтому не могут обратить внимание и увидеть (ощутить) желание Творца насладить, чтобы это не излечило их.

(«Минхат Йегуда», ч. 88)

Дибук не может войти в человека, находящегося в доме, в котором есть мезуза. Но если такое случилось – это означает, что есть в этом доме отверстие без мезузы, и дибук пробрался через это отверстие.

(«Нешмат Хаим», ч. 3)

Три вида наказания для человека:
- кругооборот в неживой уровень;
- кругооборот в растительный уровень;
- кругооборот в животный уровень.

(АГР"А, «Пояснения к Мишлей», ч. 21)

Знай, что сказали каббалисты: «Несмотря на то, что человек совершает кругооборот в форму человека, он ничего не знает о прошлом кругообороте. Но когда совершает кругооборот в животную форму, или в растительную, или в неживую, то знает о прошлом кругообороте, страдает и сожалеет, как мог спуститься с небес, с формы человека до формы животного.

Не думай, что душа человека становится в будущем неощущающей, как неживое, или даже по мере нечувствительности, как растение, – ведь если нет у души остроты ощущений, как же она почувствует наказание? Хотя это и выглядит именно так: Творец наказывает человека, вселяя его плохую душу в дерево или в камень из-за того, что проявила заинтересованность в плохой группе, вопреки ее природе. Так душа в группе деревьев и камней, как гонимый листок и как никому ненужный камень, совершает кругооборот по земле».

(«Нешмат Хаим», ч. 16)

И вот эти, совершающие кругообороты, находятся в таком состоянии строго определенное время: пока не сотрется грех, из-за которого был совершен кругооборот в растение. Подходит время – и они поднимаются на другой уровень и совершают кругооборот в животное. Подходит время – поднимаются на более высокий уровень и совершают кругооборот в человека.

(«Минхат Йегуда», стр. 89)

Знай, что не в любое время есть силы у совершивших кругооборот в камень или в растение подняться из их состояния и исправиться. Тот, кто совершил кругооборот в камень и для него назначили определенное количество лет, когда подходит время подняться и совершить кругооборот в растение, может это сделать только в средние четыре месяца из двенадцати месяцев года: Ав, Элуль, Тишрей, Хешван. Если время, предопределенное ему, закончилось, в течение этих четырех месяцев – поднимется. Если нет – нужно ждать еще год этих месяцев.

(«Минхат Йегуда», высказывание Ари)

Тот, кто скармливает падаль Израилю, совершит кругооборот в лист дерева, и порывы ветра закружат его. А последнее наказание – когда падает этот лист на землю – равносильно истинной смерти, как и в момент исчезновения из мира.

(«Сефер Харидим», стр. 41)

Тот, кто убил человека из Израиля, совершит кругооборот в воду и будет находиться там постоянно под напором воды.

Вода обрушивается на него, а когда хочет встать, мгновенно сбивает его, и нет ему покоя.

(Ари, «Шаар аГильгулим», ч. 22)

Даже после всех наказаний не будет тому, кто украл, полного исправления, пока не совершит кругооборот и не вернет украденное. И видел я в книгах чудо: один совершил кругооборот в коня. Был у одного крестьянина спокойный и сильный конь, который работал для него изо всех сил. Когда увидел Бааль Шем Тов этого коня, увидел, что в этого коня совершила кругооборот душа человека, который должен был при своей жизни деньги тому крестьянину. И потому что не оплатил свой долг, обязали его совершить кругооборот в коня и работать на того крестьянина. Подошел Бааль Шем Тов к тому крестьянину и попросил продать коня. Не согласился тот, утверждая, что этот конь – один из лучших среди его коней. «Если так, то покажи мне бумаги, подписанные людьми, которые должны тебе деньги», – попросил Бааль Шем Тов. Когда показал ему крестьянин бумаги, стал упрашивать Бааль Шем Тов отдать ему одну из них. «Зачем вам эта бумага? – поинтересовался крестьянин. – Человек, подписавшийся на ней, умер, так и не вернув мне долг». «И все же мне нужна эта бумага», – сказал Бааль Шем Тов. После того как получил Бааль Шем Тов эту бумагу в подарок, встал и разорвал эту бумагу на мелкие части. В то же мгновение упал конь замертво. И это один из трудных кругооборотов.

(«Хафец Хаим», Сфат Тамим)

Не поможет ничего, что бы ни сделали после его смерти, а только если приказал еще при жизни и сделали, как он наказывал, после его смерти.

(«Сефер Хасидим», стр. 170)

А после этого ... начинается новый великий и страшный Суд – сожаление сгнившего от червей тела. Сказал рабби Ицхак: «Несравненно тяжелее разложившемуся телу, чем мертвому, так как от грехов мяса получал жизнь». Опасайся приуменьшить значение их слов, не дай Б-г.

Но у праведников и совершивших «возвращение» тела не превращаются в разложившуюся червями массу. Их тела

Ад – Чистилище – Рай

только немного портятся, довольно быстро и легко. И это хорошо, так как чем быстрее портится мясо, тем раньше душа поднимется в место своего отдыха.

Если не заслужил, превращается мясо в разложившуюся червями массу и собираются на нем полчища различных видов змей и скорпионов, пресмыкающихся и червей, которые кусают и колют его. А он лежит, видит и чувствует ужасные страдания. Но кто может это оценить?! Представь себе, что кто-то лежит в кровати и приходят, не дай Б-г, сотни тысяч людей и тыкают в него иголкой. И так в течение года, двух лет или более.

Даже страдания души в течение семидесяти лет не могут сравниться с мучениями одного часа в Аду. А мучения ужасного известия – самые страшные в мире. Как сказали мудрецы: «...Все страдания одного часа в Аду тяжелее, чем страдания от ужасного известия в течение семидесяти лет».

(«Шомер Эмуним», «Поощрение и наказание»)

Один праведник попал в Высший мир после смерти. Был у него только один грех. Решили его дело в Верховном Суде: совершить кругооборот или побывать в Аду тридцать дней. От страха совершить еще больший грех в этом ничтожном мире, после того как заслужил очиститься от прегрешений, выбрал он тридцать дней Ада. Передали его ангелу, чтобы проводил его в Ад. Когда подошли на пятьсот парсот к Аду, отвалились и испеклись его кости от жары Ада, и чем ближе подходили, тем жара становилась сильнее. Сказал он ангелу, что хочет совершить кругооборот.

И это – из-за тридцати дней Ада он выбрал второй раз совершить кругооборот! А что с тем, кто осужден на двенадцать месяцев Ада? И это еще только первая часть Ада. Не дай Б-г, если кому-то предопределено по причине совершенных грехов спуститься больше, чем на одну часть. Ведь каждая последующая часть Ада в шестьдесят раз тяжелее предыдущей. Сохрани нас, Господи!

(«Шомер Эмуним», «Поощрение и наказание»)

Встал Гаон ми Вильно во весь свой рост и сказал: «Я говорю еще раз: все, что написано в книге «Решит Хохма» – так и есть. Я только сожалею, что не добавил еще кое-что. Но если бы сказал больше, не перенес бы ты. И что еще добавил бы я? Если бы знал человек, что страдания, которые получает в этом мире – для уменьшения мук Ада в будущем Мире, не избегал бы принять на себя страдания от ужасного известия».

(«Нешмат Хаим», ст.3, ч.17)

По понятиям Каббалы праотец наш Яаков не умер, а остался существовать телом и духом. Тело это – это второе, тонкое тело, на которое надевается нэфеш и принимает форму тела. Но оно очень тонкое.

(Рав Бехия, «Комментарии к Талмуду», Таанит, 5, 1)

Что заставляет нас поверить в то, что у души есть тонкое тело? Интересно, есть ли в ней сила ощущения, как и у животных? Ответ: «...Душа, отлетев от тела, спускается в Ад, чтобы получить наказание за поступки, совершенные совместно с телом. ...Известно, что, не материализовавшись, не может его почувствовать и воспринять. Если так, то как же душа будет наказана?

Поэтому после расставания с первым телом, прикрепляется к ней особое тело, исходящее от тепла или от холода. Какое же тело присоединится к ней? Невозможно, чтобы это было ее прошлое тело. Ведь наши глаза видят, как превращается оно в пепел земли, как и было. А только если найдется для нее воздушное тело, называющееся «колесница души».

(«Нешмат Хаим», ст. 1, ч. 13)

Показал Творец Первому Человеку поколение за поколением и их стремления, а также все души, которые должны появиться в мире и прийти к горе Синай. И как увидел эти будущие поколения душ Первый Человек, так точно они появились и точно так дошли до горы Синай.

(«Нешмат Хаим»)

Основное название Ада было дано пророками. Он назывался «Тыпта», от слова «митпате» – соблазняться, – так как каждый соблазненный (митпате) своим злым началом падает в Ад, в это состояние.

...Первые праведники, которые были при Первом Храме во времена Менаше – царя Иудеи (Егуда), называли Тыпте по имени Геенном – именем одного мужчины, жившего в те времена и звавшегося Бен Ином. И была у него за Иерусалимом большая долина (на иврите «гэй»), так же называющаяся «долина Бен

Ином», или просто «долина Ином». Там была поставлена большая статуя, называющаяся «Молех». Была она сделана из бронзы, внутри пуста, а внешняя форма лица была похожа на овцу, руки раскинуты, как раскидывают руки, чтобы обнять товарища. Жрецы разжигали огонь внутри нее, пока не начинали вылетать из нее искры. А народ Израиля приводил своих сыновей и дочерей для работы на Молеха. Жрецы забирали ребенка из рук отца, сажали на руку Молеха, и ребенок мгновенно сгорал. Поэтому «Гей-Ином» называли также «Тофет». Тогда давали имя по причине наступающей смерти. Нужно было играть (на иврите «литофеф» – стучать) на барабане (на иврите «тупим») во время передачи ребенка для Молеха, чтобы отцу и матери не было слышно криков ребенка, иначе начнут жалеть его и заберут обратно из рук жрецов.

Первые праведники времен Бен Инома называли Тыпте пророков по имени Гей-Ином. В упомянутом Гей-Ином жрецы разжигали большой огонь внутри Молеха, чтобы сжигать тела, а в Тыпте сжигались души.

(«Минхат Йегуда», Ишая, п. 22)

Сказал рабби Йеошуа бен Леви: «Семь имен есть у Ада и вот они: Шауль, Авдун, Бар Шахат, Бор Шаун, Тит Йяун, Цальмавет, Эрец Тахтит».

(«Ирувим», 19, 1)

Сказано: «Семь вещей были созданы прежде создания мира, и вот они: Тора, Тшува (возвращение, исправление), Райский Сад, Ад, Престол Величия, Храм, Машиах».

(«Гмара», Недарим, 39, 2)

Сказал рабби Бна Бария рабби Ола: «На основании чего сказано о Субботе – «И увидел Б-г, что это очень хорошо»? Потому что создан в Субботу свет Ада.

(«Гмара», Псахим; 54, 1)

Только маленькая и тонкая, как толщина динара, стенка разделяет Ад и Райский Сад. А весы, взвешивающие долги и заслуги, – одна часть их свисает над Адом, а одна часть их свисает над Райским Садом. Если заслуги перевешивают, человек заслуживает Райский Сад, если долги перевешивают, человек заслуживает Ад.

(«Мидрашей Хазаль», ч. 4, 1023)

Для каждого находящегося в Аду есть отдых три раза в день, каждый раз по полтора часа.

(«Зоар», Трума, стр. 150)

Каждый, соблюдающий святую Субботу в этом мире, также и в Аду имеет отдых в святую Субботу. А кто не следит за соблюдением святой Субботы в этом мире – и в Аду тоже нет ему покоя.

(«Есодот Неэманим», стр. 49)

В Субботу, в начале месяцев и времен (полупраздники), а также в праздники утихает пламя Ада и прекращается суд. Но оскверняющие Субботу и не заботящиеся о величии своего Господина, нарушающие Субботу публично – как они не хранили Субботу и времена в этом мире, так не охраняют их в том мире, и нет им покоя.

С каждым наступлением Субботы, когда освящается день, отправляется известие в каждую из частей Ада: «Отменяются наказания грешникам, так как Святой Царь прибыл и освятил день». И мгновенно прекращаются наказания, и наступает отдых грешникам. Но кто не хранил Субботу – пламя Ада никогда не покидает их. И все грешники выходят из своих мест, так как дано им право пойти посмотреть на нарушающих Субботу.

(«Зоар», Трума, стр. 150)

Сказал рабби Ирмия: «Сказал рабби Элазар: три входа есть в Ад – один в пустыне, один в море и один в Иерусалиме».

(«Ирувин», 19)

Что же такое нижний Ад? Это большое место, вмещающее большое количество людей. И чем больше становится грешников, тем шире становится место. Есть там различного типа отделы, один тяжелее другого, для осуждения каждого в зависимости от положенного ему наказания. И все это внизу под землей.

И есть туда три входа: один в море, один в пустыне и один в поселении. Каждый проходит через свой вход для наказания в зависимости от проступка, так как есть разница, в какой из входов войти.

Огонь, находящийся там, в шестьдесят раз сильнее огня этого мира, как сказано мудрецами: «Огонь этого мира – это одна шестидесятая от огня Ада». Есть там горящие угли размером, как горы и возвышенности. А внутри Ада находятся реки смолы и карбида, начинающиеся из бездны. И есть там различные палачи, разрушители и чудовища для наказания грешников. И именно эти палачи и разрушители избивают грешников, как сказали мудрецы: «Совершивший грех один раз приобрел себе одного обвинителя».

Со дня создания Ада разрушители имеют полномочия наказывать грешников: они бьют тело различными ударами, есть кого подвешивают и затем душат, есть кого убивают и душат, есть кому выкалывают глаза, есть кого подвешивают за центр головы – все в зависимости от тяжести совершенного греха.

После того как грешник похоронен, он передается ангелу Домэ. Этот ангел поставлен над мертвыми. Через три дня переводят от ангела Домэ в нижний Ад, находящийся в глубинах земли. В нижнем Аду грешник согласен с наказанием, назначенным ему, и просит, чтобы подняли его оттуда на основании праведного поступка, совершенного перед смертью.

(«Эвен Шломо», п. 32, стр. 10)

Каждому – то, что он заслужил; на основании ступени, на которой совершил грех свой грешник, определяют для него место в Аду.

(«Зоар», Трума, стр. 150-б., 2)

В каждом отделе и отделе есть ангел, отвечающий за это место. А в руках Домэ находятся свыше нескольких тысяч ангелов, наказывающих грешников, – каждого по заслугам, в том отделе, где он находится.

(«Зоар», Трума, стр. 150-б.,2)

Первый отдел называется Бор (пустой колодец) – это верхний отдел, там несколько ангелов разрушения. Так же, как и в пустом колодце, там нет воды, но есть в нем змеи и скорпионы. Поэтому и называется Бор, а несколько групп ангелов разрушения – как змеи и скорпионы, – нет в них сожаления.

Трое ответственных властвуют в Аду. Они подчинены Домэ. Это: Машхит, Ах и Хама. Все остальные ангелы подчинены им. Все эти ангелы бегают и судят души грешников, наполняя Ад криками, их голос слышен в бездне. И вопли грешников между ними слышны: «Горе, нет нам милосердия!»

Второе отделение называется Шахат – это зеленое пламя. Только темнота находится там, а милосердия – нет.

(«Мидраш Рут»)

Первое отделение сверху называется Бор. Это самый легкий отдел. В этом отделе судятся прерывающие учебу для постороннего разговора, не проявляющие уважение ученика к Мудрецу, проклинающие глухого, обходящие синагогу в час, когда остальные молятся, рассказывающие о достоинствах товарищей тем, кто их ненавидит.

Второе отделение называется Шахат. В этом отделении судятся осуждающие товарищей, возражающие не с целью учебы, гордящиеся, но не величием Небес, гордящиеся позором своих товарищей, радующиеся неудачам товарищей в изучении законов, избегающие молиться в синагоге, принимающие участие в трапезе, количества которой не хватает самим хозяевам, подымающие руку на товарищей, хотя и не бьющие, проклинающие своих товарищей.

Третье отделение называется Думэ. В этом отделении судятся те, у кого грубый характер, хвастающиеся своими познаниями перед обществом, но не ради Небес, говорящие плохое о ком-то или о чем-то, не обращающие внимания на замечание, не оправдывающие своих товарищей, поощряющие ссорящихся, стыдящие своих товарищей не по закону, мешающие произнести «амен», разговаривающие во время молитвы, жалующиеся на товарищей, увидевшие плохое в товарище и не объяснившие это скромно.

Четвертое отделение называется Тит Эвен. В этом отделении судят говорящих с бесстыдством и в бешенстве, видящих нуждающихся и не дающих им в долг, задерживающих плату работнику, занимающихся онанизмом, ложащихся с женщиной иной веры, обманывающих дающих ссуду, берущих взятку.

Пятое отделение называется Шауль. В этом отделении судят осуждающих правительство, вероотступников, не верящих в Тору, не верящих в воскрешение мертвых.

Шестое отделение называется Цальмавет. В этом отделении судят переспавших с нечистой женщиной.

Седьмое отделение называется Тахтит аАрэц. В этом отделении судят явившихся причиной для совершения греха многих, погрязших глубоко в грехах.

(«Мидраш Рут»)

Сверху над сушей – бездна, над бездной – пустота, над пустотой – море, над морем – вода, над водой – цитадель, над цитаделью – Шауль, Авдун, Беэр, Шахат, Тит Эвен, Ворота смерти, Ворота Цальмавет, Ад с грешниками и ангелы разрушения, поставленные над ними, и мрак обволакивает, как городская стена, и суд грешников проходит там жестоко и больно, как сказано: «Грешники во мраке кровоточат».

- Верхний отдел – Шауль, высота его в триста лет, ширина его – триста лет, толщина его – триста лет (Брайта де Маасе Берейшит).
- Второй отдел – Авдун, высота его в триста лет, ширина его – триста лет, толщина его – триста лет.
- Третий отдел – Бар Шахат, высота его в триста лет, ширина его – триста лет, толщина его – триста лет.
- Четвертый отдел – Тит Эвен, высота его в триста лет, ширина его – триста лет, толщина его – триста лет.
- Пятый отдел – Шаарей Мавет, высота его в триста лет, ширина его – триста лет, толщина его – триста лет.
- Шестой отдел – Шаарей Цальмавет, высота его в триста лет, ширина его – триста лет, толщина его – триста лет.
- Седьмой отдел – Геном, высота его в триста лет, ширина его – триста лет, толщина его – триста лет.

Получается, что размеры Генома – шесть тысяч триста лет. Пламя Ада в шестьдесят раз сильнее пламени Шаарей Цальмавет, пламя Шаарей Цальмавет в шестьдесят раз сильнее пламени Шаарей Мавет, пламя Шаарей Мавет в шестьдесят раз сильнее пламени Тит Эвэн, пламя Тит Эвен в шестьдесят раз сильнее пламени Бар Шахат, пламя Бар Шахат в шестьдесят раз сильнее пламени Авдун, пламя Авдун в шестьдесят раз сильнее пламени Шауль, а Шауль – наполовину огонь, наполовину град.

Грешников, которые внутри него, когда выходят из огня, давит град, когда выходят из-под града, придавливает и зажигает их огонь. Ангелы поставлены над ними следить за душой, что в теле, как сказано: «Червь их не умрет, огонь их не потухнет».

Семь Адов создал Творец. В каждом из них семь отделов. В каждом отделе семь свечей с огнем и семь свечей с градом. Каждый шириной в тысячу ама, глубиной в тысячу ама, длиной в триста ама. Следуют они один за другим, и каждый грешник, проходя их, сгорает на месте.

Четыре тысячи ангелов разрушения, поставленные над ними, оживляют их, ставят на ноги и сообщают им, что все их поступки плохи, все пути их испорченны, говоря: «Сейчас вы прошли перед нами в потоке огня, в реке града, в струе огня и снегопада за то, что не выполняли законов Торы и Заповедей, которые дал вам Творец на горе Синай. Но вы не испугались огня Ада и суда Авдуна, так идите же и дайте отчет за ваши действия».

(«Мидраш Рут»)

Если человек касается каким-либо органом своего тела яда смерти, мгновенно этот орган отпадает от тела, ступни прирастают к земле и человек падает. А ангелы разрушения стоят, окунают каждый орган, оживляют его, ставят тело на ноги, и взыскивается с него.

Даже абсолютный праведник должен пройти Ад. Но только выполненные им Заповеди защищают его, чтобы огонь Ада не охватил его.

(АГР"А, «Мишлей», стр. 28, п. 8)

Все праведники также должны пройти через Ад, но только они пройдут через первое отделение, а не через все остальные отделения Ада.

(АГР"А, «Мишлей», п.10, стр. 28)

Кем были выполнены мельчайшие подробности Заповедей – тот не услышит никаких упреков и не пойдет в Ад.

(АГР"А, «Мишлей», стр. 28)

Совершившие грех по отношению к творениям находятся в Аду. Пока не пройдет через Ад какой-нибудь праведник, который поднимет их. Совершившие грех по отношению к Творцу будут ждать, пока не пройдет праведник, но смогут только выйти из Ада и не попадут в Рай до тех пор, пока не появится праведник и не попросят его впустить их.

(АГР"А, «Мишлей», стр. 28, п. 19)

Каждый возгордившийся упадет в Ад, как сказано: «Намеренно насмехающийся становится во время греха злоумышленником».

(«Бава Батра», стр. 10-б, 2)

Ад – Чистилище – Рай

Сказал рабби Йонатан: «Над каждым злобствующим властвует различного вида Ад, как сказано: «Убрал злость из сердца, перестало быть плохо твоему мясу, а плохо – это Ад», как сказано: «Все сотворено Творцом для человека, даже грешник на плохой день».

(«Недарим», стр. 22, п. 1)

Для каждого прегрешения есть свой отдел и особая разновидность Ада. У злящегося нет контроля над действиями, и он в состоянии совершить различные прегрешения в мире. Поэтому есть для него особый Ад. Но различного вида Ад властвует над ним.

(«Хафец Хаим», Шмират аЛашон, Шаар аТвуна, 13)

Сказал рабби Шимон бен Лакиш: «Каждый злящийся падает в Ад».

(«Авода Зара», стр. 18, п. 2)

Сказал Раба бар Шила: «Сказал рабби Хисда: каждому оскверняющему свой рот – углубляют для него Ад».

(«Шаббат», стр. 33, п. 1)

Все спускающиеся в Ад поднимаются, кроме трех, что спускаются, но не поднимаются. Один из них – оскорбляющий товарища перед людьми, обзывающий товарища.

Каждый человек, пребывающий в плохом настроении, пусть даже будет великим, как Моше Рабейну, не уйдет от суда Ада.

(«Кала Рабатай», часть 9, Алаха 23)

Сказал рабби Хисда: «Сказал рабби Акива: «О каждом произносящем плохое сказал Творец министру Ада: «Я сверху его, а ты снизу его, и судить будем».

Но за такие нарушения запретов, как сквернословие, насмешки, клятвы, обещания, споры, ругательство в синагоге в субботу и в праздник, должен будет спуститься в Шауль Тахтиет, очень низко, и за каждое отдельное нарушение будет страдать и испытывать большие неприятности.

(«Игерет АГР"А», Листья для лекарства)

Вор должен пройти через семь отделов Ада, причем, удвоенных. Затем, в будущем мире, его товарищ получит его часть, как сказано: «Праведник получит свою часть и часть товарища в Райском Саду». Это возможно исправить, только совершив круговорот и купив в нем заново свою часть.

(АГР"А, «Мишлей», стр. 6, п. 31)

Умножающий разговор с женщиной причиняет себе зло, аннулирует слова Торы и в конце приобретет Ад.

(«Авот», ч. 1, Мишна 5)

Человек должен постоянно опасаться привести себя к греховным мыслям, как сказано: «Не пойдет человек за женщиной на базар, но пойдет в место, где каждая вещь позволяет сохранить бдительность». Поэтому сказано, что беседующий извращенно с женщиной, чтобы посмотреть на нее, даже если был совершенным из совершенных, о нем говорит написанное: «Рука руку не очистит от плохого, т.е. не очистит от суда Ада».

(«Ирувин», стр. 18, п. 2)

Сказал Раба: «Каждый пристающий к замужней женщине, даже учащий Тору, осуждается на наказание Ада».

(«Сотэ», стр. 4, п. 2)

Каждый спускающийся в Ад поднимется. Кроме трех, которые спускаются и не поднимутся, и это: переспавший с замужней женщиной...»

(«Бава Мециа», стр. 58, п. 2)

Сказал рабби Дими: «Сказал рабби Йонатан: каждый отдаляющий себя от слов Торы, падает в Ад».

(«Талмуд», Хагига, стр. 21, п. 7)

Шесть отделов Ада. Каждый состоит из десяти. Шестой включает в себя все остальные. Судят там тех, кто имел возможность учиться, но не учился.

(АГР"А, «Мишлей», стр. 95, п.2)

Даже праведника, если у него есть сын грешник, изгоняют из Райского Сада, чтобы боялся мучений своего сына.

(АГР"А, «Мишлей», стр. 29, п. 17)

Сказал рабби Авиу: «Сказал рабби Элиэзер: над учениками Мудреца огонь Ада не властен».

(«Талмуд», Хагига, стр. 27, п. 1)

Два вида суда проходит над человеком после его смерти: Ад и Могильные наказания. Ад для души и Могильные наказания для тела. Но Тора спасает от всего.

(АГР"А, «Мишлей», стр. 17, п. 24)

Сказал Господь: «Благодаря Торе Я спасу вас от Ада». И Аврааму, праотцу нашему, Творец показал Тору и Ад. Сказал ему Творец: «Все дни, что твои сыновья будут заняты Торой, они спасены».

(«Мидраш Раба», Пкудей, стр. 51, п. 7)

Каждый, кто поступает милосердно, даже суда Ада не видит.

(«Масехет Смахот»)

Каждый, кто принимает гостей, даже суда Ада не видит.

(«Масехет Смахот»)

Сказал Раба: «Каждый, накладывающий тфилин, покрывающий себя талитом, произносящий «Слушай, Исраэль» и молящийся – обещан ему будущий мир».

(«Талмуд», Минхот, стр.43)

Будь осторожен в произношении «Слушай, Исраэль», чтобы спастись от суда Ада.

(«Талмуд», Дерех Эрец, ч. 7, стр. 20)

Сказали мудрецы: «Молящийся с намерением даже суда Ада не видит».

(«Талмуд», Смахот)

Сказал рабби Хама рабби Ханина: «Каждого произносящего «Слушай, Исраэль» и следящего за точным произношением букв – очищают его от Ада».

(«Талмуд», Брахот, стр. 16, п. 2)

Сказал рабби Ишмаэль: «Каждый отделяющий от своего дохода и дающий на милостыню спасен от Ада».

(«Талмуд», Гитин, стр. 7, п. 1)

Сказал рабби Меир: «Если Господь Б-г любит нищих, почему тогда не обеспечивает их?» Ответил: «Чтобы спасти нас с их помощью от суда Ада».

(«Талмуд», Масехет Бава Батра, стр. 10, п. 1)

Сказал Рав: «Каждый посещающий больного спасен от Ада».

(«Талмуд», Недарим, стр. 40, п. 1)

Сказал рабби Шимон бен Пази: «Сказал рабби Иешуа бен Леви: «Каждый совершающий три трапезы в субботу спасен от суда Ада».

(«Талмуд», Шаббат, стр. 118, п. 1)

Кто пишет хорошо тфилин и завязывает узлы по своей возможности, велико его вознаграждение и спасен от Ада.

(«Мишна Брура», 32, 20)

Сказали мудрецы: «Тот, у кого жена властвует над ним, не увидит лица Ада».

(«Талмуд», Мидраш Шофтим, 81)

Райский Сад. Первые врата находятся в Маарат аМахпела. В Маарат аМахпела душа встречает Адама и святых праотцев. ...Адам произносит: «Освободите место, мир идущему».

(«Зоар», Лех Леха, стр. 81 б.1)

Оттуда душа подходит ко вторым вратам. Во вторых вратах она встречает крувим. Это ангелы разрушения со щитом и вращающимся мечом, их обязанность охранять путь к Древу Жизни. Если душа заслуживает, то получает разрешение войти.

Через вторые врата душа попадает в Нижний Райский Сад. Во вратах Нижнего Райского Сада душу ждут четыре ангела: Михаэль, Габриэль, Уриэль и Рафаэль. Эти ангелы держат в руках духовную одежду, созданную человеком при выполнении заповедей в течение его жизни. На прибывшую к вратам Нижнего Райского Сада душу четыре ангела надевают ее одежду перед входом в Райские Сады. В Нижнем Райском Саду душа находится до тех пор, пока полностью не очистится от всех грехов.

После полного исправления душа готова подняться в Верхний Райский Сад. Выходит глашатай и объявляет: «Такой-то душе пришло время подниматься в Верхний Райский Сад».

В Нижнем Райском Саду установлена лестница, сделанная из облака и клипы «нога». Высота этой лестницы достигает Небесных врат. Если душа заслужила, она поднимается по этой лестнице к третьим Райским вратам.

Третьи Райские врата находятся напротив бездны Зэвуль. В этой бездне находятся Верхний Иерусалим, Верхний Храм и Верхний Жертвенник. Если душа заслужила, она входит в третьи Райские врата и восхваляет Творца в Храме.

От третьих Райских врат ангел Михаэль сопровождает душу к четвертым Райским вратам. Душа проходит через четвертые, пятые, шестые врата и подходит к седьмым Райским вратам, называющимся «Аравут».

В седьмых Райских вратах существуют семь отделов. Пятый отдел называется «Аава». В этом отделе есть две сокровищницы: одна называется «Гуф аНешамот», а другая называется «Гинзэй Хаей аОлам». В «Гуф аНешамот» находятся все души перед нисхождением в этот мир.

«Гинзей Хаей аОлам» предназначен для душ праведников, которые уже были в этом мире и закончили как положено свою миссию. Ангел Михаэль вводит душу в «Гинзей Хаей аОлам», и здесь она наслаждается свечением от присутствия Творца...

(«Эц Йосеф», Бамидбар Раба, 14, п. 2)

Напишу тебе строку хорошего и великого утешения для мучеников изгнания и власти уничтожения. Тем, которые умерли за святое Имя, не видели хорошего, не видели строительство Храма и работы в нем. Время оживления мертвых — в конце шестого тысячелетия. Они сразу войдут в мир Субботы, мир Душ. Поэтому сказано, что есть два вида оживления: частное — для тех праведников, что умерли в изгнании и не увидели хорошее, и общее — в конце шестого тысячелетия.

(«Мигдаль Давид», стр. 83, п. 1)

Пробудятся в радости, увидя сыновей своих, вставших из могил, и страна полна праведников и милосердных.

(«Талмуд Ирушалми», ч. 9, п. 3)

В будущем все излечится.

(«Мидраш Берейшит Раба», стр. 30)

Откроются глаза слепых, и уши глухих откроются, и заговорит язык немого.

(«Ишая», стр. 35, п. 5)

Все, что ударил Творец в этом мире, вылечит в будущем.

(«Мидраш Берейшит Раба», стр. 95)

Каким человек уходит, таким он возвращается. Уходит слепым – приходит слепым; уходит глухим – приходит глухим. Сказал Творец: «Встанут, как ушли, и затем Я вылечу их».

(«Мидраш Берейшит Раба», ч. 95)

Когда вышли Исраэль из Египта, были среди них калеки. Сказал Творец: «Есть запрет на дарование Торы калекам». Что сделал? Сказал прислуживающим ангелам, и спустились они, и вылечили их.

(«Мидраш Берейшит Раба», стр. 7, п. 1)

Есть 248 частей в человеке и, как следствие этого, 248 исполнительных заповедей «таасэ». Поэтому пренебрегающий какой-нибудь заповедью убивает себя, так как ему начинает недоставать положительной силы от той части.

(АГР"А, «Мишлей», стр.13)

Я умерщвляю и оживляю, Я разрываю и Я излечиваю, и нет спасения от Моих рук.

(«Хафец Хаим")

В то время те, которые не почувствовали вкус смерти, от Творца получат смерть свою, а затем мгновенно поднимет их.

(«Зоар», ч. 2, стр. 108, п. 2)

Умершие праведники и поднявшиеся во время оживления мертвых, так как были мертвы, освободятся от заповедей, но живые праведники и существующие в будущем или поколение, которое родится затем, должны будут выполнять заповеди, как и мы сегодня.

(АРИ"Ц, «Хулин», стр. 67)

Желание Творца – насладить творения, поэтому дал право выбора в руки человека: выполнять заповеди и получать оплату за свое усилие, как желает Творец. Или пойдут против желания Творца – действием человека оплатится ему. Если выполнит желание своего Творца, получит хорошую оплату, если согрешит – умертвит его Творец и создаст второй раз, и так два или три раза, пока не исправит то, что возложено на него.

(АГР"А, «Пояснения к Мишлей», стр. 14)

Сидят праведники, и короны на их головах, и наслаждаются сиянием Шхины.

(Рамба"м, «Игерет «Тхият Метим»)

И вот наступает день, пышущий как печь, и всех ярых грешников и совершивших нарушения охватит огонь наступающего дня... И взойдет для вас, убоявшихся имени Моего, солнце Милосердия и исцелит вас под крыльями Моими.

(«Малахи», стр. 3, 20)

Творец извлек солнце из укрытия – праведники излечатся под ним, а грешники осудятся им.

(«Нэдарим», стр. 8, п. 2)

Сказал Элияу: «Я вижу как мертвые поглощаются, и прах их становится как и был раньше, а прислуживающие ангелы открывают могилы их и бросают в них души и жизнь, и ставят их на ноги. А каждого, заслужившего Суд, бросают в страх, как сказано: «Вышли и увидели трупы людей, согрешивших Мне».

(Рамба"н, «Шаар аГмуль»)

...И на третий день поднимемся и предстанем пред Ним, а Творец приведет все народы и языки и осудит их.

(«Ялкут», Шмират Нэфеш, ч.4, 1)

День этот – день тьмы и ужаса, день страха и кошмаров.
(«Оцар Мидрашим», стр. 1300)

Если он достоин для оживления из мертвых, то достоин и для прекрасного тела и души в то же время.

(Рамба"н, «Шаар аГмуль»)

Многие встанут из сна пепла земли, эти – на вечную жизнь, а эти – для позора и вечного унижения.

(Рамба"н, «Шаар аГмуль», стр. 12)

Три группы для Судного дня:
- одна – полных праведников,
- одна – полных грешников,
- одна – для средних.
- Полные праведники записываются и определяются немедленно к вечной жизни;

- Полные грешники записываются и определяются немедленно в Ад;
- Средние – спускаются в Ад, кричат и плачут от страданий, а затем поднимаются.

(«Талмуд», Рош аШана, стр. 16-17)

Кто те, которые считаются грешниками Израиля? Ответил рав: «Те, которые не накладывают тфилин».

Грешники Израиля и грешники народов мира спускаются в Ад и наказываются там в течение двенадцати месяцев. После двенадцати месяцев наказаний их тела уничтожаются, души сжигаются, дух разбрасывается – и превращаются они в пепел под ногами праведников.

Но обращавшие живые слова Творца во зло, передавшие богатство Израиля идолопоклонникам, отступившие от веры в Тору – хотя и не совершали грехов, но отделились от народа Израиля, не совершают принятых заповедей, а идут своим путем, как любой из народов мира, будто и не евреи они, – нет для них места в будущем мире.

(Рамба"м, «Илхот Тшува», ч. 3)

В этот Судный день покажет Творец во всех частях мира, что такое Ад и что такое Рай, со всеми их частями и отделениями. Ворота Рая откроются на Востоке, ворота Ада откроются над рекой Йешуа.

(«Мидраш Рашби»)

Сказал Творец: «Не входите ко мне толпой, а входите каждый и каждый народ». Сразу вошло пред Ним царство Рима. Спросил их Творец: «Чем занимались?» Отвечают Ему: «Владыка Мира! Много дорог построили, много зданий возвели, много серебра и золота заработали – и все это сделали для Израиля, чтобы занимались Торой».

Сказал им Творец: «Обманщики мира, все, что сделали, сделали для своих нужд: дороги – перевозить по ним продажных женщин, дома – отдыхать в них самим, серебро и золото – принадлежит Мне». Мгновенно вышли опечаленные... Как только вышло царство Рима, вошло царство Персии... – и так каждый из народов.

(«Авода Зара», стр. 2-3)

Творец приводит каждый народ и язык и спрашивает: «На кого работали в ушедшем мире и кому поклонялись?» Отвечают они: «Божеству серебра и божеству золота». Сказал Творец: «Проведите их и их божества через огонь – если смогут спасти вас, спасетесь». Затем приходит Израиль. Спрашивает их Творец: «Вы на кого работали?» Сразу ответили: «Так как Ты – Отец наш, Авраама не знали, с Яаковом не знакомы, Ты – Господь Отец наш. Были в изгнании ради Имени Твоего». Мгновенно Творец спасает их от суда Ада, помещает в Рай, сидят они и наслаждаются райскими плодами.

(«Мидраш Танхума», Шофтим)

Если сможете хранить Субботу, спасетесь от дней Гога и от уничтожающей силы Машиаха, от Великого Судного дня.

(Рамба"н, «Шаар аГмуль»)

Река Динор. Там отбеливают души для поднятия в страну Жизни. Невозможно попасть в Верхний Райский Сад, пока не перешел реку Динор.

(АГР"А, «Дварим», 1, Йона, 1)

Есть два вида очищения души:
- в Аду, что на земле: он исправляет то, что пострадало от огня дурного начала, преступившего в выполнении заповедей;
- очищение из-за того, что не освятил себя. Второй раз душа очищается в огне, после того как побывала в Нижнем Райском Саду. Все это время она не отдалялась от этого мира, и поэтому, когда поднимают ее вверх, необходимо отделить ее от каждого объекта этого мира. Поэтому проводят ее через реку Динор, где она отбеливается. Выходит душа из реки и показывает перед Владыкой мира, что она чиста со всех сторон.

(«Зоар», Ваикэль, стр. 211)

Грешники, наполненные большой злостью, остаются и не могут подняться из реки Динор.

(АГР"А, «Агадот», стр. 4-5)

Четыре головы животных несут Престол Величия, и от их пота происходит река Динор.

(«Зоар», Ваикэль, стр. 211)

Вступающий в Высший мир видит, какие наслаждения уготованы находящимся там, сознает, что предпочтительнее всю жизнь страдать и умереть от голода, лишь бы заслужить каплю высшего наслаждения.

(Рамба"н)

Причина страдания души в том, что когда человек в своей жизни гнался за наслаждениями и материальными приобретениями, он отделил этим свою душу от заповедей и выполнения желания Творца. А ведь природа души – в выполнении желания Творца. А человек изменил природу души на обратную желанию Творца до такой степени, что отпечаталось в ней вожделение и желание к материальному. Поэтому когда отделяется душа от тела – нет ей покоя и нет ей места, нечего делать в том мире с наслаждениями и вожделениями, к которым привыкла в этом мире, ведь нет там от наслаждений этого мира ничего.

(Рабби Элияу, «Письмо от Элияу»)

В каждом месте есть множество помещений, уготованных для каждого праведника поколения. И в каждом помещении есть многочисленные отделения для каждого, подходящие ему.

(«Ницуцей орот», Хаей Сара)

У каждой заповеди есть тысячи помещений для выполняющих заповеди, для каждого в зависимости от выполнения заповедей: от страха или от любви, с полной ли отдачей души, в зависимости от размера страданий, которые перенес ради выполнения заповеди. Вознаграждение каждого за свои поступки, за свою работу каждый вкушает от постижения свечения Божественного присутствия, высших наслаждений, таких прекрасных, что даже мельчайшее наслаждение Высшего мира невозможно передать и представить в нашем разуме.

(«Магид Мэсарим»)

О ПОСЛЕДНИХ ДНЯХ И МАШИАХЕ

Говорят, что имя Машиаха бен Йосефа – «Менахем бен Амиэль», а есть утверждающие, что его имя «Нехемия бен Хошиэль».

(«Пиркей де рабби Элиэзер», перек 19)

Машиах бен Йосеф появится немного раньше Машиаха бен Давида. Машиах бен Йосеф появится на четыре года раньше Машиаха бен Давида.

(«Мидраш Теилим», 60)

Необходимо подготовить мир к приходу Машиаха бен Давида.

(«Эмунот вэ Деот», статья 8)

Бороться с грешниками народов мира, приносящими несчастье народу Израиля, в особенности с Эдомом, потомством Эйсава, и с их правителем Ирмилусом.

(«Оцар Мидрашим», Эрех Машиах)

Вызволить сосуды Храма, находящиеся во владении царя Еленус.

(«Оцар Мидрашим», Эрех Машиах)

Уничтожить потомство Амалека.

(«Эц Йосеф», Бамидбар Раба, 14, п. 2)

Разрушить царство Эдом, которое будет властвовать над всем миром.

(«Оцар Мидрашим», Эрех Машиах, стр. 391)

Уничтожить власть Ишмаэля.

(«Тора Шлема», Берейшит, 16, п. 12)

И будет потомство Эйсава отдано только в руки потомства Йосефа.

(«Бава Батра», стр. 123, п. 2)

Эдом и Ишмаэль перемешаются этот с этим.

(«Мидраш Теилим», 2)

После того как Машиах бен Йосеф разобьет царство Эдом и Ишмаэля в Иерусалиме, царь Эдом соберет всех своих воинов и выйдет на него войной. Но он и его солдаты попадут в руки Машиаха бен Йосефа. И овладеет Машиах бен Йосеф землей Израиля, а народ Исраэль вернется на нее в течение пяти лет.

(«Швилей Эмуна», Путь 10, б. 1)

Машиах бен Йосеф погибнет от рук многочисленных гоев, пришедших с войной на Иерусалим.

(Маарш"а, «Сукка», 52, п. 1)

Это будет на шестой год после возвращения народа Исраэль на землю Израиля. Царство Персидское встанет войною на Машиаха бен Йосефа, и он будет пронзен мечом во вратах Иерусалима.

(«Швилей Эмуна», путь 10, б. 1)

Народы мира не узнают о смерти Машиаха бен Йосефа, так как если будет известно им об этом, то они уничтожат весь Израиль.

(«Теилот аШем», ч. 3, стр. 240)

После смерти Машиаха бен Йосефа наступит период несчастий для народа Израиля: весь народ Израиля разбредется по пустыне, по лесам, по горам и пещерам. Они будут страдать от голода и жажды, будут питаться растениями пустыни.

(«Швилей Эмуна», ч. 10, п. 1)

Через сорок дней после смерти Машиаха бен Йосефа придет Машиах бен Давид отомстить за смерть Машиаха бен Йосефа и оживить его.

(«Теилот», 5)

Когда придет Машиах бен Йосеф освободить Исраэль, это будет происходить так: сыны Израиля соберутся в Верхнем Галиле, оттуда будет наблюдать за ними Машиах бен Йосеф; собравшись, они вместе поднимутся в Иерусалим. И весь народ Исраэля присоединится к захватывающим Иерусалим, и победят весь мир, и построят Храм.

Спустится огонь с небес и коснется страны Моав, сжегши половину ее, а остальные станут выплачивать дань Царю Машиаху – и приведут страдания к миру, как сказано: «И вернул Я возвращение Моав». И так будет сорок лет.

После сорока лет придет к ним царь Гог Магог, как сказано: «И выстроятся ангелы земли и властелины, объединятся во Имя Творца и Его освобождения».

(«Ирмияу», 48:47; «Теилим», 2:2; «Даниэль», 12:1)

В освободительный год Йеошуа захватит царя Ашур, Шомрон освободит Исраэль и вернет их.

(«Книга Ангелов», 2, стр. 17, 6)

Останутся два колена – Йегуда и Беньямин. Два эти колена соберутся в Иерусалиме и его окрестностях под царствованием Хизкияу. До этих мест не доберется царь Ашур.

(«Санедрин», ч. 2, стр. 94)

В трех видах изгнания находились Исраэль:
• одно – внутрь реки Самбатион;
• одно – перед Антиохием;
• одно – когда спустилось на них облако и покрыло их.

(«Талмуд Йерушалми», Санедрин, ч. 10)

Ирмияу вернул десять колен в страну Израиль, а Ишайя бен Эмун стал царем над ними.

(«Талмуд», Мегила, 14; 2)

Десять колен не вернутся в будущем, как сказано: «Отправлены они в другую страну, как этот день: этот день уходит и не возвращается, так и они уходят и не вернутся».

(«Талмуд», Санедрин, стр. 110, 2)

И будет в тот день, вострубит большая труба, и придут потерянные из страны Ашур и отторгнутые из страны Египетской, и преклонятся перед Творцом на Святой горе в Иерусалиме.

(«Талмуд», Санедрин, 13)

Десять колен в будущем поднимутся в страну Исраэль до прихода Машиаха бен Давида.

(«Мидраш Раба»)

Рабби Ханания бен Доса сказал: «Тот олень, который был создан в сумерки, не было сделано им ничего впустую. Пастбище этого оленя – это основа внутреннего жертвенника. Сухожилия его были, как десять струн скрипки, на которой играл Давид. Его кожа из области поясницы Элияу – хорошенько запомни. Два рога – две трубы. Левый рог – это рог, в который трубил Творец на горе Синай. Правый рог больше левого рога, и он в будущем вострубит и воссоединит десять колен, как сказано: «И будет в тот день, вострубит в большую трубу, и придут потерянные из страны Ашур и отторгнутые из страны Египетской, и преклонятся перед Творцом на Святой горе в Иерусалиме».

(«Пиркей де рабби Элиэзер»)

Вызволил Творец Яакова, освободил от твердой руки Своей.

(«Ирмияу», 31:11)

В это время приведу вас и соберу вас, так как дам вам благословение среди всех народов мира.

(«Цфания», 3; 20)

Творец прощает им грехи, прощает снизу, и они идут по ним, пока не дойдут до подножья Масличной горы в Иерусалиме. Творец стоит на ней, и поднимаются они по ней, как сказал Захария: «Стояли ноги Его в тот день на Масличной горе, которая перед Иерусалимом, и разделилась Масличная гора на восточную половину и на...»

(«Псикта Рабатай», гл. 32, п. 10)

Спустил Творец на Исраэль облака величия, и окутал их, и пронес их, как сказано: «Перенес их на крыльях орла...»

(«Шмот», стр. 19, п. 4)

Бен Давид придет только в поколении, которое полностью заслужило его появления или совершенно недостойно его появления.

(«Гмара», Тр. 43; п. 6)

Он освободит Исраэль от всех грехов. Даже грехи не помешают освобождению, так как Он освободит Исраэль от всех грехов.

(«Псалмы», 130:8)

Кто, как Ты, Господь, прощающий грехи и не обращающий внимания на нарушения. Те, кто останется после прихода Машиаха, – Творец не будет принимать во внимание их нарушения и производить над ними расчет. Он пройдет мимо нарушений и пойдет дальше, будто не видя их. Не посмотрит вовеки на их поступки, потому что Милостив Он. Милосердие Его превзойдет их грехи, когда придет время освобождения.

(«Миха», стр. 7, п. 18)

Совершившим «возвращение» и не совершившим «возвращения», так как пришло время, освободит их Творец из рук угнетателей, как сказано: «Я, Господь, возвращающий».

(«Мидраш Танхума», 107)

Сказал рабби Йоханан: «Сказал Творец Исраэлю: несмотря на то, что установил Я время возврата, как для совершивших «возвращение», так и для не совершивших «возвращения», вовремя придет оно».

(«Мидраш Раба», Шмот, стр. 25, п. 16)

Даже если нет у Исраэля благочестивых поступков, совершает Творец для него, как сказано: «Так как близко Мое освобождение к приходу».

(«Мидраш Раба», Шмот, стр. 30, п. 24)

Когда Исраэль в изгнании, если они заслужили, Творец смилуется над ними, выведет их из изгнания, а если не заслужили, задержит их в изгнании до конца отведенного времени. А если придет время, но не будет им положено освобождение, Творец ради Имени Своего не забудет их, как сказано: «И вспомнил Я союз свой с Яаковом».

(«Зоар», Ахарэй, стр. 86)

Сказано: «Если увидит Господь, что не в силах народ выдержать больше страданий, то умножатся наши долги, останутся проданными до года освобождения, и выйдут в год освобождения, и вернутся к себе, так как есть конец изгнанию, даже если весь Исраэль, не дай Б-г, окончательные грешники».

(«Ваикра», 25:28)

И вырвал каменное сердце из вашего мяса и дал вам сердце из мяса.

(«Ихезкель», 36:26)

В конце дней

Рабби Эльазар сказал: «Если Исраэль совершают «возвращение», освободятся».

(«Талмуд», Санедрин)

Шесть тысяч лет было скрытие. Две тысячи – хаос, две тысячи – Тора, две тысячи – дни Машиаха.

(«Талмуд, Санедрин, 97; «Авода Зара»)

В этот день поднимется Падающая Сукка Давида.

(«Амос», 9)

Когда падает дом, разрушается его первое предназначение. Когда возвращаются и строят, это уже будет новый дом, и он не будет называться поднявшимся старым домом. Но Сукка с легкостью восстанавливается, и поэтому восстановление относится именно к ней, и она очень легко возвращается к своему предназначению. Так же малхут Дома Давида: когда готовится к восстановлению после падения, называется малхут «Падающая Сукка Давида», но очень близка она к восстановлению.

(Маара"ль из Праги)

Хотя состояние падения – это нежелательное состояние, все же оно предпочтительнее других состояний, так как состояние падения – это временное состояние, после него есть возможность подняться и стоять.

(Маара"ль из Праги)

Царь Машиах, конечно, будет праведником, рожденным от мужчины и женщины, и будет расти в праведности до конца жизни, и удостоится своими поступками высших светов нэфеш, руах, нэшама. В день конца, снизойдет нэшама дэ-нэшама его, принадлежащая Райскому Саду, и будет вручена этому праведнику – и тогда заслужит стать освободителем.

(Хаим Виталь, «Арба мэот шекель кесэф», стр. 78, п. 2)

В день, когда был разрушен Храм, сразу же был рожден один в праведности своей быть освободителем. Когда наступит время, откроется ему Творец и пробудит в нем дух Машиаха, скрытый до этого для будущего.

(«Хатам Софер», ч. 6, п. 98)

До прихода Бен Давида я должен раскрыть: как был Моше Рабейну первым освободителем, состарился до восьмидесяти лет, и не знал, и не почувствовал сам, что он будет освободителем Израиля, и даже когда сказал ему Творец: «Тебя пошлю к Паро», – все равно отказался и не хотел принять эту миссию на себя, так же будет, когда назначит Творец последнего освободителя – как было у первого освободителя, так будет и у последнего освободителя. И этот праведник сам не будет заранее знать.

(«Хатам Софер», ч. 6, п. 98)

Машиах, в этот последний день, заслужит стать освободителем, и тогда сам узнает, что он Машиах.

(Хаим Виталь, «Арба мэот шекель кесэф», стр. 78, п. 2)

Машиах как будто спал вначале, а когда придет нэшама дэ-нэшама, пробудится в нем сила пророчества, и заслужит Машиах душу, открывшуюся в нем, и сам убедится, что он – Машиах. После этого откроется Машиах полностью, и признает его весь Израиль и соберутся вокруг него.

(«Ор Хохма», стр. 7, п. 1)

Когда пробудится царь Машиах, множество знаков и чудес произойдет в мире.

(«Зоар», ч. 2, стр. 8)

И вот на нем Дух Творца, Руах Хохма и Бина, Руах Мудрости и Мужества, Руах Знания и Страх Божий. И не будет судить по увиденному глазами, и не будет убеждаться по услышанному ушами.

(«Псуким», ч. 11, 2-3)

Кто ты, огромная гора перед Зарубавель? Это Машиах бен Давид. Почему называют его Большая гора? Так как он – наибольший из отцов наших, больше праотца нашего Авраама, более Ицхака, выше Яакова и Моше, и поднялся он, как ангелы.

(«Йеошуа», 247)

И вот, появится Царь бедный и сидящий на осле (хамор).
(«Пророк Захария», 9:9)

В конце дней

Сказали старейшины, что это тот осел, которым пользовался Моше, и что снарядил Авраам, отец наш, для жертво-приношения Ицхака.

(«Пиркей рабби Элиэзер», ч. 31)

Будущее Иерусалима – стать столицей всех стран.

(«Шмот», Раба, гл. 23, б. 11)

Будущее Иерусалима – соберутся в нем все народы и все правительства.

(«Авот», Высказывание Натана, ч. 25)

И будет в конце дней, будет Храмовая Гора Творца во главе гор и высот, и пойдут много народов и скажут: «Идите и подниметесь на гору Господню, к дому Господа Яакова, так как из Циона выйдет Тора и слова Господа из Иерусалима».

(«Йеошуа» 2: 2-3)

Сидит рабби Йоханан и изрекает: «В будущем принесет Творец хорошие камни и самоцветы размером тридцать амот на тридцать амот, отгравирует их и сложит ввысь десять умноженное на двадцать, и поставит во вратах Иерусалима.

(«Бава Батра», Санедрин, 100-б., 1)

В будущем построится Иерусалим из хороших и драгоценных камней, как сказано: «И поставил Я окна и ворота из драгоценных камней. И если спросят тебя народ или идолопоклонники, говоря: «Возможно ли такое?» – ответь им: «Так было уже в дни Шломо, как сказано: «И дал Царь серебра Иерусалиму много, как камней».

(«Псикта де рав Каане», стр. 137)

Сказал рабби Беньямин Леви: «Будущие границы Иерусалима будут полны драгоценных камней, и весь народ Израиль придут и выберут из них. Потому что Исраэль в этом мире отделяются камнями, но в будущем отделятся драгоценными камнями.

(«Йеошуа», стр. 478)

В этом мире, если человек должен товарищу – идут к судье, который иногда восстанавливает мир между ними, а иногда нет. Но в дни Машиаха человек, если должен товарищу, скажет: пошли и обсудим мой долг перед царем Машиахом.

(«Псикта Рабатай», 1, п. 3)

В будущем Творец поведет и поднимет все народы мира в Иерусалим.

(«Псикта Рабатай», 1 п. 3)

Откроется Творец в нижнем Иерусалиме и очистит его от грязи народов.

(«Зоар», Шмот, стр. 17, п. 1)

Быть Иерусалиму как страна Израиля, а страна Израиля будет как весь мир.

(«Мидраш Ишайя», 703)

Поднимет Творец Иерусалим на три парсы вверх.

(«Псикта Рабатай», Недельная Глава, 75, п. 5)

Сказал рабби Йоханан: «Сделает Творец Сукку (шатер) для праведников из кожи Левиатана, а остальную кожу расстелит на стенах Иерусалима».

(«Бава Батра», 75, п. 1)

Как же можно доставить все мясо в Иерусалим, на каждую Субботу и для Новомесячья? Сказал рабби Леви: «Быть Иерусалиму как страна Израиля, а страна Израиля будет как весь мир. Но как же придут на Новомесячье и на Субботу с конца мира? Только сильные придут, исповедуют их, и приведут в Иерусалим, и утром будут там молиться».

(«Ялкут Ишайя», 703)

Ворота Иерусалима, засыпанные землей, в будущем поднимутся и обновятся, каждые на своем месте. В Субботу они открываются, и весь народ знает, что наступила Суббота. И в Новомесячье стоит Израиль и видит, как двери открываются над ними.

(«Ялкут Ихезкель», 383)

Иерусалим будет построен из всех драгоценных камней. Три ряда стен будут окружать его: одна из серебра, одна из золота, и одна из камня, сверкающего всеми цветами, каждая стена шире другой на шесть амот, снаружи трех стен – окружение огня. Тысяча четыреста восемьдесят восемь башен из драгоценного камня. В каждой башне сто двадцать ворот, сто тринадцать ама длина ворот. Двести девяносто три квадратных отверстия. Две тысячи и три бассейна находятся в нем.

Тысяча восемьдесят четыре сада. Тысяча колодцев с чистой водой в каждом уголке.

(«Псикта Тана де Элияу», ч. 22)

Как-то раз, проходя с места на место, увидел одного старика, который сказал мне: «А есть ли идолопоклонники в дни бен Давида?» Ответил ему: «Все народы и все действия, что мучили Израиль и давили на них, увидев радость Израиля, сожалели и злились в сердце, а затем ушли и больше не вернутся никогда. А все народы и все действия, которые не мучили Израиль и не давили на них, увидели радость Израиля, и было это им дорого».

(«Тана де Элияу», ч. 22)

В будущем укрепит Творец Иерусалим десятью различными и хорошими камнями.

(«Псикта де рав Каане», стр. 137)

Творец расширит границы, которые обещал праотцам нашим, и даст всю страну, которую обещал дать отцам нашим, и добавит тебе еще три города.

(«Дварим», 19: 8-9)

В дни царя Машиаха прибавятся три других к тем шести. Откуда добавят их? Города Акини, Акнизи и Акдамони, о которых был заключен договор с Авраамом, но до сих пор они не завоеваны.

(«Ялкут Шмират Нэфеш», ч. 8, 4)

До сего дня народ Израиля провел три войны против Амалека:
- первая война: после выхода из Египта;
- вторая война: накануне входа в страну Израиля;
- третья война: после того как Творец завещал Шаулю выйти войной против Амалека.

Война в дни Машиаха против противника будет вестись исключительно с помощью духовных средств. И ударила земля розгами рта его, и духом уст его умрет грешник.

(«Ишая», 11:4)

Попросил Творец сделать Хизкияу Машиахом, а Санхерив – Гог и Магог. Встало войско Санхерив окружить Исраэль, помолился Хизкияу Творцу, и пришел ночью ангел, и ударил по войску – и все тела мертвые...

(«Малахим», стр. 2, п. 19)

Сказал Творец: «Он сидит, а Я веду войну».

(«Мидраш Раба», п. 110)

Сказал рабби Аха бар Ханина: «Этот мир не как будущий мир. В этом мире на хорошие вести говорят: «Благословен Добрый и Творящий добро». На плохие вести говорят: «Благословен Истинный Судья». В будущем мире говорят: «Весь Добрый и творящий Добро».

(«Масехет Псахим», стр. 50,1)

Бедны они, целый год нет радости у них от недостатка еды и питья, нет спокойствия в работе их, но в будущем от большого наслаждения, которое будет весь год, не будет даже вспоминаться радость от праздников.

(«Масехет Шаббат», стр. 145, 2)

Все эти заповеди в будущем аннулируются в дни Машиаха и не только аннулируются, а даже станут хорошими днями праздников и веселья.

(«Илхот Таанит», ч. 19, стр. 19)

Поколение, ожидающее власти Машиаха, сразу освободится, как сказано: «И есть надежда в последние дни, и вернутся сыновья в свои границы».

(«Собрание Шимони», Ика)

Даже если в руках Израиля есть только надежда на спасение, спасутся благодаря этой надежде.

(«Ялкут Теилим»)

Цветок Давида распустится, потому что на спасение Твое надеялись каждый день. И исчезнет смерть навсегда, и вытрет Творец слезу с лица каждого.

(«Мидбар Кадмот», ч. 25, стр. 8)

В этом мире из-за дурного начала (Зла) годы сокращаются, но в будущем исчезнет смерть навсегда.

(«Мидраш Танхума», Итро)

Жизнь попросил у Тебя, Ты дал ему продолжительность дней мира вовеки.

(Рамба"м, «Игрот»)

Сказал рабби Ханина: «В будущем будет смерть только среди народов мира». Рав Йеошуа бен Леви сказал: «Не для Исраэля, и не для народов мира».

(«Берейшит Раба», 26, п. 2)

Когда наступит время умирать бен Давиду, исчезнет ангел смерти из этого мира в Исраэль, и будут говорить народы мира: «Счастлив народ случившемуся с ним».

(«Рабби Элияу», стр. 5, п. 1)

Все признают, что грешили, и наказание Адама (Первого Человека) аннулируется в дни Машиаха. Если так, то после того, как придет Машиах, смерть аннулируется для всех.

(«Рамба"н», 39)

Быть праведникам пеплом, как сказано: «И вернется пепел в землю, как и был там».

(«Шаббат», стр.152, п.2).

В каждом месте Моше, Арон и его сыновья проводили народ путем, которым шли они в дни выхода из страны Египта... С того времени мир управлялся по своим законам, как сказал Шмуэль: «Отличие этого мира от дней Машиаха только в покорении малхут».

(«Масехет Санедрин», стр. 90, п. 2)

Каждому вкушающему мясо и пьющему вино девятого Ава, написано: «И будут грехи их на костях их». Не будут оживляться кости во время оживления мертвых внутри Храма для тех, что умерли в изгнании и ожидали освобождения. Про них сказано: «Счастлив ждущий и дошедший до дней освобождения». Но существует возможность оживления в день Суда после дней Машиаха.

(«Масехет Таинит», стр. 30, п. 2)

И есть иное оживление мертвых в дни Машиаха – для праведников Израиля, которые умерли в изгнании и были полностью под властью этого мира. О них сказал Даниэль: счастлив ожидающий и дошедший...

(«Хидушей Масехет», 205, стр. 16, п. 2)

Спросил ты у меня, друг души, о времени оживления, близко ли оно к седьмому тысячелетию, с наступлением Субботы мира, полного отдохновения...

Но если так, то праведники, умершие в изгнании за святое Имя Творца, не увидят хороших дней Израиля и не будут радоваться радости. Все свои дни сожалел я об этом, пока не увидел написанное рабби: «Праведники которые умерли в изгнании, близком к приходу Машиаха, в дни Машиаха заслужат тело и душу, и увидят хорошее Исраэля и строительство Храма, и обрадуются окончанием их работы».

(«Радба"з», 1089)

«ЗОАР» О ЯВЛЕНИИ МАШИАХА
Недельная глава «Берейшит»

234-250. Как Машиах бен Йосеф, так и Машиах бен Давид, не могут раскрыться до раскрытия души Моше. Потому что малхут включается в бину и в ней, таким образом, отсутствует сама ее часть, а проявляются только первые девять сфирот иткалелут (включения) малхут в бина. Сама же она укрыта в рош Атик. По этой причине малхут делится на две части: выше хазэ – Лея, скрытый мир, откуда происходит сын Леи – Машиах бен Давид, и ниже хазэ – Рахель, раскрытый мир, откуда происходит сын Рахели – Машиах бен Йосеф.

Малхут выше хазэ имеет десять сфирот, а малхут ниже хазэ имет только девять сфирот без малхут и оканчивается в есод. Поэтому есть противоречие между Машиахом бен Йосеф и Машиахом бен Давид относительно цели конечного исправления, потому что Машиах бен Давид желает властвовать, т.е. управлять Израилем своим свойством – малхут выше хазэ, где возможен полный зивуг, от лица человека, и поэтому его свет совершенен.

Но Машиах бен Йосеф недоволен управлением Машиаха бен Давид, потому что оно из скрытого мира, свечение которого распространяется только снизу вверх и не светит сверху вниз под хазэ. И поэтому он желает властвовать и управлять Израилем, чтобы светить им от малхут ниже хазэ сверху вниз раскрытым свечением, как раскрытый мир.

И в этом заключается противоречие и противостояние между двумя Машиахами, исходящее из противоречия Давида и Шауля, потому что Шауль – сын Рахели, Машиах бен Йосеф, а Давид – сын Леи, Машиах бен Давид. И даже в каждом поколении есть представители их обоих, враждующие друг с другом. Т.е. причина противоречия двух Машиахов в том, что они рождаются от двух противоположных малхут – Леи и Рахели. Лея имеет полную малхут и поэтому постепенно исправляет Рахель, хотя той и недостает малхут дэ-малхут.

И нет сил у этих двух Машиахов вызволить Исраэль, а потому они задерживаются и не освобождают Исраэль из изгнания. Пока не раскрывается буква хэй имени Моше, исправление происходит от малхут над хазэ – под хазэ, и поэтому оба Машиаха не находятся в совершенстве, ведь для своего совершенства они должны соединиться в один и дополнить друг друга до полного парцуфа.

Эта буква хэй исходит из имени Авраам, которая дополнила Аврама до Авраама. Это малхут, исправленная биной, хэй зэира, чтобы мир мог существовать и постепенно исправляться и выяснять святые имена Творца. Но как только будут выявлены все имена Творца, которые можно выявить в малхут, исправленной биной (малхут дэ-Ц"Б), аннулируется связь малхут с биной, хэй имени Авраам, и раскроется хэй в имени Моше в полной силе.

Видно, что хэй Авраама, малхут дэ-Ц"Б, властвует в течение 6000 лет исправления. А затем она раскрывает хэй имени Моше, малхут дэ-Ц"А. Но пока хэй имени Авраама не раскрыла все святые имена, все исправления, она задерживает раскрытие хэй имени Моше, скрывающуюся в рош Атик.

Но когда соединятся Лея и Рахель вместе, соединятся два Машиаха в один и освободится Исраэль от клипот «Эрэв рав». Ведь запрет есть от Древа познания Добра и Зла был именно потому, что было в нем Зло – Эрэв рав. И поэтому употребление плода этого Древа вызвало разрушение первого и второго Храмов.

Когда же Эрэв рав отдалятся от Израиля, тотчас же река, з"а, вытекающая из райского сада, бины, наполнится и оросит весь сад, малхут.

250. Четверо вошедших в пардэ"с: четыре мудреца вошли в пардэс – бен Азай, бен Зома, Ахер, раби Акива. Пардэ"с – пшат, ремез, друш, сод. Часть слова пардэ"с, кроме буквы «с» (пшат, ремез, друш), образует слово ипарэд – разделение. В эту часть сада вошли трое мудрецов: бен Азай, бен Зома, Ахер. Потому что они – внешняя часть, клипот, относительно внутренней, тайной части Торы, Каббалы, в которую вошел рабби Акива, как сказано, что только раби Акива вошел в свет, в тайную, внутреннюю часть Торы. И поэтому вошел с миром и вышел с миром, в то время как остальные трое вошли в пшат, ремез, друш и повредили себе.

Свет распространяется вниз тремя потоками:
- свечение ва"к из мира Ецира, ремез (намек) – небольшое понимание в виде ремез – намек,
- га"р хасадим из мира Брия, друш (пояснение), притягивающие сердце человека,
- га"р хохма из мира Ацилут, сод (тайна).

Келим же находятся в мире Асия и называются пшат (простое дословное толкование) – простое действие.

В мирах АБЕ"А есть четыре парсы:
- в хазэ А"А;
- под малхут мира Ацилут;
- в хазэ мира Ецира;
- бина в малхут мира Асия;

и от них нисходят к творениям:
- от парсы мира Асия – келим, пшат;
- от парсы в хазэ мира Ецира – свет ва"к, ремез, буквы Торы;
- от парсы под миром Ацилут – свет га"р хасадим, друш, слова Торы;
- от парсы в хазэ мира Ацилут – свет га"р хохма, сод, предложения Торы.

Поэтому от ремез, раскрывающего только отдельные буквы, нет понимания, а при соединении букв в слова раскрывается начало, и только при образовании в полные фразы, в сод, происходит понимание смысла Торы.

Парса в хазэ Ецира делит миры БЕ"А на две части: нижняя часть, ремез, буквы Торы, находятся в мадор клипот, и поэтому получающий от них ошибается, питаясь от Змея.

Парса под миром Ацилут дает свет га"р хасадим под собой до хазэ мира Ецира, называемый друш. Идущий путем друш ошибается, потому что раскрывается ему только половина сказанного.

Парса мира Ацилут дает под хазэ А"А до сиюм мира Ацилут свет га"р хохма, называемый сод, в котором раскрывается вся мудрость, ведь от света га"р хохма сэарот-диним исчезают, будто сбритые волосы. Поэтому называется раби Акива лысым.

Река-бина вытекает из рая-хохма, чтобы оросить светом хохма сад-малхут. Поскольку бина вышла из рая-хохма, то разделилась на четыре парсы, из которых образовались четыре реки, в которые и вошли эти четыре мудреца.

Га"р хохма проявится только в конце исправления, когда встанет Моше в воскрешении мертвых и вернется к Израилю, а с ним и два Машиаха. Т.е. раскроется га"р мира Ецира вследствие аннулирования всех четырех парсот, и миры БЕ"А вернутся к миру Ацилут, и га"р хохма заполнит Ецира как Ацилут.

Недельная глава «Ваера»

15. Смысл слова «моледет» означает гуф, т.е. з"а, называемый гуф и дерево жизни, включающее в себя 12 высших колен. И это тайна 12 сфер. И говорится, что душа происходит от з"а и выходит из него. Шхина называется дом, а ее отец – это Творец, з"а. Но нет отца, а только Творец, нет матери, а только Кнессет Исраэль. (Здесь дается полная картина соотношений малхут и з"а дэ-Ацилут). Существуют только Творец – свет и творение – желание насладиться этим светом, заполнить себя им. Чтобы наполниться светом и достичь уровня совершенства, творение должно, прежде всего, стать похожим на Творца, на свет, потому что Он – вечность и совершенство, и подразумевает единство. Для достижения творением свойств света были специально созданы миры, особые экраны, скрывающие свет Творца, – аламот, чтобы творение, находясь за этими аламот, смогло постепенно приобрести желание быть как свет, но захотеть этого самостоятельно, без всякого давления со стороны света.

Для этого творение должно увидеть, ощутить, кем оно в действительности является, насколько его свойства противоположны свойствам Творца, осознать все зло, которое есть в нем. Только тогда, понимая всю безвыходность своего положения, пожелать стать таким, как свет, и воззвать к Творцу о помощи. Тогда Творец сможет исправить творение. Устройство, которое управляет планировкой скрытия, называется мир Адам Кадмон, или мир Кэтэр. Он первый, который уменьшает все творение.

За ним идет мир Ацилут, осуществляющий программу, план которой находится в мире Кэтэр. Мир Ацилут называется еще миром Хохма, так как у него есть свет и все необходимое для выполнения программы. Все свои действия он производит над душами, теми желаниями, которые находятся ниже мира Ацилут. Его влияние на души проявляется в своем скрытии и охране от нэшамот, чтобы дать им возможность права выбора своим собственным желанием продвинуться к нему и подняться в него.

Скрытие мира Ацилут осуществляется с помощью еще трех миров, находящихся под ним один за другим: миром Брия, Ецира и Асия. Нэшамот начинают свое продвижение вверх с нашего мира, находящегося под миром Асия, получив помощь Творца, перейдя махсом и войдя в духовные миры. Максимум, которого нэшама может достичь, продвигаясь по духовным ступеням вверх, – это малхут мира Ацилут, то место, которое ответственно за миры БЕ"А и все души, все то, что находится ниже. Считается, что все это находится еще в ее рехем.

Любая просьба, с которой обращается душа из миров ниже малхут дэ-Ацилут, все равно достигает малхут дэ-Ацилут, которая тут же обращается с просьбой к з"а дэ-Ацилут, или «Кадош барух ху». Ответом на такую просьбу служит свет, который з"а через малхут дэ-Ацилут переводит к соответствующей душе. Этот свет не просто посылается душе – а для ее исправления, чем поднимает ее на более высокую ступень, где она, согласно ее исправлению, уже получает свыше порцию света внутрь. Так работает эта система.

В написанном выше нам объясняют, что 100 брахот можно получить только путем абсолютного выхода души из желания получить, находящегося в ней. 100 брахот – это сто сфирот (10 на 10), или полный парцуф. Любая, еще не исправленная душа, но желающая исправиться, называется Исраэль (желающая идти прямо к Творцу). Все исправленные души поднимаются в малхут дэ-Ацилут, которая, полностью собрав в себе все души, будет называться Кнессет Исраэль. 100 брахот – это тот высший свет, который получают келим для исправления сверху вниз, как ответ на свои 100 брахот-просьбы (ор хозер), посылаемые ими снизу вверх. Браха – это связь с Творцом.

17. Посмотрите, о чем здесь написано: «И возьми Тераха, и выйдите с ними из Ур Касдим». И спрашивается, почему написано «выйдите с ними», ведь надо сказать «выйди с ним», т.е. с Терахом, потому что написано: «И возьми Тераха». Почему же написано «выйдите с ними»? И продолжает: «Терах и Лот с Авраамом и Сарой выйдут, потому что именно они хотели выйти из грешников. Но когда Терах увидел, что сын Авраама спасся из огня, то захотел выполнить желание Авраама, и поэтому вышли с ними Терах и Лот».

18. И когда вышли, было написано идти в страну Кнаан, потому что их желанием было идти туда. И отсюда мы знаем, что тот, кто хочет очиститься, получает сверху помощь. И действительно, потому что написано идти в страну Кнаан, тут же написано, что Творец сказал Аврааму: «Лех леха». Прежде чем ты сам не пожелаешь идти в страну Кнаан, не написано «Лех леха», но если ты приходишь и пробуждаешься сам снизу, то тебе помогают сверху. Но без пробуждения снизу нет помощи сверху.

Возбуждение сверху приходит либо согласно свойству келим в количестве, необходимом для развития, либо в субботу и праздники, согласно тому, сколько усилия человек вложил до субботы для своего исправления. Иначе он не ощущает света в шаббат.

Каббалисты, которые находятся в духовных мирах, чувствуют духовные силы и соответственно им силы в материальном мире. Они знают, какие силы действуют в нашем мире в каждой части Земли. Бааль Сулам пишет, что те, у кого есть тяга к духовному, тянутся и к Эрец Исраэль. Казалось бы, если я отношусь к духовному, какое отношение я имею к той или иной части земного шара, будь то Австрия, или Австралия, или другая страна? Но ветви нашего мира и их духовные корни устроены так, что у некоторых есть природная тяга к Эрец Исраэль, здесь они чувствуют себя удобнее.

И эти силы действуют. И не только на евреев. Наоборот, есть евреи, которые с радостью покинули бы Израиль. Если бы мы посмотрели на весь мир сверху, то увидели бы, когда и зачем каждый родился, почему он идет туда-то и туда-то, какие действия совершает, женится, выходит замуж и рожает, переезжает с квартиры на квартиру, почему у него такие соседи, а не другие – все это существует и действует согласно духовному корню, который так проявляется на Земле.

Ничто не находит своего отражения здесь, не проявившись наверху. Все находящееся в нашем мире имеет своего ангела в духовном мире. Наш мир – это мир следствий. Согласно нашему истинному желанию мы можем пробудить духовную систему, которая называется ЗО"Н дэ-Ацилут, и способствовать проявлению здесь хороших результатов.

19. Ничего сверху само не возбуждается, пока сначала снизу не произойдет пробуждения и подъем МА"Н, что и послужит причиной возбуждения сверху. Тайна черного цвета, т.е. нуквы, которая не имеет связи с белым светом, т.е. з"а, потому что она должна пробудиться первой, и когда это произойдет, тут же спустится к ней белый свет, потому что нижний должен пробудиться сначала.

Статья «Вычисление времени Машиаха»

439. Сказал раби Йегуда: «Время действовать во имя Творца, поскольку изменяют Тору Его» (эт лаасот ле ашем, эфэру торатэйха). Что значит «Время действовать»? Время (эт) – это Кнессет Исраэль, малхут называется так, потому что есть время всему, чтобы сблизиться с з"а и чтобы соединиться с з"а, что называется «Эт Рацон» (Время Желания).

441. Поэтому сказано: «Я Творец, страданиями, или добром» (Ани ашем, бито, ахишена). Бито буквы бэ эт хэй, что значит «во время малхут», ее исправления из праха, вызволением ее из изгнания, а не ее силами. В изгнании Кнессет Исраэль находится не более одного дня Творца, т.е. 1000 лет. Это пятое тысячелетие, потому что четвертое тысячелетие не было полным, ему недоставало 172 года, ведь разрушение Храма произошло в 3828 году. Поэтому мы не принимаем в расчет четвертое тысячелетие.

444. А когда придет шестое тысячелетие, буква вав имени АВА"Я, есод, з"а, то вав поднимет хэй, малхут, и вав поднимется к юд, хохма, а затем спустится к хэй и наполнит ее.

Освобождение происходит под воздействием света хохма, которым з"а наполнит малхут в постоянном виде. З"А называется вав имени АВА"Я, потому что гематрия буквы вав – 6, ведь з"а состоит из 6 сфирот хэсэд-гвура-тифэрэт-нэцах-ход-есод. Света ехида, хая, нэшама, руах, нэфеш соответственно наполняют кэтэр, хохма, бина, з"а, малхут. Т.е. з"а наполняется светом руах. Его полная гематрия 60, поскольку каждая из его 6 сфирот равна 10 (сфира на уровне: хохма=1000, бина=100, з"а=10, малхут=1). Поэтому общий свет руах 60, нэшама 600, хая 6000. Поскольку з"а получает свет от хохма (каждая сфира которой равна 1000) и наполняет им малхут, поднимая ее этим из праха.

Но для этого нет необходимости в полных 6000 лет, ведь и хохма сама делится на НаРаНХа"Й и когда достигает уровня нэшама дэ-хохма, т.е. 600 от шестого тысячелетия, немедленно раскроются наверху врата хохмы (га"р дэ-бина) и источники света хохма внизу (за"т дэ-бина), и этим светом з"а наполнит малхут, чем исправится мир перед входом в седьмое тысячелетие, до своего совершенства, называемого «Суббота». Поэтому раскрылись все источники вод в 600 лет жизни Ноаха.

450. Творец находится от малхут в изгнании в шестом тысячелетии, по расчету, как пишется буква вав=вав-юд-вав (вав с наполнением буквой юд) и умножением вав на юд и юд на вав: вав раз наполнение юд = шесть и шестьдесят, юд раз вав (равное 60) = 600. Итого 6600 – в это время встанет мир, малхут, отомстить, и поднимутся поверженные ранее.

453. Человек создан во всем своем ничтожестве и зле, как сказано: «Диким рождается человек», и все его свойства, черты, мысли и разум направлены постоянно только на зло ему и другим. А кто удостаивается слиться с Творцом – Творец не сотворяет в нем новые свойства (келим) вместо старых, чтобы смог человек получить все изобилие, вечное наслаждение, совершенное знание, все, что уготовано ему Творцом. А те же ничтожные старые свойства, которые использовал человек до сих пор только во вред, обращаются в полезные и достойные получить все духовное, вечное и совершенное. И более того: каждое свойство, насколько оно было ничтожным и ущербным, именно в меру своего бывшего падения становится высшим и совершенным. И более того, если ранее было у него какое-то свойство без недостатка, оно непригодно для получения в себя изобилия, остается как лишнее, а именно недостатки становятся ценными и необходимыми для раскрытия всего совершенства. Насколько было ощущение пустоты в кли, настолько теперь оно ощущает наполненность, совершенство. Таков закон духовного мира: в мере скрытия – мера раскрытия. А там, где не ощущается страдание от скрытия, нет ощущения наслаждения раскрытия. И хотя нет в малхут света, но нет достаточного ощущения его скрытия, ощущения изгнания, чтобы ощутить полное освобождение, ведь ощущение полного освобождения может быть только там, где ощущалось соответствующее полное изгнание.

454. Сколько времени мы должны быть в изгнании до того момента, от которого зависит наше освобождение? Сказано: «Я

Творец поневоле (страданиями) или по воле (желанием)», – т.е. если сами вернемся к ответу, ощутим свое изгнание в полной мере, удостоимся освобождения. Если не удостоимся достичь этого состояния сами, страданиями совершится это.

455. Настоящее повествование приводится как беседа между двумя великими каббалистами, учениками раби Шимона – раби Йоси и раби Йегудой в дороге, т.е. духовном пути, в раскрытиях высшего света, управления Творца, которое они совершают. Как обычно, «Зоар» использует язык нашего мира, и путь, положения тела (сидя, стоя), движение, подъем, спуск, птицы, пещеры, книга – все это духовные объекты и силы.

457. Расстался раби Йоси с раби Йегудой, и вошел в одну пещеру (на своем духовном пути), и нашел в конце ее, в углублении стены, книгу. Взял ее с собой. Когда открыл ее, увидел 72 буквы, переданные Адаму, с помощью которых тот знал всю мудрость чистых высших и все клипот, после жерновов, крутящихся за пологом, скрывающим высший свет, и все будущее мира, вплоть до того дня, когда встанет облако с западной стороны и тьма накроет мир.

Сфирот нэцах и ход называются рэхаим – жернова, и рэхэв – повозка. Они перемалывают МА"Н для праведников, для есод и малхут, называемых праведник и праведность. Есть против них клипот, но основная клипа против ход – жернова. Но сами сфирот находятся в мире Ацилут, а противоположные им силы, клипот, находятся под парса, что и указано, как стоящие за пологом, в месте миров БЕ"А.

459. Позвал раби Йегуду и начали учить из той книги. Не успели пройти и нескольких страниц, как начали видеть высшую мудрость. Поскольку начали видеть тайны, скрытые в книге, и говорили об этом, вспыхнуло вокруг них пламя и буря окружила их, ударил по рукам их ветер и унес книгу.

460. Плакали, какой же грех их не позволил им заниматься высшей мудростью.

461. Когда пришли и рассказали от этом раби Шимону, ответил им, что, видно, занимались они изучением прихода Машиаха и вычисляли его приход. Ответили, что совершенно не помнят, что же они читали. Сказал раби Шимон: «Творец не желает раскрытия знания о конце мира (скрытия, так как мир – олам от слова алама, скрытие), но когда будет мир подходить к тому времени, то даже дети смогут понять тайны мира и вычислять его конец, все раскроется в то время, когда Кнессет Исраэль поднимется из праха, поднимет ее Творец и возвысит над народами».

«Признаки Машиаха»

476. Сказал раби Шимон: «Помню Я союз свой с Яаковом». Яаков написано с буквой вав, что означает свет хохма в ступени, называемой «Яаков», т.е. в тифэрэт парцуфа з"а мира Ацилут, представляющей собой среднюю линию, а наполнение имени Яаков буквой вав означает соединение с есод, на зивуг с которым приходит в парцуф свет хохма. Кроме того, буква вав означает шестое тысячелетие, т.е. что Яаков, т.е. сыны Израиля, освободятся в шестом тысячелетии.

477. Указание буквой вав означает время шесть с половиной минут. Во время 60 лет запора двери, в шестом тысячелетии, где вав, т.е. тифэрэт, есть средний засов, запирающий доски от конца до конца, почему и называется засов двери. Поднимется Властитель Небес к дочери Яакова. И в это время, чтобы возникло в памяти, пройдет шесть с половиной лет, время передачи указания, а затем еще шесть с половиной лет, время запоминания, и это 76,5 лет. Свет раскрывается в парцуфе постепенно: сначала в малом состоянии (катнут), называется ва"к, светит снизу вверх, свет никейва, это раскрытие называется «Пкида». А затем свет раскрывается в большом состоянии (гадлут) парцуфа, свет га"р, светит сверху вниз, свет захар, это раскрытие называется «Зхира». Вообще сказано, что захар (мужская часть творения) – его лицо вниз, дает, а никейва (нуква, женская часть творения) – ее лицо вверх, получает.

В будущем освобождении соединяются вав с хэй в полном свете, как сказано: «И будет свет Луны как свет Солнца», вначале раскроется пкида этого большого состояния, а затем зхира. 60 минут – это 6 сфирот хагат нэхи (х-г-т-н-х-е) светят в нукве от захара, а у нее самой есть только половина времени, т.е. половина малхут (малхут называется «время»), над ее хазэ, потому как только свет пкида, никейва, светящий сверху вниз. Поэтому недостает ей половины времени, под ее хазэ, и входит в нее свет от з"а, 66,5, от 60 до 66,5, и раскроется вав, свет зхира, свет захар. И тогда раскроется Царь Машиах, потому как это захар, вав, и его свет будет светить 6 лет других.

478. В 66 лет раскроется Царь Машиах в Эрэц аГалиль. Поскольку это будет Машиах бен Йосеф, то и раскрытие его происходит в Эрэц аГалиль, ведь там место колена Йосефа. И когда звезда с востока поглотит семь звезд с северной стороны, и черное пламя повиснет в небесах на 60 дней, а война вспыхнет в мире с северной стороны, и два царя падут в этих войнах, и соединятся все народы на дочь Яакова искоренить ее из мира, об этом времени сказано: «Время страданий оно для Яакова, но спасение его отсюда!» Вот тогда закончатся все души в теле, и необходимо будет вернуться и обновить их, как сказано: «Все души, пришедшие к Яакову из Египта, всех душ шестьдесят шесть».

Перед будущим окончательным освобождением, хотя и были освобождения ранее из Египта и из Вавилона, они были только под воздействием силы света Има, но малхут сама еще не пережила освобождение, потому что светит ей только три света: белый, красный, зеленый, но ее собственный свет, черный, не светит вовсе в ней. Т.е. нет в самой малхут ничего, что может наполнить ее саму. Но это она должна получить от ее мужа, з"а, который дает ей и келим, и света от Има. Но полное освобождение возможно, если малхут сама построит свой парцуф, т.е. из своих келим и света, и не будет нуждаться получать от з"а келим и света дэ-Има, чтобы исполнилось сказанное: «И будет свет Луны как свет Солнца».

Рассмотрим вначале проблему освобождения в общем. В предыдущих освобождениях малхут строилась из трех линий, а затем строилась она сама, как кли, получающее от трех линий. Так же и в будущем освобождении, свет освобождения должен постепенно исправить малхут, по порядку трех линий, а затем она сама – получить от трех линий, чем достигнет своего полного совершенства и станет достойна полного слияния (зивуг ашалем). Отсюда порядок времен:

- 1-ое исправление – от 60 до 66,5 лет – исправление правой линии, для этого достаточно света пкида.
- 2-ое исправление – от 66 до 73 лет – светом зхира исправляется левая линия малхут, вследствие чего раскрывается Машиах бен Йосеф в Эрэц аГалиль. Все света в это время приходят от силы ограничений (диним), которые всегда присутствуют в левом свечении.

- 3-е исправление – от 73 до 100 лет – исправление средней линии в малхут, вследствие чего раскрывается Машиах бен Давид.
- 4-ое исправление – от 100 лет до конца 6000 лет – исправление самой малхут, получение того, что есть в трех линиях. Поэтому здесь начинается зивуг вав в хэй, з"а в малхут, и все старые души, которые вышли от начала творения до конца 6000 лет, получают новое совершенное состояние.
- 5-ое исправление – 7000 лет, седьмое тысячелетие – когда исправлена малхут полностью, и будет один день для Творца слиться с ней в едином совершенном зивуге, слиянии, вследствие чего рождаются новые души, которые еще не появлялись от начала творения и до седьмого тысячелетия.

Поэтому, когда говорится о появлении Машиаха в Эрэц аГалиль, имеется в виду Машиах бен Йосеф, раскрывающийся в течение 7 лет, до 73 лет. Потому что он является исправить светом зхира половину малхут, которой не было в свете пкида, время которой 6,5 лет, потому что был свет ва"к, а сейчас явился свет га"р, свет зхира, и вначале раскрылся Машиах бен Йосеф, чтобы исправить левую линию, т.е. полных 7 лет, чтобы малхут полностью исправилась, даже под хазэ, суть исправления 2. Потому что в прошлом избавлении исправилась левая линия малхут только в силу ее подъема в Има, где получила левую линию Имы. Но теперь исправилась левая линия самой малхут на ее месте и не нуждается более в левой линии Имы.

Звезда с восточной стороны поглотит семь звезд с северной стороны: 4 стороны света – это х-б-т-м. Получается бина – северная, тифэрэт – восточная. Зхира – свет вав, тифэрэт, восточная звезда, исправляет левую линию самой малхут, а потому аннулирует левую линию дэ-Има, т.е. северную сторону в малхут до сих пор. Этим как бы поглощает ее в себе, семь звезд бины, как сказано, что 7 звезд, т.е. 7 сфирот х-г-т-н-х-е-м, заключены в левой линии.

Дин (ограничение), приходящее в мир во время свечения левой стороны, называется пламя огня. До этого было красное пламя, от бины, и не от самой малхут. Но сейчас малхут постигла свое кли и свой свет, и левая линия приходит в ее кли, а ее кли черного цвета, поэтому пламя от света левой стороны также черного цвета, называемой 60 дней, или 60 бойцов (гиборим), что говорит о том, что хотя и есть свет га"р, но это все же га"р дэ-ва"к. Ва"к=6, каждая сторона которого состоит из 10, итого 60. А дни называются сфирот.

В силу ограничений (диним) в свете левой линии придут войны в мир. А потому как восток поглотит север, так же и пройдут ограничения (диним) – от востока к северу. И два царя падут в этих войнах. Один от народов мира и один от Исраэль, Машиах бен Йосеф. А после его смерти восстанут все народы мира на Израиль, дабы уничтожить всю память в мире о нем. Об этом времени и сказано: «Страшное время оно для Израиля…» – ведь эти страдания не явятся в виде наказаний, а чтобы были затем кли для полного освобождения, как сказано далее: «...но из этого состояния освобождение его».

Вследствие страданий и ограничений исчезнут силы душ, бывшие в телах. Т.е. не только души того поколения, а и души всех поколений, с начала творения мира и до того дня, бывшие хоть раз в теле, все ослабнут.

480. В 73 года, т.е. после 7 лет раскрытия Машиаха бен Йосеф, все цари мира соберутся в большом римском городе, и Творец изольет на них свыше огонь, град, камни, и исчезнут они с лица земли. И только цари, которые не явятся в Рим, сохранятся и затем начнут другие войны. В это время раскроется свет царя Машиаха во всем мире, и соберутся на него несколько народов и несколько армий со всех сторон света, а все сыны Израиля соберутся в свое место.

Потому что здесь появляется средняя линия, смысл которой уменьшить левую линию настолько, чтобы соединилась с правой и, наоборот, чтобы правая соединилась с левой, чем достигается совершенство ступени со всех сторон (свойств).

Поэтому «в 73 года все цари земли», т.е. все, силы которых от левой линии, «соберутся в большом римском городе», как головы всех сил левой стороны, «и Творец прольет на них... и исчезнут из мира», потому что под влиянием света левой линии аннулируются все диним (ограничения) и левые силы исчезнут из мира.

Но «кто не явится в Рим», потому что относится к клипе правой стороны (ведь Рим – это левая сторона), «начнут затем другие войны», потому что четвертое исправление приводит правые силы к войне с Израилем. Ведь тогда пробудится «Царь Машиах», Машиах бен Давид, появляющийся из средней линии, а потому восстанут те, кто против его исправления в мире.

«А все сыны Израиля соберутся в их места», потому что тогда начнется собирание всех их со всех концов света к восхождению в Иерушалаим. Но не начнется это восхождение прежде четвертого исправления, исправления малхут, которая должна получить свет трех линий в себя и только тогда соберется весь Исраэль и придет в Иерушалаим.

481. Пока не достигнут 100 лет, до 100 лет шестого тысячелетия. Тогда соединится вав в хэй и повлияют четвертым исправлением, исправлением трех линий на хэй, малхут, чем приведут всех сынов Израиля от всех народов к Творцу, и соберутся все изгнанники.

А в будущем бней Ишмаэль (арабские народы), которые представляют собой голову всех нечистых сил правой стороны, подобно тому, как римляне являются головной частью нечистых сил левой стороны, пробуждаются вместе со всеми народами мира, которые не явились в Рим, идти войной на Иерушалаим, как сказано: «И собрал все народы войной на Иерушалаим», «И собрались цари земли…», а «Сидящий в небесных высях смеется».

482. А после того как все нечистые силы, как правой, так и левой стороны, исчезнут из мира, пробудится малая вав, есод дэ-з"а, соединится с хэй и обновит старые души, которые уже были в теле со времени создания мира и до того времени, чтобы обновить мир, малхут, как сказано: «Возвеселится Творец в Своих деяниях». А также сказано: «И величие Творца возвысится навечно», – чтобы соединить хэй с вав. «Возрадуется Творец деяниями Своими», послать вниз Свои деяния, т.е. души, обновленные со дня сотворения мира, чтобы все были новыми созданиями и соединились все миры вместе, как один.

483. Счастливы те, которые останутся в мире в конце шестого тысячелетия, войти в Субботу, т.е. в седьмое тысячелетие. Потому что это «Один день только для Творца», слиться с хэй полностью и собрать все новые души влиять добром на мир, т.е. все души, которые не были в мире, чтобы были вместе со старыми душами, которые остались, но обновились.

486. Есть посланцы, ангелы Творца от доброй стороны и от суровой, и не смешиваются они друг с другом, а каждый выполняет только свою миссию.

490. Сказано, что Творец желал испытать Авраама, хотя Ицхаку было во время указания жертвоприношения 37 лет, и испытание Ицхака это было. Но указано и проделано Авраамом, поскольку его свойство «хэсэд», милосердие, должно было соединиться со свойством «дин», строгости, суда, справедливой жесткости Ицхака. Поскольку свет хохма может светить только в левой линии, то прежде чем Авраам, правая линия, не слился в Ицхаке, в левой линии, не был он совершенен, отсутствовал свет хохма. А вследствие «Акедат Ицхак» (жертвоприношения Ицхака) Авраам влился в Ицхака, с его помощью получил свет хохма и стал совершенным. Исправился этим «дин», левое свечение, тем, что влился в Авраама, в правую линию. Соединились этим вода, правая линия, Авраам, с огнем, Ицхаком, левой линией, – правая в левой. А также левая в правой, огонь в воде. Поэтому и сказано, что Творец испытал этим Авраама, а не Ицхака, потому что Творец желал свойство Авраама влить в свойство Ицхака. А вследствие самого действия произошло присоединение левой линии к правой.

495. Сказано было Творцом Аврааму, что от Ицхака произойдет род его, т.е. имелся в виду Яаков, потому что Ицхак – левая линия, которая не может существовать и получить свет без средней линии, без Яакова. Поэтому сказано, что Авраам пошел на третий день, ведь Авраам – первый день, хэсэд, Ицхак – второй, гвура, а Яаков – третий, тифэрэт. Поэтому появление Яакова оправдывает существование Авраама и Ицхака.

497. Сказано, что видел Авраам место жертвоприношения издали, потому что не он сам непосредственно рождает свойство «Яаков» – среднюю линию, а через Ицхака видел масах дэ-хирик средней линии, но без света хасадим, который выходит на этот масах. Поэтому хотя и видел, но не раскрылась ему эта ступень, не видел зивуг дэ-акаа, выходящий на этот масах и открывающий в кли путь свету. Поэтому и сказано, что видел издали.

502. Когда начал действие по «Акеда», исчезло у него свойство милосердия отца к сыну, потому что начал спускаться, включаться в свойство Ицхака – строгость и суд. Но после слияния двух свойств, сказано: «И пошли вместе они», – т.е. Ицхак пошел как свойство Авраама.

Недельная глава «Ваеце»

121. Когда Израиль находится на своей земле, вызывает он на себя благословение свыше. А когда покидает Израиль свою землю и попадает под иную власть, исчезает сила благословения из этого мира.

Недельная глава «Ваишлах»

21. Очень переживал Яаков, чтобы Эйсав не узнал о тех благословениях в конце дней мира, которыми благословил его отец их, Ицхак.

22. Лаван – основная нечистая сила. Эйсав близок к нему. Лаван родил Бэора, а Бэор родил Бильама. И все они были большими колдунами. Но главным был Лаван. И очень желал он смерти Яакова.

23. Все боялись Лавана, и вся сила колдовства в его детях была только от него.

Недельная глава «Ваихи»

547. Сказал раби Шимон: «В будущем должны будут сыны Израиля вести две войны в святой земле – в изгнании египетском и в изгнании ашурском, из которого освободились сыновья Гада и Рэувена, первые из всех. И много страдали они, но еще не вернулись оттуда до сего дня».

548. Но когда царь Машиах пробудится в мире, они выйдут, начнут войну в мире и победят. Покорят они народы мира, испугаются их все и преклонятся перед ними. А затем сыновья Рэувена захотят покорить войной власть в Иерушалаиме от царя Машиаха.

549. На все четыре стороны света разошлись сыновья Рэувена в изгнании, как и весь Израиль изгонялся четыре раза на все четыре стороны, как сказано: первое изгнание – Кохи, второе – Решит Они, третье – Етер Сэт, четвертое – Етер Оз. Соответственно и в будущем они развяжут войны на все четыре стороны света и покорят все народы.

551. А во времена царя Машиаха разожгут сыновья Рэувена войны в мире, покорят народы, но не останутся в царстве, потому что начнут войну также и в святой земле, в Иерушалаиме.

Недельная глава «Шмот»

96. Простер раби Шимон руки и воскликнул: «Горе тому, кто будет в то время. Счастлив тот, кто будет в то время». «Горе тому, кто будет в то время», – потому что будет Творец судить всех, посмотрит на все действия каждого – и не найдет ни одного праведника. И сколько страданий низойдет на Израиль!

97. «Счастлив тот, кто будет в то время», – потому что тот, кто сможет устоять в своей вере в то время, заслужит свет Машиаха.

98. После того как низойдут все эти страдания на Израиль, соберутся все владыки и управляющие миром на совет, как еще можно ужесточить законы против Израиля, жестокость за жестокостью обрушат они на Израиль, каждая последующая злее прежней. И тогда возгорится огненный столб свыше, вниз, на 40 дней, и все народы мира увидят это.

99. В это время пожелает Царь Машиах выйти из Райского сада, из места, называемого «Гнездо птицы», и обнаружится он в Галилее, и в день этот устрашатся все народы мира и спрячутся в укрытиях своих, только бы спастись. Низойдет на них сильный страх Творца.

100. Восстанет Машиах и раскроется во всю свою силу в Галилее, и оттуда начнет войны против всего мира.

101. А после 40 дней своего появления поднимется с земли в небо и раскроется Машиах. Появится с востока одна звезда, светящаяся всеми цветами, семь иных звезд окружат ту звезду и восстанут на войну против нее со всех сторон по 3 раза в день, и так до 70 дней, и все земляне станут свидетелями этого. (Под звездами могут подразумеваться планеты).

102. А та звезда будет воевать с ними факелами огня, воспламеняющимися во все стороны, и наносить удары до тех пор, пока не поглотит их каждый вечер. А днем вновь изрыгнет их и вновь произойдет война на глазах всего мира. И так каждый день, до окончания 70 дней. А по окончании 70 дней скроется та звезда и скроется Машиах на 12 месяцев, и вернется столб огненный, как ранее, и в нем скроется Машиах, и будет стоять столб тот, скрывающий в себе Машиаха, и не будет виден он (Машиах).

103. По окончании 12 месяцев поднимется Машиах внутри столба того до неба (ракиа) и там получит силы и корону царскую (атерет малхут). А когда затем спустится Машиах на землю, вновь предстанет тот огненный столб всему миру. А затем откроется Машиах, и соберется вокруг него множество народов, и разожгут войны во всем мире. В то время пробудится Творец в силе грозной Своей пред всеми народами, населяющими землю, и царь Машиах станет известен во всем мире, и все цари мира восстанут вместе против него войной.

104. А некоторые грешники и нарушители Израиля обратятся к иным народам и вместе с ними примут участие в войне против Машиаха. Тогда погрузится мир во тьму на 15 дней, и многие из Израиля умрут в той тьме. Об этом сказано: «И вот тьма покрыла всю землю…»

106. Сказал раби Шимон сыну своему раби Эльазару: «В это время появятся в мире многие знамения. В низшем райском саду есть место скрытое, в нем скрыты 1000 великолепных залов, и нет никого, кто бы вошел в них, кроме Машиаха, стоящего всегда в райском саду.

107. Сад тот окружают души праведников, а в новолуние, праздники и субботы, когда происходит возбуждение не снизу, а свыше, входит Машиах в те залы насладиться ими.

108. Есть там одно место, совершенно скрытое, называемое «Эдэн» – рай. Неизвестно оно никому, а Машиах скрывается снаружи места того, пока не открывается ему место иное, называемое «Гнездо птицы». Это место указывает ему птица, ежедневно пробуждающаяся в райском саду. Гнездо птицы – это место, откуда нисходит к душам свет хохма.

109. Вступает Машиах в то место, поднимает глаза свои и видит праотцев, входящих в разрушенный дом Творца, а затем видит праматерь Рахель со слезами на щеках, и как утешает ее Творец, но она не внемлет Его утешениям. Тогда возвышает свой голос Машиах и плачет. Дрожит весь райский сад, и все праведники в нем плачут вместе с ним».

Сказал раби Шимон: «Когда пробудится царь Машиах, сколько знаков и чудес явятся миру». Например, в Египте ангелы указывали, что поскольку и Израиль, и Египет занимались идолопоклонством, то Израиль также надо утопить в Конечном море (на иврите Красное море называется Конечное море «Ям Суф», потому что означает конец этого мира, переход через которое означает переход из нашего мира к высшему миру, к Земле Израиля). Но все-таки сыны Израиля прошли посуху по дну моря, как по суше!

Иные чудеса. Имеется в виду иные чудеса, чем те, которые были при выходе из Египта. Потому что там, в Египте, были чудеса от бины. А когда пробудился царь Машиах, то явились чудеса от малхут, поднявшейся в бину: аннулировался бо"н и поднялся в са"г.

124. Облачится Машиах во все исправления, поместит его Творец в особый чертог, называемый «Эвлей Цион», с высшими ангелами, которые постоянно плачут по разрушенному Храму. От них получит Машиах красное одеяние, отомстить. Затем укроет его Творец в «Гнездо Птицы» на 30 дней, чтобы получил там свет га"р дэ-ехида.

126. Спустя 30 дней выйдет оттуда Машиах, облаченный во все исправления, и весь мир озарит светом во все небо. Так продолжится 7 дней (хага"т нэх"и светит даже в малхут дэ-малхут), и все народы ужаснутся от непонятного, кроме мудрецов, знающих эти тайны.

127. Поскольку достигнет Машиах такого наполнения великим светом в малхут дэ-малхут, то произойдет «Кибуц Галует», собрание рассеянных общин Израиля со всего мира.

129. После 12-месячного свечения света Машиаха в мире во все небо, появится он в Галилее, откуда началось изгнание «Ашур» Израиля. Вздрогнет земля и всем раскроется появление Машиаха в Галилее.

130. Соберутся к нему те немногие, занимающиеся Торой, называющиеся «сыновья».

131. Мудрецы называются сыновьями. Машиах задержится еще на 12 месяцев и поднимет Шхину из пепла, как сказано: «Поднимет падающую сукку Давида».

132. В этот день начнет собирать Машиах рассеяния Израиля со всего мира.

138. Над Исраэлем может властвовать только непосредственно Сам Творец, но теперь, когда Исраэль в изгнании, народ Израиля находится под властью нечистой силы.

139. Управление миром происходит из нуквы – малхут мира Ацилут. Когда она связана и получает от своего мужа, от з"а мира Ацилут, то есть в ней свет, который она изливает на низших, на весь мир. Это означает, что низшие достойны получения света, потому что вызывают зивуг малхут с з"а. Но в состоянии изгнания, когда низшие недостойны получать высший свет, а получают от управления малхут страдания, определяется, что они приводят к отделению малхут от з"а, вследствие чего малхут падает в прах и пепел. А от отсутствия света в ней исходят от нее к низшим одни страдания и наказания.

140. Состояние отсутствия зивуга, связи между малхут и з"а называется изгнание (галут).

141. Первое изгнание происходило после разрушения первого Храма, соответствующего бине, первой букве «хэй» имени АВА"Я. Низшие, т.е. з"а относительно бины, ощущали это изгнание 70 лет, соответственно семи сфирот з"а хага"т нэх"и. Потому что каждая сфира состоит из 10 подсфирот. В эти 70 лет га"р бина, буква «хэй» имени АВА"Я, не связана с низшими, с з"а. Кроме того, хохма, буква «юд» имени АВА"Я, поднимается вверх и не связана с бина.

142. Вследствие царствования над низшими «Малхут Бавель», вавилонского царства, низшие прекратили получать свет.

144. Поскольку пало царство Вавилона, вновь начала светить всему Израилю буква «хэй» имени АВА"Я, но не все вернулись из Вавилона в землю Израиля и очистились от изгнания. А поэтому верхняя буква «юд» имени АВА"Я не спустилась светить как до изгнания, а светит немного, не в своем обычном порядке, потому что Исраэль не полностью очистился.

145. А потому вернулись на Израиль многие войны, и тьма вновь покрыла землю Израиля, и буква «хэй» упала на землю, а буква «юд» поднялась вверх, вследствие укрепления царства Эдом.

146. А потому нижняя буква «хэй» имени АВА"Я, являющая собой второй Храм, разрушилась, и все ее 12 частей, называемых 12 колен, или 12 лагерей (маханот) Израиля, попали под власть царства Эдом. А з"а, его есод, буква «вав» имени АВА"Я, изливающая в малхут высший свет изобилия, поднялась вверх от малхут.

147. Таким образом образовался разрыв между малхут, вторым Храмом, и з"а. В таком состоянии малхут называется находящейся в изгнании Эдом. А потому как все 12 колен попали под ее власть, то и изгнание длилось много лет.

148. Главная тайна передается только мудрым сердцем. 10 колен – это 1000 лет, 2 колена – 200 лет. 12 светов в малхут называются колена. Исходят из бины, каждая сфира которой – 100. Поэтому все вместе – 12х100=1200. Заплакал раби Шимон: в конце 1200... наступит ночь для Израиля, пока не пробудится буква «вав» в 66 году, потому что «вав» произносится как две буквы «в-в», одна из которых – 60, тифэрэт, а вторая – есод, 6.

149. После 1200 лет и после 66 лет ночи, т.е. изгнания, наступит время союза «Брит Яаков», тифэрэт. Пробудится Творец к Израилю, и пробудятся страдания в Израиле, наступит время союза «Брит Ицхак».

152. После 132 лет поднимется Творец и очистит землю от грешников и вредителей, оживит Творец мертвых в святой земле, и поднимутся они лагерями в Галилее.

156. И так будет, пока не придет год Творца от высшего зивуга в Седьмом тысячелетии, Субботе, и Израиль облачится в святые тела. Оживится Цион и Иерушалаим.

Недельная глава «Бешалах»

311. В будущем отомстит Творец всем царям, разрушавшим Иерушалаим, таким как Андрианус, Лопинус, Навуходоносор, Санхерив и прочим. Даст он им вначале власть и соберет их с народами их пойти на Иерушалаим. В будущем Творец накажет открыто армии их, окружившие Иерушалаим, эпидемией.

312. Произойдет это во время Царя Машиаха и во время Гога и Магога. Затем наступит высший мир, веселье во всех мирах.

Недельная глава «Итро»

263. Проживающий в Земле Израиля подобен человеку, имеющему Творца, а все находящиеся вне Земли Израиля подобны не имеющим Творца. Потому что святое семя поднимается от святой земли и святая Шхина находится здесь. И поэтому сказал Моше «Элокейха» (ваш Творец) только тем, которые должны были в будущем войти в святую землю и удостоиться лика Шхины. Но не сказал «Элокейну» (наш Творец), потому что сам Моше не удостоился войти в святую землю.

Недельная глава «Трума»

561. Когда благословляют пищу, благословляют этим святую землю, Землю Израиля, а вне Земли Израиля не благословляют. Потому что когда Творец сотворил мир, разделил Он мир на две части, место обитания – «маком ишув» – и место пустынное. Разделил место обитания и весь мир распределил вокруг святой земли. И стала святая земля центральной точкой мира. А в центре святой земли поставил Иерушалаим, а в центре Иерушалаима – Храм, а в центре Храма – Святая Святых. И все изобилие нисходит с высшего мира в это место, а оттуда уже распространяется на весь этот мир.

Недельная глава «Ахарей мот»

32. Последние поколения забудут полностью Тору, а мудрые сердцем соберутся отдельно в свои места, и не найдется того, кто сможет открыть и закрыть Тору. Несчастно будет то поколение и поколения, которые будут после него. Нет подобного им до поколения, в котором явится Машиах, и мудрость пробудится в мире, как сказано: «И все познают Меня от мала до велика».

Недельная глава «Вээтханан»

197. После окончательного исправления «Гмар Тикун», исправления малхут дэ-Ц"А, когда она станет способной получать высший свет в самое себя, там, где ранее была «манъула», в это время мертвые от манъула тела возродятся к жизни, потому что и манъула станет способной получить высший свет.

Вначале каждое тело построится только из келим манъула, потому что они удостоятся получить высший свет, как келим бина. Но вместе с тем обязаны притянуть святость из бина, и поэтому все мертвые восстанут для возрождения, каждый в своем месте, и обязаны явиться в землю Израиля и там получить исправление от бина. Причем, все мертвые обязаны восстать в своих уродствах, а затем излечиться от них.

Недельная глава «Балак»

501. В будущем Творец отстроит Иерушалаим и покажет одну звезду, постоянно светящуюся меж 70 звезд, движущихся в 70 направлениях. И будут светить они 70 дней.

502. В шестой день, в 25-й день шестого месяца покажется звезда и исчезнет в седьмой день 70-ти дней. Скроется и не будет видна. В 1-й день будет видна в Риме. В тот день падут три высокие стены Рима, его большая башня, и умрет его градоначальник. Тогда засветит та звезда всему миру. В это время разгорятся большие войны во всех четырех частях света, исчезнет вера.

503. В то время, когда повиснет та звезда посреди неба, поднимется один царь в мире, и возвысится над всеми царями, и разожжет войны в двух частях, и победит.

504. В этот день скроется звезда и вздрогнет святая земля на 45 милин вокруг Храма, и обнаружится одна пещера под землей. Из пещеры той выйдет сильный огонь, чтобы сжечь весь мир, и большой анаф захватит власть, и все высшие святости нападут на него. Тогда-то и раскроется Машиах всему миру и ему вручат власть.

505. Во время раскрытия Машиаха весь мир будет в постоянных страданиях, ненавистники Израиля укрепятся. Тогда поднимется на них дух Машиаха и уничтожит грешный Эдом, а всю землю Сэир сожжет огнем. И тогда Израиль обретет силу над ними. Встанет Творец, и поднимет Свой народ, и освободит их от смерти, и будет царствовать Творец.

507. Воссияет в дни Машиаха звезда Яакова, поднимется колено из Израиля, раздавит Моав и сыновей Шет, победит Эдом и Сэир. Звезда та включает в себя правую и левую линии, обе сияют, правая свечением, а левая движением. Оба включены они в среднюю линию малхут, потому что звезда Яакова – малхут. Левая линия состоит из 70 управляемых народов, и они будут получать в течение 70 дней (свет) от звезды Яакова.

«Зоар» о явлении Машиаха

В каждом освобождении, а особенно в освобождении из последнего изгнания, необходимо исправить соотношения трех линий и порядок их исправления. Порядок таков: после того как малхут исправилась свойством бина, (бина – правая линия), исчезает свечение хохма (хохма – левая линия). Первое свечение света хохма будет бороться с левой линией без правой – это внешнее свечение, называемое город Рим. Тогда восстанет войной на него звезда средней линии, силой экрана средней линии (масах дэ-хирик) уменьшит свечение га"р левой стороны, что означает смерть их управляющего. Раскроется этим власть малхут в средней линии. Вследствие этих войн появится царь Машиах в конце 70 дней, т.е. в малхут дэ-малхут, которая была скрыта все 6000 лет.

Вначале раскроется миру Машиах бен Йосэф. И это еще не полное исправление, ведь левая сторона еще не исправлена, и поэтому страдания проявятся в мире. И так будет продолжаться до явления Машиаха бен Давида, который уничтожит царство Эдом, ненавистников Израиля.

ВЫБОРОЧНАЯ ХРОНОЛОГИЯ ВСЕМИРНОЙ ИСТОРИИ

До нашей эры

3760 — 2830		Адам и Хава
3630 — 2718		Шет
3073 — 2104		Метушелах
2704 — 1754		Ноах
2202 — 1602		Шем
2037 — 1573		Эвер
1812 — 1637		Авраам
1712 — 1532		Ицхак
1652 — 1505		Яаков
1542		Йосеф продан в рабство
1522		Начало египетского рабства
1392 — 1272		Моше
1354 — 1244		Иеошуа
1312		Исход из Египта
1312		Дарование Торы на горе Синай
1272		Народ Израиля вступает в Эрец Кнаан
1236 — 889		Эпоха правления Судей
889 — 875		Пророк Шмуэль и царь Шауль
876 — 422		Эпоха правления еврейских царей
876 — 836		40-летнее правление царя Давида
836 — 796		40-летнее правление царя Шломо
832		Возведен Первый Храм
800 — 717		Пророк Элияу
796		Раздел царства на Иудею и Израиль
около 705		Пророк Иона
630 — 560		Пророк Ошеа
620 — 560		Пророк Амос
620 — 530		Пророк Иешаяу
573 — 555		Ошеа бен Ила (последний царь Израиля)

561 – 532	Царь Хизкияу
555	Изгнание Салманасаром Десяти колен Израиля
около 550	Заратустра
около 550	Лао Цзы
около 550	Конфуций
около 550	Будда
490 – 424	Перикл
481 – 411	Протагор
471 – 390	Сократ
460 – 420	Пророк Ирмеяу
460 – 420	Пророк Иехезкель
460	Пророк Цфания
около 450	Греческие софисты
445 – 360	Пророк Даниэль
433	Навуходоносор становится царем Вавилонской империи
440	Навуходоносор завоевывает Иерусалим
435 – 356	Аристипп (гедонизм)
434	Навуходоносор (пророк Даниэль, Мордехай и Эстер)
433 – 422	Навуходоносор возводит на престол Цедекию (последний царь Иудеи)
431 – 404	Пелопонесская война (Афины против Спарты)
427 – 347	Платон
422	Разрушение Первого Храма; вавилонское изгнание
396	Смерть Навуходоносора
384 – 322	Аристотель
384	Кореш (Кир) становится царем Персии
375	Бельшацар царь Вавилона
373	Дарьявеш (Дарий Мидийский) завоевывает Вавилон
370	Кореш приказывает восстановить Храм спустя 70 лет
368	Ахашверош (Артаксеркс) царь, прекращает строительство Храма
362	Эстер становится царицей

361	У Эстер и Ахашвероша рождается сын, будущий Дарьявеш (Дарий) II
360 – 310	Эзра и Нехемия; мужи Великого Собрания
354	Чудо Пурима
352	Дарьявеш (Дарий II) приказывает построить Второй Храм
349	Строительство Второго Храма закончено
336 – 264	Зенон-стоик
330	Александр Великий завоевывает Персию
325	Александр в Иерусалиме; встреча с Шимоном Праведным
198	Земля Израиля под сирийско-греческим правлением Птолемеев
309 – 246	Птолемей Филадельф приказывает 70 мудрецам перевести Тору на греческий язык (Септуагинта)
198 – 63	Земля Израиля под сирийско-греческим правлением Селевкидов
168	Антиох Эпифан устанавливает идола во Втором Храме; гаснут огни меноры;
165	Матитьяу и Йеуда Маккавеи; чудо Хануки
106 – 43	Цицерон
176 – 63	Усиление Римской империи

Нашей эры

63 – 70	Восстание евреев против римского правления
70	Разрушение Второго Храма
38 – 100	Иосиф Флавий («Иудейские войны»)
50 – 135	Раби Акива
около 90	Онкелос-гер
около 120	Раби Шимон бар Йохай («Зоар»)
120 – 188	Раби Йеуда Анаси, составитель Мишны
121 – 165	Император Марк Аврелий Антонин
132	Император Адриан сносит Храмовую гору, чтобы построить храм Зевсу-

	Юпитеру; переименовывает Иерусалим в Элию-Капитолину, а Израиль — в «провинцию Сирия-Палестина»
132 – 135	Восстание Бар-Кохбы против Адриана
135	Уничтожение Бетара, 10 мучеников
204 – 270	Плотин (неоплатонизм)
288 – 337	Император Константин. Христианство объявляется официальной религией Рима
390	Раздел Римской империи на Западную и Восточную (Византия)
395	Византийцы завоевывают Землю Израиля
337 – 361	Константин преследует евреев в Земле Израиля; Санедрин укрывается от преследований
около 439	Феодосий преследует евреев
около 531	Юстиниан преследует евреев
569 – 632	Магомет обращается против евреев
600	Разорение Рима вандалами, готами, гуннами, германцами
614	Завоевание Земли Израиля персами (парфянами)
628	Византийцы отвоевывают Землю Израиля
636 – 638	Арабы-мусульмане завоевывают Землю Израиля
661 – 750	Омейяды завоевывают Землю Израиля
691	Возведение на Храмовой горе мечети Омара
750 – 868	Завоевание Земли Израиля Аббасидами
882 – 942	Рав Саадия Гаон
969 – 1100	Завоевание Земли Израиля фатимидами
1070 – 1090	Вторжение сельджуков
1040 – 1150	Раби Шломо Ицхаки (Раши)
1089 – 1164	Раби Авраам ибн Эзра
1074 – 1144	Раби Йеуда Алеви («Кузари»)
1096 – 1099	Первое завоевание крестоносцами Земли Израиля
1099 – 1187	Короли-крестоносцы в Иерусалиме (Годфруа, Боддуин)

В конце дней

1135 – 1204		Рамбам (Маймонид)
1146 – 1149		Второй крестовый поход (Людовик VII)
1187		Разгром крестоносцев войсками Саладина
1189 – 1192		Третий крестовый поход (Ричард I Львиное Сердце)
1193 – 1221		Четвертый и пятый крестовые походы
1194 – 1250		Рамбан
1209		Французский крестовый поход
1210		300 английских и французских раввинов поселяются в Земле Израиля
1228 – 1229		Шестой крестовый поход (Фридрих II)
1239		Седьмой крестовый поход (Теобальд Наваррский)
1244		Вторжение в Землю Израиля татаро-монголов
1248 – 1250		Восьмой крестовый поход (Людовик VIII)
1250 – 1381		Вторжение в Землю Израиля мамелюков
1254 – 1322		Марко Поло
1267		Возрождение еврейских поселений в Земле Израиля
1274		умер Фома Аквинский
1291		Конец правления крестоносцев в Земле Израиля, падение Акко
1382 – 1517		Мусульмане-мамелюки завоевывают Землю Израиля
1473 – 1543		Николай Коперник
1482 – 1492		Испанская инквизиция и изгнание евреев из Испании
1488 – 1575		Раби Йосеф Каро (Шулхан Арух)
1496 – 1497		Португальская инквизиция и изгнание евреев из Португалии
1516 – 1517		Султан Селим I завоевывает Землю Израиля
1534 – 1572		Раби Ицхак Лурия (Аризаль)
1558 – 1635		Правление принца Факерэдина (друза) в Земле Израиля
1570		умер Раби Моше Кордоверо

1561 – 1626	Фрэнсис Бэкон
1564 – 1642	Галилео Галилей
1571 – 1630	Иоганн Кеплер
1595 – 1650	Рене Декарт
1642 – 1727	Исаак Ньютон
1698 – 1760	Раби Исраэль Бааль Шем Тов
1696 – 1743	Раби Хаим бен Атар (Ор Ахаим)
1707 – 1746	Раби Моше-Хаим Луцатто
1712 – 1778	Жан-Жак Руссо
1720 – 1797	Раби Элияу, Виленский гаон
1724 – 1804	Иммануил Кант
1730 – 1770	шейх Дахар-эль-Омар (турок) правит Землей Израиля
1769 – 1821	Наполеон Бонапарт
1770 – 1840	Землей Израиля правит турецкий паша
1776	Американская революция
1789	Французская революция
1799	Наполеон Бонапарт вторгается в Землю Израиля
1809 – 1882	Чарльз Дарвин
1844 – 1900	Фридрих Ницше
1856 – 1939	Зигмунд Фрейд
1856 – 1904	Теодор Герцль
1865 – 1935	Раби Авраам-Ицхак Акоэн Кук
1886 – 1956	Рабби Йегуда Лейб Алеви Ашлаг (Бааль Сулам)
1906 – 1991	Рабби Барух Шалом Алеви Ашлаг (Рабаш)
1995 –	**Начало распространения Каббалы в массах**

КНИГА «ЗАКОНЫ ЦАРЕЙ»
Рамбам (рабби Моше Хаим бен Маймон 1135-1204)

Машиах будет царем, который возродит царство Давида в его прежнем виде, отстроит Святой Храм в Иерусалиме, соберет вместе всех евреев, где бы они ни были.

Все законы Торы будут выполняться, как выполнялись первоначально. Система жертвоприношений, соблюдение субботнего и юбилейного годов будут восстановлены. Станет возможным соблюдать все заповеди Торы.

Человек, который не верит в Машиаха и не ждет его пришествия, отрицает самые важные учения пророков, отрицает учение Моше и Тору. Сама Тора свидетельствует о приходе Машиаха (Тора, Дварим, 30:3): «Творец вернет тебя из пленения и отнесется к тебе с состраданием, снова соберет тебя из всех народов, среди которых Он тебя рассеял, Творец приведет тебя в Землю, которая принадлежала твоим отцам, и ты будешь владеть ею снова. Творец будет добр к тебе и сделает тебя более зажиточным и многочисленным, чем твои предки». Этот отрывок из Торы заключает в себе все, что предсказывалось пророками относительно Машиаха.

Можно предположить, что данный человек – Машиах, если он отвечает следующим условиям:

Он должен быть правителем из дома Давида, изучающий Тору и заповеди. Он должен также следовать Письменной и Устной Торе, вести евреев к заповедям, требовать соблюдения ее законов и вести войны Творца. Если кто-то отвечает этим условиям, мы можем предположить, что он – Машиах.

Если он с успехом сделает это, затем отстроит Храм на прежнем месте и соберет всех рассеянных евреев, тогда мы можем быть уверены, что он – Машиах.

Однако ум человека не может постичь план Создателя, ибо Его пути и мысли не такие, как наши. Все, что касается Иисуса из Назарета и Магомета, появившегося после него, служит лишь путем царю Машиаху, который сделает совершенным весь мир и заставит всех служить Творцу, как и было предсказано: «Я дам всем людям чистый язык, чтобы они все взывали от имени Творца и служили Ему с общего согласия» (Пророк Цфания 3:4; 11:4).

И все народы вернутся к истинной религии и не будут больше красть и угнетать друг друга. Вместе с Израилем они будут есть то, что честно добыли своим трудом. Именно это подразумевает пророк, когда говорит: «…лев будет есть солому, как вол» (Пророк Иешаяу 11:7).

Все пророчества, касающиеся Машиаха, аллегоричны. Лишь в мессианскую эру мы узнаем значение каждой аллегории и чему она учит нас (Пророк Иешаяу 12:1).

Наши мудрецы учили: «Нет различия между этим миром и мессианской эрой, кроме подчинения другим правителям». Из простого смысла ряда пророчеств мы видим, что мессианская эра начнется с войны Гога и Магога.

До этого восстанет пророк, чтобы исправить грехи евреев и подготовить их сердца. Пророк предвидел это, когда говорил от имени Творца: «Слушайте, Я пошлю вам пророка Элияу перед великим и ужасным днем Творца» (Пророк Малахи 3:23).

Этот пророк придет не для того, чтобы сделать чистое нечистым или нечистое чистым, он не объявит законнорожденных вне закона, не оправдает перед законом тех, кто считался вне закона. Единственной его задачей будет принести мир всему миру. Пророчество заканчивается словами: «Вернет сердца отцов сыновьям» (Пророк Малахи 3:24).

Однако другие наши мудрецы говорят, что пророк Элияу придет непосредственно перед Машиахом, после войны Гога. Во всех случаях, подобных этим, никто не знает, что произойдет до того, пока не настанет время.

Пророки умышленно оставили это неясным. Главное нужно помнить – это то, что ни порядок, в котором это произойдет, ни детали не являются основами нашей религии.

Наши мудрецы и пророки ждали Машиаха не для того, чтобы править миром и народами мира. Они не хотели, чтобы народы почитали их или чтобы они могли есть, пить и веселиться. Они хотели лишь быть свободными, чтобы заниматься Торой и ее мудростью. Они хотели, чтобы ничто не тревожило и не отвлекало их, чтобы они могли стремиться стать достойными жизни в Грядущем мире.

В эру Машиаха не будет ни войн, ни голода. Зависть и соперничество перестанут существовать, потому что все будет в изобилии. Единственным занятием людей будет познание Творца.

Народ Израиля станет великим и мудрым, познает скрытое, достигнет познания Творца, как сказано: «Земля наполнится знанием о Б-ге, как воды покрывают море» (Пророк Иешаяу 11:9).

Приметы Машиаха

1. Земля Израиля плодоносит

Талмуд. Санэдрин, 98а: «Сказал рабби Аба (4 в.н.э.): «Нет более явной приметы приближения конца, чем та, что указана у пророка Йехезкеля (420 г. до н.э.) (36:8): «А вы, горы Израиля, ветви свои дадите и плоды свои вознесете народу Моему, Израилю, ибо скоро придут они». Поясняет Раши (1040-1105): «Когда урожая на земле Израильской будет много, тогда исполнятся сроки, и нет более явного свидетельства о скором пришествии Машиаха».

«Зоар». Дварим, 32 (2 в.н.э.): во времена избавления возвращению еврейского народа на свою землю будут препятствовать сыны Ишмаэля (арабы), как сказано: «Сыны Ишмаэля будут владеть Святой землей, когда та будет долгие годы пуста... Они будут чинить препятствия сынам Израиля, возвращающимся на землю свою...»

2. Поколение неверия и распущенности

Талмуд. Сота, 49,6: «Перед приходом Машиаха умножится наглость людская, поднимутся цены, даст виноградник плоды, но вино будет дорого, ибо пьянство умножится и неверующих будет большинство».

3. Разрушены устои общества

Талмуд. Сота, 49,6: «Перед приходом Машиаха Дом Собрания станет домом разврата, Галилею порушат войны, мудрецов подвергнут позору, боящихся греха презирают, правда отсутствует, юноши стыдят старцев, пожилые встают перед молодыми, сын позорит отца, дочь восстает против матери, невестка против свекрови, враги человеку домашние его.

Пророк Миха, 7,6 (6 в. до н.э.): «Лицо поколения подобно собачьему (бесстыдные нажива и разврат), сын не стыдится отца своего».

4. Исчезнут мудрецы, печаль и горе

Талмуд. Санэдрин, 97а; Тора. Дварим, 32:36 «...ибо будет судиться Творец за народ Свой и изменит о них решение, когда увидит, что ослабли, нет защищенного и нет поддержанного». – Не придет Машиах, пока не сократится число учащих Тору, или пока не исчезнет последняя монета в кармане, или пока не отчаятся ждать избавления, как сказано.

5. Много бед

Талмуд. Санэдрин, 98а: «Сказал рабби Иоханан: «Когда увидишь поколение, на которое беды льются рекой, – жди его!»

6. Нет силы у народа Израиля

Талмуд. Санэдрин, 98а: «Сказал рабби Хама Бар-Ханина (4 в.н.э.)*: «До той поры не придет Машиах, доколе не сгинет в Израиле власть, даже самая ничтожная».

7. Государство злодеев покорит весь мир

Талмуд. Йома, 10а: «Сказал рав Йегуда (4 в.н.э.), сказал Рав (3 в.н.э.)*: «Сын Давида не придет, пока Царство Злодеев, наследник Рима, хотя бы на девять месяцев не завоюет мир».

ВОЗВРАЩЕНИЕ ИЗ ИЗГНАНИЯ

Пророк Иехезкель, 20:32: «И не бывать задуманному вами, тому, как вы говорите: «Будем, как другие народы, служить дереву и камню. Я рукою твердой и яростью воцарюсь, выведу вас из народов, соберу из стран рассеяния».

Причина изгнания

Тора. Дварим, 11:16: «Берегитесь, дабы не обольстилось ваше сердце, и не совратились вы, и не стали служить другим богам. И возгорится на вас гнев Б-га, и замкнет небо, и не будет дождя, и исчезнете вы скоро с прекрасной земли, которую Г-сподь дает вам».

Тора. Дварим, 28:58: «Если не будешь соблюдать и исполнять все слова закона этого, написанные в книге этой и бояться не будешь этого почитаемого и страшного имени Творца твоего, то обрушит Он удары ужасные на тебя, на потомство твое, удары мощные и верные, болезни злые и постоянные, и обратит на тебя все недуги Египта, которых ты боялся, и они пристанут к тебе. Также всякую болезнь и всякий удар, о которых не писано в книге закона этого, наведет Г-сподь на тебя, пока не будешь истреблен. И останется вас мало — тогда как множеством были подобны вы звездам небесным, — ибо не слушался ты голоса Г-спода, Б-га твоего. И будет: как радовался Г-сподь вам, творя добро и умножая вас, так возрадует Г-сподь врагов ваших, уничтожая вас и истребляя вас, и отторгнуты будете от земли, в которую вступаете для владения ею. И рассеет тебя Г-сподь по всем народам, от края земли до края земли, и будешь служить божествам иным, неведомым ни тебе, ни отцам твоим, — дереву и камню. Но и между народами теми не успокоишься ты, и не будет покоя ступне твоей, а даст Г-сподь тебе там сердце встревоженное, тоску и скорбь души. И будет жизнь твоя висеть на волоске пред тобою, и в страхе будешь день и ночь, и в жизни твоей не будешь уверен. Утром скажешь: «О, если бы настал вечер!» — а вечером скажешь: «О, если бы настало утро!» — от страха, которым будет объято сердце твое, и от зрелища, которое узришь перед глазами твоими».

Страны рассеяния изгонят евреев, хотя те будут пытаться ассимилироваться.

Рав (3 в.н.э.) в книге «Сифра»: евреи, будучи изгнаны со своей земли, захотят жить жизнью народов, среди которых они рассеяны, и тогда исполнится сказанное пророком: «И не бывать задуманному вами...» Б-г вселит в сердца народов мира ненависть к евреям. Евреи будут гонимы отовсюду, пока Б-г не соберет их и не приведет в Эрец-Исраэль.

Пророк Иехезкель, 20:35: «И приведу вас в пустыню народов, и там буду судиться с вами лицом к лицу».

Мальбим (1809 – 1879): «Все страны мира будут для вас пустыней, где не сыскать человеку и самого необходимого. Пустыней будут вам все страны мира! Вы будете отделены там от людей, живущих в городах, и будете скитаться, что овцы, заблудшие и лишенные всего. Вам не разрешат покупать ни дома, ни поля, ни сады... И там Я буду судиться с вами лицом к лицу, и там вы поймете, что невзгоды эти были не случайны, а постигли вас по воле Провидения, судившего вас за ваши поступки, — как ощущали отцы ваши в Синайской пустыне руку Б-га в любом наказании, постигшем их».

Возвращение

1. Бедствия

Пророк Иехезкель, 20:35: «И приведу вас в пустыню народов и там буду судиться с вами, как судился с отцами вашими в пустыне, и будет земля ваша пуста, а города ваши будут руинами». «Так сказал Творец: И созову вас из народов, соберу из стран, в которых были рассеяны вы, и дам вам землю Израиля. И придут туда и удалят из нее все мерзости и все гнусности ее. И дам Я им сердце одно, и дух новый вложу Я в них, и извлеку из тела их сердце каменное, и дам им сердце из плоти, дабы следовали Моим заповедям, уставы Мои соблюдали, выполняли их, и будут Моим народом...»

Талмуд. Санэдрин, 98а: «Сказал рабби Ханина (3 в.н.э.): «Сын Давида не придет, пока не будут сокрушены все надменные и нарушающие справедливость в Израиле».

Пророк Цфания, 3:11 (5 в. н.э.): «И оставлю Я народ бедный и нищий среди тебя, и они будут полагаться на имя Творца».

Сказал рабби Симлай (3 в.н.э.) со слов рабби Эльазара, сына рабби Шимона: «До той поры сын Давида не придет, доколе в Израиле не сгинут все надзиратели и судьи, как сказано (Иешаяу,1:25): «И снова возложу руку Мою на тебя, и очищу тебя, словно щелочью, от всех примесей твоих. И вновь поставлю судей твоих, как прежде, и советников твоих, как вначале».

2. Суд над преступниками

Пророк Иешаяу,1:28: «И отступники, и грешники сокрушены будут, исчезнут оставившие Творца».

3. В звуке Шофара придет Машиах

Талмуд. Мегила, 17:6: «По сокрушению преступников возвысятся рога праведников, как сказано (Теилим, 75:11): «И все роги нечестивых срублю, и возвысятся роги праведников», – включая и родившихся неевреями, которые впоследствии добровольно приняли еврейство, чтобы праведно исполнять его законы... И где же поднимутся их роги? – В Иерусалиме. И когда Иерусалим будет отстроен, придет сын Давида.

Рамбам. Законы царей, гл.11, зак.1: «Царь Машиах встанет и возвратит царству Давида былую власть, отстроит Храм и соберет изгнанников Израиля».

После разгрома Гога народы мира сами приведут народ Израиля в Землю Израиля:

Пророк Иехезкель, обращаясь к Гогу, правителю державы, которой предопределено в конце дней воевать против Израиля, говорит, что перед тем еврейский народ будет собран на своей земле (Иехезкель, 38:8, 9): «После многих дней вспомянут будешь: в конце лет придешь ты в страну вернувшихся от меча, собранную из народов многих на горы Израиля, что опустошенными стояли всегда, но народ Израиля выведен был из народов, и поселились в уверенности все они. И поднимешься, словно бедствие великое придешь ты. Как туча, покрывающая землю, будешь ты и все отряды твои, народы многие с тобой. ...И буду судиться с ним мором и кровью; и ливень проливной, и град камней, огонь и серу пролью на него, и на отряды его, и на многие народы, которые с ним. И Я возвеличусь, и освящусь, и появлюсь пред глазами народов многих, и узнают, что Я – Г-сподь».

Пророк Цфания, 3:8 о приходе Гога в Иерусалим: «Потому: ждите Меня, слово Г-спода, до того дня, когда встану Я для разорения народов, ибо приговор Мой — собрать народы, собрать царства, дабы излить на них гнев Мой, пыл ярости Моей, ибо огнем гнева Моего будет пожрана вся страна. Ибо тогда Я изменю язык народов и сделаю его чистым, дабы все призывали имя Г-спода, дабы служили Ему единодушно. Живущие по ту сторону рек Куш Атарай и Бат-Пуцай (Индия) принесут дар Мне».

Пророк Иешаяу, 18:5: «Но еще до наступления жатвы, когда закончится цветение и созревающим плодом станет цветок, ветви срежет Он садовыми ножницами, побеги обрубит, отсечет — уничтожит командующих и помощников Гога, армию его и армию его приспешников. Тогда принесен будет дар Г-споду, на место имени Г-спода, на гору Цион... весь народ Израиля вернется в Цион, и принесут дар свой все народы мира».

Пророк Иешаяу, 66:18: «А знаю Я деяния их и мысли их; наступит время собрать народы и языки, и придут они и увидят славу Мою, и приведут всех братьев ваших от всех народов в дар Г-споду...»

Талмуд. Санэдрин, 97а: «Сказал рабби Ицхак (3 в.н.э.): «До той поры сын Давида не придет, доколе все страны не встанут на путь неверия».

Талмуд. Сота, 49:6: «Перед приходом Машиаха все государства погрязнут в неверии, и не будет упрека».

Мидраш «Шир-Аширим», гл. 2: «Сказал рабби Янай: Увидишь поколение за поколением бранящих и поносящих имя Б-га, — жди шагов царя Машиаха».

Евреи, несмотря на то, что Творец сделает для них много чудес, хотят стать как народы мира.

Пророк Иешаяу, 48:1: «Слушайте, дом Яакова, именем Израиля называющиеся и от источника Иеуды происшедшие, клянущиеся именем Г-спода и памятующие Б-га Израиля не по истине и не по правде. Ибо «происходящими из святого города» называют они себя и на Б-га Израиля полагаются...» (Думают, что, живя в Иерусалиме, достойны спасения от страданий).

Пророк Иешаяу, 4:8: «... знал Я: упрям ты, и шея твоя — жила железная, и лоб твой — медный. И говорил тебе прежде — ранее, чем свершилось это, Я возвещал тебе... И не слышал ты, и не знал ты, и издавна не было открыто ухо твое, ибо знал Я, что весьма вероломен ты, и от утробы материнской назван ты преступником».

Тора. Дварим, гл. 8: «Когда всего у тебя будет вдосталь, не станет надменным сердце твое и не забудь Б-га своего, не скажи в сердце своем: «Сила моя и крепость руки моей дали мне это богатство». Помни Г-спода, Б-га твоего, ибо Он дает тебе силу приобретать богатство, чтобы исполнить тебе завет Свой, о котором Он клялся отцам твоим...»

Талмуд. Сота, 5а: «Рав Хисда: «О всяком, в ком есть гордыня, говорит Г-сподь: «Я и он не сможем жить в мире».

Безумцем считается стремящийся к Творцу

«Зоар» Хадаш, Берейшит: «...И придут дни, когда все будут дерзкими и наглыми, и забудется Тора в Израиле, не будет ни ищущего, ни требующего ее, а побудившего свое сердце к ней – опозорят и не сочтут за человека».

Талмуд. Сота, 49:6: «Перед приходом Машиаха дом собрания станет домом разврата, лицо поколения подобно собачьему».

Талмуд. Санэдрин, 97а: «Рабби Йегуда: «В поколении, когда придет Машиах, мудрецов подвергнут позору, боящиеся греха будут презренны и правда будет отсутствовать, как сказано (Иешаяу, 59:15): «И будет правда отсутствовать, а отошедший от зла – безумствовать». Спросили мудрецы: «Что значит «безумствовать»? Сказал рабби Шила: «Всякий, от зла отошедший – безумец в людских глазах». Раши: «Все говорят о нем: он сумасшедший».

Обеднеет народ Израиля

Пророк Хагай, 1:5 (2-ой Храм, 4 в.н.э.): Обратитесь ко мне, ведь сеете много, а собираете мало, едите и не насыщаетесь, пьете и не утоляетесь, одеваетесь, но не согреваетесь, работаете для дырявого кармана.

Весь мир в панике от страха войны

Берейшит-Раба, гл. 42 (11 в.н.э.): «Сказал рабби Элазар Бар-Авина: «Когда увидишь: множество государств пошли войной друг на друга – жди прихода Машиаха».

Ялкут-Шимони, Иешаяу, гл. 60: «Сказал рабби Ицхак: «В год, когда появится Машиах, правители народов развяжут войны один против другого, и паника охватит все народы,

Израиль будет в таком замешательстве, что в ужасе возопит: «Что делать нам? Как спастись?»

На весь мир распространится власть страны злодеев

Талмуд. Авода-зара, 2б: «...и будет оно пожирать землю всю, и истолчет, и искрошит ее». Пророк Даниэль, 7:23: Сказал рабби Иоханан: «Это злодеи, наследники Рима, чья природа овладевает всем миром».

Эта власть страны злодеев покорит Израиль на срок не менее 9 месяцев

Это злодей Эсав и потомки его.

Берейшит, 27:39: «И мечом своим будешь жить», – Эсав, брат Яакова, получил от своего отца Ицхака благословение: «От земли тучной будет тебе существование и от росы небесной свыше. И мечом своим будешь жить, и брату своему служить будешь; но когда взбунтуешься, свергнешь его с шеи своей». Римская империя унаследовала благословения Эсава.

Эти 9 месяцев будут предродовыми муками, предшествующими приходу Машиаха

Талмуд. Санэдрин, 98б: «Сказал Рабби: «Не придет сын Давида до той поры, пока Царство Злодеяний не подчинит своей власти Израиль на девять месяцев, как сказано (Миха, 5:2): «Поэтому предаст Он их до времени, пока не родит роженица. И остальные братья возвратятся к сынам Израиля».

«Зоар». Шмот: «Много нечестивых евреев придут вместе с другими народами, чтобы воевать против Иерусалима».

Именно из этих страданий произойдет возвращение к Творцу и избавление

Пророк Даниэль, 11:44: «...и выйдет царь Северный в ярости великой, дабы уничтожать и губить многих. И раскинет он шатры свои меж морем и горою Святилища, но придет он к концу своему, и никто уже не поможет ему. ...И встанет тогда Михаэль, князь великий, стоящий за сынов народа твоего, и настанет время бедствий, небывалых с того дня, как стали они народом, и до тех пор».

Мидраш Даниэль, 12:1: «...и настанет время бедствий, небывалых с того дня, как стали они народом, и до тех пор», – муки, предшествующие появлению Машиаха. Как самой болезненной минутой для роженицы являются сами роды, после чего наступает долгожданный радостный покой, так и у Израиля: сразу же после сильнейших бедствий придет избавление и покой.

Пророк Ирмияу, 30:5: «...крик ужаса услышали мы, страх, нет мира. Расспросите и посмотрите – рожает ли мужчина? Так почему же вижу Я у каждого мужчины руки словно у роженицы на чреслах его, и лица у всех позеленели? Велик день тот и нет подобного ему – это час бедствия Израиля и в нем его избавление».

Виленский Гаон (1720-1797): «Дни галута подобны месяцам беременности, а конец галута – последним часам предродовых мук. Когда у женщины боли усиливаются настолько, что нет сил терпеть, тогда утешит ее акушерка, что мучения уже не продлятся долго, и скажет ей: «Не бойся, это признак – вот-вот родится!»

Рукопись Рамбана, стр. 286: «А в конце царствования их, во главе злодеев, наследников Рима, станет дерзкий царь и в конце гнева его, когда не останется сил у Израиля, будет тот царь разбит».

Тора. Дварим, 32:36: «Ибо будет судиться Г-сподь за народ Свой и о рабах Своих переменит решение, как только увидит, что их рука ослабела и нет защищенного, нет поддержанного. И скажут враги: «Где Б-г их, Твердыня, на которую так полагались они? Пусть Он встанет, пусть вам поможет, пусть будет покровом для вас!» Смотрите же ныне: Я – это Я, и нет бога, кроме Меня: Я умерщвлю и Я оживлю, Я поразил и Я исцелю – и никто от руки Моей не избавляет».

Пророк Даниэль, 12:7: «Когда конец сокровенному?» – когда иссякнут силы народа Израиля, закончится все это». Поясняет Раши: «Когда не станет сил, прежде позволяющих побеждать врагов, а будут слабы и беспомощны, тогда придет Машиах».

Поучения рабби Элиэзера, гл. 3 (1 в.н.э.): «Сказал рабби Йегуда: «Израиль будет избавлен только в том случае, если возвратится к Творцу. Но придет он к этому лишь через бедствия, скитания и голод».

Народ Израиля будет искать помощи других народов, но никто не поможет

Пророк Ошеа, 2:2, 9: «И соберутся сыны Израиля, и помчится она за любовниками своими, но не догонит их; и будет искать их, но не сыщет; и скажет: «Пойду я и возвращусь к первому мужу моему, ибо было мне тогда лучше, чем теперь».

Бывшие дружественные Израилю народы станут его врагами

«Зоар». Берейшит, 119: «И соберу все народы на войну против Иерусалима». Рамак (Рабби Моше Кордоверо, 1522-1570): Поскольку евреи создали свое государство, то все народы превратятся во врагов Израиля и заключат между собой союз, чтобы уничтожить его. И тогда настанет «час бедствия Яакова», но не смогут сломить, ибо «в нем же его избавление».

«Зоар». Ваера: «Народы поставят своей целью уничтожение Израиля после того, как Царство Зла победит всех своих врагов и среди народов мира не останется у Израиля никого. В те времена на краю Земли пробудится один народ и встанет против Царства Злодеяний, наследника Рима, и будет воевать с ним три месяца. И соберутся народы, но будут они преданы в руки его, и после этой победы Царство Зла соберет все народы, дабы уничтожить Израиль».

Цель страданий — привести Израиль к Творцу

Рав Хай Гаон (939-1038), книга «Тшу вэтаешуа»: «Почему Гогу дано будет право сразить Машиаха бен Иосефа? (Машиах бен Иосеф придет до Машиах бен Давида и погибнет в войне против Гога, правителя Царства Зла). Чтобы поразить сердца евреев, не обладающих полнотой веры, ибо скажут после этого: «Вот, был человек, которого мы ждали, и умер он, значит, уже не будет избавления», – и покинут союз Израиля.

Пророк Амос, 9:10 (7 в. до н.э.): «От меча погибнут все грешники народа Моего, говорящие: «Нет, не постигнет, не грядет на нас бедствие это!» Оставшиеся же в Иерусалиме будут очищены и удостоятся избавления».

Народ Израиля вернется к Творцу только под угрозой полного уничтожения

Ялкут-Шимони, Шмуэль, 106: «Сказал рабби Шимон Бар-Иохай: «Три вещи презрел Израиль в дни царя Рехавама (8 в. до н.э.): царство Творца, царство дома Давида и Храм». Сказал рабби Шимон бен Менасия (2 в.н.э.): «Не оповестят Израиль об избавлении, пока не попросят вернуть всех трех, как сказано (Ошеа, 3:5): «Потом раскаются сыны Израиля и будут искать Творца и Давида, царя своего, и вострепещут пред Г-сподом и благом Его в конце тех дней».

Мидраш «Танхума», Бэхукотай: «Рабби Элиэзер: «Если не вернутся к Творцу сами, то Он поставит над ними грозного правителя, указы которого будут безжалостными, как указы Амана об уничтожении народа Израиля».

Сближение с Творцом

Рамбам, Законы царей, гл. 11, зак. 1: «Царь Машиах встанет и возвратит царству Давида былую власть, отстроит Храм и соберет изгнанников Израиля. В те дни восстановятся все законы Торы: будут приносить жертвоприношения, а также соблюдать 7-й и 50-й год. Всякий неверящий в его приход или не ждущий его, отрицает не только остальных пророков, но и Тору, и Моше Рабейну, ибо Тора свидетельствует о нем, как сказано (Дварим, 30:3): «И возвратит Г-сподь, Б-г твой, изгнанников твоих, и смилостивится над тобою, и вновь соберет тебя изо всех народов, среди которых рассеял тебя Г-сподь, Б-г твой. Даже если будут заброшенные твои на краю неба, и оттуда соберет тебя Г-сподь, Б-г твой, и оттуда возьмет тебя». Эти слова Торы включают в себя все пророчества всех пророков. В главе «Балак» также имеется пророчество, и там говорится о двух Машиахах: о первом – Давиде, который избавил Израиль от руки врагов, и о последнем Машиахе, который встанет из его потомков и избавит Израиль в конце дней. Там сказано (Бамидбар, 24:17): «Вижу его, но он не ныне» – это Давид, «смотрю на него, но издали» – это царь Машиах. «Взойдет звезда от Яакова» – это Давид; «И сокрушит пределы Моава» – это Давид; «и разгромит всех сынов Шета (народы мира)» – это царь Машиах; «И будет Эдом подвластен» – это Давид, как сказано: «...и были эдомитяне рабами Давиду, и будет подвластен Сеир врагам своим. Израиль одолеет их» – это царь Машиах, как сказано (Овадия, 1:21): «И взойдут спасители на гору Цион судить гору Эсава; и будет Творцу – царство».

Творец направит народы мира на Иерусалим и этим вынудит народ Израиля обратиться к Себе

Пророк Цфания, 3:1: «Горе непокорному и оскверненному городу! Не слушал он голоса, не принял назидания, не верили в Творца. Сановники его – львы рычащие, судьи его – волки вечерние, и кости не оставят до утра. Творец же с ним, не свершит несправедливости; каждое утро в свете являет Он суд Свой, не оставляет – но не знает стыда грешник. «Истребил Я народы, разорены города. Думал Я: верно, будешь бояться Меня, примешь назидание, дабы не было разрушено жилище и не случилось все, что Я определил тебе; но вы поспешили испортить деяния свои. Потому ждите Меня – слово Мое, до того дня, когда встану Я для разорения народов, ибо приговор Мой – собрать народы, собрать царства, дабы излить на них гнев Мой, пыл ярости Моей, ибо огнем гнева Моего будет пожрана вся страна. Ибо тогда изменю Я язык народов и сделаю его чистым, дабы все призывали имя Мое служить Мне».

Пророк Захария, гл. 14: «Вот приходит день Творца, и соберу Я все народы на войну против Иерусалима, и захвачен будет город, и разграблены будут дома, и обесчещены будут женщины, и уйдет половина города в изгнание, а остальной народ не будет отчужден от города. И выйдет Г-сподь и сразится с народами теми, как в день, когда сражался Он, в день битвы, и будет Г-сподь царем на всей земле, и в день тот будет Г-сподь един для всех, и имя Его – едино».

Пророк Иехезкель, гл. 38: «Посему пророчествуй, сын человеческий! И скажешь Гогу: «Так сказал Г-сподь: «В тот день, когда народ Мой, Израиль, будет обитать в безопасности, ты узнаешь. И придешь ты с места своего, с окраины севера, ты и многие народы с тобой, толпа огромная и войско великое. И поднимешься на народ Мой, Израиль, словно туча, чтобы покрыть эту землю. В конце дней будет это. И Я приведу тебя на землю Мою, чтобы узнали Меня народы, когда освящусь Я через тебя пред глазами их, Гог! И в день тот, в день прихода Гога на землю Израиля, это слова Г-спода, возгорится гнев Мой в ярости Моей, и буду судиться с ним мором и кровью, и ливень проливной, и град камней, огонь и серу пролью на него и отряды его, и на народы многие, которые с ним, и Я возвеличусь, и освящусь, и появлюсь пред глазами народов многих, и узнают они, что Я – Г-сподь! И имя святое Мое объявлю среди народа Моего, Израиля, и не позволю впредь осквернять имя святое Мое. И узнают народы, что Я – Г-сподь, свят среди Израиля!»

В дни Машиаха все устремятся к истинному наслаждению в слиянии (вере) с Творцом

Рамбам, Законы царей, гл. 11, зак. 4: «И будет исправлен мир, ибо все будут служить Б-гу, как сказано: «Тогда изменю Я язык народов и сделаю его чистым, дабы все призывали имя Г-спода».

Рамбам, Законы царей, гл. 12, зак. 1: «И в то время не будет конца всем благам, и всякий устремится лишь к познанию Б-га».

Рамбам, Законы возвращения к Творцу, гл. 10, зак. 6: «Не познает человек любви Б-га, пока не будет все время думать о Нем, как Сам Творец заповедал нам (Дварим, 6:5): «И возлюби Создателя твоего, всем сердцем твоим и всею душою твоею...» Любовь к Всевышнему возможна лишь через познание, и именно от познания зависит любовь. Потому должен человек изучать те науки, что дадут ему знания о его Создателе, и все зависит от способности человека познавать».

Рамбам, Законы основ Торы, гл. 2, зак. 2: «Когда человек вглядится в великие и чудесные творения и увидит в них безграничную мудрость, то возлюбит своего Создателя и будет прославлять Его, как сказал Давид (Теилим, 42:3): «Жаждет душа моя Б-га живого».

Рамбам, Законы возвращения к Творцу, гл. 10, зак. 3: «Достойная любовь – это когда человек любит Б-га так, что душа его вечно связана этой любовью, и размышляет он о ней всегда, как больной любовью, чьи мысли заняты только той женщиной и когда он сидит, и когда он встает, когда ест и когда пьет. Но любовь к Творцу, как Он Сам заповедал, должна быть «всем сердцем твоим и всею душою твоею», т.е. еще сильнее в сердцах любящих Его. Это о ней образно говорил царь Шломо: «... ибо болен любовью я», и вся его «Песнь Песней» посвящена этой любви».

Слияние с Творцом — истинное наслаждение

Рамхаль, Месилат яшарим: «Основа благочестия и смысл человеческого бытия – уяснение и познание человеком своих обязанностей в мире, т.е. на чем именно должен сосредоточить свое внимание и устремления, что бы он ни делал в течении всей своей жизни. И наши мудрецы указали, что создан человек лишь затем, дабы получать удовольствие от Творца и наслаждаться сиянием Его раскрытия (шхины), ибо это удовольствие истинное и наибольшее из всех существующих наслаждений. И всмотревшись, увидишь: настоящее совершенство – это привязанность к Нему, о чем и говорил царь Давид (Теилим, 73:28): «...Близость Б-га – благо для меня», «Одного прошу я у Г-спода, того лишь ищу, чтобы пребывать мне в доме Г-споднем все дни жизни моей». Только это является благом, все остальное же, почитаемое людьми за благо, – ничто, только в заблуждение вводит и с пути сбивает».

Бааль Сулам пишет, что «Существует логический закон связи ветвей и корня: все свойственное корню живительно, благотворно для ветвей и, напротив, все чуждое корню – губительно, вредно для них. Творец – корень (начало) всего сущего, в том числе и нас, людей, мы же – ветви Его. Поэтому все Его – должно быть приятно нам, а несвойственное Ему – нестерпимо для нас. И в самом деле: мы любим покой, стремимся к мудрости, силе и довольству и презираем глупость, слабость, боимся нужды...» Т.е. человек достигает максимального блаженства, только «приближаясь» к своему Корню, своему Творцу. Поэтому наслаждение близостью к Творцу является величайшим наслаждением в мире. Путь к этому – через изучение науки Каббала. Только изучение Каббалы под правильным руководством способно привести к полному соединению ветвей и Корня, т.е. придать человеку качества Творца. Постижение и обретение качеств Творца, своего Корня, и дает наслаждение ветвям (душам).

В дни Машиаха все человечество постигнет Творца, а потому прекратятся войны и распри

Рамбам, Законы царей, гл. 12, зак. 5: «И тогда не будет более ни голода и ни войны, ни зависти и ни конкуренции – так велико будет ниспосланное благо...»

Пророк Иешаяу, 2:2: «И будет, после тех дней, когда сгинут все преступники, утвердится гора дома Г-сподня, как вершина всех гор, и возвысится над холмами, и устремятся к ней все народы. И пойдут многие народы и скажут: «Давайте взойдем на гору Г-сподню, в дом Б-га Яакова, дабы научил Он нас путям Своим и пошли бы мы по стезям Его». Ибо из Циона выйдет Тора и из Иерусалима – слово Г-сподне. И рассудит Он народы и даст поучение народам многим, и перекуют они мечи свои на орала и копья свои – на садовые ножницы; не поднимет народ на народ меча, и не будут более учиться воевать».

Рамбам, Законы царей, гл. 12, зак. 1: «...А то, что сказано у Иешаяу (11:6): «...и будет жить волк с овцой...» – таков образ еврейского народа, живущего в мире с остальными народами».

Машиах обучит все народы мира Торе и работе Творца

Рамбам, Законы царей, гл. 9, зак. 2: «...ибо царь этот, ведущий свой род от Давида, будет и мудрее Шломо, и великим пророком, подобным Моше. Он будет обучать весь народ и укажет пути Творца, и все народы придут слушать его, как сказано: «И будет, после тех дней, утвердится гора дома Г-сподня, как вершина всех гор...»

Раскрытие Творца создает в человеке веру и возможность избавиться от пороков. Скрытие Творца порождает неверие в управление Добром. Избавление придет или путем страданий, или путем Торы. Если удостоимся – придем к цели творения добрым путем Торы и быстро, ранее назначенных сроков.

Талмуд. Санэдрин, 98а: «Рабби Иеошуа бен Леви отметил противоречие: «Сказано у пророка Иешаяу, 60,22: «Я, Г-сподь, в назначенное время ускорю это». Как совместить «в назначенное время» и «ускорю»? Будут достойны – ускорю, а нет – в назначенное время, ради имени Его. Если удостоятся путем возвращения к Творцу, смилостивится Он над ними, а если нет, то избавит от страданий только по исполнении срока».

Книга «Зоар». Ахарей мот: «Это учит нас: пока Израиль находится в изгнании, коли будет удостоен – смилостивится Всевышний и вызволит из изгнания, но если нет, то оставит их до назначенного времени. Когда же наступит оно, пусть и не будут достойны, все равно не забудет их ради имени Своего – «и вспомню Мой союз с Яаковом...»

Мидраш «Шмот», 25:17: «Сказал рабби Иоханан: «Сказал Творец Израилю: «Я установил предел приходу Машиаха: или когда вы возвратитесь ко Мне, или в назначенное время, но все равно придет он».

Машиах придет в поколение грешников

Мидраш «Шир-аШирим», гл. 4: «Сказал рабби Леви: «Сын Давида придет при поколении наглом, достойном уничтожения. Сказал рабби Аба Бар-Каана (4 в.н.э.): «Сын Давида придет при поколении, лицо которого подобно собачьему».

Четыре царства зла

Пророк Даниэль, гл. 7: «Затем увидел я в видении ночном: вот — четвертый зверь, страшный и ужасный, необыкновенно силен и огромные железные зубы у него. Он пожирает и дробит, а остатки топчет ногами; и не схож со всеми теми зверьми, что были прежде, и десять рогов у него. Рассматривал я рога, и вот — еще небольшой рог появился между ними, и из-за него выпали три прежних рога. Четвертый зверь — четвертое царство на земле, и не будет похоже на все другие царства; оно будет пожирать всю землю, и истолчет, и искрошит ее. А десять рогов — десять царей поднимутся из царства этого, и другой поднимется после них, и не будет похож на прежних, и свергнет трех царей. И будет он речь слова против Всевышнего, и святых Всевышнего уничтожит; и замыслит он изменить времена их и закон, и будут они отданы в его руки на срок, сроки и полсрока. И будет заседать Суд, и отнята будет у него власть уничтожать и губить окончательно. А царство, и власть, и величие царств, что под небесами, будет дана народу святых Всевышнего; царство Его — царство вечное, и все властители будут служить Ему и повиноваться».

Последне царство зла — потомок Эйсава — Эдом

Явление Гога в Иерусалим

Пророк Иехезкель, гл. 39: «И ты, сын человеческий, пророчествуй о Гоге. И скажешь: «Так сказал Г-сподь Б-г: «Вот Я — против тебя, Гог. И сделаю Я тебя озорным, и пробужу тебя, и подниму тебя с окраин Севера, и приведу тебя на горы Израильские. На горах Израиля падешь ты, и все отряды твои, и народы, идущие с тобой. И поднимешься на народ Мой, Израиль, словно туча, чтобы покрыть землю эту. В конце дней будет это: и приведу Я тебя на землю Мою, дабы знали Меня народы, когда освящусь Я через тебя пред глазами их, Гог!»

Гог – правитель страны Магог (Персия)
Пророк Иехезкель, 38:2: «Сын человеческий! Обрати лицо твое к Гогу в земле Магог».

Тора. Берейшит, 10:2: «Сыны Йефета (второй сын Ноаха, спасшегося со своей семьей от потопа): Гомэр и Магог...» Его потомки: Эйсав (Эдом), Амалек, Агаг, Аман.

Вместе с Гогом в Иерусалим придут Роша (Россия) и народы Европы, Азии, Африки.

Пророк Иехезкель, 38:5: «Парас (Персия), Куш (Африка и Индия), Пут с ними, все со щитами и в шлемах. Гомэр (Ашкеназ – Германия, Рифат – Британия) и все отряды его, дом Тогарма (народы Дуная, Восточной Европы) с окраин севера и все отряды его, – народы многие с тобою».

Только при выступлении на Иерусалим станет ясно, кто такой Гог

Мальбима. Иехезкеля, гл. 38: «Слова «так сказал Б-г: «Разве ты не тот...» свидетельствуют, что имена «Гог» и «Магог» забудутся, и никто даже знать не будет, что за народ в устах пророка был назван «Магогом», и что за царь, имя которого «Гог». И лишь когда пойдет он на Израиль, сбудутся слова пророка, и поймут – это и есть царь «Гог», о котором пророчествовали. А слова «в конце дней будет это: и приведу Я тебя на землю Мою, дабы знали Меня народы, когда освящусь Я через тебя пред глазами их, Гог!» означают, что в конце дней будешь ты «Гог», ибо только тогда и узнают, что ты и есть «Гог».

После подготовки к войне Гог выступит три раза на Иерусалим

Русские корабли выйдут к берегам Израиля
Пророк Даниэль, 11:40: «А под конец сразится с ним царь Южный, и бурей налетит на него царь Северный с колесницами и множеством кораблей. И придет он в Святую землю, и пострадают многие. И будет простерта длань его на многие

страны, и земля Египетская не спасется». Но солдаты его примут еврейство.

Пророк Даниэль, 12:1: «И встанет тогда Михаэль, князь великий, стоящий за сынов народа твоего, и настанет время бедствий, небывалых с того дня, как стали они народом, и до тех пор. И спасется народ твой...»

Арабы будут воевать против Эдома

Книга «Зоар», Ваэра, 32: «Разожгут сыны Ишмаэля жестокие войны в мире, и соберутся на них сыны Эдома, будут воевать на море, на суше и под Иерусалимом, и покорят сыны Эдома сынов Ишмаэля, но Святая земля не перейдет в руки сынов Эдома».

Арабы заключат перемирие с царством Зла. Правитель царства Зла будет уничтожать только желающих Творца. Его цель – чтобы народ Израиля уподобился народам мира.

Пророк Даниэль, 2:40: «А четвертое царство будет сильным, подобно железу. И во дни тех царей установит Б-г небесный царство, что вовеки не разрушится и власти другому народу не передаст».

Арабы — самые ярые враги Израиля

Книга «Зоар», Дварим, 32: «Сыны Ишмаэля будут владеть Святой землей, когда та будет долгие годы пуста... Они будут чинить препятствия сынам Израиля, возвращающимся на землю свою...» Сказал рабби Ишмаэль (1 в.н.э.): Пятнадцать деяний совершат в будущем сыны Ишмаэля на Святой земле: обмерят Страну и поделят ее между собой, оскверняя кладбища, будут содержать там скот и собирать навоз, поделят кладбища и вершины гор, умножат ложь, будут преследовать правду, отдалят закон от Израиля, умножат грехи среди Израиля, при них переведутся в Стране писцы свитков Торы, обесценятся деньги, отстроят разрушенные города, расчистят дороги, насадят сады, застроят проломы в стенах Храма, на месте Храма поставят здание, в конце дней их правителями будут два брата. В то время встанет потомок Давида, как сказано (Даниэль, 2:44): «И во дни тех царей установит Б-г небесный царство, что вовеки не разрушится и власти другому народу не передаст. А почему он был назван «Ишма-эль» (услышит Б-г), так как услышит Всевышний стенания народа Своего в бедствии, что несли ему сыны Ишмаэля».

Арабы (Ишмаэль) и европейцы (Эдом) вместе пойдут на Израиль

Книга «Зоар», Берейшит, 119: «И в то время пробудятся сыны Ишмаэля вместе со всеми народами мира, чтобы пойти на Иерусалим, как сказано (Пророк Захария, 14:1): "И соберу все народы на войну против Иерусалима"».

Рамак: «Поскольку евреи создали свое государство, то все народы превратятся во врагов Израиля и заключат между собой союз, чтобы уничтожить его, – и тогда настанет "час бедствия Яакова", – но не смогут сломить его, ибо "в нем же его избавление"».

Теилим, 83: «Против народа Твоего замышляют они втайне худое и совещаются о хранимых Тобой. Сказали они: "Пойдем и истребим их, чтобы перестали быть народом, и да не упомянется более имя Израиля!" Ибо единодушны они в совещаниях, против Тебя заключают союз. Шатры Эдома и ишмаэльтян, Моав и Агрим, Гевал и Амон, и Амалек, Плешет с жителями Цора».

Последние враги Израиля — Египет и Эдом

Пророк Йоэль, 4:19 (5 в. до н.э.): «Станет Египет пустошью, а Эдом будет пустынею безлюдной за насилие над сынами Иудейскими, чью невинную кровь проливали они в стране их».

Пророк Даниэль, 2:40: «А четвертое царство будет сильным, подобно железу; и словно железо, что плющит, крошит и разбивает все, оно, что железо всесокрушающее, всех разобьет и сокрушит».

Война Гог-Магог. Эдом против арабов

Книга «Зоар», Ваэра, 32: «Разожгут сыны Ишмаэля жестокие войны в мире, и соберутся на них сыны Эдома, будут воевать на море, на суше и под Иерусалимом, и покорят сыны Эдома сынов Ишмаэля, но Святая земля не перейдет в руки сынов Эдома».

Северное царство победит Египет и другие арабские страны

Пророк Даниэль, 11:40: «А под конец сразится с ним царь Южный, и бурей налетит на него царь Северный с колесницами, всадниками и множеством кораблей. И придет он в Страну Прекрасную, и пострадают многие... И будет простерта длань его на многие страны, и земля Египетская не спасется. И завладеет он сокровищницами золота и серебра и всеми ценностями Египта; и Лувим (Ливан) и Кушим (Африка) пойдут за ним».

Пророк Захария, 12:2: «Вот Я сделаю Иерусалим чашей яда для всех народов вокруг и для врагов Иеуды, когда осажден будет Иерусалим».

Египет желает захватить Израиль себе

Пророк Иехезкель, 32:2: «Сын человеческий, вознеси плач о Фараоне и скажи ему: «Возомнил ты себя молодым львом, но ты – крокодил среди морей; и ринулся по рекам твоим, и возмутил воду ногами твоими, и замутил реки их. Так сказал Г-сподь Б-г: «Я наброшу на тебя сеть Мою в собрании народов многих, и вытащат тебя сетью Моей. И встревожу Я сердце народов многих, когда донесу весть о разрушении твоем до народов, до стран, о которых даже и не знаешь ты. Из-за тебя впадут в оцепенение народы, цари их содрогнутся, когда взмахну на тебя мечом Моим пред ними, и будут трепетать – каждый за душу свою в день падения твоего».

Все арабские страны присоединятся к Египту против Северного царства Зла. Еще один народ пойдет войной на царство Зла

Книга «Зоар», Ваэра, 32: «В те времена на краю Земли пробудится один народ и встанет против Царства Зла, наследника Рима, и воевать будет с ним три месяца. И соберутся народы, но будут они преданы в руки его, и после этой победы Царство Зла соберет все народы, дабы уничтожить Израиль».

Рукопись Рамбана, ч. II, стр. 517: «...и вот, завладеет всем миром на девять месяцев, но услышит: великий народ надвигается, – это десять колен, и выйдет воевать, как написано: «Но слухи с востока и с севера испугают его, и выйдет он в ярости великой...»

Царство Зла (Эдом) победит и пойдет на Иерусалим

Книга «Зоар», Берейшит, 119: «...и с севера начнутся войны, и объединятся все народы против Израиля, ибо возжелают свести его со света. Это час бедствия Яакова, и в нем же его избавление».

Пророк Иехезкель, 38:11: «И скажешь ты: "Поднимусь на страну неукрепленную, пойду на успокоившихся, в безопасности обитающих, – нет у них ни стены укрепленной, ни засова, ни дверей". – Поясняет Раши: "Пойду на успокоившихся" – и посмотрю, на что они надеются».

Пророк Даниэль, 11:45: «И поставит он шатры свои дворцовые меж морем и горою Святилища прекрасного, но придет он к концу своему, и никто уже не поможет ему. И встанет тогда Михаэль, князь великий, стоящий за сынов народа твоего, и настанет время бедствий, небывалых с того дня, как стали они народом, и до тех пор. И спасется в ту годину народ твой».

В падении Гога раскроется сила Творца

Пророк Иехезкель, 38:14: «Посему пророчествуй, сын человеческий! И скажешь Гогу: "Так сказал Г-сподь: "Воистину, в тот день, когда народ Мой, Израиль, будет обитать в безопасности, ты узнаешь и убедишься, кто их Твердыня и Надежда"».

Пророк Миха, гл. 5: «Из рода твоего произойдет властелин в Моем Израиле, и корень его – в древности. Потому предаст Он их до времени, пока не родит роженица; и остальные братья возвратятся к сынам Израиля. И будет остаток Яакова среди народов многих, как роса от Г-спода, как капли дождя на траве, которым нет нужды ждать человека и надеяться на сынов человеческих. Воздыметься рука твоя над врагами твоими, и все враги твои истреблены будут. И совершу в гневе и ярости мщение над народами, которые не слушали Меня».

Войны Гога

Пророк Даниэль, 11:40: «А под конец сразится с ним царь Южный, и словно буря налетит на него царь Северный с колесницами, всадниками и множеством кораблей; и придет он в страны, и захлестнет их, и пройдет».

Пророк Даниэль, 11:41: «И придет он в Страну Прекрасную и пострадают многие... И простер Он длань Свою на многие страны, и земля Египетская не спасется».

Спасутся союзники Северного царства Зла

Пророк Даниэль, 11:41: «...спасется Эдом, Моав и часть Амона» – живущие там спасутся, сдавшись Северному Царю, вследствие ненависти к народу Израиля.

С Востока и с Севера на Гога поднимется войско

И завладеет он сокровищницами золота и серебра и всеми ценностями Египта, Лув и Куш пойдут за ним, но слухи с востока и с севера испугают его, в том числе слух о народе, наступающем на него с края Земли вместе с другими народами.

Гог отступит на Север

Пророк Даниэль, 11:40: «...и выйдет он в ярости великой, дабы уничтожать и губить многих».

Уничтожив врагов, Гог вновь повернет на Исраэль

Пророк Даниэль, 11:45: «И поставит он шатры свои дворцовые меж морем и горою Святилища прекрасного...»

Бедствия наполнят землю Израиля

Пророк Даниэль, 11:45: «...но придет он к концу своему, и никто уже не поможет ему. И встанет тогда Михаэль, князь великий, стоящий за сынов народа твоего, и настанет время бедствий, небывалых с того дня, как стали они народом, и до тех пор».

Спасутся только праведники

Пророк Даниэль, 12:1: «И спасутся все те, что записаны в книге жизни».

Порядок явлений по книге «Зоар» (Ваера 32)

Сыны Ишмаэля будут владеть святой землей, когда та будет долгие годы пуста, ведь и обрезание их пустое, без совершенства. Они будут чинить препятствия сынам Израиля, возвращающимся на землю свою, до той поры, покуда не воздастся им за обрезание. (Пустое обрезание – имеется в виду просто обряд, а не постижение намерения ради Творца в своих желаниях, ограниченных Ц"Б, что возможно только изучением Каббалы).

Разожгут сыны Ишмаэля жестокие войны в мире, и соберутся на них сыны Эдома, – будут воевать на море, на суше и под Иерусалимом.

И покорят сыны Эдома сынов Ишмаэля, но святая земля не перейдет в руки сынов Эдома.

В те времена на краю Земли пробудится один народ и встанет против Царства Злодеяний, наследника Рима, и воевать будет с ним три месяца. И соберутся народы, но будут преданы в руки его.

Пока не соберутся против Израиля все сыны Эдома со всех концов Земли, – и тогда пробудится Всевышний против них.

Иехезкель, гл. 38: «Гомэр и все отряды его, дом Тогарма с окраин севера и все отряды его, народы многие с тобою. И будет: в день прихода Гога на землю Израиля, слово Г-спода Б-га, возгорится гнев Мой в ярости Моей».

Даниэль, 12:1: «И встанет тогда Михаэль, князь великий... и наступит время бедствий... И спасется в ту годину народ твой...»

ПОРЯДОК ИСПРАВЛЕНИЯ В УЧЕНИИ РАВА ХАЙ ГАОНА

Начальный этап избавления продлится восемь лет, включая год избавления.

В этом семилетии Эдом будет властвовать над Израилем не менее девяти месяцев, но и не более трех с половиной лет, ибо Израиль должен отнять власть именно у Эдома.

Пророк Амос, 9:10: «Погибнут от меча все грешники народа Моего, говорящие: «Не постигнет и не падет на нас бедствие это!» В день тот подниму Я шалаш Давидов, который пал, заделаю щели стен его, восстановлю разрушенное и отстрою его, как во дни давно прошедшие».

«Зоар», Пкудей: «В день тот подниму Я шалаш Давидов...» В день тот, когда произведет Всевышний суд и воздаст грешникам по делам их, ибо не распрямиться согбенному к земле народу Израиля, покуда в его среде есть грешники, как написано: «Погибнут от меча все грешники народа Моего, говорящие: «Не постигнет и не падет на нас бедствие это!» И лишь затем: «В день тот подниму Я шалаш Давидов...»

Иешаяу, 56:8: «Слово Г-спода, собирающего рассеянных Израиля: «Еще других соберу Я к нему, к уже собранным его. Все зверье полевое, придите есть, все зверье лесное (т.е. все цари народов, готовящиеся принести беды Иерусалиму). Стражи его слепы все – невежды, все они псы немые, лаять не могут, лишь лежат, бредят и обожают дремать. Эти псы дерзкие, не знающие сытости – они-то пастыри, они, неспособные понимать?! Каждый свернул на дорогу свою, все как один – к корысти своей. Псы немые они, потому что знали они, что постигнет их в конце, но предпочитали немоту».

Иешаяу, 35: «Возрадуются пустыня и безводная земля, возвеселится степь и расцветет лилией. Пышно расцветет и веселиться будет, радуясь и ликуя; Храм дан ей, великолепие

Кармеля и Шарона; они узрят славу Г-спода, величие Б-га нашего. Укрепите руки ослабевшие и колена трясущиеся утвердите. Скажите тем, кто сердцем торопливы: «Укрепитесь, не бойтесь: вот – Б-г ваш, грядет отмщение, воздаяние Б-жие. Он придет и спасет вас».

Не верить никаким указаниям дат прихода Машиаха

Рамбам, Тринадцать основ веры, основа XII: «Я искренне верю в приход Машиаха, и даже если задержится, все равно буду ждать его прихода каждый день».

Трактат «Санэдрин», 97:6: «Сказал рабби Шмуэль Бар-Нахмани со слов рабби Ионатана: «Да будут прокляты те, что исчисляют сроки и говорят: «Поскольку наступило время конца, а он не пришел, то уже не придет», – а жди его, как сказал Хавакук, 2:3: «...если замедлит, жди его, ибо придет непременно...»

Пророк Даниэль, 11:35: «И среди мудрецов ошибутся в исчислении и разъяснении и выяснении последнего срока, ибо срок еще не пришел».

Исправление происходит именно на фоне страданий

Книга «Зоар», Шмуэль II, 22:28: «Обо всех народах написано: «...А если наступит голод, проклянет и обругает своих царей и богов». У Израиля же заключен союз со Всевышним, и даже наказанные бедностью не отвергают Его, а терпят страдания и провозглашают о справедливости Его правосудия, в награду за это и будут вызволены из галута».

Тора. Дварим, 4:30: «При невзгодах твоих, когда постигнет тебя все это, предсказанное о будущем, возвратишься ты к Творцу твоему и будешь слушаться гласа Его...»

Авраам Азулай (1570-1643). Книга Хэсэд ле-Авраам, ч. I, гл. 17: «В конце изгнания, перед избавлением, бедствия Израиля умножатся из-за ужаса великого, который будет охватывать их на каждом углу. Страдания умножатся настолько, что не смогут отцы повернуться к детям, а каждый, кто сумеет спасти себя, будет называться «героем». Всевышний будет судить Свой дом, дабы очистить к избавлению и благу, обещанному через пророков.

Потому-то в те дни и умножатся бедствия, дабы очистить Израиль согласно Мере Правосудия, и каждый будет страдать в меру своей задолженности. Всякий, кто будет упрямиться и не возвратится к вере – погибнет, а тот, кто вернется к Творцу, примет страдания с любовью и будет покорно терпеть – тот очистится и удостоится... Поэтому они должны будут пройти очищение за очищением. Так будет происходить со всей строгостью Меры Правосудия, пока Всевышний не взыщет за все их задолженности...

И в те дни искрошат народы мечи свои, сражаясь друг с другом, и Израиль будет между ними в большой беде, так как каждый захочет растерзать эту овцу. Но Всевышний смилостивится над Своим народом за заслуги его отцов Авраама, Ицхака и Яакова, и очистятся, и обелятся вследствие этих бедствий и этого Суда».

Народ сам начнет искать Творца, пожелает вернуться к Нему, строить Храм.

Рамбам, Законы царей, гл. 12, зак. 4: «Не для того жаждали наши мудрецы и пророки наступления дней Машиаха, чтобы властвовать над всем миром или мстить народам, а также не для того, чтобы народы возвеличили их, и, конечно же, не затем, чтобы есть, пить и веселиться, – а для того, чтобы могли без помех изучать Тору и познавать ее мудрость, дабы удостоиться жизни будущего мира...»

Вся война — со злым началом человека

Мидраш Раба, гл. Баалотха, 15: «Сказал Израиль Всевышнему: «Владыка мира! Тебе ведь известно, как велика сила ецер ра?!» Ответил им: «В этом мире вы удалите его понемногу, а в будущем Я удалю его вовсе, как сказано (Иехезкель, 36:26): «И удалю из вас сердце каменное, и дам вам сердце из плоти».

Талмуд. Ктувот, 112:6: «Сказал рабби Зейра со слов рабби Ирмии Бар-Абы: «В поколении, когда придет сын Давида, даже учащим Тору будет предъявлено обвинение. Когда я сказал об этом Шмуэлю, он добавил: «В те времена будет совершаться очищение за очищением, как сказано (Иешаяу, 6:13): «Но еще останется на земле Израиля десятая часть народа, да и та будет разорена; но как от ореха и дуба остается в листопад ствол их, так и оставшиеся – святое потомство народа – станет стволом его». Раши: «На оставшуюся часть тоже возложу руку Мою и очищу ее очищением за очищением, пока не останутся чистейшие праведники, что возвратятся ко Мне всем сердцем».

Пророк Иешаяу, 60:2: «Ибо вот: тьма покроет землю, и мрак – народы; а над тобой воссияет Творец, и Его слава явится над тобой. И будут ходить народы при твоем свете, и цари – при блеске твоего сияния. И будет: по прошествии дней утвердится гора дома Творца как вершина всех гор, и возвысится над холмами, и устремятся к ней все народы. И пойдут многие народы, и скажут: «...давайте взойдем на гору Творца, в дом Б-га Яакова, чтобы Он научил нас Своим путям и чтобы мы пошли Его стезями». Ибо из Сиона выйдет Тора, и из Иерусалима – слово Творца. И рассудит Он народы, и даст поучение многим народам, дабы принести мир всему миру и «Он вернет сердца отцов их детям».

Пророк Захария, 8:23: В те дни схватятся десять человек из народов мира за каждого из народа Израиля, говоря: «Пойдем с тобой, потому что слышали мы, что Творец с тобой».

Пророк Иешаяу, 60,2: «Тьма покроет землю, мрак покроет народы, а над народом Израиля воссияет Творец и Его слава. И будут ходить народы при свете народа Израиля, и цари – при блеске твоего сияния».

Пророк Иешаяу, 2:2; Пророк Миха, 4:1: «И будет по прошествии дней утвердится гора дома Творца как вершина всех гор, и возвысится над холмами, и устремятся к ней все народы. И пойдут многие народы и скажут: «...давайте взойдем на гору Творца, в дом Б-га Яакова, чтобы Он научил нас Своим путям и чтобы мы пошли Его стезями». Ибо из Сиона выйдет Тора, и из Иерусалима – слово Творца. И рассудит Он народы, и даст поучение многим народам, и перекуют они свои мечи на орала и свои копья – на садовые ножницы; не поднимет народ на народ меча и не будут более учиться воевать».

Пророк Иешаяу, 11:1: «Выйдет ветвь от ствола, даст плоды побег от ствола, снизойдет на него дух Творца, дух мудрости и понимания, дух совета и силы, дух знания и боязни. И наполнится духом боязни Творца, и не по взгляду своему будет судить, и не по слуху своему будет решать дела, но по правде судить будет он бедных и справедливо решать дела кротких, будет бить страну бичом Своих речей, духом речей умертвит нечестивого. Справедливость будет Его поясом, а честность – поясом на бедрах Его. И волк будет жить рядом с ягненком, и леопард будет лежать с козленком, и телец, и молодой лев, и вол будут вместе, и маленький мальчик будет водить их. Пастись будут корова с медведем, а детеныши их будут лежать вместе, лев будет есть солому, как вол. И будет играть грудной младенец над норою кобры, а отнятое от груди дитя протянет ручку к логову гадюки. Не будут делать зла и не будут губить на Моей святой горе, ибо полна будет земля знанием Творца, как полно море водами. И в тот день к корню Ишая, что станет знаменем для народов, обратятся народы, и мир будет Его славою. И в тот день Творец снова, во второй раз протянет Свою руку, чтобы возвратить остаток Своего народа, и подаст Он знак народам, и соберет изгнанников Израиля и Иудеи с четырех концов земли».

АГРА – Виленский Гаон
ГОЛОС ГОРЛИЦЫ

Книга «Коль аТор» (краткое изложение)

Два Машиаха — период рассвета

Функция первого Машиаха, Машиаха бен Йосефа, – Собрание Изгнаний, которое приблизит Избавление посредством пробуждения Исраэля снизу естественным путем. Оно вызовет на себя скрытое Высшее управление, помогающее успеху всего действия, смысл которого в раскрытии Творца (возвращении Шхины в Цион). Этот период начался в 500 году шестого тысячелетия (1730 г. светского летоисчисления). После этого наступит «свет дня», т.е. Избавление через Машиаха бен Давида.

Усиление эгоизма (Ситры Ахры)

Чем больше продвижение каждого человека и всего человечества в духовной работе, тем больше, в противовес этому, усиливается эгоизм как каждого человека, так и всего человечества в общем.

Медленные Шаги

Причина замедленного раскрытия Творца в том, чтобы не дать Нечистым силам (Ситре Ахре, народам мира), окружающим Избавление, возможности удержаться и воспротивиться всем действиям Машиаха бен Йосефа, цель которого – приблизить полное Избавление.

Жив еще Йосеф

Именно и как раз из бед и горя расцветет Избавление.

Основные положения Освобождения Человечества от Эгоистического Рабства

Песнь Песней: «Ростки показались в земле, настал час соловья, и голос горлицы слышен в земле нашей», – это сказано о

Машиахе бен Йосефе, который явится в последнем поколении. Функции первого Машиаха происходят от левой стороны, т.е. от категории Дин (Суд). Пробуждением к духовному снизу, естественным путем.

Это означает: сбор изгнаний Израиля, заселение Земли Исраэля. После этого Избавление будет завершено категорией Хэсэд (Милость), идущей от правой стороны, от Машиаха бен Давида.

Поскольку мы находимся на пороге Начала, мы должны как следует знать все 156 свойств, категорий, названий и особых качеств Машиаха бен Йосефа.

Началом будет пробуждение снизу, как это было в дни Кира, во времена Второго Храма.

Семь основных положений в системе Шагов Машиаха

1. Общее предназначение Машиаха бен Йосефа:
- раскрытие тайн Торы;
- собрание Изгнаний Израиля;
- выжигание духа нечистоты из Страны Израиля.

Собрание изгнаний имеет три функции:
- строительство Иерусалима;
- собрание изгнаний;
- соблюдение Заповедей, исполняемых только в Земле Исраэля.

2. «Делай и преуспеешь» – одно из свойств Машиаха бен Йосефа: все, что он делает, успех его – в руке Творца.

3. В свое время (бито) или раньше срока (ахишена):
- если удостоились, то избавление придет раньше, чудесным образом;
- если не удостоились, то избавление придет в свое время.

4. Право силы и захват в явно наблюдаемом конце. Конечная цель нашей работы по собранию изгнаний Израиля – это война Творца с Амалеком, которая была основной функцией Йеошуа. Война с Амалеком со всех позиций против всех врагов Израиля и против Армолуса, именем которого называется Великий Сброд (народы мира), ведется для того, чтобы извести дух нечистоты из Земли, поднять Кнессет Исраэль и нижнюю Шхину из праха и начать борьбу против войны Гога и Магога, противящихся Первому Избавлению в ожидании прихода Машиаха бен Йосефа.

5. Бегство из Циона. В той мере, в которой будет расти Собрание Изгнаний в Израиле, возрастет влияние Ситра Ахра и прибавится число не удерживающихся в Израиле. Собрание Изгнаний в Израиле направляет Высший Свет на Израиль, тот свет, который обладает всеми высшими чудесными свойствами и проходит через Цион и Иерусалим. Эти свойства – жизнь, избавление, благословение, мир, милость, милосердие, добро и т.д. Лишь строительство Иерусалима способно удержать связь с Высшим Светом, а иначе он оскудевает.

6. Раскрытие тайн Торы. Избавление зависит от изучения Каббалы и через это постепенно раскроется Учение Машиаха. Это и есть Учение Израиля.

7. Раскрытие тайн, как сказано: «Ростки показались в земле, время соловья пришло, и голос горлицы слышен в земле нашей».

Семь путей Начала действия

1. Муки и радости.

Категория Суда. Шаги Машиаха приближаются в муках, а иногда и окольными путями. С другой стороны, в противовес этому дается категория Милости, а Избавление приходит из беды, как сказано: «И время беды это для Яакова, но от нее и спасение его». Шаги Машиаха сопровождаются помехами и преградами со стороны Эйсава и со стороны Армолуса, представителя Великого Сброда, но в конце он попадает в руки представителя Йосефа. С помощью Машиаха бен Давида Йегуда спасает Йосефа, так что нет худа без добра. И потому нельзя нам ни в чем отступать, несмотря ни на какие трудности в нашей работе, а должны мы быть уверенными, что именно из теснины выйдем в светлую долину.

2. Скромность.

Категория «Творец, убоящимся Его», – с ее помощью происходит Собрание Изгнаний народа Израиля. «Величие Творца проявляется из сокрытия», и поэтому срок Избавления зависит от Циона.

3. Постепенность.

Сказали наши мудрецы: «Всякое избавление Исраэля грядет постепенно, как утренняя звезда, как растет свет до наступления дня». Потому всякое действие надо начинать с малого.

Так же и строительство Иерусалима необходимо начать хоть даже с одного камня. Ведь камень этот есть пробный камень, показывающий желание построить Иерусалим и расширить место шатра его, а Творец поможет рукам нашим. Начало придет не благодаря одному Праведнику.

Если Избавление пришло бы сразу, то, с одной стороны, невозможно было бы вынести величину страданий, проявляющихся от категории Дин (Суд), а с другой, – получить огромный свет, идущий от Милости.

Все это нам надо знать заранее для практической работы по Собранию Изгнаний Израиля в земле Израиля. С началом Избавления через Собрание Изгнаний путем пробуждения снизу, от Машиаха бен Йосефа, постепенно начинают действовать все добрые свойства Машиаха бен Йосефа, Входы Избавления, свет добра, символизируемый числом «999».

4. Нищий на осле.

Начало типа «не удостоились», подобно скачущему на осле, приближается в бедности. И Собрание Изгнаний, и строительство Иерусалима подобны этому. Как сказано: «В рыданиях придут, и множество помилованных поведу я».

5. Люди веры.

Восстановление людей веры. Согласно нашим мудрецам: «Не был бы разрушен Иерусалим, если бы не иссякли в нем люди веры». Без этого весь наш труд и вся наша работа не имеет никакой ценности.

6. Равные меры.

7. Путем милостыни (справедливости).

Возводите «милостыню» (от слова «равенство», т.е. пожертвование), как сказано: «Соберите со всего Израиля деньги для укрепления Храма Творца» (Диврей аЯмим, 2:24), а в строительстве Иерусалима заключены и сокрыты еще многие Заповеди Торы.

Независимость Машиаха бен Йосефа имеет три вида

1. Верхний Машиах бен Йосеф – это Матат, управляющий внутренними делами. Известно, что Йосеф и Матат связаны с верхним свечением (Зэира Илаа), оба по основе и по действию ведут войну против Армолуса и, в особенности, против Гога и Магога. Ему помогает Шрая бен Дан.

2. Нижний Машиах бен Йосеф – один в каждом поколении, относится к категории «Праведник – основа мира». По своим делам и по корню своей души он достоин самоотверженно работать на Избавление Исраэля, совершать поступки, ведущие к Избавлению, возвышать значение Торы. Этим он достигает числа Машиаха бен Йосефа, основание которого «999».

3. Машиах бен Йосеф находится во всей общине Дома Исраэля в целом, находящийся в 999 искрах душ, во многих сынах Исраэля, людях действия, которые удостаиваются работать на Собрание Изгнаний. Всякий, кто по своим действиям или по праву отцов удостаивается участвовать в этих действиях, характеризующих Машиаха бен Йосефа, является искрой от корня его души, каждый согласно уровню дел своих.

Три уровня Машиаха бен Йосефа:
- Земной Машиах бен Йосеф (категория «Получающий»);
- Небесный Машиах бен Йосеф (категория «Дающий»);
- Земной и небесный Машиах бен Йосеф.

В каждом действии искупления и спасения Машиах бен Йосеф пользуется помощью Машиаха бен Давида – в категории Йегуда спасает Йосефа. Поэтому Йегуда удостоился того, чтобы от него произошло царство Давида.

Праотец Авраам положил начало Первому Избавлению, т.е. избавлению снизу, которое происходит на земле Исраэля.

Праотец Ицхак вошел в ряд Машиаха бен Йосефа с момента жертвоприношения Ицхака (об этом говорят и буквы его имени: Йуд, Цади, Хет, Куф по-другому складываются в слова «Кец Хай» – «живой конец»).

Праотец Яаков – со дня, когда он боролся с вассалом Эсава и вышел невредимым. Йегуда – с момента, когда спас Йосефа. Йосеф – с момента первого сна. Моше Рабейну – с момента, когда он взял с собой кости Йосефа. Йеошуа бен Нун, который был первым в войне Творца против Амалека. Шауль и Давид, которые оба участвовали в войне Творца, а, как известно, любая война Творца стоит в ряду Машиаха бен Йосефа. А в последних поколениях также и Ари, и его особенный ученик, рав Хаим Виталь, святой рабби, обладатель света жизни, были, как известно, в ряду Машиаха бен Йосефа. А в последних поколениях это АГР"А, свет которого идет впереди него.

Мы должны молиться нижнему Машиаху бен Йосефу, чтобы он не умер, прежде чем выполнит полностью свое предназначение, и высшему Машиаху бен Йосефу, чтобы он не прерывал своего света, который связывает Кнессет Исраэля (собрание всех душ) и Творца.

Вот молитвы, которыми надо молиться: Псалмы 102, 116, 118, 24, 110, 69, 48, 126, 6, 81, 76, 31, 30, 150; Исайя 35, 27.

«156 категорий»
Глава 2, часть 1

Заповедью и великой обязанностью каждого из сынов Исраэля и любого, кто занимается Собранием Изгнаний, – изучать, знать, глубоко и детально понимать все 156 категорий и свойств Машиаха Начала, т.е. Машиаха бен Йосефа.

Число 156 соответствует численному значению имен «Йосеф» и «Цион» (согласно мидрашу случившееся с Йосефом произошло и с Ционом).

156 категорий описаны в книге «Коль аТор» на страницах 41-77.

«Два Машиаха поколений»
Глава 2, часть 2

Мы должны прикладывать все силы, чтобы объединить двух Машиахов, – Машиаха бен Йосефа и Машиаха бен Давида, «древо Йосефа и древо Йеуды».

Это, по сути дела, объединение Творца и его Шхины для возвращения Шхины. Происходит это с помощью нашей работы по Собранию Изгнаний, строительству Иерусалима и становлению людей веры. Так же как, говоря об общем Избавлении, мы говорим, что первый Машиах – это Машиах бен Йосеф, а Машиах бен Давид – его дополнение, в любом общем или частном действии, естественным путем следующим за Началом, первый помощник – это Машиах бен Йосеф, а дополняющий помощник – Машиах бен Давид. Это называется уровнем двух Машиахов поколений, категория «Йеуда спасает Йосефа».

Машиах бен Йосеф – это чудесная сила, служащая для материального существования и поддержки. Машиах бен Давид – это чудесная сила для духовного существования Исраэля и в частном, и в общем. Без этих сил, их могущества и защиты,

Исраэль не смог бы существовать ни одной минуты. Единственно, что до тех пор, пока в духовном мире Исраэль и Шхина находятся в изгнании, их сила и образ в низшем мире сокрыты.

В конце Избавления оба они будут одним в руке Творца – Царем Машиахом, Моше Рабейну, Великим Царем, как сказано: «будет Творец царем на всей земле и т.д.».

Общая роль двух Машиахов во всех поколениях – защита и война с тремя главами злых сил (клипот) – Эсавом, Ишмаэлем и Великим Сбродом. Машиах бен Йосеф – против Эсава, левой клипы; Машиах бен Давид – против Ишмаэля, правой клипы, и оба вместе – против Эсава и Ишмаэля, нечистого Быка и нечистого Осла.

Соединение Эсава и Ишмаэля осуществляется при посредстве Армолуса, вассала Великого Сброда, и оно может разрушить Исраэль и весь мир. Стремление Великого Сброда – соединить их обоих и разделить двух Машиахов, и тогда «будет посрамлена в главном наша работа и наша война против силы Великого Сброда, который ненавидит нас больше всех». Клипа Великого Сброда действует только обманными и обходными путями, поэтому война с ним – самая тяжелая и горькая. А всякий, кто не участвует в этой войне, так или иначе становится сообщником этой клипы. Главная сила клипы Великого Сброда – в воротах Иерусалима.

Есть много названий двух Машиахов, подчеркивающих их разные свойства:
1. Взошла звезда от Яакова и встало племя Исраэля.
2. Йеошуа бен Нун и Калев бен Йефунэ.
3. Радости и веселья достигнут.
4. Сыновья Яакова и Йосефа навечно.
5. Свет луны и свет солнца.
6. Пальмы свободы.
7. Два херувима.
8. Двое в яблоках.
9. Русла рек.
10. Два воинства, левое и правое.
11. Приди в радости.
12. Тора и благотворительность.
13. Избавители на горе Цион.
14. Стражи стен Иерусалима.

15. Категория Суда и категория Милости.
16. Рога лани.
17. Муки земли.
18. «Книга запечатанная и книга открытая».

Объединение двух Машиахов – это путь к Творцу для возвращения Шхины в Цион и прихода Избавителя.

Знаки начала избавления
Глава 3

От изучения Каббалы зависит приближение Избавления. Ниспослал Творец нам свет Машиаха бен Йосефа, и это, в частности, великий АГР"А, чтобы открыл нам скрытые намеки Торы. Из 156 свойств Машиаха бен Йосефа мы можем почерпнуть многое о путях нашей работы в период Начала Избавления, и они для нас как Урим и Тумим и как «Шульхан Арух» в «Последнем Поколении», в категории последних дней. Все намеки заключены в числах, как сказано: «Извлекающий из чисел силу их – пса назовет по имени». Т.е. любое творение, какое ни возьми, имеет свое собственное элементарное число, и основа каждого соответствует имени его и его элементарному числу.

АГР"А в своем комментарии к Сафра дэ-Цниюта пишет: «Есть закон, что все, что было, есть и будет до скончания века, все это заключено в Торе от «Берейшит» до «эйней коль Исраэль». И не только одни лишь законы, но даже и частности каждого рода и, в особенности, каждого человека, и все, что произошло с ним со дня его рождения до кончины, и все его кругообороты, и все подробности из подробностей, и также и всякого рода, скотского или животного, и все животные в мире, и всякая травинка, и растения, и неживое, и все детали, и детали деталей каждого рода и представителей рода до скончания века, и все, что случится с ними и с их корнями, и также все, что сказано о праотцах, и Моше и Исраэле, все это в каждом поколении, все они переходят из кругооборота в кругооборот, искры их в каждом поколении, и все дела их от Адама до конца Торы – все это как одно поколение, все это есть и в каждом отдельном человеке.

Каждый обязан прикладывать все усилия, чтобы достичь раскрытия Творца, а иначе он может вернуться в новом кругообороте. И это: «все, на что найдет силы сделать рука твоя, сделай», – ибо нет ни дел, ни расчета в Шеоле (в аду), т.е. в Шеоле не сможешь ты вернуть «ни дел, ни расчета».

С приближением шагов Машиаха раскрывается все больше намеков в гематриях (числовых значениях ивритских букв и буквосочетаний), в которых зашифрованы особые тайны, как общие, так и частные.

Счастлив достигший силой дел своих скрытого в расчетах уровня своего предназначения, ибо все это раскроется ему в Мире Истины, но лучше, чтобы достиг этого знания при жизни, чтобы укрепился в своем единственном предназначении в этом мире, ибо «Велик Заповедующий и Делающий».

Пути постижения этих знаний – прежде всего через сами действия в категории «действие и расчет» и в категории «серебряный кубок». Об этом говорится в стихе «...и дал Я им в доме Моем и в стенах Моих руку и имя».

Вслед за раскрытием Машиаха везде усиливается Ситра Ахра, в особенности в том, что касается внутренней части Торы, и в том, что выступает против раскрытия тайн расчетов и гематрий, имеющих отношение к шагам Машиаха, с помощью которых раскроется мудрость каббалистических книг.

АГР"А видел свое предназначение как относящегося к категории Йеошуа, т.е. левой стороны, что было одним из предназначений Машиаха бен Йосефа, категории Дин (Суд).

Пути постижения, нахождения имени и предназначения каждого из сынов Исраэля, в соответствии со сказанным в Торе:

- Согласно виду его дел, дел милости и Избавления, как в общем, так и в частном, и укреплению Торы.
- Согласно особенной склонности каждого изучать что-то особенное в Торе, особый Трактат, Каббалу и т.д.
- Согласно особенным душевным мукам каждого или особому успеху в духовных или материальных делах.

А в том, что касается высшего предназначения и результатов каждого в работе по Собранию Изгнаний, в любой работе по заселению святой земли, каждый сможет найти свое имя и предназначение в стихах, в которых заключены и скрыты 156 свойств и названий Машиаха Начала, Машиаха бен Йосефа (перечислены в гл. 2 «Коль аТор»).

Согласно АГР"А, любой простой комментарий (пшат), не соответствующий Каббале (сод), неверен.

Истинное Избавление имеет два смысла – обычный и Избавление Истинного Учения (т.е. каббалистический), и потому возрастает Заповедь и святая обязанность заниматься изучением Каббалы.

Тройное действие Шагов Машиаха
Глава 4

«Предназначения, сроки, предназначенные (объекты)»

Тройная нить: «предназначения, сроки, предназначенные» выступают вместе в тройном действии. Предназначенные открывают свое предназначение и приближают сроки. Об этом сказано в стихах: «Ростки показались в земле, время соловья пришло, и голос горлицы слышен в земле нашей». Избавление приближается к нам, как сказано: «ибо приходит срок» и «вернитесь ко Мне – и Я вернусь к вам».

Основные пути Начала практического Избавления путем пробуждения снизу:
- Собрание Изгнаний;
- Строительство Иерусалима;
- Изжигание духа нечистоты из Страны, заселение святой земли и соблюдение зависящих от нее Заповедей, категория «конец свитка»;
- Истинное Избавление с помощью восстановления людей веры;
- Освящение имени Творца;
- Раскрытие тайн Торы;

Исправление мира в царстве Творца (малхут Шадай).
Время и срок приходят в зависимости от желания.

Четыре возможности Избавления:
- Если возвращаются к Творцу – избавляются, если нет – не избавляются.
- Если не возвращаются к Творцу, над ними ставят Очистителя, приговоры которого строже приговоров Амана. Тогда возвращаются и избавляются.
- Избавление сначала придет с помощью возврата в Цион, даже если сначала будет лишь один из города и двое из семьи.

- Избавление в любом случае придет в свой срок. Это называется «скрытый конец». Однако следует выбрать доступный способ.

Семь Исправлений
Глава 5, часть 1

Наш долг – в практической работе достичь наивысшего уровня пробуждения снизу, т.е. 949 Шагов Машиаха.

Великое правило: в каждом заповеданном действии, в каждой молитве человек обязан стремиться объединить и удержать в намерении два управления – Элоким (Дин – Суд) и АВА"Я (Хэсэд – Милость).

Определения исправлений:

1. **Сравнение:** каждый должен сравняться со всеми в целом, не заноситься, не возносить себя над другими ни в духовном, ни в материальном. Об этом сказано: «не придет бен Давид, пока не сравняются все свойства, пока не будут равны все меры».

2. **Подъем:** подъем духом и добрыми качествами, как сказано: «каждый должен подняться с животного уровня к хорошим свойствам».

3. **Взаимное включение:** «Цион венчает красоту»: каждый из сынов Исраэля должен включиться в общее целое, как сказано: «весь Исраэль – поручители друг за друга». Каждый в своей частности является частью целого. Ибо был разрушен Иерусалим вследствие взаимной вражды.

4. **Очищение (освящение):** Отдаление от естественных склонностей к страстям, убивающим тело и душу, очищение от нечистых мыслей и пр., – стремиться к духу чистоты, несущему дух святости.

5. **Обновление:** после всех предыдущих ступеней каждый должен сделать обновление в Торе и хороших делах, ибо у каждого сына Исраэля есть особая миссия, раскрыть обновление, обновить, возродить добрую деятельность для всех в целом в категории «дело и расчет».

6. **Преодоление:** преодоление всех сил Амалека силой «Воинство во главе народа» – преодоление общего духа нечистоты, эгоизма и всех дурных качеств.

7. Объединение: объединение с Творцом. После подъема во всех предыдущих уровнях можно быстро достичь уровня объединения и возврата Шхины (раскрытия Творца) в Цион и полного Избавления.

Когда наступит последний уровень пробуждения снизу, т.е. 949 свойство, к этому сразу добавится Высший Свет Великого Тысячелетия, каждый из которого в тысячу раз больше всего Нижнего Тысячелетия, малого тысячелетия Зэир Анпина.

Следует помнить, что у нечистых сил есть те же 949 уровней с правой линией и 949 с левой линией, как сказано в книге «Зоар»: «...и они – юдоль скорби, нечистые бык и осел, и им противостоят святой бык и святой осел».

С 421 года начинается мессианское раскрытие в категории «высшая мудрость». Вместе с ней начинается раскрытие низшей мудрости, которая приходит через пробуждение снизу, сопровождаемая развитием наук, как сказано в книге «Зоар», Ваера.

Ворота
Глава 5, часть 2

Обязанность знания семи естественных наук необходимы для постижения Каббалы, ради освящения имени Творца и прихода Избавителя. Есть семь наук. Их раскрытие – одно из шести условий освящения имени Творца вслед за Машиахом:

1. Строительство Иерусалима;
2. Собрание Изгнаний;
3. Расцвет Страны Израиля;
4. Исправление свойств;
5. Раскрытие намеков Торы;
6. Изучение семи наук.

Самый высокий уровень из всех уровней и благословений Исраэля, приводящихся в главе «Ки Таво», описывается в стихе: «...дать тебе верх над всеми народами, которые создал на славу, на доблесть и великолепие». Смысл сказанного в том, что когда народы мира познакомятся с мудростью Исраэля, т.е. с Каббалой, обернется все то время, когда Исраэль был в изгнании мучим и гоним за свою мудрость, и останется она, «мудрость несчастного, поругана и разграблена из ревности и зависти».

Изучение семи наук помогает постичь Каббалу во всех ее тайнах, возвышает мудрость Исраэля и величие Творца в глазах народов мира и приближает Избавление. Раскрытие Каббалы сопровождается Собранием Изгнаний. Источник и центр раскрытия Каббалы находится в Иерусалиме. Раскрытие Каббалы перед народами сопровождается общим расцветом Земли Израиля. Все это названо в Талмуде (Санедрин, 8) как подготовка к концу Избавления в раскрытии тайны всем народам.

Учение Машиаха относится к уровню Высшего Света Хохма, который раскроет в конце дней Моше Рабейну с приходом Машиаха бен Давида. Чем ближе мы к Началу Избавления, т.е. и к его завершению, постепенно раскрываются избранным, с помощью Машиаха бен Йосефа, тайны Торы и семи наук.

Семь наук:
1. Наука счета, астрономия и измерение.
2. Наука созидания и сочленения.
3. Наука врачевания и растений.
4. Наука логики, грамматики и синтаксиса.
5. Наука музицирования и священнодействия.
6. Наука исправления и сочетания.
7. Наука между материей, духом и душевными силами.

Каждый каббалист должен изучить, по крайней мере, одну из семи наук и преподавать ее другим. Пусть каждый выберет себе, сообразно своим природным и умственным способностям, одну из семи наук. Изучение естественной науки ради постижения Каббалы принесет пользу и будет способствовать возвышению могущества Торы, освящению имени Творца, возвеличиванию Исраэля в глазах живущих на Земле.

Цель Избавления, Истинное Избавление и Освящение имени Творца

Поскольку Ситра Ахра знает, что конечная цель Избавления – в освящении имени Творца, сопровождаемом собранием народа Израиля из изгнания и строительством Иерусалима, и поскольку с приближением Шагов Машиаха приближается ее конец, она собирает все свое могущество, чтобы с корнем вырвать истину и всякое благое действие, ведущее к освящению имени Творца.

Поэтому надо заранее знать и понимать, что с усилением этой святой работы возрастет и Ситра Ахра. Таким образом мы будем знать, как с ней бороться, как сказано: «Истина произрастет из Страны», т.е. из стремления Ситры Ахры удержаться в центре святости, в Иерусалиме.

Исправление греха разведчиков строительством Иерусалима

Грех разведчиков в пустыне во времена Моше – один из самых больших коллективных грехов, висящих над Исраэлем на протяжении всех поколений, вплоть до наших дней. В большой степени страдания Исраэля во все поколения связаны с этим грехом. Значительная часть наказания возложена на совершивших его – поколение пустыни.

Однако остаток наказания поделен на части. Исправление греха будет достигнуто с помощью строительства Храма, которому должно предшествовать строительство Иерусалима, как сказано: «Иерусалим будет построен, и Дворец основан».

Заселение противопоставляется разрушению. Проклятие становится благословением. Все чудеса вначале совершаются самими сынами Исраэля пробуждением снизу. Все действия Заселения земли Израиля привлекают Высший свет из Высшего мира, именуемого Верхним Иерусалимом, вниз и приближают Избавление.

Принципы работы и ее виды
Глава 6

Семь принципов работы:
1. Собрание Изгнаний. Начать с объема «населения Исраэля» в 600000. Духом этого числа можно перебороть злого ангела Сама в воротах Иерусалима. «Ибо не войду Я в Высший Иерусалим, пока не войдет население

Исраэля в Низший». И это он тянул основное изгнание Исраэля на север, и потому начало Собрания Изгнаний придет оттуда.
2. **Строительство Иерусалима.** Способ работы согласно нашим мудрецам следующий. Наш долг в работе по строительству Иерусалима действовать всеми средствами права наследования, вплоть до строительства Храма. Начало строительства – на северо-запад, сначала вера, ибо Машиах бен Йосеф на севере, а Шхина – на западе.
3. **Изжигание нечистого духа из Страны** с помощью засевания святой земли до тех пор, пока она не принесет плоды свои.
4. **Становление людей веры** ради истинного Избавления и освящения имени Творца. Мы обязаны создать мощную армию людей веры, людей истины. Основа людей веры – в исполнении «семи исправлений разгадчика» и установлений «союза веры». Конечная цель Истинного Избавления – освящение имени Творца, исправление мира в царстве Творца (малхут Шадай), чтобы каждый удостоился Духа Святости.
5. **Тора с Циона.** Изучение Каббалы и раскрытие тайн Торы являются одним из главных факторов, приближающих Избавление.
6. **Война с Амалеком.** Имеет три вида:
    - Амалек в сердце – т.е. эгоизм.
    - Общий, духовный Амалек – убивающий Сатан, который ненавидит Исраэль; Сам и его воинство, главная сила которого в воротах Иерусалима в дни, когда земля пуста.
    - Материальный Амалек – Эсав, Ишмаэль и Великий Сброд.
7. **Исцеление Циона.** С Циона нисходит источник исцеления, потому он всегда нуждается в Высшем Свете исцеления. «От ударов твоих исцелю Я тебя» – во всех аспектах, духовных и материальных. Сама земля Страны Исраэля нуждается в исцелении души и тела. Исцеление духа – изжигание духа нечистоты из Страны с помощью заселения Исраэля на своей земле и соблюдения

Заповедей, от нее зависящих. Исцеление тела – изжигание источников болезней, бытовавших тут во все дни разрухи и запущения Страны.

Милостыней упрочитесь

Иерусалим выкупается милостыней. Творец хотел очистить весь Исраэль – ближний и дальний – Заповедью строительства Иерусалима. Потому постановил, что он будет построен милостыней. Каждый из сынов Исраэля обязан принять участие в строительстве и расширении удела Творца. Весь свет Избавления, благословения, Спасения, милости и милосердия, успеха и исцеления исходит только от Иерусалима и его строительства.

Михаэль Лайтман
КАББАЛА.
ТАЙНОЕ УЧЕНИЕ

Готовятся к изданию:
Основы Каббалы

Том I - III

Настоящий сборник является основной книгой для начинающих изучать Каббалу. Книга в доступной форме позволяет желающим проникнуть в тайны науки, на тысячелетия скрытой от глаз непосвященных. Автор разворачивает перед читателем всю панораму строения и системы мироздания. Открывает структуру высших миров и Законы Высшего Управления.

Желающий познать Высшее найдет в этом сборнике ответы на множество своих вопросов. В первую очередь на главный вопрос человека: «В чем смысл моей жизни?». Книга захватывает и увлекает, позволяет человеку проникнуть в самые глубинные тайны мира и самого себя.

Зоар

Книга «Зоар» – основная и самая известная книга из всей многовековой каббалистической литературы. Хотя книга написана еще в IV веке н.э., многие века она была скрыта. Своим особенным, мистическим языком «Зоар» описывает устройство мироздания, кругооборот душ, тайны букв, будущее человечества. Книга уникальна по силе духовного воздействия на человека, по возможности её положительного влияния на судьбу читателя.

Величайшие каббалисты прошлого о книге «Зоар»:

...Книга «Зоар» («Книга Свечения») названа так, потому что излучает свет от Высшего источника. Этот свет несет изучающему высшее воздействие, озаряет его высшим знанием, раскрывает будущее, вводит читателя в постижение вечности и совершенства...

...Нет более высшего занятия, чем изучение книги «Зоар». Изучение книги «Зоар» выше любого другого учения, даже если изучающий не понимает...

...Даже тот, кто не понимает язык книги «Зоар», все равно обязан изучать её, потому что сам язык книги «Зоар» защищает изучающего и очищает его душу...

Наука Каббала

Том I, II

Эта книга – основной вводный курс для начинающих изучать «Науку Каббала». Великий каббалист 20 века, почти наш современник, Бааль Сулам «перевел» основные каббалистические источники, создававшиеся в течение тысячелетий, на язык современных поколений, которым предназначено проникнуть в высшие духовные миры. С помощью книг Бааль Сулама древнее учение становится доступно массам (как и предсказывали каббалисты прошлого).

Главная часть книги – «Введение в науку Каббала» – приводится с комментариями последователя и наследника Бааль Сулама, современного каббалиста Михаэля Лайтмана. Учебный курс включает большой альбом графиков и чертежей духовных миров, контрольные вопросы и ответы, словарь каббалистических терминов.

Том II – каббалистический словарь.

Каббала. Вопросы и ответы

Книга «Каббала. Вопросы и ответы» является избранным материалом из каббалистического интернет-сайта Международного каббалистического центра «Бней Барух». Каббалистический Форум-2001 содержит в себе более 2 миллионов вопросов изучающих Каббалу со всего мира.

В сборник вошли лишь наиболее интересные, любопытные и полезные для продвигающихся Путем Каббалы слушателей ответы Михаэля Лайтмана.

Настоящая книга рекомендована читателю, интересующемуся проблемами происхождения душ, корректировки судьбы, отношения Каббалы к семье, воспитанию, роли женщины.

Талмуд Десяти Сфирот

Том I, II

Совершенно уникальная книга, написанная величайшим каббалистом Бааль Суламом (Властелин Восхождения). Автор использовал материалы книги «Зоар» и фундаментальную работу великого АРИ «Древо жизни» (16 томов классической Каббалы). Соотнеся их со своими постижениями Высшего Управления, он создал гениальный научный труд, раскрыв глубинные пласты Каббалы современным поколениям.

Книга является самым мощным учебным пособием даже для самых серьезных каббалистов. Она совершенно логично, мотивированно, подробно и доказуемо разъясняет все причинно-следственные связи Высшего Замысла Творения и его воплощения. Ни один момент в процессе создания мироздания не остался за пределами настоящей научной работы. Нет во всемирном архиве книги, могущей соревноваться с «Талмуд Десяти Сфирот» по глубине познания, широте изложения и величию объекта изучения.

Эта книга принадлежит к числу самых важных книг человечества.

Ступени возвышения

Том I, II

Книга основана на статьях знаменитого каббалиста Баруха Ашлага. В ней впервые раскрывается методология работы каббалиста в группе. Она дает уникальный анализ путей духовного развития человека. Здесь раскрывается то, что ранее передавалось исключительно устно – от учителя избранным ученикам. Книга несет в себе неоценимое Знание.

Учение Десяти Сфирот

Материал книги основан на курсе, прочитанном руководителем Международной академии Каббалы равом М. Лайтманом по фундаментальному каббалистическому источнику «Талмуд Десяти Сфирот».

В книгу вошли комментарии на I, III и IX тома уникального научного труда Бааль Сулама, описывающего зарождение души, ее конструкцию и пути постижения вечности и совершенства.

Международный каббалистический центр
«Бней Барух»

BNEI BARUCH P.O.B. 584 BNEI BRAK 51104 ISRAEL
Адрес электронной почты: russian@kabbalah.info

Международная академия Каббалы
заочное отделение

Виртуальный курс для начинающих

- Международная академия Каббалы транслирует по всемирной системе Интернет курс заочного обучения «Введение в Науку Каббала».
- Участие в этих занятиях обеспечит освоение основ Науки Каббала, постижение высшего мира, знание о своем предназначении, причинах происходящего с вами, возможность управления судьбой.
- Курс рассчитан для начинающих и предназначен для дистанционного обучения на языках английском, русском, иврите.
- Занятия транслируются в видео- и аудиоформатах, с демонстрацией чертежей, возможностью задавать вопросы и получать ответы в режиме реального времени.
- Во время прямой трансляции, действует служба технической поддержки.
- Курс бесплатный, включая рассылку учащимся учебных пособий.
- Успешные занятия поощряются поездкой на семинары, происходящие 2 раза в год в разных странах мира.

Адрес подключения
http://www.kabbalah.info/ruskab/translation_new.htm

Архив курса
http://www.kabbalah.info/ruskab/virt_uroki/virt_urok.htm

Русское отделение
http://www.kabbalah.info/ruskab/index_rus.htm

Международный каббалистический центр «Бней Барух»		Издательская группа **kabbalah.info** +972 (3) 619-1301

Для книготорговых организаций
(заказ учебных пособий)

Америка и Канада.................info@kabbalah.info, +1-866 LAITMAN
Израиль.........................zakaz@kabbalah.info, +972 (55) 606-701
Россия..........................+7 (095) 721-7154, 109-0131
109341, Москва, а/я 42

Запись в группы изучения Каббалы
(обучение бесплатное)

США (Восточное побережье)............+1 (718) 288-2222
США (Западное побережье)..............+1 (650) 533-1629
Канада................................+1-866 LAITMAN
Израиль...............................+972 (55) 606-701
Россия................................+7 (095) 721-7154, 109-0131

Заказ книг и учебных материалов на английском языке
+1-866 LAITMAN

Международный каббалистический центр «Бней Барух»
http://www.kabbalah.info

Учитывая растущий интерес к знаниям Каббалы во всем мире, Академия Каббалы под руководством рава М.Лайтмана издает серию книг «Каббала. Тайное учение», транслирует виртуальные уроки, совершенствует интернет-сайт, открывает по всему миру группы изучения Каббалы. В рамках нашего заочного университета занимаются более 700 000 учащихся с 68 стран мира (на 1.01.2003).

Вся деятельность Академии Каббалы осуществляется на добровольные взносы и пожертвования ее членов. Каббалистические знания вносят в мир совершенство, безопасность, высшую цель.

Мы с благодарностью примем Вашу помощь.

Наш счет:
wire transfer
Bnei Baruch
TD Canada Trust
7967 Yonge Street
Thornhill, Ontario
Canada L3T 2C4
Tel: 905 881 3252
Branch / Transit #: 03162
Account #: 7599802
Intuition Code: 004
Swift Code: TDOMCATTTOR

Михаэль Лайтман
серия
КАББАЛА
ТАЙНОЕ УЧЕНИЕ

БОГОИЗБРАННОСТЬ

том I

Научно-просветительский фонд
«Древо Жизни»

Издательская группа
kabbalah.info
+972 (3) 619-1301

ISBN 5-902172-07-1

Подписано в печать 10.02.2003. Формат 60x90/16
Печать офсетная. Усл. печ. л. 36.
Тираж 6000экз. Заказ № 120.
Отпечатано в ОАО Можайский полиграфкомбинат,
Московская обл., г. Можайск, ул. Мира, 93.